2022年度北京市丰台区人民检察院检察理论研究成果

新理念·新探索·新实践

FENG HUA JIAN YU

XIN LI NIAN XIN TAN SUO XIN SHI JIAN

李继征◎主编

中国检察出版社

图书在版编目（CIP）数据

丰华检语：新理念　新探索　新实践/李继征主编.
—北京：中国检察出版社，2023.6
　ISBN 978－7－5102－2904－6

　Ⅰ.①丰…　Ⅱ.①李…　Ⅲ.①检察机关－工作－丰台区－文集　Ⅳ.①D926.32－53

中国国家版本馆 CIP 数据核字（2023）第 111804 号

丰华检语——新理念·新探索·新实践

李继征　主编

责任编辑：	杜英琴
技术编辑：	王英英
封面设计：	李　瞻
出版发行：	中国检察出版社
社　　址：	北京市石景山区香山南路 109 号（100144）
网　　址：	中国检察出版社（www.zgjccbs.com）
编辑电话：	（010）86423766
发行电话：	（010）86423726　86423727　86423728
	（010）86423730　86423732
经　　销：	新华书店
印　　刷：	望都天宇星书刊印刷有限公司
开　　本：	710mm×960mm　16 开
印　　张：	24.25
字　　数：	358 千字
版　　次：	2023 年 6 月第一版　2023 年 6 月第一次印刷
书　　号：	ISBN 978－7－5102－2904－6
定　　价：	78.00 元

检察版图书，版权所有，侵权必究
如遇图书印装质量问题本社负责调换

《丰华检语——新理念·新探索·新实践》
编 委 会

主　　任：李继征

副 主 任：李毅荣

委　　员：苏从舜　陈　锋　王清会　许艳军
　　　　　吴　凯

执行委员：韩　雪　平瑞琼　贺永涛　刘　亮
　　　　　何　蕾　张　磊　郑晓东　菅　森
　　　　　魏　建　张　淼　白玉坪　刘　莹

编　　辑：卢圣勇　张　倩　马　韶　王凯伦

序　言

思想是行动的先导，理论是实践的指南。检察理论研究是检察工作的重要组成部分，检察事业的创新发展离不开检察理论研究的支撑。加强检察理论研究，推动检察理论创新，是能动回应新时代检察发展需求、检察改革要求、破解法律监督难题、实现科学民主决策、提升队伍素质能力的先导性工程。

一直以来，北京市丰台区人民检察院党组高度重视检察理论研究工作，始终把检察理论研究作为事关检察工作发展的基础性工程来抓，坚持以提升检察理论调研能力为根本、以构建全员参与调研工作格局为基础、以完善检察理论研究工作制度机制为保障，推动丰台检察理论和实务研究不断创新发展，形成了一批高质量的检察理论研究成果和一支高素质的检察理论研究人才队伍。2019年以来，全院干警在各类期刊杂志和报刊媒体等公开发表检察理论文章95篇，其中国家级期刊27篇、省市级期刊68篇，10篇文章在最高检、国家知识产权局等单位评选中获奖，3名干警被评为全市检察理论研究人才，3名干警被确定为检答网检察答疑专家。

检察理论研究的源泉在于丰富而鲜活的检察实践，必须始终围绕检察实践展开，从中发现检察监督办案中的真问题，从理论上深入阐释、精准指引，使理论研究真正"接地气"。为鼓励干警加强检察理论研究，丰台区检察院持续多年实行年度全院检察理论研究重点课题制度，以发挥课题制对检察理论研究和检察实践的引领和促进作用。现对2022年度重点课题进行梳理，筛选出41篇优秀成果付梓出版，既是干警对检察工作的思考，也是研究成果的展示，总的来看有以下几个特点：

一是主题内容全面深刻。文章内容涵盖了刑事、民事、行政和公益诉讼"四大检察"以及办公室综合部门等检察工作全部领域；既有对宏观刑事司法政策的实践研究，也有对微观个案和典型犯罪行为定性的研究，很多主题走在了理论的前沿，具有很强的前瞻性。

二是理论联系实际紧密。检察调研必须结合实际才有生命力。文章通过对办理的类案分析总结，发现带有普遍性的法律适用问题，进而提出具有针对性的对策建议，对办案具有很强的参考价值。

三是研究方法新颖独特。为准确、客观、深刻阐释观点，采用了多种研究方法。有的采取历史的方法，将某一主题从沿革上娓娓道来；有的分类统计某类问题，以图示形式直观呈现发展趋势及比重；有的通过进行纵向横向比较，发现新情况，研究新问题，提出新见解等。

我们力求为读者呈现上品佳作，但由于水平有限，加之时间仓促，文章中难免存在不足，恳请批评指正。同时，我们将以批评斧正为动力，激励干警在司法实践中不断反思总结，努力创作更多优秀成果。

是为序。

2023 年 2 月 7 日

目　录

综合调研编

1. 基层检察院加强新时代检察文化建设的思考与实践 ……李继征／3
2. 坚持检察机关法律监督定位的思想要素探究
   ……………………………………………………李毅荣　焦　焜／9
3. 加强基层院检察信息工作的实践路径探析
   ——以F区检察院为例………………………贺永涛　孟凡玉／17
4. 检察官自由裁量权的内部监督机制研究………刘　亮　焦　珂／24
5. 撰写社会治理类检察建议的探索……………………………卢圣勇／33
6. 企业刑事合规背景下检察权的优化路径………李毅荣　马　韶／41
7. 社会调查制度在企业非羁押诉讼中的适用研究
   ……………………………………张　倩　李章颖　余　丽／49
8. 试论基层检察机关落实群众信访件件有回复制度的价值及实践
   ——以F区检察院为例………………………………李　佳／58
9. 推进溯源治理　构建防范非法集资新格局
   ——以基层检察院办案实践为例………………江　舟　田　李／66

理论探索编

10. 大数据赋能刑事执行检察的路径思考………苏从舜　张　帆／77
11. 检察听证工作的实践反思与发展完善………贺永涛　王怡然／91

12. 律师参与刑事诉讼职能发挥问题再研究
　　——以认罪认罚从宽制度为背景 …………… 刘　亮　蔡　丽 / 99
13. 注册商标标识回收倒卖行为的刑法规制
　　——以高档名酒类商品注册商标刑法保护为视角
　　…………………………… 何　蕾　焦　焜　杨嘉玺　李　静 / 111
14. 刑民交叉案件程序问题的思考
　　——"同一事实"之展开 ………………… 马志坤　陈逸宁 / 121
15. 未成年人民事检察机制研究
　　——以未成年人监护资格撤销案件为切入
　　………………………………… 乔　莹　王文元　张　超 / 131
16. 侵犯知识产权犯罪中违法所得的思考 ……… 邓莉莉　李梦哲 / 140
17. 涉众型经济犯罪中电子数据的审查问题研究
　　………………………………… 李慎海　薄　亮　焦　焜 / 147
18. 论受贿行贿一起查政策背景下重点打击的行贿犯罪
　　——以行贿犯罪体系为视角 ……………… 纪鹏飞　谢江伟 / 155
19. 未成年被害人司法救助的法律完善
　　……………………………… 刘　亮　陈莎莎　余　丽 / 165
20. 巨额财产来源不明罪实行行为及其衍生问题分析
　　………………………… 何　蕾　焦　焜　李　静　杨嘉玺 / 174
21. 论网络虚拟货币洗钱的治理体系构建 ……… 冯晓婷　卢　易 / 186
22. 基层社会治理视野下信访矛盾预防化解的多维路径
　　——以民事检察为例 ………………………………… 李　佳 / 195
23. 浅析在押人员的范围 …………………………………… 杨梦峰 / 205

实践案例编

24. 业务数据分析研判助力检察高质量发展的实践思考
　　——以基层检察机关为视角 ……………… 李毅荣　李慎海 / 219

25. 青少年法治教育工作实证研究
　　——以 F 区检察院青少年法治教育实践为例
　　　　　……………………………………………… 刘　亮　王　颖 / 228
26. 认罪认罚视域下证据开示制度研究
　　　　　……………………………… 张　磊　马京安　蔡君艺 / 237
27. 关于基层人民检察院检察建议工作的思考与建议
　　——以 F 区检察院为例 ………………… 杨媛媛　郭英杰 / 247
28. 认罪认罚案件中被告人的上诉权与检察机关抗诉权的平衡
　　——以检察机关刑事司法实务为视角 ……… 辛　欣　秦杏鸽 / 259
29. 食品药品安全领域民事公益诉讼中公共利益损害的量化探析
　　——以某公司销售重金属含量超标的食用农产品案为例
　　　　　……………………………………………… 郭　爱　王薇淇 / 267
30. 浅析社会调查制度在未成年人审查逮捕程序中的适用
　　　　　……………………………………………… 李章颖　王　颖 / 275
31. 交通肇事案件中"逃逸"情节的法律适用探析
　　——兼论行政机关交通事故责任认定书的证据属性与审查运用
　　　　　……………………………………………… 李　蕊　周媛媛 / 286
32. 盗窃后为抗拒抓捕使用轻微暴力行为的认定
　　　　　……………………………… 刘　亮　戚煜珩　余　丽 / 295
33. "碰瓷"行为的刑事定性研究
　　——以陈某某、菅某某诈骗案为切入
　　　　　……………………………… 薄　亮　王国梁　郭　勇 / 302
34. 非法网购野生动物溯源治理研究的检察方案
　　——以 F 区检察院受理的案件为视角进行探究
　　　　　……………………………………………… 李　良　梁　言 / 308
35. 利用职务便利私吞购车款、虚假索赔行为浅析
　　　　　……………………………………………… 侯继男　纪超丽 / 315
36. 虚开增值税专用发票罪的司法实务研究
　　　　　……………………………… 孙　兵　韩振荣　叶　谦 / 322
37. 论"有偿删帖"型非法经营罪的认定 ……… 吕　慧　白云志 / 330

38. 新型电信网络犯罪的治理现状及完善建议
　　——以F区检察院的履职情况为样本
　　………………… 赵新颖　田　李　郭　勇　李曼君　叶　谦
　　　　　　　　　　　　　　　　　李一可　康乾伟 / 341
39. 论缓刑考验期的计算 ………………………… 杨梦峰　冯　杨 / 348
40. 论三角诈骗的实践困境及出路 ……………………… 姜瀚林 / 359
41. 浅谈无人机倾斜摄影技术在生态环境类公益诉讼案件
　　现场勘验活动中的应用 ………………………………… 李　同 / 371

综合调研编

基层检察院加强新时代检察文化建设的思考与实践

李继征[*]

一、新时代检察文化的内涵与作用

(一) 新时代检察文化的内涵

检察文化是检察机关在长期法律监督实践活动和管理活动中逐步形成的与中国特色社会主义检察制度相关的思想观念、职业精神、道德规范、行为方式以及相关载体和物质表现的总和[①],是社会主义先进文化的重要组成部分。加强检察文化建设是各级检察机关的一项重要任务。

最高人民检察院印发的《"十三五"时期检察文化建设规划纲要》明确了检察文化具有精神凝聚、辐射带动、创新引领、展示交流和服务保障功能,检察文化建设总体目标的具体表现是社会主义核心价值体系建设深入推进,检察文化建设服务保障大局成效明显,检察职业形象进一步提升,检察文化建设体制机制不断健全,检察文化建设保障措施更加有力。[②]

随着时代的进步和检察工作的创新发展,检察文化的内容也在不断丰富。具体而言,检察文化包括检察精神文化、检察理念文化、检察制

---

[*] 李继征,北京市丰台区人民检察院党组书记、检察长。
[①] 参见马成国:《浅谈加强基层检察院检察文化建设的探索与思考》,载正义网 http://www.jcrb.com/procuratorate/theories/practice/201701/t20170111_1705536.html?agt=4247,最后访问日期:2020年12月5日。
[②] 参见《努力建设中国特色社会主义先进检察文化》,载《检察日报》2016年12月28日。

度文化、检察行为文化、检察环境文化等,新时代检察文化建设涵盖检察思想政治建设、执法理念建设、职业道德建设、行为规范建设、职业形象建设和环境文化建设等几个方面。

(二) 新时代检察文化的作用

在2020年10月14日召开的全国基层检察院建设工作会议暨第七届全国先进基层检察院表彰大会上指出,要以问题为导向,分析研究基层检察院建设新的时代特征,明确今后一个时期的总体思路和主要任务,推动基层检察工作真正高质量发展,更好地服务"十四五"时期经济社会发展大局。围绕加强基层检察院建设的根本目的,提出了主动融入地方发展大局、切实办好群众身边的"小案"、推进基层"四大检察"全面协调充分发展、切实提高基层司法办案质效四项要求。[①] 基层检察院建设任重而道远。

进入新时代,北京市丰台区人民检察院和全国其他基层检察院一样,面临许多新情况。如人民群众在民主、法治、公平、正义、安全、环境等方面的要求日益增长,基层检察院服务好中心工作、重点工作的标准越来越高,任务越来越重;随着改革的深入推进,检察职能、机构设置、队伍结构都发生了变化,基层检察院的发展理念、管理方法、监督机制以及人员的能力水平等都将面临新的挑战。

加强新时代检察文化建设,对于推动基层检察院发展具有十分重要的意义。首先,新时代检察文化具有导向作用,能够引导基层检察人员坚定理想信念,树立正确的司法理念,提升政治自觉、法治自觉、检察自觉。其次,新时代检察文化具有保障作用,通过完善各项制度并落实到位,能够以制度合力助推基层检察院提升工作质效,着力为人民群众提供更优质的法治产品、检察产品。最后,新时代检察文化具有辐射作用,通过打造具有检察特色的品牌和亮点,提升检察形象,能够凝聚共识,为基层检察院发展创造良好的外部环境。

---

① 参见邱春艳:《全国基层检察院建设工作会议暨第七届全国先进基层检察院表彰大会召开 会议要求顺应时代之变 突出"六个抓实"推动基层检察工作高质量发展》,载《检察日报》2020年10月15日。

二、加强检察文化建设的优势分析

(一) 外部优势

丰台区检察院所处的北京市丰台区,是北京建都起源见证地、红色革命文化传承地、古今重要交通汇聚地、古都生态文化涵养地、中国航天事业孕育地、民间节庆习俗集聚地、传统戏曲文化传播地、特色花卉培育观赏地。① 在这里,历史文化与现代文明交相辉映。

根据《北京城市总体规划(2016年—2035年)》,丰台区有了新的定位:首都高品质生活服务供给的重要保障区,首都商务新区,科技创新和金融服务的融合发展区,高水平对外综合交通枢纽,历史文化和绿色生态引领的新型城镇化发展区。

丰台区在首都发展大局中被赋予了崭新的历史使命,这些文化优势和区域特色,都为丰台区检察院立足服务区域发展,打造具有丰台检察特色的检察文化提供了外部条件。

(二) 内部优势

丰台区检察院历来有注重加强检察文化建设的传统。在多年的实践中,充分发挥地域文化优势,寻求地域文化和检察文化的结合点,汲取传统文化和红色文化的精华,大力弘扬抗战精神、航天精神,建立并完善检察文化建设体制机制,形成了一代代丰检人传承发展的气质品格,打造出一批有丰检特色的文化品牌。丰台区检察院先后获评"人民满意的检察院""全国模范检察院""全国检察宣传先进单位""北京市先进基层检察院"等荣誉称号。

进入新时代,丰台区检察院继续把加强检察文化建设作为有力抓手,出台了《关于加强新时代检察文化的工作意见》,将检察文化建设纳入全院整体工作来部署筹划,制定了检察文化建设年度工作计划和阶段性目标。为了将新时代检察文化建设的目标落到实处,丰台区院党组

---

① 参见厉之昀:《北京丰台重塑文旅形象》,载《人民日报海外版》2020年3月16日。

压实责任,政治部牵头抓总,各部门协同配合,机关党委、机关纪委、院工会、院团委、女检察官协会等党群组织发挥各自优势,积极参与,形成分工负责、齐抓共管的良好工作格局。

由此,加强新时代检察文化建设的思路更加清晰,活动载体更加丰富,工作机制更加健全。在新时代检察文化的引领下,丰台区检察院在各领域斩获多项荣誉。

三、加强新时代检察文化建设的实践

(一) 加强检察精神文化建设

一是以社会主义核心价值观引领人。丰台区检察院注重把培育社会主义核心价值观作为检察精神文化建设的重要内容,着力加强理想信念教育。依托本地卢沟桥、宛平城、中国人民抗日战争纪念馆、长辛店"二七"大罢工旧址、中国航天发祥地——中国运载火箭技术研究院等红色教育资源和爱国主义教育基地,对检察干警开展革命传统教育、理想信念教育;通过举办"重温入党誓词""政治生日"等活动,激励检察干警抒发对党的热爱之情,铭记初心使命和责任担当。

二是以检察职业精神塑造人。检察官作为"犯罪的追诉者""无辜的保护者""中国特色社会主义法律意识和法治进步的引领者",有着独特的职业精神和职业形象。注重采用日常教育和不定期培训相结合的方式,引导检察干警树立"忠诚、为民、担当、公正、廉洁"的检察职业价值观,以及"求极致、过得硬"的职业追求;在特定的时间节点举行各种仪式,如升旗、向党旗宣誓、向宪法宣誓等,增强身份认同。

三是以先进典型激励人。充分发挥以全国模范检察官金朝为代表的先进典型的示范作用,在院内开展"身边的榜样""巾帼之星""办案能手"等评选活动,并通过"丰台检察"公众号、检察内网专栏和院内宣传屏等宣传阵地对身边榜样事迹进行展示、宣传,激励干警爱岗敬业、敢于担当,营造崇尚先进、争当模范的氛围,培育检察干警奋发进取的精神。

四是以廉政文化武装人。廉政文化是检察精神文化的重要组成部

分,丰台区检察院注重构建廉政文化建设长效机制,以播放警示教育专题片、当事人现身说法等形式加强廉政教育,给检察人员带来心灵的震撼,增强干警拒腐防变的能力;通过向干警推荐正能量书籍、好文章、廉政警句格言等方式,用廉政文化占领检察人员的思想阵地;加强对重点岗位、重点环节的廉政风险防控,强化自身监督制约,筑牢检察人员廉洁从检的思想防线。

(二) 加强检察制度文化建设

一是建立健全相关工作制度,实现科学化、精细化管理。在认真学习高检院《检察机关案件质量主要评价指标》的基础上,制定检察官责任清单,注重发挥好考核的"指挥棒"作用,引导检察人员严格按照法定权限和程序行使权力;梳理、编纂各类案件办理的标准化指南,提升检察人员规范化办案水平。

二是强化内部管理,加大对制度执行情况的监督。定期召开检察长办公会,听取各部门重点工作的推进情况,确保重大决策部署、制度规定落实到位;通过开展案件评查、互查,加强对检察官办案全流程的监督;完善检察人员履行法定职责保护机制和容错纠错制度,既严追责又重保障。

(三) 加强检察环境文化建设

1. 内部环境

一是开展干警关怀活动。基层检察人员工作任务重、压力大,丰台区检察院充分发挥基层党组织和工青妇等社团组织的作用,及时掌握基层检察人员的心理状态和思想状况,注重开展人文关怀和心理疏导;坚持谈心谈话制度,健全干警帮扶慰问机制,畅通民意表达渠道。

二是开展形式多样的文体活动。通过开办"法律文化论坛",组织户外健步走活动,开展书画、摄影、征文比赛活动等,丰富检察干警业余生活;通过成立文体协会、兴趣小组,组织文化沙龙、读书体会分享会等,为广大检察干警搭建展示才华、增进交流的平台。

三是营造和谐向上的工作、学习环境。在院内设立电子宣传屏,设置检察文化中心、图书室、电子阅览室、院史陈列室、党员活动室等活动场所,打造检察干警的精神家园;充分调动检察干警积极性,共同设计院徽 LOGO、总结丰检院训,增强凝聚力。

2. 外部环境

一是以提升服务能力和水平为着力点,努力为人民群众提供优质的检察产品。围绕服务保障"六稳""六保",充分运用信息化平台,进一步完善"接诉即办"工作机制及查询反馈机制;落实律师执业保障的相关规定,不断探索规范"异地阅卷"服务;完善检察服务中心建设,提升窗口接待工作水平;依托"十进百家,千人普法"活动,开展面向社会的法治宣传和法律服务,深入多家企业、单位调研走访,为企业"问诊把脉";以听证会为平台,强化释法说理,堵塞社会治理漏洞。

二是把深化检务公开作为检察文化品牌创建的重要方式。加强与人大代表、政协委员、人民监督员的联系,自觉接受人民监督;以积极推行案件信息公开、开展"开放日"活动等为抓手,不断提高检察工作的公开透明度。

基层检察院应坚持问题导向,在加强新时代检察文化建设的过程中,注重突出特色,凸显优势,不断拓宽检察文化建设的途径、方式,同时更要注重发挥基层检察干警的积极性和创造性,打造更加务实的检察文化,发挥好新时代检察文化对于基层检察院建设的促进作用,推动新时代检察事业创新发展。

坚持检察机关法律监督定位的思想要素探究

李毅荣　焦　焜[*]

习近平总书记指出：经过长期努力，中国特色社会主义进入了新时代，这是我国发展新的历史方位。回顾人类社会发展历史，人类社会的每一次进步，人类思想的每一次飞跃，总是伴随着理论与实践的相互激荡、碰撞升华、共进同行。在中国共产党的坚强领导下，中国人民在社会主义事业建设过程中，找到了自己的更有效率、更合规律、更可实现的权力法治化运行体系——由专门的法律监督机关保障权力的规范、有序运行。

进入新时代，党在历史上对检察机关法律监督工作首次以"中共中央文件"形式专门印发《关于加强新时代检察机关法律监督工作的意见》，对检察工作全面协调充分发展作出顶层设计，将对检察机关法律监督工作的重视程度提升到前所未有的高度。人类实践证明，人的思想观念以及思维方式决定人的行为和做法，思想要素对实践有着不容忽视的影响。因此，我们必须高度重视思想观念对提升检察机关法律监督工作的引领作用，厘清阻碍检察机关完成法律监督使命的观念障碍，为提升检察机关法律监督质效提供前瞻性的观念引领。

一、确立检察机关法律监督宪法定位的时代背景

作为人类进入文明状态后的创造物，权力划分、政治制度安排当然

---

[*] 李毅荣，北京市丰台区人民检察院党组成员、副检察长；焦焜，北京市丰台区人民检察院第二检察部检察官。

要受到人类所处的文明状态的影响，作为法的动态实施的法治，"也是围绕着文明变迁中的问题来进行的"①。检察机关的宪法定位问题作为当代中国法治命题中的重要内容，必然受到中国当前所处历史阶段、所在文明状态的影响，在展开检察监督体系建设、检察监督能力建设等命题时，我们无法绕开对中国当前文明类型的认识。

（一）新时代所处的商工文明阶段

"文明"一词是由法国思想家于18世纪为反对封建专制统治而提出，是与"野蛮"相对的一个概念。美国历史学家斯塔夫里阿诺斯通过对文明特征的总结来概括文明，也有学者用社会形态来解释"文明"，"我们是从人类发展史角度来看待文明问题的。在这一意义上，我们所讨论的文明是指人类发展到一定时期所形成的，生产、生活、交往方式等方面具有特定特征的社会形态"②。

以新航路开辟为标志性事件的公元1500年为节点，人类文明可以划分为农耕文明和商工文明两种类型。"前者是以农耕生产为社会物质资料主要来源的文明，后者是以商工生产为社会物质资料主要来源的文明"。③ 商工文明的生产、生活、管理、思维均不同于农耕文明的文明形态，商工文明的"思维方式的理性化，文化观念的人本化，交换方式的市场化，生产方式的工业化，分配方式的普惠化，生活方式的城市化，政治组织的民主化，管理方式的法治化"④ 是农耕文明所不具备的。通观当今人类文明发展现状，市场经济成为各主要经济体的共识性选择，商品交换作为市场经济中发挥关键作用的那只"手"，在消费、流通环节发挥着重要作用，同样也驱使着工业生产、交易作为经济的核心要素正在深刻型塑整个人类社会。

鸦片战争中西方列强用坚船利炮打开中国的国门之时，中华大地上

---

① 陈中泽：《法治对文明转型的回应》，载《武汉理工大学学报（社会科学版）》2009年第22期。

② 张恒山：《略论文明转型》，载《学术交流》2010年第12期。

③ 张恒山：《从文明转型看当代中国社会稳定状态》，载《中共中央党校学报》2014年第3期。

④ 张恒山：《略论文明转型》，载《学术交流》2010年第12期。

睁眼看世界的仁人志士看到了西方的强大,但坚持"中学为体、西学为用"的他们却仅见识到西方技术的先进,并未认识到商工文明中整体国家制度、法律制度的优势,亦未认识到商业的发展对社会资源的整合、社会阶层的流动的深刻影响,从而不能理解商业对整个社会进步所产生的蝴蝶效应,尽管他们给我们这个古老的国度带来了商工文明的种子,却没能将国家带入商工文明转型的道路。

至新中国成立,我国才正式开始由农耕文明向商工文明转型,随着改革开放的深入,中国特色社会主义法治国家建设在这个时候开始加速。商工文明中,人们在理性思维的驱使下,对民主政治这种政治形态的追求、对法治这种国家治理方式的崇尚,是农耕文明中的人们不曾想象的。这一系列变化对整个社会生活、政治制度都产生了巨大的冲击,中国特色社会主义民主政治、中国特色社会主义法治国家、中国特色社会主义法律体系都是商工文明时代的产物,检察机关作为法律监督机构的宪法定位正是随着商工文明的转型发展而逐步确立的。

(二) 商工文明中的检察制度

新中国的检察制度肇始于1949年新中国政治协商会议筹备会第一次会议,会上董必武先生首次提出最高人民检察署作为国家最高检察机关的方案,新中国的检察制度由此孕育。1949年10月,中华人民共和国中央人民政府成立当月,最高人民检察署挂牌成立,新中国检察制度正式诞生。此后,《中央人民政府最高人民检察署试行组织条例》《各级地方人民检察署组织通则》等法规相继出台,为尚处于初创期的检察制度提供了法律依据。1954年《中华人民共和国宪法》将最高人民检察署正式更名为最高人民检察院,在最高国家立法层面确立了检察制度,但此时检察机关的宪法定位并不明确。除承担肃反、惩治战犯等政治性任务外,随着各级检察机构普遍建立,到1956年,各级人民检察院已经全部担负起审查批准逮捕人犯工作和审查起诉工作,在监所劳改监督工作方面,各级人民检察院对全国各地监所、劳改机关进行了普遍检查,有的地方已经建立了定期检查的制度;各级人民检察院在一般法律监督和处理人民申诉方面都做了不少的工作。① 这一时期，我国尚处在伴随着大机器生产的商工文明的工业化时期，稳定、发展是社会、国家的核心要务，内蕴法治、权力约束等要义的社会主义民主政治尚不完善，检察机关在国家权力架构中主要承担打击刑事犯罪职责，尚未成为国家的法律监督机关，设立法律监督机关并非这个时代的首要任务。

二十世纪七十年代末期，党中央强势拨乱反正，社会主义建设事业重回正轨，改革开放的总设计师邓小平把握时代主基调，明确指出"为了保障人民民主，必须加强法制。必须使民主制度化、法律化。"② 随着改革开放的逐步深入，我国逐渐融入全球化进程当中，商工文明给我们展示了法治国家的强大发展优势。人们对市场经济、民主、法治的欲求强烈，为国家的文明转型提供了群众基础。与此同时，检察制度走上了发展的快车道，尤其是党的十八大以来，中国特色社会主义进入新时代，在以习近平同志为核心的党中央坚强带领下，《宪法》《人民检察院组织法》《刑事诉讼法》等修法工作相继完成，检察机关在宪法上被确立为国家法律监督机关，检察机关的宪法定位得以明确。司法体制改革推动检察制度日臻完善，检察机关通过履行刑事检察、民事检察、行政检察、公益诉讼"四大检察"职能，做强刑事检察传统业务的同时，不断完善检察监督体系，中国特色社会主义检察制度逐渐走向成熟。

二、坚持检察机关法律监督宪法定位的理性考量

单从权力外表来看，检察权是与行政权、审判权等处于同一权力层级的国家权力，如果仅从实然权力体系安排来看，当然无法解释检察权究竟是什么样的权力、为什么检察权可以对其他国家权力进行监督、为什么检察机关应该处在法律监督地位等一系列问题。这些问题的答案就隐藏在对检察权的理性认识当中。

---

① 参见张鼎丞：《关于一九五六年以来检察工作情况的报告》，载中国政府网 http://www.gov.cn/test/2008-03/07/content_912348.htm。

② 《邓小平文选》（第二卷），人民出版社1983年版，第146页。

（一）检察权的权力属性

对于检察权的属性，有学者认为，"检察权即法律监督权是从统一的国家权力分离出来的、与行政权、军事权、审判权并列的一项国家权力"①，"法律赋予检察机关的所有职权都可以说具有法律监督的性质"②。当然也有学者对此提出不同意见，陈卫东教授就认为，如果说检察机关的发现、证明、举证即侦查活动是法律监督，那么为什么公安机关对违法犯罪行为的发现、证明、举证，即侦查、追诉就不是法律监督呢？③

我们认为，对于某项国家权力属性，可以从该项权力运行所能够产生的效果当中作出判断，即从权力功能的视角分析权力属性。对于检察权而言，行使检察权主要可能产生三个方面的效果。一是对社会主体的行为是否违反法律、是否构成犯罪作出判断，对于触犯刑法构成犯罪的主体，通过提起公诉，向审判机关提出施加刑罚的要求；二是对其他国家机关是否依法行使权力、是否存在侵犯公民权益的违法行政行为作出判断，通过检察意见、检察建议督促或者要求整改，抑或是通过提起行政诉讼，向审判机关提出裁断的要求；三是对某一个或某一些社会主体的行为是否侵犯了他人的民事权利或者社会公共利益作出判断，对侵犯他人合法权利或者社会公共利益的社会主体，通过民事审判监督、提起民事公益诉讼，向审判机关提出由该行为主体向大多数社会成员给予赔偿的要求。由此可知，检察权运行不能如立法权一般制定规范公民行为的权利义务准则，亦不同于军事部门可以掌控强大的武力，检察权的核心在于"判断"。那么可能会有人提出，检察机关对司法工作人员违法犯罪的侦查权显然不是单纯的"判断"，对此我们恐怕无法认同。

检察机关对司法工作人员在履行职责过程中违法犯罪行为的侦查职权，与公安机关、国家安全机关对侦查职权存在明显差异，尤其体现在人身强制力方面，检察机关在侦查活动中，对于由其决定的人身强制措

---

① 张智辉：《法律监督辨析》，载《人民检察》2000年第5期。
② 张智辉：《中国检察》（第20卷），中国检察出版社2007年版，第132页。
③ 陈卫东：《程序与正义之路》，法律出版社2005年版，第216页。

施，需要借助行政机关——公安机关的力量付诸实施。对司法工作人员职务犯罪侦查过程中，检察权行使所产生的效果，依然主要是对司法工作人员这一特殊主体的行为是否违反法律、是否构成犯罪作出审查、得出判断，对于被判断为构成犯罪的行为人，通过提起公诉，要求审判机关对其定罪处罚，权力行使所产生的效果并未超出"判断"的范畴。在当前我们国家的检察业务板块中，当然可以并入刑事检察板块。对于这种功能主要在于"判断"的检察权，我们认为应当将其划归至司法权的范畴当中。

人类对司法权的认识，截至孟德斯鸠时代依然不是特别清晰，直到美国制宪先贤汉密尔顿对司法权做了全新判断，人们对于司法权的认识才走向明朗。汉密尔顿认为司法权是与行政权、立法权完全不同的权力，"司法部门既无强制、又无意志，而只有判断，而且为实施其判断亦须借助于行政部门的力量"①。在汉密尔顿看来，司法权的核心在于判断，判断结果的执行应该交由执掌强制力量的行政机关或者监狱部门去负责。汉密尔顿对司法权的解释拨开了长久以来笼罩在司法权之上的迷雾，很好地将司法权与行政、立法、军事等国家权力区别开来。循着此种对司法权的认识逻辑，结合之前我们对检察权权力功能的分析，我们很自然地就可以将检察权划归到司法权的范畴当中，只有如此，我们才能够很好地解释，行使检察权的检察机关有权对涉嫌犯罪的行为人不起诉，从而事实上终止刑事诉讼程序；才能够解释检察机关仅决定或者批准逮捕而实际由公安机关具体执行；也才能够解释检察机关对于监狱等司法行政部门对犯罪人的刑事执行过程仅可监督，而不能越位接管。

还有另一个问题，即法院为什么不可以进行法律监督？在现代法治语境下，应然状态下行使审判权的法院，应当是站在中立地位居中裁判者，其更加突出的中立性要求法院在一定程度上保持超然地位，更少地介入可能产生法律纠纷的社会生活当中以保证其公正判断。此外，与中立性紧密关联的审判权的被动性也决定了法院并不适合承担有着一定主

---

① ［美］汉密尔顿、杰伊、麦迪逊等：《联邦党人文集》，程逢如、在汉、舒逊译，商务印书馆1980年版，第391页。

动性的法律监督职能，居中裁判本就是与主动监督存在天然的悖论，一旦法院采取主动行动那么就不可避免地要站在某一立场，与之伴随的还可能会有自身利益，即便该立场与诉讼双方均不相同、该利益对诉讼双方均无损害，也难保裁判立场的中立和裁判结果的公正。显然，法院作为诉讼程序中的终局裁判者，不适宜承担法律监督职能。

（二）检察权的人民性是检察机关宪法定位的根本理由

司法判断是司法官对不同行为主体间基于行为产生的关系的评价，是对行为主体是否违反义务、是否损害他人、行为是否正当，借助理性思维、结合良知考虑，对行为或权利义务状态做出的评论、断定，解决的是具体的、个体间的正义问题。这种判断作为人类思维活动只存在于人的精神领域，是观念层面的现象，这种判断活动主要是基于人的理性和良知作出的，是每个思维正常的人都可以实施的活动，但是受限于个人的认识和思维局限，以及个人的感性因素的干扰，个体的理性与群体的理性相较而言处于劣势，所以人民群体的良知和理性显然优于少数司法官员的良知和理性。正是在这个意义上，作为判断权的司法权最应该由人民行使，司法权是人民的权力。而且，作为群体的人民在作出判断时，总是站在第三方立场上，在理性和良知指导下作出判断，人民的判断最符合人民群众的群体性要求，也最能体现正义。这也正是古希腊城邦时代全体城邦公民直接行使司法权的原因所在，也是苏格拉底拒绝逃跑慷慨接受判决的依据所在。

现代国家权力架构中，检察权作为一种表现形式的司法权，由检察机关行使。我国地域广袤、人口众多，最现实的选择是由检察官、法官代表人民行使司法权，只有在特定的条件下，人民才可以分享、直接行使司法权。此外，就我们国家的政治制度来看，人民通过选举代表召开人民代表大会的形式，将人民享有的权力授权给国家，并通过制定宪法、法律安排国家的政治制度、权力结构等国家事务，充分捍卫人民的主权地位。

人民将检察权授予检察机关行使，又将检察机关设置为法律监督机关，并将这种定位通过宪法予以公布。那么行使检察权的检察机关，其宪法定位就是人民的选择，是人民协议作出或者同意的政治安排。正是由于检察权是人民作为国家最高主权者委托检察机关代为行使,所以人民检察院才应当依照法律规定独立行使检察权,不受行政机关、社会团体或个人的干涉。相反,由于检察机关的宪法定位来自人民的选择,作为人民授权或者同意的法律监督机关,检察机关才有权通过提起公诉、提出检察建议、作出刑事执行监督等检察权的具体行使来实施法律监督,对于检察机关的法律监督,其他国家机关、个人、社会团体理应接受。在这个意义上可以说,检察权的人民性就是检察机关作为法律监机关的观念基础和理论依据。

加强基层院检察信息工作的实践路径探析

——以 F 区检察院为例

贺永涛　孟凡玉[*]

检察信息是反映检察院各项工作状况、经验、问题等内容的内部资讯材料，是检察中心工作的"晴雨表"和"助推器"，更是辅助上级决策和指导工作的重要依据。2014 年 5 月 8 日，习近平总书记到中央办公厅视察调研强调，要围绕大局反映情况、报送信息，当好党中央的"千里眼、顺风耳"，为党中央科学决策提供重要依据。[①] 2022 年全国检察机关办公室工作会议指出，要把检察信息工作摆进去，在检察全局中找准位置、发挥作用，进一步强调了加强检察信息工作的重要意义。近年来，F 区检察院充分发挥办案体量大、案件类型丰富的优势，深挖检察信息"富矿"，围绕上级关注焦点、检察工作重点、区域特色亮点、社会关注热点等编发检察信息千余篇，信息成绩始终走在全市基层院前列。

一、加强检察信息工作的必要性

（一）加强信息工作是时代要求

党的十八大胜利召开，中国进入新时代，中国特色社会主义法治体系不断健全，检察机关在以习近平同志为核心的党中央坚强领导下，坚

---

[*] 贺永涛，北京市丰台区人民检察院办公室（行政事务管理部）负责人；孟凡玉，北京市丰台区人民检察院办公室（行政事务管理部）干部。

[①] 参见《不断提高"三服务"质量和水平 为党和国家事业发展再立新功》，载《秘书工作》2014 年第 6 期。

持以习近平法治思想为指引,检察工作各方面得到新发展。党的十九大以来,最高检提出"讲政治、顾大局、谋发展、重自强"的总体要求,开拓形成"四大检察""十大业务"法律监督新格局,检察工作进入新境界,检察事业踏上新征程,每个检察院、每一条线、每位检察人都重任在肩。作为"参与政务、管理事务、搞好服务"的"枢纽、参谋、助手、窗口",检察院办公室需第一时间适应形势发展,正确认识和把握形势要求,这就要求作为办公室"龙头"工作的检察信息要立足决策参谋中心职能定位,顺应时代坐标,做优检察工作"小窗口",紧扣新时代检察工作发挥"以文辅政"功能。

(二)加强信息工作是检察工作需要

当前,百年变局和世纪疫情持续交织,新时代社会主要矛盾转化,人民群众对民主、法治、公平、正义等有内涵更丰富和水平更高的需求,这就要求我们把推动检察工作高质量发展的注意力和立足点进一步集中在为大局服务、为人民司法上来,深入贯彻全国检察机关办公室工作会议精神,客观反映检察履职情况的重点、难点、创新点,抓源治本,推进溯源治理,深化运用"案－件比"理念,助推办案数量、质量、效率、结构、效益有机统一,通过补充检察信息供给、提升检察信息质效、调整检察信息结构,为领导决策服务,激发检察信息在检察决策施行、检察管理运行、司法效能展现方面的聚合辐射作用,力争实现检察信息工作与"四大检察""十大业务"携手,认同、践行、做实一体履职。

(三)加强信息工作是互动共赢的重要渠道

最高检强调,要更加注重推进检察一体化机制建设,拓宽信息源头活水,探索打造大信息格局。检察信息是与上级机关、其他基层院沟通联系的重要方式,通过发挥信息直报点作用、积极参与市院统筹约稿、密切与兄弟院信息协作,激发检察信息一体化红利。检察信息是加强与本级党委政府沟通联系的重要抓手,我们依托请示报告重大事项、专项汇报等机制上报信息调研情况,实现工作报告、检察信息灵活转化,为区域社会治理贡献检察智慧。检察信息是搭建与人大代表、政协委员沟通联系的桥梁，是自觉接受法定监督、民主监督的重要方式，我们将工作成效、经验做法类检察信息转化成微信文章发布，并在代表、委员一对一联络群进行推送，为代表、委员了解、支持、监督检察工作提供新渠道。

二、当前基层院检察信息工作基本情况和存在的问题

（一）F区检察院检察信息工作基本情况

信息工作是政治性很强的业务工作，也是业务性很强的政治工作，要充分发挥政治引领作用。依托"学习型党支部"品牌建设，F区检察院办公室党支部打造"支部充电站"，每周集体研学会议、文件精神，灵活自学业务技能，目前有8人次通过法考、注册会计师等考试，2人攻读博士学位，荣获"北京市检察机关先进集体""全国检察宣传先进个人"等集体、个人荣誉10余项，学习氛围浓、后劲足，为检察信息工作开展打下坚实基础。检察信息工作现有主管办公室工作主任1名，信息员3名，设有动态综合、调研与参考、工作简报、要情专报、工作交流五类固定刊物，同时，开设十进百家千人普法、扫黑除恶等流动专刊，不定期发布上级约稿。2017年以来，F区检察院共编发检察信息1000余篇，上级采用率达45%[①]，2018年被选为最高检信息直报点，信息质量、分数排名呈现稳中有升趋势，培养并向相关单位输送了一批优秀信息人才，集体、个人信息工作多次受到上级表扬。

（二）基层院检察信息工作存在的问题

取得进步的同时，也应看到基层院检察信息工作也存在诸多不足。

1. 工作理念转变不及时。形势任务变化、改革走向深入，检察信息工作面临更现实、更突出的跟上、适应、提高的问题，理念转变是其中的关键。从现状来看，基层院部分检察干警工作理念、思维方式尚未完全转变，对检察信息与检察中心工作的辩证统一关系存在片面理解，

[①] 统计数据：2017年1月1日至2022年11月18日，上级采用包括上级综合、单独采用条目。

缺乏"大信息"的格局，导致信息编写站位不高、能动性不足、实用性降低。

2. 信息机制建设不完善。随着司法责任制改革不断巩固深化，如何加强信息组织力、调动全院信息编写积极性、拓展信息源头活水，成为亟待解决的问题。当前信息机制顶层设计不完善、协调报送抓手少、信息考评"鲇鱼效应"发挥不充分等问题仍存在，重视检察信息工作机制建设，用机制激发内生动力、保障编写质量、加快信息流转迫在眉睫。

3. 信息队伍发展不均衡。分类管理改革以来，基层院综合部门人员调整力度较大，年龄结构老化、素能相对单一、上升通道不畅，优秀人才向上级单位、业务一线倾斜、流动。办公室信息岗位面临人员更新快、法律专业背景少、业务经验缺乏、身兼数职等问题，检察信息"稿－件比"得不到优化，选题标准、稿件质量、创新程度等就难以提升，严重影响信息工作质效发挥，加强检察信息队伍建设任重道远。

三、加强基层院检察信息工作实践路径探析

（一）把信息理念变革放在更加突出的位置

理念一新天地宽，先进的理念为检察信息工作创新发展提供正确指引。新时代党的检察事业整体性重塑，对检察信息提出守正创新的要求，要提高信息质量、优化文稿服务，就必须突出思想要素的核心地位，以理念变革促问题解决。要树立大局理念，围绕中心、服务大局是检察信息工作讲政治的具体要求和体现，始终牢记"国之大者"，立足决策参谋中心定位，把信息工作放到经济社会发展的大背景中思考，放在检察工作全局中来把握，找准"以文辅政"的结合点、着力点，使信息工作紧贴党中央部署、跟上适应院党组要求，以"检察信息智囊"助推区域社会治理。例如，党的二十大报告突出强调，全面依法治国是国家治理的一场深刻革命，检察机关在办案中发现，反复、大量发生的违法犯罪行为，大都与社会治理基础工作密切相关，因此F区检察院分析汇总司法数据、典型案例，深挖商超自助结账盗窃乱象等高发频发"小案"背后的社会治理问题，打通"个案办理—类案监督—系统治

理"路径，以检察信息助力溯源治理、系统治理。要坚持系统观念，检察信息不仅是办公室的工作，更是检察院的工作，检察监督办案是检察信息的源头活水，做好信息工作是各部门的共同责任，要推动各部门横向一体履职，共同提高信息工作、检察工作质效。要提升创新意识，形势任务在变，信息工作要跟上、适应就必须勇于求变。检察信息创新发展是一项系统工程，涉及理念更新、制度设计、机制完善、队伍建设等各方面，要坚持以习近平法治思想为指引，顺应检察形势任务的变化，讲好新时代检察故事，提高信息可读性和传播力。

（二）以加强制度供给激发检察信息内生动力

一是规范信息选题报送、反馈机制。严格控制检察信息的"流量""流向"，强化办公室统筹、具体部门负责的信息协作方式，办公室围绕上级要求部署、本院重点亮点工作、社会民生热点、办案监督难点堵点，向各部门征集重点信息选题，在全院公布中选名单，提高信息工作统筹性与计划性。对信息编发、上级采用情况按月通报、按季总结，规划信息工作方向；主管院领导对问题部门、个人进行约谈，压实信息报送、编写责任；依托年度"信息先进集体""信息先进个人"评选，全面反映信息工作开展情况，进一步完善全院大信息格局。二是完善信息考评机制。为适应形势要求和绩效考评工作开展，最高检、市检院已于2021年对信息工作规定、考评相关内容进行更新调整，在此基础上，F区检察院修订《信息工作管理规定》《信息工作考评实施细则》等文件，规范信息考评、质量评价、分数计算等各项标准；增加错情通报机制，纠正和预防同类问题，深化"错源治理"；规范考评结果运用，将检察信息作为考察指标纳入各类检察人员业绩评价体系，充分发挥考核"指挥棒"作用，推动信息工作融入提升检察质效大局。三是健全信息人才培养机制。严把公务员招录关，对司法行政人员专业、学历进行限定，适应文字岗专业性较强需求；规范专业化培训，打通院内与院外、行政岗与业务岗、线上与线下壁垒，破解能力赤字，邀请最高检、市检院和市委、区委等单位从事文字工作专家进行政策研读、信息写作、选题技巧等方面的授课培训，提升信息撰写、编发规范性、前沿性；依托"以干代训"，安排信息员赴上级单位开展工作交流学习，拓展视野、增长才干。

(三) 把融入检察主责主业作为提升信息服务的着力点

作为反映检察工作情况的"晴雨表",检察信息要以"如我在位"的思维方式做好服务工作,把自身置于"四大检察""十大业务"当中,不断提升信息工作与检察中心工作的"咬合度""咬合力",以综合部门更宽视野,打破业务部门惯性思维桎梏,发现短板、弱项,以检察信息"反哺"业务工作。要抓重点,每个阶段检察工作都有工作重点,"秉纲而目自张",抓住"牛鼻子"也就抓住检察信息的着力点。例如,对于检察队伍建设这类长期性重点工作,要分环节跟踪、找节点做汇总,确保检察信息系统性;对于打击整治养老诈骗这类专项活动,要集中力量编写综合性信息,及时反映工作进展、总结经验成效;对于普法宣传、结对共建等临时性重点工作,要"掌握火候",第一时间提供鲜活的动态信息。要抓难点,检察工作要"求极致",信息工作就要多"溯源",改变"关起门来做信息"的被动局面,善于从业务工作中发现苗头性、倾向性问题,及时反映检察业务开展过程中的新情况、"中梗阻",以"求解"的态度,研究破解思路、提供务实举措,在检察工作"热运行"中提供检察信息"冷思考"。例如,围绕《刑法修正案(十一)》生效后正式入刑的高空抛物类案件,编写"高空抛物入刑以来案件特点及实务困境分析",将数据统计、理论分析与检察实务相结合,总结案件特点、分析现实困境,为明确该罪名强制措施适用情况以及入罪标准提供建议,得到上级认可。要抓节点,检察信息讲政治、讲业务,也要重时效、盯节点,遇重大敏感案件、紧急突发事件,要及时跟进、准确报送,第一时间向上级反映案件进展。在一些重大历史节点,检察信息更要严把报送范围、注重报送时效、规范报送内容,为营造安全稳定社会环境发挥重要作用。同时,紧盯时间节点,讲好新时代检察故事。例如,在六一儿童节、全民国家安全教育日编发活动信息,反映当前特色、亮点工作。

(四) 以信息高质量发展服务保障区域经济社会高质量发展

习近平总书记强调,要围绕大局反映情况、报送信息。落实到检察信息工作中，就是要围绕区域特色亮点、人民群众关注的焦点问题等扎实调研、敏锐发现，及时撰写、报送更有价值的信息，实现治罪与治理并重。要围绕区域特色策划选题，如近年来在中央、市委、区委的领导下，F区突出创新驱动、加快转型升级，F区检察院立足丽泽商务区和中关村丰台园创新发展的区位优势，编发"立足办案促改革、谋发展深入推进知识产权检察综合履职""提升金融检察专业化办案水平服务保障区域高质量发展"等信息，强化知识产权保护、服务高科技企业、营造良好营商环境，提供适配性更高的检察产品。要围绕社会关注点编发信息，在检察内网开通扫黑除恶、检察为民办实事、十进百家千人普法等信息专栏，围绕涉众型经济犯罪、未成年人权益保护、食品药品安全、生产生活安全等问题进行深度分析，编发相关信息，并及时向市院、区委、政法委请示报告，反映检察工作全貌。要提升检察信息前瞻性、穿透性，对倾向性、趋势性、高风险、类型化等问题进行总结、提炼和预判，做好党委政府的法治参谋。例如，就办案中发现的借机冬奥会非法敛财严重损害冬奥会形象和国家利益、非法运营垃圾严重污染环境、企业滥用税收红利造成国家税款流失等问题进行分析，提出对策建议，为上级决策提供有力数据、案例支撑。

检察官自由裁量权的内部监督机制研究

刘 亮 焦 珂[*]

近年来,随着司法体制改革不断落地生根,检察官的自由裁量权随之不断扩大,这种趋势使"能动司法"理念在检察官队伍中更加深入人心,有效巩固了司法体制改革成果。同时应当看到,检察官自由裁量权的行使一旦出现监督与制约的"真空",将会对公民个人和社会公平正义产生极大隐患。本文在风险管控与案件质效平衡的视角下,探讨如何对检察官自由裁量权进行有效内部监督,最终实现"公正"与"效率"的统一。

一、检察官自由裁量权概述

(一) 自由裁量权与检察官自由裁量权的定义

"自由裁量权"一词系舶来品,根据《布莱克法律辞典》,自由裁量权指酌情作出决定的权力,执法者对规则的界限予以界定,按照情势所需或在规定的限度内能够行使自由裁夺的权力。关于检察官自由裁量权,[①]《布莱克法律辞典》将其定义为检察官对刑事案件选择适用指控、起诉、不起诉、辩诉交易和量刑建议的权力。[②] 该定义虽然带有西方法治环境色彩,但对我国检察官自由裁量权的定义也有一定参考意义;另

---

[*] 刘亮,北京市丰台区人民检察院第一检察部主任、检察官;焦珂,北京市丰台区人民检察院第一检察部检察官助理。

① 参见陆路:《权力清单对检察官自由裁量权的保障与控制》,载《法制与经济》2017年第3期。

② 参见陈涛:《检察官自由裁量权和不起诉裁量权的内涵及特征》,载《法制与社会》2012年第28期。

外,龙宗智教授也对检察官自由裁量权作出了定义,认为检察官自由裁量权是"检察官根据法律授权,就是否实施以及如何实施刑事追诉所行使的酌定处置权。"①

笔者认为,在我国现行司法体制下,检察官自由裁量权是指在刑事诉讼过程中,员额检察官依法独立决定事实认定、法律适用以及适用强制措施等自主性权力。

(二)我国检察官自由裁量权的历史沿革

早在司法体制改革之前,即新中国成立初期就产生了免予起诉制度,并在国家刑事司法实践中得以广泛应用,1996年,修改刑事诉讼法时废除了免予起诉相关规定,但该修正案保留了免予起诉制度的合理精神,即在一定范围内,检察院有权决定是否将案件提交审判机关。可见,长期以来我国检察机关即具有自由裁量权,但需要注意的是,该自由裁量权的行使主体是检察机关,而非检察官个人。2013年,党的十八届三中全会通过了《中共中央关于全面深化改革若干重大问题的决定》,对于司法体制改革提出明确要求,2014年,中央全面深化改革领导小组第三次会议审议通过了《关于司法体制改革试点若干问题的框架意见》,明确完善司法责任制,凸显主任检察官在办案中的主体地位,主任检察官作为办案组织的负责人,在检察长依法授权内对作出的案件处理决定承担办案责任,至此,我国检察官才正式具有了一定的自由裁量权。

(三)检察官自由裁量权存在的合理性

法国启蒙思想家孟德斯鸠曾经说过:"一切有权力的人都容易滥用权力,这是万古不变的一条经验。"但赋予检察官自由裁量权仍然是司法改革的主流,检察官自由裁量权存在的合理性主要体现在以下几个方面:一是在案件证据把控方面,检察官办案的亲历性决定了"谁办案、谁决定"的合理性。检察官作为案件承办人,直接审阅卷宗,直面案件当事人,相比部门负责人或检察长等非直接办案人员,往往更全面、

---

① 参见龙宗智:《检察官自由裁量权论纲》,载《人民检察》2005年第15期。

及时地掌握案件情况，检察官对案件作决定，能够避免"办案"与"决定"相割裂的尴尬局面。二是在案件法律适用方面，检察官更加了解案件背景及情节，能够更加恰当地适用法律。无论成文法国家的法律条文，还是判例法国家的判例，均具有抽象性，需要检察官将抽象的法律规范和具体的事实进行对应，从而使法律制度规范得到有效实施，否则，法律制度将被"束之高阁"，而实际办理案件的检察官，作为法律的实施者最为合适。三是在司法效率提升方面，赋予检察官自由裁量权能够更加及时地实现正义。公平正义是司法追求的重要价值，但仅追求公平正义而忽略效率是不可行的，"迟到的正义非正义"，司法效率同样关系法律制度优良程度以及当事人的切身利益，检察官自由裁量权的积极行使能有效提高司法效率、节省司法成本。

二、检察官自由裁量权内部监督模式的变迁

我国检察官自由裁量权内部监督模式存在一定的演变规律，主要体现在《刑事诉讼法》《人民检察院刑事诉讼规则》的历次变化以及司法体制改革内容之中。

（一）2016年司法体制改革之前

1. 一般性规定

1999年《人民检察院刑事诉讼规则》第4条规定，人民检察院办理刑事案件，由检察人员承办，办案部门负责人审核，检察长或者检察委员会决定；之后1999年的修正、2012年的修订均保留了"检察人员承办，办案部门负责人审核，检察长或者检察委员会决定"的规定。

2. 具体事权规定

审查批准逮捕方面，1979年《刑事诉讼法》、1996年《刑事诉讼法》、2012年《刑事诉讼法》、2018年《刑事诉讼法》均规定了人民检察院审查批准逮捕犯罪嫌疑人由检察长决定，且重大案件应当提交检察委员会讨论决定。根据2012年《人民检察院刑事诉讼规则（试行）》规定，不批准逮捕由检察长决定。

审查起诉方面，根据1999年《人民检察院刑事诉讼规则》规定，法定不起诉由检察长决定，证据不足不起诉、相对不起诉由检察委员会

决定。根据 2012 年《人民检察院刑事诉讼规则（试行）》规定，起诉、法定不起诉、证据不足不起诉、相对不起诉均由检察长或者检察委员会决定。

综上所述，结合长期以来的司法实践，在 2016 年司法体制改革之前，我国一直沿用"检察官承办、部门审核、检察长或检委会决定"的模式，检察官在办理案件时不具有自由裁量权，具体到批准逮捕、不批准逮捕、起诉、不起诉决定，检察官均无权独立作出，受到检察长或检委会的严格制约。

（二）2016 年司法体制改革至 2019 年

2016 年我国司法体制改革中，各地检察机关根据改革要求，相继制定检察官司法办案权限清单、具体工作方案等，明确检察官权力行使范围，以具有代表性的 B 市人民检察院司法改革相关规定为例，2016 年 8 月，B 市人民检察院发布了检察官司法办案权限清单、检察员履职清单，对检察官（检察员）权力行使范围作出明确规定。重点规定内容如下：审查逮捕业务方面，检察员决定的事项为：对一般案件，决定逮捕、批准逮捕、同意重新计算侦查羁押期限等。检察长（副检察长）决定的事项为：对重大疑难复杂案件，决定逮捕、批准逮捕、同意重新计算侦查羁押期限；附条件逮捕；不（予）批准逮捕；撤销逮捕；对公安机关提请复议、复核案件作出处理决定等。公诉业务方面，检察员决定的事项为：对一般案件，决定提起公诉、提出没收违法所得申请、提出强制医疗申请等。检察长（副检察长）决定事项为：对重大疑难复杂案件，决定提起公诉、提出没收违法所得申请、提出强制医疗申请；变更逮捕强制措施；不起诉或撤销不起诉决定；撤回起诉；不提出没收违法所得或强制医疗申请；对公安机关提请复议、复核案件作出处理决定等。

同时，在司法改革进程中，"抓两大、放两小"的原则成为改革趋势，其中"两大"指重大疑难复杂案件和可能影响其他执法、司法机关判决、裁定、决定的诉讼监督案件，仍由检察长、检委会决定，"两小"指一般案件及非终局性事项、事务性事项，授权检察官决定。如 B 市 F 区在 2017 年制定相关规定"本院所受理的案件，除本规定所确定的重大、疑难、复杂案件，其他案件均属一般案件。对于一般案件的处理，由检察员依法作出决定（包括批准逮捕、不批准逮捕、起诉、不起诉、对未成年犯罪嫌疑人附条件不起诉）；对于确定为重大、疑难、复杂案件的处理，应当由检察员提出处理意见，提请检察长（副检察长）、检察委员会决定"，即并不从案件处理结果上区分权限，而是以案件重大复杂与否来进行区分。

通过有关规定，结合司法实践中的情况，通过2016年司法体制改革，具体到审查逮捕业务、公诉业务方面，我国检察官开始具有一般案件的批准逮捕、提起公诉权。至此，我国检察官不具有自由裁量权的局面被打破，且具有较大的自由裁量权。

（三）2019年至今

1. 一般性规定

与之前相比，2019年的《人民检察院刑事诉讼规则》发生了显著变化，其中第4条第1款规定："人民检察院办理刑事案件，由检察官、检察长、检察委员会在各自职权范围内对办案事项作出决定，并依照规定承担相应司法责任。"第2款规定："检察官在检察长领导下开展工作。重大办案事项，由检察长决定。检察长可以根据案件情况，提交检察委员会讨论决定。其他办案事项，检察长可以自行决定，也可以委托检察官决定。"第4款规定："以人民检察院名义制发的法律文书，由检察长签发；属于检察官职权范围内决定事项的，检察长可以授权检察官签发。"第5款规定："重大、疑难、复杂或者有社会影响的案件，应当向检察长报告。"第6条第2款规定："业务机构负责人对本部门的办案活动进行监督管理。需要报请检察长决定的事项和需要向检察长报告的案件，应当先由业务机构负责人审核。业务机构负责人可以主持召开检察官联席会议进行讨论，也可以直接报请检察长决定或者向检察长报告。"

2. 具体事权规定

根据2019年《人民检察院刑事诉讼规则》，不构成犯罪不批准逮捕、证据不足不批准逮捕、法定不起诉、证据不足不起诉、相对不起诉均由检察长决定。

由此可以看出，2019年之后，树立了检察官、检察长、检察委员会各司其职的基本规则，且明确强化了业务机构负责人的监督管理职责。在该阶段，不构成犯罪不批准逮捕、证据不足不批准逮捕、法定不起诉、证据不足不起诉、相对不起诉的决定权均收归检察长行使，检察官自由裁量权收紧。

（四）整体变化趋势

通过对比不同阶段检察官自由裁量权规定内容可以看出，2016年司法体制改革之前，检察官办理批捕、起诉案件，均受到检察长或检委会审批限制，无权直接决定案件最终处理结果，通过2016年司法体制改革，检察官自由裁量权范围大幅扩大，部分地区甚至赋予检察官一般性案件的处理决定权，但之后，又对检察官自由裁量权的行使加强了内部监督，具有反向收紧的趋势。因此，我国检察官自由裁量权的内部监督模式经历了"全面监督—大量放开—适度收紧"的整体变化趋势。

三、检察官自由裁量权现有内部监督模式

（一）检察机关内部监督模式

我国检察机关内部监督主要包括上级检察机关对下级检察机关的监督、同一检察机关内部的监督。上级检察机关与下级检察机关是领导与被领导的关系，法律还明文规定了交办、督办、报批、备案等制度，都直接体现了上级机关对下级机关的权力制约。同时，在同一检察机关内部，不同部门有明确分工，彼此之间形成制约，如业务办案部门受到本单位案件管理部门的监督及检务督察部门的制约等。

（二）检察官自由裁量权内部监督模式

目前我国检察官自由裁量权内部监督主要体现在以下几个方面：

一是部门负责人监督。现行《人民检察院刑事诉讼规则》第6条第2款规定："业务机构负责人对本部门的办案活动进行监督管理。需要报请检察长决定的事项和需要向检察长报告的案件，应当先由业务机构负责人审核。业务机构负责人可以主持召开检察官联席会议进行讨论，也可以直接报请检察长决定或者向检察长报告。"

二是检察长监督。现行《人民检察院刑事诉讼规则》第 4 条第 2 款规定:"检察官在检察长领导下开展工作。重大办案事项,由检察长决定。检察长可以根据案件情况,提交检察委员会讨论决定。其他办案事项,检察长可以自行决定,也可以委托检察官决定";第 5 款规定:"重大、疑难、复杂或者有社会影响的案件,应当向检察长报告"。第 285 条第 3 款规定:"对于因犯罪嫌疑人没有犯罪事实、具有刑事诉讼法第十六条规定的情形之一或者证据不足,人民检察院拟作出不批准逮捕决定的,应当经检察长批准。"第 337 条规定:"人民检察院在审查起诉阶段认为需要逮捕犯罪嫌疑人的,应当经检察长决定。"第 365 条第 1 款规定:"人民检察院对于监察机关或者公安机关移送起诉的案件,发现犯罪嫌疑人没有犯罪事实,或者符合刑事诉讼法第十六条规定的情形之一的,经检察长批准,应当作出不起诉决定。"第 370 条规定:"人民检察院对于犯罪情节轻微,依照刑法规定不需要判处刑罚或者免除刑罚的,经检察长批准,可以作出不起诉决定。"

三是本院检委会监督。现行《人民检察院刑事诉讼规则》第 4 条第 2 款规定:"重大办案事项,由检察长决定。检察长可以根据案件情况,提交检察委员会讨论决定。"

四、检察官自由裁量权内部监督存在的问题

(一)"捕诉一体"一定程度上弱化了内部监督力度

2016 年司法体制改革前,批捕权、起诉权分由不同的检察官行使,改革后,批捕权、起诉权整合至同一个检察官,"捕诉一体"提高了办案的连贯性,有利于同一承办人对案件的整体把握,也提升了司法效率,但不可忽视的是,"捕诉一体"也在一定程度上削弱了后续程序对前置程序的监督,由于同一案件在审查逮捕阶段和审查起诉阶段均由同一检察官承办,承办人往往出于各种考量,对之前已作出逮捕决定的案件,极少作出不起诉的决定,以保持同一案件处理的一致性,虽然案件管理监督部门可以对该情况进行监督,但案件管理监督以事后监督为主,难以在事前、事中有效监督检察官行使自由裁量权的行为。

（二）检察官自由裁量权行使带来一定的监督"盲区"

司法责任制改革后，员额检察官在审查起诉阶段的自由裁量权随之扩大，同时检察官自由裁量权行使的一些问题日渐突出，使得此部分权力在行使过程中缺乏监督，主要体现在以下几个方面：

一是减少事实，主要体现为将多个犯罪事实中的部分犯罪事实不作为犯罪处理。例如，针对被移送起诉的同一名嫌疑人实施的 A 事实和 B 事实，仅对其中的 A 事实作出起诉或者不起诉决定，而对于 B 事实，既未提起公诉，也未作出不起诉处理，使其处于搁置状态。

二是减少罪名，主要体现为直接"抹去"部分罪名。如犯罪嫌疑人被以盗窃罪、诈骗罪两个罪名移送审查起诉，承办检察官经审查认为，该名犯罪嫌疑人涉嫌诈骗罪的证据不足而不予认定，仅以其中的盗窃罪提起公诉。

三是降档刑期，是指针对具有两档以上刑期的罪名，在案件处理中直接适用低档刑期。如移送起诉的事实为入户抢劫，但是承办检察官将入户情节不予认定，而直接适用抢劫罪的基本刑期。又如将重罪变更为轻罪，如公安机关移送起诉的罪名为诈骗罪，但承办检察官起诉时直接认定为伪造国家机关印章罪。

以上减少事实、减少罪名、降档刑期的做法，均会对当事人的权益带来重大影响，这些事实、罪名、刑期的减少从某种程度上而言，与不起诉产生了同样的效果，同时规避了法律规定的各种监督，也会导致被害人申诉自诉救济权的剥夺，因此对此类自由裁量权行使的行为进行监督具有现实必要性。

五、检察官自由裁量权的监督机制构想

检察官自由裁量权行使中的一些问题直接导致监督的缺失，并进一步导致相应救济权难以实现，我国现行的监督机制虽然在很长一段时间内发挥了作用，但针对实务中日渐突出的问题，以及检察官自由裁量权扩大导致监督难度加大的实际状况，目前的监督机制已难以适应实践的需要，故应当进一步探索针对检察官自由裁量权行使的新监督机制。

（一）推动权力行使"显性化"，力破监督"盲区"

推动检察官自由裁量权"显性化"行使，将检察官行使自由裁量权的相关案件与不起诉等同，纳入检察长决定事项。即针对案件减少事实、罪名以及量刑降档等情况，由员额检察官向部门负责人单独作出说明，部门负责人审核后，由主管检察长审批决定，并在案件审查报告中予以明确体现。审查报告中应当对减少事实、罪名的原因进行完整、充分的分析，员额检察官不得对公安机关移送审查起诉的事实、罪名直接减去，以此种内部监督的方式，适度收紧检察官自由裁量权。

（二）构建"部门一体化"机制，强化部门监督职责

除了检察官按照法律规定主动汇报部分案件，还应当从部门层面加强对检察官自由裁量权的监督。现行《人民检察院刑事诉讼规则》明确规定，业务机构负责人对本部门的办案活动进行监督管理。为进一步强化内部监督的效果，应当构建"部门一体化"机制，业务部门负责人对本部门检察官自由裁量权的行使加强日常监管，部门整体掌握检察官受理案件情况、办理案件进展、案件处理结果等数据。为了避免检察官规避监督、隐匿行使自由裁量权，在受理案件时，检察官应当将公安机关移送的起诉意见书等法律文书向部门负责人备案，拟起诉前，检察官应当将起诉书向部门负责人备案，部门负责人经过比对发现检察官有未经审批行使有关减少事实、罪名及量刑降档等自由裁量权的情况时，应当及时提出，要求检察官提交检察长决定。同时，部门负责人应当通过检察官联席会议、学习交流等方式，就类案证据认定标准、量刑标准等在部门内部进行统一，规范检察官自由裁量权的行使。

撰写社会治理类检察建议的探索

卢圣勇[*]

检察建议是人民检察院依法履行法律监督职责，参与社会治理，维护司法公正，促进依法行政，预防和减少违法犯罪，保护公共利益，维护个人和组织合法权益，保障法律统一正确实施的重要方式。2018年12月25日，最高人民检察院第十三届检察委员会第十二次会议通过的《人民检察院检察建议工作规定》（以下简称《规定》，于2019年2月26日施行）明确，检察建议（书）包含再审检察建议、纠正违法检察建议、公益诉讼检察建议、社会治理检察建议和其他检察建议等五种类型。其中社会治理类检察建议，由于对推进法治政府和法治社会建设中具有重要积极作用，被各级检察机关广泛适用。为保证社会治理类检察建议制发的质量和实效，《规定》第17条明确，"检察官依据本规定第十一条起草的检察建议书，报送检察长前，应当送本院负责法律政策研究的部门对检察建议的必要性、合法性、说理性等进行审核。"笔者长期从事检察建议撰写和审核修改工作，就如何规范制作一份高质量的社会治理类检察建议做初步探讨。

一、检察建议的渊源与定位

检察建议作为检察机关履行法律监督职能的重要体现，其发展历史渊源流长。检察建议这一形式，最早是在二十世纪五十年代，参照苏联检察制度设计和检察实践的经验提出和实行的。1951年《各级地方人

---

[*] 卢圣勇，北京市丰台区人民检察院第八检察部副主任、检察官。

民检察署组织通则》规定,"检察各级地方政府机关、公务人员和国民是否严格遵守中国人民政治协商会议共同纲领、人民政府的政策方针和法律法令",此职责被称为一般监督。由于当时检察工作刚刚创立,工作经验缺乏,一般监督在起步阶段选择了建议书的形式。1954年《人民检察院组织法》颁布,将检察建议作为一般监督的形式之一。1978年,检察建议被作为参与社会治安综合治理的一种措施。2001年,最高人民检察院《关于刑事抗诉工作的若干意见》和《人民检察院民事行政抗诉案件办案规则》,将检察建议确定为诉讼监督的一种方式。2009年《人民检察院检察建议工作规定(试行)》,将检察建议作为参与社会治安综合治理、预防和减少违法犯罪的延伸性工作方式。2012年修订的《民事诉讼法》和2014年修订的《行政诉讼法》,将检察建议确立为检察机关履行诉讼监督职责的一种方式。2018年《人民检察院组织法》,将检察建议确立为人民检察院行使法律监督的方式之一。2019年,《人民检察院检察建议工作规定》和《人民检察院检察建议督促落实统管工作办法》的发布,为用好用活用实检察建议提供了具体依据和规则支持。

社会治理类检察建议是《规定》列举的五种检察建议类型之一。《规定》第8条至第12条对各类检察建议的使用进行了详细规定。所谓社会治理类检察建议,是指针对检察履职过程中发现有关机关和单位存在违法犯罪隐患、管理监督漏洞、风险预警和防控不到位等普遍性倾向性问题,以及需要给予有关涉案人员、责任人员或组织行政处罚、政务处分、行业惩戒等情形,向行政机关、司法机关、企事业单位、人民团体、社会组织等单位制发的检察法律文书,目的在于帮助发案单位建章立制、改进工作、加强监管、完善治理等。

近年来,随着检察工作创新发展,检察建议越来越受到各级院高度重视,检察建议的制发数量明显上升。仅2022年上半年,全国检察机关共制发各类检察建议16.7万份,较同期增长超30%;回复率同比增长11.73个百分点;已收到回复的检察建议中,采纳率为99.39%,比2021年上半年增长1.22个百分点。五类检察建议中,社会治理检察建议接近2万份,落实最高人民检察院第一至八号检察建议的有1500多份；社会治理检察建议回复率超80%，已收到回复的检察建议中，采纳率为99.09%。落实效果方面，952份检察建议推动被建议单位形成长效机制或者出台规范性文件，3359份检察建议推动了本地、本部门以外的地方、单位改进工作、完善治理。

二、社会治理类检察建议文书要求

制作一份高质量的社会治理类检察建议书，是检察机关法律监督工作的重要体现，是各条线检察官的业务必备技能，也是落实司法责任制、参与一线办案的基本要求，具体包括三个方面的标准和要求。

（一）格式规范标准

格式规范，是法律文书制作的一项基本要求，也是衡量文书质量必不可少的条件。制作检察建议只有遵循规范要求，才能形式统一，保证完整性、准确性和有效性。《人民检察院检察建议法律文书格式样本》（以下简称《格式样本》），列举了包含社会治理类检察建议在内的11种样式的检察建议文书。从格式样本看，一份规范标准的检察建议书包含标题、主送单位、案件或问题的来源、认定的事实或经调查核实的事实证据、存在的问题与隐患、建议内容与依据、异议与回复期间和其他等八个部分。上述八个方面的内容，由于检察建议制发的对象和内容不同，详略或有不同，但都是要求具备的。此外，《格式样本》还对检察建议的文书文号编号、印刷格式等方面进行了详细规定，以确保发出的检察建议文书格式规范、内容完整、美观大方。

（二）内容准确深刻

检察建议内容表述准确深刻，既是检察工作严谨作风的体现，也关系到后续检察建议内容的落实。一份高质量的社会治理类检察建议，既要能体现出检察机关在制作文书背后所做的大量工作，比如调查核实等过程，又要让被建议单位直观清楚了解到自身存在的问题、问题原因所在以及下一步如何解决，否则就达不到制发检察建议的效果。特别是检察建议中"认定的事实、指出存在的问题以及提出的意见建议"，必须有理有据、全面准确，简单讲就是要求"背景交代简洁明白，点问题直击要害,提出的意见建议有实操性",等等。

(三)语言简洁得体

检察建议作为法律文书的一种,目的是释法说理,主要功能在于达意,而非传情。因此,其语言风格区别于一般文学作品,要求庄重而质朴,体现法律的严肃性。具体来讲,首先,用语要客观理性、中立平和,避免使用带有强烈感情色彩、道德评价色彩和政治色彩的词语。比如在认定事实部分,对犯罪嫌疑人(被告人)在多个场所作案的,表述为"多次流窜至多个场所作案",就带有明显的个人主观色彩;其次,要求语言精炼得体,要围绕审查认定的事实、法律适用等要素,以最简练的语言完整表达内容,明晰法理。同时,还要注意语言的得体。因为制发对象是案件的发案单位,释法说理要求有理有据,提出问题要不卑不亢。

三、社会治理类检察建议的撰写

就如何高质量撰写社会治理类检察建议,下面就主要部分分别展开:

(一)关于标题和文书文号

检察建议的标题,表明检察建议制发的单位,要求文书标题中的检察院名称与正式文书盖章的检察院印一致,基层人民检察院应当冠以省、自治区、直辖市名称。如丰台区人民检察院制发的检察建议,标题应当为"北京市丰台区人民检察院检察建议书"。标题居中,"×××　×人民检察院"单列一行,字体为宋体小二号,"检察建议书"另起一行,文书名称字体为宋体二号加粗。正文内容字体为仿宋_GB2312三号。

检察建议文书文号,是机关内部文件管理的重要依据和凭证,也是档案存储的重要依据。不同类型的检察建议书,文号是不同的,要区别运用。如对刑事诉讼活动或者执行活动中存在的普遍性、倾向性违法问题或者其他重大隐患,以及有关单位社会治理工作中存在的问题的监督,文书号应当为:×检建〔20××〕×号。再如,对生效判决、裁定或者调解书的监督，文书号应当为：×检刑/民/行监〔20××〕×号，等等，不能混用。文书文号在标题的下一行，楷体_GB2312四号，居右。

（二）关于主送单位

主送单位，也就是检察建议书中的被建议单位，或者说涉案单位。根据《规定》第3条第1款和第11条规定，人民检察院发现本院所办理案件的涉案单位存在制度不健全不落实等社会治理问题的，可以直接向其提出检察建议。最高人民检察院《检察机关开展检察建议工作有关问题的解答》进一步细化规定，"涉案单位包括两种情形：一是本院所办理案件的当事人，比如单位犯罪案件被告人，刑事案件被害人为单位的，行政诉讼监督案件中涉案行政机关，等等；二是本院所办理案件当事人所在的单位，并且案件事实与单位存在的制度漏洞、管理疏漏等问题具有紧密联系，比如犯罪嫌疑人利用其所在单位会计制度漏洞实施犯罪，其所在单位也属于涉案单位。企事业单位、人民团体和社会组织的分支机构符合上述情形的，也属于涉案单位。"

实践中，由于对涉案单位的理解不一，导致错误频出，严重影响检察机关威信和执法公信力。常见错误有：向发案单位内部无行政主体的下属单位或者内设机构制发检察建议；案件涉及多家行政单位，一份检察建议一个文号，向多家单位制发，等等。为达到检察建议的制发效果，一般是向具有民事主体资格的单位制发，不能为图简单省事，向涉案单位的内设机构或没有独立资格的下属机构制发。此外，依据机关公文处理相关规定，一个主送单位对应一个文书文号，即使是相同的一份文件，因此一个文号不能送多家单位。

（三）关于案件和问题的来源

《格式样本》明确，案件或者问题的来源中，"应写明本院在办理案件或者履行法律监督职责中发现该单位存在的问题以及需要提出检察建议的有关情况。"也就是说，检察建议的开头部分，要对案件的来源和办理的情况以及与被建议单位之间的关系有一个简单的交代。实践中常见的问题是，有的仅仅提及案件名称，不交代基本的案情，或者交代案件情况不清楚等，不能将案件与被制发对象关联起来，导致被建议单位收到检察建议书后，不知道案件与自己有什么关系，不知道为何向自己制发检察建议。为此，建议在检察建议开头的"案件和问题的来源"部分，将案件与制发对象之间的关系说清楚。如一起盗窃案件，被建议单位是被害人，可以表述为"××公司，近期本院审查办理了公安机关移送审查起诉的被告人王某某盗窃案一案，办案中发现你公司作为本案的被害人，在财产管理等方面存在漏洞问题。"这样的表述，能直观地将案件与被制发对象之间挂钩，让人明白与案件之间的关系，进而在阐述问题时让被建议单位心服口服。

（四）关于认定事实的撰写

认定事实，即依法认定的案件事实或者经调查核实的事实及其证据。对事实的叙述要求客观、准确、概括性强，归纳成几条反映问题实质的事实要件，然后加以叙述。认定的事实撰写常见的问题有：一是主次不分，详略不当。如有的检察建议在撰写"认定事实"时，将案件审查办理认定的全部内容从起诉书中一字不落、直接照搬过来。二是有多起同类型的犯罪事实的，一笔一笔表达，像记流水账，表述不简洁，不能抓住关键信息。认定事实的撰写，总的要求是全面、准确、客观和简洁，不能事无巨细，也不能一笔带过，要恰到好处，让人能通过阅读检察建议迅速了解案件与自己的关系、存在的问题等。撰写该部分，要尽量按照"六要素"的标准来撰写，即时间、地点、人物、事情的起因、经过和结果。对于多次实施相同犯罪行为，只是时间、地点等不一样时，采取合并同类项的写法，如"2022年3月至5月期间，被告人先后多次采取翻墙方式进入某公司仓库盗窃电缆，经鉴定总共价值××万元人民币。"

（五）关于发现和存在的问题

检察建议是围绕问题展开的，所以"发现和存在问题"部分，是检察建议最关键的内容，问题找得准不准，也最能体现检察官办案的能力和水平。通过制发检察建议，进而推动社会治理，也是检察工作的职责所在。因此，在检察建议的问题部分，要尽量阐明该单位存在的违法情形或者隐患，包括诉讼活动或者执行活动中存在的普遍性、倾向性违法问题或者其他重大隐患，例如不依法及时履行职责，制度不健全、不落实，存在管理监督漏洞以及需要给予有关人员行政处罚、政务处分、行业惩戒或者追究司法责任等问题。对发现的问题，要认真调查核实，确保不偏不倚。实践中常见的问题有：一是问题抓不住、找不准。对被建议单位出现的问题，有的不从深层次去思考，不从制度机制上找问题，很多归咎于对员工的教育不够等。这些问题可谓是万金油问题，放在什么地方都可以。二是问题表述逻辑不清。既然是问题，正确的做法是什么，实践中被建议单位违法违规做了什么，都要写清楚。要按照常见的"大前提、小前提和结论"的层次依次递进。单位存在的问题不符合哪项法律规定和有关规章制度、提出建议的行为所依据的有关规定等依据，都要写清楚。

（六）关于意见建议的提出

检察建议中向被建议主体提出意见建议，最能体现办案人员对行业或问题的思考。好的意见建议，对于被建议单位及时发现和纠正问题，防止类似情况的再次出现具有重要意义。但要达到这样的效果，是很不容易的事。因为往往被建议单位都是深耕自己的行业多年，工作内容和程序都十分熟悉。而案件承办人只是通过办案初涉相关领域，除非平时有相关的工作积累以及深入的调查思考，才能写出具有针对性和操作性的意见建议。作为监督机关，更重要的是帮助发案单位发现问题，引发发案单位思考进而纠正问题。要给被制发对象适当的整改纠正的空间。实践中常见的问题是：提出的意见措施太宏观，没有操作性；或者太微观，事无巨细。措施建议要写明具体内容及所依据的法律、法规和有关文件等的规定，意见的内容应当具体明确、切实可行，要与上述列举的问题紧密联系。

（七）关于异议期限和整改落实回函

不同种类检察建议，对异议期限的规定与要求不一样。最高人民检察院《检察机关开展检察建议工作有关问题的解答》明确，"社会治理检察建议应当在检察建议书中提示被建议单位提出异议的期限和形式。

再审检察建议、纠正违法检察建议和公益诉讼检察建议中则可以不写明被建议单位提出异议的期限。"因此，我们在制发社会治理检察建议的时候，应当在文书的末尾明确被建议单位提出异议的期限和形式，不能省略。异议期限应当根据检察建议书的内容和被建议单位实际情况予以确定，但不宜过长，一般可给予 7 天至 15 天的异议期限。此外，要注明检察建议的回函时间和相关要求。回函的时间没有相关的规定，但一般以两周至两个月为宜，并写清楚联系人、联系方式等。

企业刑事合规背景下检察权的优化路径[*]

李毅荣　马　韶^{**}

一、问题的提出

护航民营企业发展，当好民营企业"老娘舅"是检察机关的一项重要职责。推进企业合规改革是维护企业和社会稳定的重要举措。企业刑事合规是指国家为了避免因企业或者其内部员工相关行为给涉案企业带来刑事责任，通过明确的法律规定和政策指引，督促企业针对内部的刑事法律风险点进行识别，同时针对性地制定改进措施、遵守有关计划，以弥补公司治理漏洞、完善企业自治的制度。① 检察机关开展企业合规制度，旨在强化检察司法与监督政策措施供给、探索涉企犯罪末端治理与诉源治理相结合的一项重要法治实践。从合规的精神要义上讲，企业合规是企业以及企业内部人员的经营管理活动符合国际法、现行法律、法规和行业管理等规定，如果违反了上述规定，可能会遭受到法律风险。那么，对企业而言，最大的风险则理应是企业在经营管理过程中违反某些强制法或者公法的规定，这类风险一旦涉入，企业可能会失去经营管理自由，直至消亡，同时也会被追究相应的刑事法律责任。企业刑事合规必然需要与检察机关进行交涉，那么企业刑事合规的本质可以说涉案企业被立案之后，为寻求减轻、从轻、免除刑罚而进行的一种补

---

* 本文刊载于《人民检察》（首都版）2022 年第 5 期。

** 李毅荣，北京市丰台区人民检察院党组成员、副检察长；马韶，北京市丰台区人民检察院第八检察部检察官助理。

① 孙国祥：《刑事合规的理念、机能和中国的构建》，载《中国刑事法杂志》2019 年第 2 期。

救性方案。开展企业刑事合规审查,检察机关自然而然地登上了主导地位,这使得检察职能得到进一步的扩张。检察权的扩张意味着对检察权制约的研究愈发具有价值。在企业刑事合规推进的大背景下,我们一定要摒弃热潮下的功利思想,不能为了找案而创案,也不能为了开展企业合规而放纵犯罪,检察官应当在法律的公尺之下,回归最初的理性价值判断,不能"一刀切"式地碰到企业案件就归于企业合规,也不能在程序启动上对相同行为进行差别对待,更需预防在企业合规计划有效性判定、案件分流(如不起诉处理)等进程中滥用检察权。近些年关于"企业刑事合规计划"的研究者越来越多,大家对引进该制度的必要性基本达成一致,同时也都关注到该制度引进中的"水土不服"、制度障碍等问题,大多是从实体法、程序法的角度分析,例如法人过错责任、附条件不起诉等,但是很少有人关注检察权规制的问题。尽管企业合规仍处在试点改革阶段,但是未来推行该制度的可能性极大,我们应当未雨绸缪,增加企业合规制度中检察裁量权限制方面问题的研究。

因此,在企业刑事合规的大背景下,检察机关的司法责任、权力清单、工作重心、司法资源的重新分配与投放等问题都需要重新思考,通过寻找符合企业合规现状的合理优化路径,以期实现检察权的契合式构建和精细化运行。

二、企业刑事合规背景下检察权的优化路径

企业合规制度的推行,显然增加了检察权滥用的风险,因此,需要在检察权优化配置方面给予更多的认识和重视。那么,如何应对一些制度上的挑战和难题,笔者试着从以下几个方面展开讨论。

(一)落实司法责任

司法责任意在突出"权—责—利"之间的协调性,因此,司法责任制度的设立直接影响检察官参与企业刑事合规活动的主动性。企业刑事合规制度由西方移植而来,应该对相关责任进行明确划分。在理性善法之治的环境下,一方面,立法已经对涉案企业提供了可行性的合规保障,预期实现企业效益最大化。未来中国要在涉案企业刑事案件中扩大酌定不起诉的适用范围和条件,必须防止不起诉后对涉案企业和直接负

责的企业人或其他直接责任人等"一放了之"。而这既需要探索完善"不诉替代处罚的多元化体系",也需要强化企业合规检察建议权的运用,以督促、引导和帮助涉案企业完善合规管理体系,真正起到防范、化解、控制合规风险的作用。另一方面,检察机关依法履行职责,也应以涉案企业是否同意认罪认罚为前提,方可简化办案程序,提高办案效率,把对涉案企业的负面影响降到最低,尽快恢复企业名誉。司法责任制要求案件终身制,这也对检察机关适用企业合规提出了要求,因为一旦某一起案件认定为冤假错案或需要追究检察官司法办案责任的时候,在检察机构改革、捕诉一体化大的司法背景下,是否适用企业合规关系到不同的司法责任,该适用而不适用也会产生不同的司法责任。对于承办检察官,根据涉案企业的具体情况和现实特点,应当明确的是:第一,如果涉案企业的主要管理人员主动认罪,自愿包揽主要和全部责任,迫切想通过企业合规制度进行办理,恢复企业生存等原因导致的错案,涉案企业和主要责任人应当承担主要责任,检察人员没有重大过错的,应当减轻错案责任。第二,制度责任清单,明确各方责任。检察机关在提前介入引导侦查、批捕、公诉等阶段都有可能参与到企业合规的办理中,这就要求检察机关科学地划定司法责任的范围以及认定司法责任的具体规则。第三,应当建立与之相配套的企业合规案件错案责任豁免制度。可以借鉴国外对于企业合规处理机制的司法责任规范,明确企业合规制度中错案责任的构成要件,体现主观过错、客观行为、危害结果三者的有机统一,探索与企业合规办理过程相符合的司法责任豁免规则。

另外,企业合规中的程序性决定和实体性决定也带来司法责任的不同。一般而言,责任包含两重含义:其一,指主体现在或者未来应尽的积极义务,这是主体在社会参与中的自觉认识,也可以称之为"前瞻性责任";其二,指主体对自己已作出的行为承担的责任,这是社会、国家对其已做行为的否定性反映,也叫"回溯性责任"。① 一般而言,司法责任对应后者的责任形式。在司法办案过程中,程序性决定权往往

---

① 孙国华:《中华法学大辞典(法理学卷)》,中国检察出版社1997年版,第501页。

与"前瞻性责任"挂钩,而实体性决定权多数与"回溯性责任"挂钩。这与司法责任制设计的初衷有关,责任关注重点异常不公的实体结果。如检察机关批准逮捕犯罪嫌疑人后,又因没有犯罪事实而撤销案件的,在审判阶段撤回起诉后作出不起诉决定的等。这点和检察权的天然属性也有关系,企业合规涉及相关企业可能作出不起诉决定或者减轻量刑建议带来的刑罚,对于涉及刑事实体价值判断延伸出来的实体处分权时,权力就会膨胀,检察权就会出现寻租空间,因此,有必要设立完善的责任追究机制,保证检察官的权力滥用行为得到及时纠正。而程序性的决定往往不涉及法律的价值判断,且有明确的法律条文规定,容易受到内部外部的监督,所以,程序性司法责任能够有效得到管控。此外,往往大多数实体性处分意味着肩负更重的司法责任,责任越大,会倒逼对程序处分的要求,使其更加规范有序适用企业合规制度,进而增强检察官需要像处理自身权利一样谨慎对待涉案企业的权利意识。

(二) 明确权力清单

检察权力清单是指检察机关以目录清单形式,在内部不同层级办案主体之间划分配置办案权限,也是落实司法责任制的一种检察权内部配置和运行模式。权力清单的重心在于权力的配置。而权力配置的重心在于规范检察官行使决定权的幅度。检察机关内部权责不清,容易导致检察权力的推诿和叠加使用,势必会出现司法责任的分散,这也是发生冤假错案的主要原因。细化权力清单,按照企业合规行使的权力归属,对检察官依法授权,并合理放权,也是保障检察官在捕诉一体化办案背景下正当行使职权的重要举措。检察长和每名检察官之间的权力分配,对于企业合规这类可能是终局性的法律决定而言,权力配比的合理性有待进一步探索。究竟哪些权力可以放权到检察官独立行使,应当取决于案件的性质,抑或按照企业在社会中的地位、宣告刑罚后濒临破产的程度、社会危害程度加以区分。例如,可以将情节较轻、后果不太严重、社会影响较小的企业合规案件审查决定权交由检察官决定,而对于重大、疑难、复杂类案件可以由检察官联席会决定,必要时,可以提交检委会或检察长决定。检察机关引入企业合规制度,必须创设配套机制予以保障,不论是岗位说明书还是权力清单,目的还是在于司法办案去行政化、减少权力干预的审批、更加发挥检察官的独立性,明细权责。

完善检察权力清单的核心是进一步做好检察官办案权力。针对企业合规,检察院内部的权力清单,省、市、县三级检察院检察官的权力清单应各有侧重。省级检察院检察官直接受理案件不多,更多的是承担对上请示和对下指导的职能。对于分州市检察院,在配置检察官权力清单时,应充分考虑企业的现实特点,可以参考刑事诉讼法中对于级别管辖的规定,如企业涉案数额、重大、疑难、复杂程度。对于权力清单的形式,可以采用统分结合的方式,即在正文中对于普通刑事犯罪、经济刑事犯罪、职务刑事犯罪等各业务类别检察官的权力清单予以总体明确,在附件中以列表的形式,对检察官的权力一一细化。对于县级检察院,受案件简单、数量较多的因素影响,可以考虑大胆放权,除法律明确规定及重大、疑难、复杂案件由检察委员会、检察长决定之外,原则上,由检察官决定即可。

(三)必要的检务公开

在全面推进司法改革语境下,检务公开被赋予更多的使命和意义,也成为提高检察机关司法公信力、维护社会公平正义的重要方式之一。检察机关在适用企业合规制度时,往往与涉案企业形成准不起诉状态。所谓准不起诉,是指对涉案企业进行合规监督考察,如果顺利通过了考察评估,建立了有效的公司治理模式和整改措施,则可以对涉案企业进行不起诉,是故司法裁量权具有很大的操作空间。怎么判定不起诉条件的达成,更多的也是检察官价值的判断,那么一旦对涉案企业作出终局的不起诉决定,即是宣告对涉案企业不再追究刑罚,但是毕竟涉案企业是有犯罪行为的,为了防止公正司法不至于落空,就必须保持必要的检务公开。检务公开,是推进检察改革,增强检察工作透明度,提高办事效率,促进规范执法、公正执法、文明执法,提高检察官素质和执法水平的重要保障。为此,涉案企业如果进行合规审查,其全部流程必须接受社会的监督和制约。检察机关必须将企业合规计划中涉及的部分文书(涉密除外)向社会公布,公布的内容不仅仅限于处理流程,还包含处理结论。在一些国家,引进企业合规制度时,考虑到检察权过分垄断司法权,仅仅移植暂缓起诉的企业合规制度,这时的司法决定只是暂时性的决定,类似于刑事未成年人犯罪中附条件不起诉一样,检察机关仅仅与未成年人达成了一个刑事和解,待考察期届满后,根据个人表现、社会危险性程度等因素再决定下一步审查。而对企业进行的刑事合规监管,也受到法院司法审查的抗衡与制约,更能增加检察权的公开性。司法实践中,考虑到制度的适用性,不妨把检务公开贯彻于企业合规审查全过程。在合规审查前,可以听取行政部门、侦查机关、被害主体、与案件有关的利害关系人意见;在合规审查中,根据案件性质,检察机关可以召开案件听证会,邀请人大代表、人民监督员、法律专家、行政部门专业人员、第三方评估组织等担任听证员,相关检察官办案组成员、申请人、其他当事人及与案件相关的其他参加人的诉讼代理人到场见证、监督,以公开促公正,对检察机关在案件办理中依法运用刑事企业合规不起诉、挽救企业的做法进行全面监督;在合规考察结束后,检察机关也可以举行听证会,召集案件侦查机关、涉案企业、相关行政机关或要求企业合规审查人、被害主体参与听证,认真听取涉案企业在考察期内作出的合规审查报告,多方对报告进行评估、论证,再由企业合规审查人从主观悔过程度、挽救措施等方面形成考察评估报告,最终作出是否公诉的决定。

如何把握刑事企业合规不起诉的尺度,因其是在检察机关审查起诉阶段所作出的决定,会不会导致同案不同评价的情况,即放纵了一些企业,或者严管了本应该合规监管的企业?如果没有明确的量化标准,法律的普适性、平等性特质就会落空。对于在企业合规考察期间内,考察期的期限、企业合规审查人的选用、考察标准等一系列配套体系,究竟该如何制定?以上问题都关系到民众对这一制度的期待。检察机关有必要从更高的视角规范和限制检察权的行使,应当明确以下几点:第一,在检察机关受理案件之后,增设涉案企业的主动权,也就是说涉案企业可以申请检察机关对其进行刑事企业合规监管,检察机关可以依职权或者依申请对涉案企业进行合规审查。对于依申请进行的合规审查,可以要求涉案企业出具初步合规计划、申请书、保证书,检察机关综合全部卷宗材料之后,听取案件利害关系主体的意见,将涉案企业的合规材料一并公之于众。公示的范围应当在涉案企业犯罪影响区域之内,设置专门的异议期，必要时可以借助工商税务部门，扩大民众知晓率，扩宽接受质疑的各种渠道。第二，检察机关作出合规考察时，应当将合规审查报告书、企业合规审查人、合规监管协议书等向社会公布，并设定一定的问题反馈期限，民众可以对监管条件、审查人资格、协议书的合法性以及根据涉案企业在考察期的悔过表现进行监督，更加督促涉案企业进行自查整改。第三，合规考察期届满后，检察机关可以召开听证会，要求第三方进行综合评估，对涉案企业作出的合规考察、合规监管、合规审查等材料进行公示，把监督贯穿于始终。

（四）有效的合规计划评判细则

有效的合规计划，是指执法部门在对涉案企业作出是否宽大处理的决定时，对其制定的合规整改制度是否能发挥防范、监控和应对违规行为的作用，所采用的评估标准。[①] 在美国，司法部定期发布的涉及合规有效性的相关文件，是检察机关是否对涉案企业提起公诉的重要依据；在英国，《反贿赂法》中规定了六项充分程序，成为英国执法部门判断涉案企业提交的合规计划是否有效的标准；法国的《萨宾第二法案》确立的七项制度也成为实践中评判企业合规计划有效性的重要标准。结合世界各国的实践经验，可以看出在建立企业合规激励机制的国家，有效的合规计划是企业实施合规整改治理的重要体现，也是检察机关对涉案企业是否予以轻缓处理的主要依据。

然而实践中，不同的企业性质、业务、架构、合规风险均不相同，执法部门也很难制定一部能够应对全部企业的合规计划有效性的评判标准，当然这也是检察官面对具体案例中裁量权较大的原因之一。对此，尽管任何合规计划不能保证公司及其内部员工不再犯罪，但是国家执法部门对于企业的基本合规计划内容可以设立一个最低限度的合规要求，并且可以从有效合规计划的必要因素角度对检察机关的判断进行反面的限制，一旦缺乏必要因素，则无法认定为有效的合规计划，从而缩小检察官自由裁量的空间。综合域外的经验，结合公认的公司内部治理要

[①] 陈瑞华：《企业合规基本理论》（第2版），法律出版社2021年版，第127页。

素，笔者认为必备要素主要集中在以下几个方面：

第一，提交的企业合规计划必须是制定良好的。审查企业合规计划是否良好，可以从以下几方面审查：一是风险评估机制的建立，即企业是否能主动识别风险；二是将企业合规文化有效地融入企业的政策和程序；三是良好的培训和沟通机制，保证公司的员工知悉规定并了解其重要性；四是匿名举报机制和内部调查机制的建立，使得员工发现违规现象可以直接举报，并且保护举报人的个人信息以避免受到打击报复。

第二，合规计划的落地生根、有效践行。企业合规计划书仅是一个纸面的承诺，能否实现整改并达到预期效果，需要依靠涉案企业的"执行力"，让企业合规计划落地生根，发挥应有的效果。本项的判断可从以下几方面开展：一是中高级管理层的认可与承诺，以体现中高级管理层的重视程度；二是合规人员的地位和资源，即企业合规人员是否具有足够高的级别和自主决定权，是否具有必要的人手和资源，以便于开展审计、统计、分析等工作；三是合规奖励机制和惩戒机制的建立，是否能向公司所有人员宣告"违规的行为必然要承担后果"。

第三，违规行为的有效识别、纠正和报告制度。判断时需要着重考量公司是否能够发现不当行为，如何发现不当行为，在调查可疑的不当行为时有哪些资源可以利用，以及纠正不当行为的措施是否完善等方面。即需要考察公司是否进行适当努力以保证合规计划的与时俱进，是否确保计划中的惩戒措施有效，公司在运行中是否尽力消除此类不当行为发生。

笔者建议，在考察有效性计划时建立打分制度，总结实践经验归纳出类似量刑参考表的指南。由于企业合规计划中涉及大量审计、行政法规、公司法、税务等专门性的规定，对于涉案企业的计划和整改情况，可以通过第三方监督评估机制进行逐项打分，最终综合各项分数值，将结果报送检察机关。检察机关根据分数情况进行折算，并且根据量刑指南，对涉案企业作出不起诉或者提出量刑建议。从另外一个角度讲，打分制度势必会与企业的声誉挂钩，企业声誉所引发的社会效果有时甚至比法律的否定效果更直接有效，因为企业讲究经济效益的同时更注重社会评价，声誉一旦受损，失去消费者信任和市场份额的代价将比违法成本高很多。

社会调查制度在企业非羁押诉讼中的适用研究

张 倩 李章颖 余 丽[*]

企业在创新科技、提升效率、增加就业、促进贸易等多个方面发挥着重要作用，一旦企业涉及犯罪，企业名声下降、减产停产、工人下岗失业等诸多后果可能接踵而至，企业犯罪治理意义重大，正逐渐成为刑事司法领域的一个热点问题。如何顺应时代发展需要，将依法平等保护企业和企业犯罪治理相结合，为提升司法文明、维护社会和谐、优化司法资源配置等发挥作用，是当前司法实践的重要课题之一。

一、涉罪企业非羁押诉讼的风险评估

如何找寻企业犯罪治理和企业轻缓化处理的价值平衡点？如何探索犯罪企业非羁押诉讼？根据刑事诉讼法规定，犯罪嫌疑人、被告人的社会危害性和人身危险性是强制措施采取和刑罚执行的重要考虑因素，科学评定犯罪嫌疑人、被告人社会危害性和人身危险性是非羁押诉讼和程序的前提，只有科学评估非羁押诉讼风险，并且制定客观合理标准，达到对潜在风险的有效预见和控制，才能为非羁押诉讼正确适用创造前提基础和适用条件。[①] 非羁押诉讼程序要求犯罪嫌疑人、被告人没有再次犯罪风险，不会妨碍诉讼程序有序进行，而这两方面诉讼风险指标集中

---

[*] 张倩，北京市丰台区人民检察院第八检察部检察官；李章颖，北京市丰台区人民检察院第一检察部检察官；余丽，北京市丰台区人民检察院第一检察部检察官助理。

[①] 孙保平、夏布云、李新增：《司法实践中非羁押诉讼风险评估与控制》，载《检察调研与指导》2019 年第 5 辑，第 112 页。

体现在社会危害性和人身危险性两个指标上。综合不同的风险评估内容和机制,有关犯罪嫌疑人、被告人社会危害性和人身危险性的评估可以提炼出的评估要素可以分为三类:一是犯罪行为要素,具体包括犯罪行为性质、犯罪经过、犯罪情节、主观罪过等;二是犯罪主体要素,具体包括自然情况、成长经历、教育背景、家庭状况等;三是后续回归社会要素,如监护监督条件、帮教评估条件、社会影响等。上述评估要素涉及的要素信息全面、综合、量大,可以作为司法办案机关考量适用非羁押程序的风险评估来源和参考依据。

如何细化认定涉罪企业社会危害性和人身危险性是需要考虑的关键问题,科学评估涉罪企业人身危险性和社会危害性是企业非羁押诉讼的前提和基础。风险评估的正确性和有效性很大程度上取决于社会调查数据的准确性、科学性和全面性。[①] 社会调查制度是 2012 年我国《刑事诉讼法》在"未成年人刑事案件诉讼程序"专章设立的特殊制度,社会调查制度实践中的适用虽然不尽完善,对法律性质、适用对象、适用效力等均有争议,但该制度本身设立的意义不容置疑。社会调查制度立足惩治与矫治主体的特殊性,试图通过社会调查区分涉案个体的人身危险性、社会危害性,以更好地践行罪刑相适应原则,构建分级处遇机制,完善犯罪预防制度。当前,企业非羁押化、轻缓化处理的理念和方式已被国内外广泛认可和采用,但是在现有刑事诉讼法规定的强制措施方面,对涉罪企业社会危害性要件没有科学判断标准可依,在现有法律制度框架内,尚未有专门针对犯罪企业社会风险性评估和控制机制。笔者建议,在企业犯罪非羁押诉讼程序中,考虑企业犯罪惩治和矫治的特殊性,构建涉罪企业非羁押诉讼社会调查制度,将社会调查制度引入企业犯罪案件以产生更多元的法治价值,既能有效惩治与预防企业犯罪,也能与新兴的刑事合规制度相契合。

---

① 孙保平、夏布云、李新增:《司法实践中非羁押诉讼风险评估与控制》,载《检察调研与指导》2019 年第 5 辑,第 114 页。

二、企业非羁押诉讼社会调查制度的法治价值

(一) 社会调查适用对象可涵摄企业

罪责刑相适应是刑法的基本原则之一,强调犯罪人的自身责任,其中人身危险性、社会危害性是犯罪人责任的体现,是刑罚裁量的重要依据。犯罪人的人身危险性、再犯可能性往往通过生存环境、外在行为、社会关系处理等方面表征,人身危险性、再犯可能性是司法裁量的重要参考因素,但立法对人身危险性、再犯可能性没有作出明确可操作性的规定,不利于办案人员具体判定自然人犯罪与企业犯罪的定罪量刑,如果对涉罪人的人身危险性仅依据办案人员的自由心证,显然不能对涉罪自然人和涉罪企业的人身危险性、再犯可能性评价指标进行全面客观有效的衡量。

我国 2012 年修改刑事诉讼法时第一次以立法形式正式引入社会调查制度,将社会调查制度规定于未成年人案件特别程序,主要是考虑到惩治与教育未成年人的特殊性,社会调查制度旨在通过客观、公正、全面了解未成年人的成长经历、生活环境以细致掌握其作案的主、客观原因,探索建立完善具有我国特色的未成年人刑事案件诉讼进程,为司法机关公正处理未成年人刑事案件,更好地帮助教育、感化、挽救未成年人。从这点来看,社会调查制度从犯罪主体特殊性出发,通过对涉罪主体成长经历、犯罪原因、监护教育等客观实际情况进行社会调查并出具调查报告,帮助司法机关明确涉罪个体在人身危险性、社会危害性和再犯可能性上的差异,为刑罚裁量与教育矫治提供参考依据。自然人只有在其行为应受谴责的情形下才应受到惩罚,那么对企业也应给予相同待遇。虽然企业犯罪案件不同于自然人犯罪案件,企业、单位等组织体没有自然人一样的肉体和灵魂,但是企业作为一个组织体,平等参与社会生活,更是市场经济的重要参与主体,企业文化、企业文脉类似于自然人灵魂,就自然人的人格而言,企业也有自己的人身危险性、社会危害性的表征特征,暂且称之为"企格"。企业社会调查可反映企格,即企业的社会危害性、人身危险性、再犯可能性,与未成年人易变、可塑的特性及惩治与预防功能相结合类似,对企业适用社会调查符合社会调查

作为一项特殊制度旨在发挥针对特殊主体进行调查继而实现犯罪惩治与犯罪预防的制度价值,所以虽然立法上明示对未成年犯罪嫌疑人、被告人具有社会调查的必要性,但这并不影响掌握与确定企业社会危害性、再犯可能性是企业犯罪案件办理中的重要步骤这一客观事实,对企业同样可以适用社会调查制度。

(二)社会调查制度价值契合企业犯罪治理理念

社会调查制度通过对未成年人个人状况、成长经历、家庭社会关系、回归社会等状况进行调查而形成社会调查报告,作为未成年人社会危险性、主观恶性评估定罪、量刑以及进行个性化教育感化挽救的重要参考依据。[①] 可见,社会调查为涉罪未成年人提供新的审前转向处遇途径,相较于其他途径,这一途径更符合少年司法所倡导的社会复归、教育感化和非犯罪化理念。虽然企业不同于自然人,企业社会调查在理念和指导思想上有很大差异,但两者在社会复归、非犯罪化和犯罪预防上有很大的一致性,企业社会调查反映企业社会危害性、再犯可能性,为企业犯罪惩治与预防提供参考根据。

我国台湾学者林山田教授认为,有意义且必要的刑罚权应坚持再社会化原则,立足罪犯再社会化需求。[②] 一方面,企业社会调查客观、公正、全面了解企业的成立生存、发展状况,可以细致掌握其涉罪的主、客观原因,对涉罪企业准确定罪量刑;另一方面,企业社会调查制度遵循恢复性司法理念,旨在强调面向企业未来、有效预防犯罪,立足办案需要及企业已表现的涉罪风险,通过社会调查了解掌握企业违法犯罪风险,为企业未来发展和企业风险防控提供矫治参考依据,督促企业加强自治,帮助企业树立科学合规理念,更快更好地实现再社会化。

(三)社会调查契合刑事合规理念

近些年,企业合规在全球范围兴起。刑事合规是指因组织遵守了适用的法律法规及监管规定进而减轻组织的刑事责任,刑事合规对惩治与

---

① 姚建龙:《青少年犯罪与司法论要》,中国政法大学出版社2014年版,第71页。
② 林山田:《犯罪问题与刑事司法》,台湾商务印书馆1976年版,第133页。

预防企业犯罪、减轻国家监管责任具有重要意义。学界普遍支持引进刑事合规理念与制度作为企业犯罪治理新形式，最高检及各地检察机关也逐步开展了企业刑事合规试点工作。① 伴随刑事合规理念不断深入和试点工作的不断推进，有必要健全完善企业犯罪案件的办案机制，企业社会调查制度正契合了刑事合规理念，可作为刑事合规的配套制度。

第一，企业社会调查制度可量化企业合规建设情况，准确评估涉罪企业社会危害性，以作为惩治企业犯罪的依据。企业合规是为实现企业刑事风险消解的目的，有效的合规为企业提供刑罚减免的抗辩事由，具体表现为企业自我监管、发现和预防企业内部的犯罪行为。② 企业社会调查可以动态展现企业有效合规的过程，将企业合规予以量化表现。此外，社会调查内容不仅包括企业合规建设情况和企业日常经营活动，甚至包括企业文化建设、企业的社会责任承担、企业的社会公众评价等情况的隐性调查，最终在社会调查报告中以企业社会危害性、再犯可能性大小为评估标准展现，作为惩治企业犯罪的依据。

第二，企业社会调查制度可为完善企业合规提供参考依据。当犯罪主体是企业时，为发挥社会调查意义和价值，企业社会调查还应就企业犯罪预防及风险防控等情况展开调查，帮助企业树立或完善科学的合规理念与举措，制定针对涉罪企业的特点的个性化矫治与帮教处置措施，作为企业后续完善合规建设的参考。

第三，企业社会调查可缓解企业压力，助力企业合规。企业合规可有效降低或避免企业因遭刑事追诉与刑罚造成的经济损失或资格信任危机。从长远看，合规计划是于国家规制与企业自治的双赢格局，不过，企业本质是盈利性组织体，企业合规非一日之功，从购置硬件、配备合

---

① 2020年3月最高检开展企业合规试点工作，确立了江苏、深圳宝安区等六地检察机关开展企业合规刑事试点工作，江苏、辽宁等多地检察机关相继发布企业合规刑事激励规范性文件，如江苏省人民检察院发布《关于服务保障民营企业健康发展的若干意见》，辽宁省人民检察院等部门联合发布《关于建立涉罪企业合规考察制度的意见》，浙江省岱山县人民检察院出台《涉企案件刑事合规办理规程（试行）》等等。

② ［美］菲利普·韦勒：《有效的合规计划与企业刑事诉讼》，万方译，载《财经法学》2018年第3期。

规人员到搭建外部审查机制，如聘用法务及审计人员，再到对员工的定期培训等都需要大量资金支持。① 司法机关开展的社会调查，一方面调查核实企业日常经营和合规建设情况，既能客观公正反映企业社会危害性，有效防止企业为获得刑事激励而投机、形式化合规，也能减轻企业自查的负担和压力，另一方面社会调查为企业提供一系列矫治和挽救举措、合规建设建议等可以为企业直接采用，且社会调查可以对企业员工同步开展培训、教育工作，这些都相应地减轻了企业的时间和成本压力。

三、企业非羁押诉讼社会调查制度设计方案

立足企业犯罪治理需求，在结合和吸收未成年人社会调查已有经验和成果基础上，结合企业社会调查的特殊性，进一步完善企业社会调查方案。

（一）明确企业社会调查主体

社会调查主体主要是指承担社会调查职能的机构或个人，包括决定调查程序启动及调查报告使用的职权主体和实施社会调查的执行主体。② 社会调查制度作为一项影响涉案被告人定罪量刑的刑事诉讼制度，决定调查程序启动及调查报告使用的职权主体显然应由参与刑事诉讼的专门机关承担，即侦查机关、检察机关、审判机关，启动时间存续于案件办理的整个过程，具体由办案机关依据实际办案情况来判定启动社会调查的时间。

企业社会调查可由公安机关、检察机关、审判机关分别依据所处的不同诉讼阶段启动，但实践中具体实施社会调查的执行主体的选择包括两种：一种是由公检法机关直接进行社会调查，另一种是由公检法机关委托专业机构作为调查主体进行调查。社会调查作为一项专业性、规范

---

① 李本灿：《企业犯罪预防中国家规制向国家与企业共治转型之提倡》，载《政治与法律》2016 年第 2 期。
② 蒋雪琴：《我国未成年人社会调查制度实践考察》，载《兰州大学学报（社会科学版）》2014 年第 5 期。

性较强的制度,调查员需具备相应法律、经济学、管理学等相关知识,且饱含责任与使命感。笔者认为,为保证涉罪企业社会调查报告的科学性,涉罪企业社会调查应由办案机关委托专业机构单独或联合开展,通过委托专业机构,借助专业能力来准确评估涉罪企业的犯罪危险性,并且由专业人员组成的调查组共同参与协商确定科学的企业修复整改方案,真正实现企业犯罪惩治与犯罪预防的有益融合。科学系统的企业社会调查由具有专业资质的企业社会调查主体围绕企业的成立、发展经历、犯罪前后表现、复归社会支持条件等情况展开,专业的调查活动对企业犯罪惩治与预防具有重大意义。办案机关可以事先建立企业社会调查员人员库,调查员可从律师事务所、会计事务所、税务事务所、证券交易所等单位中选任,具体可以由市场监管部门、工商部门、证券、保险等金融部门协商以推荐、考试等方式确定入库人员,然后根据个案的具体涉案企业的类型和行业从人员库中选定最佳调查员人选。

(二) 确定企业社会调查内容

依据刑事诉讼法,社会调查集中对未成年人的成长经历、犯罪原因、监护教育等内容展开,可以把调查内容分为犯罪人基本情况与犯罪行为情况两大类,企业社会调查同样可以遵循此种分类。不过,相比未成年人案件,企业犯罪案件具有特殊性,一方面,对企业基本情况的调查,除调查企业成立状况、部门设置、发展经历、经营状况、未来规划、被行政处罚、刑事处罚等基本情况外,更应对企业的员工安置规划、对区域社会经济的影响力、承担的社会责任等情况着重调查,还应对企业日常合规计划实施状况等影响企业量刑的内容详细调查,评价企业被追诉前业已完成的内部风险防控机制设置,以将企业事先主动开展的各种降低违法犯罪可能的行为视作企业降低危险性的表现。另一方面,调查企业被指控的犯罪行为类型与严重程度,被追诉后的认罪认罚情况,配合履行的内外部义务,已承诺履行特定义务、赔付能力,犯罪后企业受创情况、自我恢复计划等企业犯罪后相关情况,以作为全面评估企业犯罪危险性、再犯可能性的根据,为企业刑罚个性化与犯罪风险防控提供参考依据。

(三) 实现企业社会调查方式多元化

为有效完成企业社会调查，形成科学系统的企业社会调查报告，应注重企业社会调查的完成方式，讲究企业社会调查方法。第一，为保证企业社会调查的严肃性、公正性，社会调查工作应由两名及以上人员共同组成企业社会调查小组，共同参与调查且相互帮助、互相监督，增强企业社会调查的全面、科学性，避免社会调查的违法风险以及对企业犯罪治理趋势的片面判断，保障办案机关办案的准确性。第二，坚持调查具体形式的多元化，调查应坚持以实地考察和书面审查为主，以其他方式为辅。为提高企业社会调查的精准度和科学性，调查员应实地走访企业，了解企业经营环节与环境，面对面地与相关人员交流，掌握了解涉罪企业信息及犯罪情况的第一手资料，除此之外，还应详细浏览企业内部管理机制设置、台账及企业合规材料等书面资料，当受主、客观条件所限不能当面交流和实地走访时，也可采用电话、书信、网络等方式辅助进行。第三，企业社会调查报告是企业刑罚裁量与再犯罪预防整改的重要依据，对企业社会调查所形成的社会调查材料应当以笔录方式予以固定，纸质或电子均可，对实地走访、访谈等形式开展的调查应当全程录音录像予以留痕，而采用电话、书信、网络等非面对面方式走访时也必须以书面记录方式记载，笔录和书面记录应作为调查报告的附件提交，附录于企业社会调查报告中。

(四) 形成企业社会调查报告

企业社会调查不仅为企业正确定罪量刑提供参考依据，还旨在帮助企业建立完善适应自身有效完备的合规方案，督促企业加强自身犯罪预防建设。引入企业社会调查，研究企业犯罪症结，分析企业再犯罪可能性，为准确惩治、有效预防和减少企业犯罪提供重要依据。企业社会调查报告应由基本情况、风险评估量表、整改考察方案几部分组成。企业基本情况是调查的基础和前提，应确保基本情况调查的客观全面性；企业风险评估量表是企业风险等级评判来源，通过调查企业存续发展状况、犯罪因素、社会风险、社会支持状况来确定，调查过程应确保客观、中立、公正；最终通过企业基本情况与企业风险评估情况确定企业考察整改方案，包括企业如实供述犯罪事实、认罪认罚，改善经营方案，落实赔偿、消除不良影响，承诺履行社会责任，承诺建立完善合规制度，积极参与公益事业，强化内部监管与员工培训考核等具体条款。企业考察整改方案的逐步落实也是刑事诉讼各个环节办案机关对涉罪企业作最终不同处理的重要参考依据。

试论基层检察机关落实群众信访件件有回复制度的价值及实践[*]
——以F区检察院为例

李 佳^{**}

自2019年起检察机关全面实施"群众信访件件有回复制度"。该项制度以其明确的回复答复期限为显著标志，以合理的办案程序分工为基本遵循，以"案结事了人和"作为审查办案、释法说理等其他有关检察信访工作的价值追求，着力保障人民群众检察信访权益，在新时代控告申诉检察工作中具有价值引领的基础性地位，是促进完善国家治理体系的重要方面。本文笔者结合从事控告申诉检察工作的体会，探讨了群众信访件件有回复制度在促进完善国家治理体系中应有的价值，并以F区检察院为例，总结了基层检察机关落实群众信访件件有回复制度的主要做法、成效，围绕当前面临的主要困难提出改进建议，以期为基层检察机关更好地落实好群众信访件件有回复制度提供参考借鉴。

一、群众信访件件有回复制度在国家治理体系中的价值

（一）促进落实程序与实体并重司法理念，提升司法公信力

司法公信力是公众对国家司法权力实施过程及效果的信任与尊

---

* 本文刊载于最高人民检察院第十检察厅编《控告申诉检察工作指导》2022年第2辑，中国检察出版社2022年版。

** 李佳，北京市丰台区人民检察院第八检察部检察官助理。

重①,群众对司法的信任程度客观反映着国家司法公信力的高低。群众的每一封来信都寄托着对检察机关的信任与期待,需要检察机关的积极回应。对群众信访及时回复办理情况应是检察工作的基本要求,但受限于工作队伍投入不足、责任落实不到位等原因,以往基层检察机关对群众诉求做出回应的时、效、度把握不佳,存在回复不及时、不规范、答复质量不高等问题。该类问题易使群众对司法公正产生疑虑,也可能造成群众在漫长等待中失去对法律的信心。只有及时、有效地回应群众诉求,才能赢得群众信赖。群众信访件件有回复制度要求检察机关以高度的政治自觉、法治自觉、检察自觉积极担当作为,积极回应群众诉求。在程序上,该制度通过增加检察机关向群众反馈的次数和步骤,提高检察机关与群众的沟通频率,让群众及时了解信访事项办理进程,减少信访过程中的顾虑和猜疑。在实体上,该制度将释法说理贯穿信访接收、受理、移送、办理全过程,通过办访、办信、办案全流程释法说理,阐明回复、答复结论的形成过程和正当性,提高结论的可接受性,让群众在每一个信访案件中感受到公平正义。

(二)促进强化人民至上立场,提升服务群众工作水平

人民至上是中国共产党的根本政治立场,党的十九届六中全会将"坚持人民至上"列为建党百年宝贵历史经验。坚持人民至上,意味着一切为了人民群众,要求始终站稳人民立场。信访工作直面百姓诉求,与群众利益息息相关,事关人心安定和社会稳定,不仅是推动解决信访群众反映实际问题的重要渠道,也是体察群众疾苦的重要途径,更是做好群众工作的重要窗口和阵地。习近平总书记历来重视信访工作,早在担任福建宁德地委书记时就深刻指出:"信访工作的首义,在于时刻把自己看成人民中的一员,把心贴近人民"。2017年,习近平总书记再次对信访工作作出重要指示:"坚持把信访工作作为了解民情、集中民智、维护民力、凝聚民心的一项重要工作,千方百计为群众排忧解难"。随着全面建成小康社会,人民对美好生活的需求更加广泛,利益

---

① 高铭暄:《略论司法公信力的历史沿革与实现途径》,载《法学杂志》2010年第7期。

诉求更加复杂多元，民主意识、法治意识、权利意识、公平意识等日益提升，对检察工作也提出了更高要求，并以不同形式折射和反映到信访工作中。群众既要结论正确，也要程序公正；既要解决问题，也要便捷高效服务；既要自身尊严情感，也要良好司法形象素质。[①] 群众信访件件有回复就是检察机关准确把握群众利益诉求变化，提高服务群众本领，坚持群众满意标准，向群众作出的庄严承诺。通过规范办信接访办案程序，完善信访回复反馈机制，实现所有信访线上办理、全流程监控，让人民群众对信访结果可盼、可信、可督；通过公开听证、司法救助、信访积案专项治理等多措并举，千方百计把群众合理合法的利益诉求解决好，真心实意把检察工作做到群众心坎上，彰显检察为民情怀。

（三）促进检察信访矛盾纠纷化解，助推国家治理"善治"的实现

社会治理的理想目标状态是"善治"，而要实现"善治"，就需要在规范公权力运行与保障公民合法权益方面实现动态均衡。一方面，群众通过信访件件有回复制度，对司法机关及其工作人员可能存在的违法行为进行举报、控告、申诉，提出改进工作的意见、建议，能够有效向检察机关反映司法机关公权力运行情况，帮助及时发现权力运行过程中存在的偏差和问题，监督公正司法，推进国家治理体系和治理能力现代化。另一方面，群众信访件件有回复制度在实现案结事了、事心双解工作目标的过程中，通过实现"三个转变"，即从注重信访量降低到讲究问题解决，从满足于程序结案到更注重矛盾实质化解，从注重秩序维护到注重渠道畅通等方面的转变，能够切实解决群众急难愁盼问题，有效化解检察信访矛盾纠纷，而这个过程既是公民有效参与国家和社会治理的过程，也是检察机关保障公民合法权益得以实现的过程。实践证明，检察机关群众信访件件有回复制度实施以后，检察信访总体形势持续趋稳向好，是动态均衡推进"规范公权力运行"与"保障公民合法权益"、助推国家治理"善治"得以实现的生动实践。

---

① 徐向春：《转变司法理念 力求群众来信件件回复》，载《人民检察》2019 年第 14 期。

二、F区检察院落实群众信访件件有回复制度的实践

（一）主要做法

一是加强组织领导。F区检察院把群众信访件件有回复工作摆在突出位置，成立以检察长为组长、其他分管检察长为副组长、各部门负责人为成员的群众信访件件有回复工作领导小组，由领导小组全面抓好回复答复工作，形成全院"一盘棋"格局。建立内部衔接机制，办信部门负责信件的接收、审查、受理、分流、回复、跟踪、督办等，承办部门负责信访案件的办理和答复，对于一些疑难复杂信访案件，由办信部门和承办部门联合答复，各部门各负其责、协同配合，共同开展释法说理，做好化解稳控和救助帮扶工作。

二是完善机制建设。首先，健全办理答复机制。根据信件来源、性质、内容，创新回复模式，注重"因案施策"，灵活采用短信、电话、书面、当面等"1+N"种回复方式，分轻重缓急回复信访人，确保群众来信即收即复，不超七日；接诉即办，及时办理；办结告知，三个月为限。其次，健全质量保障机制。按照"谁办案、谁负责、谁释法说理"原则，将信访案件落实到承办人，确保依法办案和释法说理、化解矛盾、答复群众工作有机统一；聚焦矛盾焦点，建立"检察+"工作模式，如"检察+街道""检察+法律援助机构"，促进矛盾实质化解。最后，健全监督预警机制。对进入监督程序的信访案件，在移送函中增设提示内容，注明二次七日内程序性回复、三个月答复和延期答复要求，提醒承办人在工作时限内联系并答复信访人，对承办人办案节奏形成制约；依托办信工作台账，动态监控信访案件办理情况，对答复期限即将届满案件及时发出预警，防止怠于答复、未答复等情况出现。

三是夯实人员力量。根据工作开展和办理各类信访案件实际需要，选配政治素质好、法律功底扎实、办案经验丰富、群众工作能力强的检察官和检察辅助人员夯实队伍；优化工作模式，在人员增加的基础上，增建了三个信访工作组，即来访来电工作组、来信工作组和网络工作组，分别负责不同来源渠道的信访办理工作；编制《办信操作手册》，内容包含来信接收登记、扫描录入、受理流转、提醒催办、答复反馈等

工作内容，通过发挥"传帮带"作用，提升干警处理信件能力。

（二）取得的明显成效

一是促进检察工作理念发生重大转变。F区检察院坚持把群众信访件件有回复工作作为检验政治自觉、法治自觉、检察自觉的重要标准，转换工作理念，转变工作方式，对待群众信访由"被动回复"变为"主动回复"，由"结果答复"变为"全程答复"，由"机械答复"变为"有理答复"。2021年，F区检察院对具备回复条件的群众来信，均做到七日内回复，七日回复率达100%；对进入监督程序的申诉案件，较好地实现了三个月答复和延期答复。

二是解决了一批群众反映的实际问题。F区检察院践行为民宗旨，通过办理和答复，有效解决了一批群众反映的实际问题，得到了群众的高度评价。如F区检察院办理的杨某重复信访案，接访人员用心用情接访，耐心真诚的态度让杨某重拾对法治的信心和对生活的希望，最后成功化解，杨某送锦旗时说"每次我从这里回去我的心结都打开一些，直到第四次来，我彻底放下了执念，我甚至开始思考人生的意义"。2021年F区检察院重复来信同比下降38.71%，重复来信数量有效降低。

三是促进了诉源治理。F区检察院通过做实个案、类案的矛盾化解，有效提升了诉源治理效能。一方面，做好"一案一事"的矛盾化解，实现了定分止争。如F区院办理的一起劳动报酬追索纠纷民事申请监督案中，检察官通过公开听证，促成当事人和解，并执行劳动报酬7万元，信访人当场撤回了民事监督申请。另一方面，从"一案一事"办理向"一类一域"社会治理延伸，通过能动履职，尽可能将矛盾纠纷化解在源头，以减少诉讼增量。如f区院办理的甄某申请民事检察监督案，甄某因与某健身管理服务公司服务合同产生纠纷，检察官发现该公司在与消费者签订健身服务合同中存在因制式合同不规范而引发歧义、涉诉众多的情形，于是对该公司制发检察建议，助力防范化解消费者权益保护纠纷。

三、F 区检察院开展群众信访件件有回复工作面临的困难

一是信访量逐渐增多，对现有控告申诉检察队伍力量提出了更高要求。随着群众信访件件有回复工作的深入开展，信访结构"倒三角"问题得到持续改善，基层检察机关接收的群众信访逐渐增多。① 2020年，F 区检察院接收群众来信同比增加 225.09%，2021 年增长率虽有所下降，但同比仍然增加 22.16%。也就是说，对于基层检察机关而言，群众信访件件有回复工作面临的任务将越来越重，势必造成办信接访办案时间越来越紧，要继续扎实做好回复答复工作，壮大现有控告申诉检察队伍力量、提高业务素能就显得十分重要。

二是回复答复速度、质量有待提升，与群众满意要求还存在一定差距。对进入监督程序的申诉案件，虽基本做到了在规定期限内及时答复，但尚未实现 3 个月内办理过程或结果答复率 100% 目标。有些案件办结后，群众对检察机关的答复结果不满意，引发了重复信访，虽"案结事了"，但离"人和政和"还有差距，以公开听证、司法救助、领导包案等方式化解疑难复杂信访案件略显不足。

三是考核评价机制有待完善，正向激励导向作用不明显。目前，回复答复工作考核评价体系尚未完全建立，缺乏必要激励机制。评价群众信访件件有回复工作的主要依据是上级院通报和 12345 政法热线、重复信访等群众反馈情况，尚不能全面、客观地反映回复答复工作真实情况，缺乏对回复答复工作质量、效率、效果的整体评价和激励机制。现有考核评价机制尚未从根本上实现奖勤罚懒、彰先策后等作用效果。

四、完善建议

（一）提高思想认识，坚决落实好群众信访件件有回复制度

群众信访件件有回复制度是贯彻落实习近平法治思想，助推国家治

---

① 从国家治理体系的角度看，这种状态是善治的一个表现，也是群众信访件件有回复制度的良好效果体现。

理体系和治理能力现代化的有力举措。要提高思想认识，树牢"一盘棋"思想，明确群众信访件件有回复不仅是控申部门的工作，而是一项全员、全院性的工作，对所有群众来信，控申部门承担七日内程序性回复责任，对导入法律办理程序的，具体承办部门及其检察官承担三个月内办理过程或结果答复责任。要提高思想认识，坚持司法为民，落实好回复答复工作要求，畅通和规范群众诉求表达、利益协调、权益保障通道，按照"诉求合理的解决问题到位，诉求无理的思想教育到位，生活困难的帮扶救助到位，行为违法的依法处理"要求，全面深入了解群众诉求，努力把群众的每一封来信、每一次来访、每一件诉求办得合情合理合法，推动解决群众实际问题，真正实现"案结事了人和"，推进国家治理体系和治理能力的现代化。

（二）创新案件办理模式，推动检察信访矛盾纠纷实质性化解

一是强化院领导包案。认真落实"基层检察院接收的首次申诉信访案件全部由院领导包案办理"工作要求，把院领导包案办理首次信访案件作为检察机关落实"群众信访件件有回复"的重要内容抓紧抓实，形成领导干部包案办理信访案件、带头办理疑难复杂信访案件的良好局面，起到以上率下的示范作用，推动首办责任制的贯彻落实、首次信访矛盾的就地化解。二是加大司法救助力度。主动发现救助线索，对于遭受犯罪侵害或者民事侵权、无法通过诉讼获得有效赔偿、生活面临急迫困难等情形的当事人开展司法救助，解决"因案致贫""因案返贫"等问题，推动群众诉求实质性解决，彰显检察担当，释放检察温度。三是常态化开展公开听证。公开听证是办好群众信访、化解信访矛盾的重要举措，要按照最高检"应听证尽听证"要求，对群众诉求强烈、矛盾突出、疑难复杂等案件依法规范组织公开听证，将释法说理工作和检察办案细节置于监督中，以公开促公正、用公正赢公信，促进检察信访矛盾纠纷实质性化解。

（三）建立完善考核评价机制，让群众信访件件有回复制度持续增效

关于建立完善群众信访件件有回复工作效果的考评办法，笔者认为

可以从群众反映的问题是否得到解决和诉求人对整个诉求解决过程及结果是否满意两个方面着手。对于后者，既可以让当事人来评价，也可以让第三方来评价，而由当事人进行主观评价是最直接、最有效的评价方式。具体来说，可以围绕群众信访件件有回复制度的工作重点，建立回复答复率（是否第一时间回应诉求人的需求）、解决率（诉求人的事项是否得到解决）、满意率（对整个过程是否满意）为核心的"三率"考评体系，反映群众诉求办理成效；同时建立"季报告、季分析、季通报"的通报机制，将考评结果和群众诉求办理情况纳入检察官业绩考核，从而充分发挥业绩考核推动检察工作的"指挥棒"作用，让群众信访件件有回复制度持续稳定增效。

（四）加强队伍建设，提升履职担当能力

做好群众信访件件有回复工作，提高检察人员的能力素质是关键。一是提高政治素质，落实检察工作首先"从政治上看"的标准和要求，提升检察履职的政治判断力、政治领悟力、政治执行力，把政治要求和政治责任摆到首要位置，切实增强"四个意识"，坚定"四个自信"，做到"两个维护"。二是提高业务素质，深刻认识和领会《信访工作条例》《人民检察院办理群众来信工作规定》等重要意义，准确理解核心要义和基本要求，熟悉信访业务知识，不折不扣抓好贯彻落实；准确把握群众需求，将释法说理、矛盾化解贯穿办访、办信、办案全过程，有针对性地解决好群众急难愁盼问题；加强信访2.0系统填录规则的学习，强化应用实践，做到数据项的填录"应填尽填、应选必选"。三是提高职业道德素质，培育忠诚、为民、担当、公正、廉洁的检察职业精神，激励检察人员以"求极致"精神埋头苦干、履职尽责、勇毅前行，持之以恒落实好群众信访件件有回复工作，有效化解社会矛盾，促进社会治理。

推进溯源治理　构建防范非法集资新格局

——以基层检察院办案实践为例

江冉　田李[*]

自从改革开放以来，我国经济建设方面取得了举世瞩目的可持续发展。经济领域的犯罪依附于经济发展，经济发展速度越快，经营方式越丰富，经济犯罪形态花样就会更多。随着政府改革力度的不断加大，一些不法分子为了使自身利益得到更大程度满足，通过市场经济的自主性、开放性、利用市场的包容性进行经济领域违法犯罪活动，并开始向金融领域渗透。金融领域的复杂性、灵活性、创新性被不法分子利用，导致不法行为的违法性在初期无法识别，而在被司法机关发觉之时，犯罪已经达到一定规模、损失已经巨大，为司法办案带来巨大压力。非法集资犯罪就是在这种背景下生发出来的一种犯罪形态。此类犯罪具有涉案金额高、案件规模大等特点，严重影响了社会经济稳定。

2015年2月，中共中央在《关于全面深化公安改革若干重大问题的框架意见》中将涉众型经济犯罪上升为政策概念。[①] 本文拟通过对非法集资犯罪的特点及司法困境进行分析，探讨推进溯源治理的积极意义，提出推进溯源治理、构建防范非法集资新格局切实可行的对策建议。

---

[*] 江冉，北京市丰台区人民检察院第二检察部检察官；田李，北京市丰台区人民检察院第二检察部检察官助理。

① 参见王晓东：《论涉众型经济犯罪案件中的维权——以与维稳的衡平为视角》，载《法学论坛》2017年第5期。

一、非法集资类案件特点

尽管"非法集资"这个词被广泛使用,但我国刑法中并没有被称为"非法集资罪"的罪名。司法实践中习惯上经常用来处理非法集资活动的罪名是《刑法》第176条非法吸收公众存款罪和第192条集资诈骗罪。[①] 本文讨论的非法集资类案件只包括非法吸收公众存款罪与集资诈骗罪,结合笔者司法办案实践,分析总结出非法集资类案件近年来呈现以下几个特点:

(一)涉案金额高、案件规模大,近三年案件量呈下降趋势

非法集资类犯罪以高额返利吸引投资者,一般先是在小范围领域或者群体中进行,再逐渐通过公开宣传、发放传单、召开宣讲会等方式扩大宣传范围,初期的高额返利使得投资参与人对能够获得高额返息深信不疑,待等到资金链断裂之后,已造成巨大经济损失。近几年非法集资类案件涉案金额少则百万元,多则几亿、几十亿、甚者上百亿,且案件规模较大。

此外,虽然非法集资类案件近三年呈现涉案金额高、案件规模大的特点,但随着国家对该类案件打击力度的增加以及社会宣传的加强,以丰台院为例,近三年受理的非法集资类案件数整体呈下降趋势。2019年丰台区院受理非法集资类审查批准逮捕案件共计89件116人,2020年受理的案件数共计43件95人,2021年受理的案件数共计53件160人,2022年1月至8月受理的案件数共计10件19人。

(二)犯罪手段具有针对性,受损群体相对集中

经梳理丰台区院近三年办理的非法集资类案件,从案发情况看,案件涉及的行业包括高新产业、股权投资、消费返利、保健项目等各领域,对社会发展均有较为广泛的影响。其中针对老年人的消费返利、保健项目等案件占比较重,且犯罪嫌疑人在吸引老年人投资时多采用组织

---

① 参见俞琳、逄政:《非法吸收公众存款罪实务新问题梳理及对策思考》,载《上海公安学院学报》2020年第5期。

免费旅游、赠送米面等手段。如杨某某、何某某非法吸收公众存款案中，犯罪嫌疑人杨某某、何某某系湖南某科技有限公司北京团队负责人，二人利用其办公地点旁边系旅游公司的便利条件，让旅游公司员工帮忙宣传可以免费带人到湖南旅游，在旅游及之后的过程中宣传公司的情况及投资人收益，吸引众多中老年人投资。

（三）利用互联网拉长"暴雷"潜伏期

除了采用线下宣传发展的方式，如街头发传单、打电话、口口相传、组织旅游等，不法分子还借助网络平台，如开设微信公众号扩大影响力，利用P2P网贷平台、移动互联网应用程序（App）或网页等平台吸收公众资金。微信公众号的信息发布方式更容易增加投资参与人的信任，降低投资参与人防范心理，进而使投资参与人更不容易识别潜在陷阱。通过互联网应用程序（App）或网页等平台吸收公众资金的不法分子，往往采取向投资人每月返还积分后期提现的方式变相返本付息，这种返本付息的方式相较于传统的每月转账返利的方式容易造成投资参与人更大的损失，前期返积分较少的情况下投资者往往不会提现，投资参与人更倾向于积分积攒较多后进行提现的操作，实践中不法分子对投资人提现操作又设置了相应流程、增加了相应关卡，使得提现过程延长，平台"暴雷"更晚，投资参与人不能及时抽身，反而可能投入更多钱款。如史某某、杜某某非法吸收公众存款案，即是通过移动互联网应用程序（App）吸收公众资金。杨某某、何某某非法吸收公众存款案中不法分子是通过网页平台吸收公众资金，两起案件均是采取返还积分后期提现的方式变相返本付息，但也均人为拉长了提现周期。

二、非法集资类案件办理的司法困境

（一）调查取证工作任务重、难度大

由于早期投资者众多，通过借新还旧的方式能够保证部分投资参与人按时拿到本金及利息，投资参与人的损失尚未显现，投资参与人没有诉诸公权力的需求，再加之缺乏其他有效监管方式，非法集资犯罪行为无法在初期被公安机关有效识别，因此均能够维系一段时间，后期当资金无以为继，投资参与人无法收回本金时才会报警，非法集资行为才得以被公安机关立案，进入侦查阶段。但此前投资参与人往往已经与犯罪分子进行过一段时间交涉，犯罪分子势必会出于警觉对证据采取自保手段，可能会造成关键证据缺失，无法准确认定犯罪数额，进而影响案件定性。实践中，存在投资参与人投资钱款所使用的账户与接收返利所使用的账户不一致的情况，而投资参与人数量众多，并非每名投资参与人均会报案并递交相应证据材料。另外，犯罪分子在不同区域设置分网点进行非法集资的行为往往伴随着总部与分网点POS机混用、账目不清等问题，这些实际问题的存在给资金审查工作带来极大困难，也容易导致对犯罪分子的犯罪行为、涉案数额等方面认定不全面。

（二）追赃挽损工作开展难度大

司法实践中，因非法集资类案件涉及银行账户众多、资金流向复杂、资产保值困难、工作机制衔接不畅、疫情影响等因素，导致追赃挽损率偏低，追赃挽损工作开展难度大。

一是集资类犯罪多以公司形式出现，而其吸收投资人投资款项所用账户大多非公司公户，而系犯罪分子本人及公司员工、助理、司机等亲密关系人、近亲属的账户，银行账户会关联多家第三方支付机构，账户之间频繁转账、拆账导致资金流向难以查证；犯罪违法所得易与家庭财产混同，因资产属性存在争议，继而影响查、冻、扣工作的推进，大大增加了追赃挽损的难度。

二是对不动产等资产保值难度大。非法集资类案件中因可能需要查封、扣押、冻结的财产涉及不动产、汽车、股票等，市场价格波动较大，而非法集资案件诉讼时间普遍较长，因此对于如何妥善保管资产、减少贬损也是司法实践中的难题。而且由于疫情原因，也增加了去异地查封房产等不动产的难度。

（三）社会风险化解责任重、压力大

非法集资类案件中犯罪分子吸收的资金数额较高，且案件涉及的投资参与人人数众多，面对投资参与人经济损失大、追赃挽损难度大、其参与投资的本金可能无法如数发还的情况下，投资参与人的情绪不易控制,加之刑事案件的办理过程相较于民事案件具有更强的保密性和更弱的透明性,致使投资参与人在不充分了解案情的情况下极易受到他人鼓动,引发严重舆论后果,或通过聚集群体造势,意图通过给司法机关施压的方式达到自己诉求满足的结果。集体上访、闹访等群体性事件应接不暇,非法集资案件的维稳工作难度大。

投资参与人以自身利益出发,对司法机关的工作往往有相佐的意见,如针对同一个非法吸收公众存款罪的案件,有的投资参与人认为涉案公司如果在正常经营的情况下可以将投资的本金及利息返还,要求司法机关释放已经被抓捕的犯罪嫌疑人;而有的投资参与人认为应将犯罪嫌疑人严惩,司法机关应尽快开展查、冻、扣工作以偿还投资参与人的损失。投资参与人的不同意见也增加了司法机关接访、维稳压力。

此外,由于非法集资类案件的投资参与人多为老年人,投资参与人在已无劳动能力的情况下将自己多年积蓄用以投资,案发后投资款无法返还,导致老年人今后的生活会受到多重影响。如何保障老年人幸福晚年生活,最大限度挽回老年人的经济损失,是司法机关在办案过程中面临的又一重大课题。

三、推进溯源治理的积极意义

(一) 有利于维护国家金融安全

金融是现代经济的核心,法治是化解金融风险的可靠手段。2022年2月25日,中共中央政治局会议强调,要强化党中央对金融工作的集中统一领导,坚定不移走好中国特色金融发展之路。要强化金融风险防控,坚决维护金融稳定大局。[①] 当前社会随着经济的快速发展,非法集资类经济犯罪问题仍较为突出且已经成为影响金融安全领域的重要因素之一。

我国现有的金融监管体系例如银监会、证监会等监管的对象主要为银行、证券公司等正规的金融机构。而非法集资类案件涉及的非法吸收

---

① 参见孙世选:《中共中央政治局会议:强化金融风险防控,坚决维护金融稳定大局/宏观经济》,载《清华金融评论》2022年第2期。

存款主体大部分并非金融机构，而是自然人成立的公司、企业。此种民间借贷活动不受金融监管机构的监管，无相应的监管主体单位。溯源治理担负着基层社会治理社会化、法治化、智能化、专业化实践的引领性和建构性功能，有助于将司法触角延伸至基层，预防基层矛盾纠纷激化，从源头上预防金融风险，维护金融安全。

（二）有利于维护社会秩序，维持社会稳定

非法集资类案件严重损害人民群众的利益，致使投资参与人遭受难以挽回的经济损失。由于投资参与人众多，许多投资参与人易采取极端的维权方式，引发上访等群体性事件，影响社会治安，危害社会稳定。

溯源治理能够为依法保护权利、协调各方利益、维护公平正义、实现良法善治提供有力支撑。① 推进非法集资类案件溯源治理，能够彰显"法治"特色，密切关注影响人民群众切身利益的根本性问题，不断优化党组织领导下的政府、社会、群众力量合作共治机制，体现依法进行源头治理的最大合力，能够实现党委、政府、司法机关、人民群众对社会稳定与社会公平正义的追求，让社会治理共同体更具凝聚力、生命力和影响力。

（三）有利于节约司法资源，充分发挥司法职能

非法集资类案件由于其涉众、涉经济的特点，有海量庞杂的证据需要调取、审查和梳理，对非法集资类案件的调查取证往往需要投入大量的司法资源，同时，投资参与人均有挽回实际损失的现实需求，而当投资参与人诉诸公权力挽回经济损失的实际需求不符合自己期待时，容易引发群体性事件，因此司法工作人员在办理非法集资案件时面临调查取证、追赃挽损和维护社会稳定的"三重压力"。当前，司法工作面临的总体形势依然是案件量大，案多人少的现象依旧十分突出。从这个意义上来讲，推动非法集资类案件的溯源治理有其重要的现实意义，通过溯源治理实现对非法集资类犯罪的及早、精准打击，能够有效降低司法工

---

① 参见王斌通：《新时代"枫桥经验"与矛盾纠纷源头治理的法治化》，载《行政管理改革》2021年第12期。

作人员在办理非法集资类案件时的工作压力,减省司法付出,优化司法资源配置。

四、推进溯源治理的对策建议

金融犯罪研究的靶点应是如何控制和减少犯罪。在进行遏制金融犯罪的思路和对策设计时,不能单纯站在金融管理和刑事法角度自上而下地思考问题,还需要深入社会生活层面,对区域金融犯罪防控整体路径设计和具体类型金融犯罪的阻却机制充分关注,自上而下地寻找答案。还需要将多元化的研究视角和探究方法运用到金融犯罪研究中,包括且不限于金融学、社会学、心理学、文化学等学科。[①]

(一)加强对银行及第三方支付机构的前端监管

在非法集资类案件中,犯罪分子为逃避监管往往使用其及亲密关系人的个人银行账户收取及转出大笔款项。因此在交易前期,及时发现异常银行个人交易账户至关重要。银监会应督促各商业银行建立健全个人账户交易异常监测机制,对于异常账户及时发现及时上报处理。此外,犯罪分子为了逃避监管,亦会利用第三方支付机构收转款。在数字经济背景下,第三方支付机构尤其是互联网平台旗下的机构服务对象大多为小微商户或个人经营者,且由于覆盖地域广及商户经营分散,导致对商户的线下巡查及监管力度不严,商户风险管理不到位,这都为非法集资类犯罪、网络诈骗、洗钱等违法犯罪行为提供了通道。为了从源头上遏制这种乱象的发生,央行及具有社会经济管理职责的部门应促使第三方支付机构在商户管理方面进行合规整改,提高相关工作人员的合规意识。为防范非法集资类犯罪的发生,第三方支付结构要切实按照规定履行客户身份识别义务,拒绝与身份不明的客户交易,防范外部风险的蔓延。

此外,检察机关在办理非法集资类案件时,经审查对于案件中涉及的未尽到核实及商户管理义务的银行及第三方支付机构,应及时制发检

[①] 参见李娜:《金融犯罪风险高发场域的社会治理路径研究》,上海交通大学出版社2020年版,第15–16页。

察建议,针对性地提出整改措施,以达到"办理一案,治理一片"的社会效果。

(二) 建立健全综合治理工作机制及预警研判工作机制

犯罪分子非法吸收公众存款之初,往往会使用真实或虚假的身份证明在工商机关登记注册公司,在银行开办对公账户,对外宣称的投资理财项目可能涉及养老惠农、高新技术等多领域,运用互联网平台实施的犯罪行为还需要履行相关步骤手续,有的非法集资行为还涉及引诱投资参与人抵押房屋贷款投资,等等。因此非法集资类犯罪行为往往会涉及金融、工商、住建、网络通信等领域,只依靠单一部门的力量不足以从源头上进行防控。秉承"打早打小,打深打透"的理念,需各部门之间协同配合,加强信息共享,畅通线索移交渠道,建立综合防范打击非法集资犯罪工作机制。例如,工商管理部门不仅要在公司成立之初进行形式审查,还要在公司经营过程中对重点行业的经营项目采取定期、不定期的方式核实,对可能涉及非法集资的公司及时予以警示,并将相关线索通报相关部门。税务部门在对重点行业、重点公司进行日常稽查的过程中发现可疑情况也应及时转交相关部门。公、检、法三机关除了加强沟通协调,还应与银行、工商、税务等部门加强协作,信息线索共享,真正做到"打早打小、打深打透"。

此外,实践中有不法旅游服务机构利用储值旅游返利或在旅游中兜售理财产品的方式非法吸收公众资金。因此,文旅局应将发现非法集资工作纳入日常监管,通过严格企业的登记、备案、资金托管制度,联合金融机构,充分利用大数据等技术手段,采取定期检查、不定期抽查相结合的方式,及时发现非法集资风险和苗头,并进行有效处置。针对非法集资犯罪分子在微博、微信、抖音等媒体平台发布理财广告的情况,工商部门、工信部门及金融行业主管部门应联合建立健全金融广告事前、事中审查制度,加强日常监测及管控,堵塞非法集资传播路径。

在加强综合治理工作的基础上,推进非法集资犯罪系统平台建设,整合公安、工商、税务、银行等部门的数据,运用大数据思维,依托大数据信息,进行实时监测,加强对数据信息的研判分析,增强预警研判。非法集资犯罪系统平台建设,可以为打击非法集资违法犯罪工作提供信息数据，有利于及时有效地预防和打击犯罪。

（三）在社会层面提高公众对非法集资的防范意识

虽然近年来非法集资犯罪案件数量整体呈下降趋势，但其给社会经济秩序和投资参与人所带来的危害依然巨大，持续加强全社会对非法集资行为的防范意识仍然十分必要。

鉴于非法集资犯罪分子通常会在写字楼租用办公场所，政府相关部门可要求辖区内管理写字楼的物业公司在写字楼公共区域设置防范非法集资的宣传牌，有条件的可播放防范非法集资宣传视频。市场监督管理部门可要求辖区内商超在显眼位置张贴防范非法集资的宣传海报，因商超客流量较大，且中老年消费群体居多，这种方式可有效提高防范非法集资宣传受众的覆盖率。司法机关应结合所办典型案例加大宣传力度，充分利用两微一端、抖音等媒体，扩大宣传范围，丰富宣传内容和形式，比如录制群众喜闻乐见的小品、情景剧等短视频宣传非法集资犯罪手法、危害等，定期开展送法进社区、进街道、进农村的活动。公安机关可联合社区通过居民微信群等社群定期、持续发送非法集资犯罪典型案例、防范非法集资的短视频、宣传语等。工信部门可以联合通讯运营商定期向用户发送防范非法集资提示短信，也可联合司法机关对短信内容进行编辑，使防范非法集资的提示更加具有针对性和有效性。

另外，所有宣传内容可结合社会心理学知识进行创作，将会取得更好的效果，在宣传非法集资犯罪典型案例及危害后果的基础上深挖非法集资犯罪分子设置的心理学陷阱，能够使群众在面对犯罪分子套路时不容易被蛊惑，从而建立理性科学的投资观念。

理论探索编

大数据赋能刑事执行检察的路径思考

苏从舜 张 帆[*]

2022年的全国检察长办公会上提出了"以检察大数据战略赋能新时代法律监督工作"。通过分析各地探索实践发现，刑事执行检察还存在数据库开发不足、大数据和执检融合度不佳、大数据监督模型的应用水平不高等发展瓶颈，亟须与大数据深度融合，提升大数据的应用水平。

一、执检工作中大数据应用的现状

多年以来，检察机关始终高度重视信息化建设，历经检察办公自动化、检察机关网络化、检察业务信息化、智慧检务等几个发展阶段。[①]近年来，最高检贯彻实施国家大数据发展战略，"四大检察"借力大数据引擎，实现转型升级、跨越式发展，刑事执行检察也在探索与大数据融合的契合点享受到了"科技强检"的红利。

（一）实现信息化管理

1. 历程

2013年，全国检察机关部署应用统一业务应用系统[②]，实现办案信息网上录入、办案流程网上管理、办案活动网上监督、办案数据网上统

---

[*] 苏从舜，北京市丰台区人民检察院党组成员、副检察长；张帆，北京市丰台区人民检察院驻看守所检察室主任、检察官。

[①] 参见2017年9月26日时任最高人民检察院检察长曹建明在全国检察机关智慧检务工作会议上的讲话。

[②] 此处是指全国检察业务应用系统1.0版本。

计,并几乎覆盖所有检察业务。[①] 然而,执检业务在当时并未被纳入该系统中。究其原因,一方面是执检业务职能繁多,其案件类型也较为复杂多样,导致开发设计的周期较长,暂时不能和其他检察业务一同上线;另一方面是当时的监所检察处于向更名后的刑事执行检察转型的过渡期,在这一背景下,一些检察领域的专家、学者对传统的监所检察业务提出了"由办事向办案模式转变"以及"应把监督业务作为案件办理"的观点,也给设计研发提出了新的要求。[②] 所以,执检业务在相当长的一段时间内处于系统使用的真空状态。

终于随着研发工作的完成,从 2017 年开始,执检业务被纳入该系统中,称为"执检子系统"。[③] 自此,执检业务和其他检察业务一样,在办案信息网上录入、办案流程网上管理、办案活动网上监督、案件档案归档等方面实现了网上一体化流程。

2. 意义

执检子系统和大多数检察业务一样,可实现案件生成、案件分配、案件办理、案件审批、文书用印制发等全流程操作。第一,每个办案环节设置明确的流程指引和预警功能,统一的规范化设计,实现了数据标准化,便于后期数据的查询和筛选;第二,案件办理全程网上运行以及办案风险防范预警,有效辅助检察官案件办理;第三,将办案规范融入线上运行之中,利用数字技术、流程监控,使得案件管理更加精细化、合理化、科学化,为规范监督提供了重要支撑。[④] 可以说,执检子系统的应用彻底改变了以往执检工作在业务管理方面长期存在的粗放式管理的问题。

[①] 参见王志国:《全面推行全国检察机关统一业务应用系统,以办案信息化促进执法规范化管理科学化》,载《检察日报》2013 年 11 月 1 日,第 1 版。

[②] 参见李继华:《刑事执行检察应构建"办案"模式》,载《检察日报》2016 年 11 月 20 日,第 3 版。

[③] 此时该系统已升级为"全国检察业务应用系统 1.5 版本",2021 年升级为 2.0 版本。

[④] 参见周媛:《渐进与跨越:大数据时代检察工作革新》,载《中国司法》2016 年第 8 期。

此外，该系统除了满足执检业务办案需要的同时，还兼顾了执检业务的个性化需要。如针对执检业务中监督职能多样的特点，根据被执行人的不同，1.5 版本的系统设计出了强制措施执行、刑罚执行、强制医疗执行等三大类执行档案，初步实现了基础数据库的功能。如 2.0 版本的系统专门设计出"执行检察"的模块，实现了检察信息查询、监督任务管理、执检案件辅助等适应执行工作特点及业务类型的专门功能，为大数据的采集以及下一步可能探求的数据整合分析提供了保障。

（二）建立起专门的数据库

获得数以万计的数据资源是运用大数据的基础。换言之，只有掌握了海量的数据信息，才能通过数据的整合分析，进一步生成新的产品。

1. 成果

由于执检业务以"被执行人"为单位，具有可量化的特点，必然在实际工作中产生且蕴藏着海量的执行信息。经过多年实践，检察机关在执检领域已经先后建立起不少可以专门满足执检日常工作的定向数据库。除了前面提到的执检子系统外，诸如看守所与派驻检察室在监管信息、监控信息上早已实现了数据共享，形成了两大数据库。派驻检察室的计算机软件系统可抓取到看守所关于在押人员的主要监管信息，随时掌握看守所在收押、教育管理、违法处置等方面的日常监管活动；与看守所的监控系统对接联网，在足不出户的情况下实现实时观看、及时回看，做到监督无死角。又如，执检部门参照与看守所检察的软件，研发出相应的社区矫正检察软件，也积累了不少社区矫正检察的数据资源。

2. 分类

通过比较分析，笔者认为，根据信息来源不同，可将现有运行中的数据库分为内部数据库和外部数据库。

（1）内部数据库

内部数据库，指数据信息在检察机关研发的系统上聚合，而无须检察机关外部导入的数据库。例如，执检子系统（1.5 版本、2.0 版本）模块中"被执行人信息"部分，由于和审查逮捕、审查起诉案件中的相关信息自动关联，所以可自动生成包括被执行人基本情况、各种强制措施情况、判决情况以及刑罚执行情况等基本信息，以被执行人为单位逐人形成一套完整的执行信息档案，并可根据强制措施类型、执行主体、刑罚执行种类等条件进行检索。又如，浙江绍兴检察机关为了满足执检监督的需要，根据不同的监督领域，自主研发出智慧检察监督平台、刑事财产刑执行一体化系统、社区矫正智慧监督软件、刑期计算智慧纠错系统等一系列智慧软件，给法律监督提供强大功能。①

（2）外部数据库

外部数据库，指刑事执行的数据信息并非检察机关自身产生，而是来自看守所、社区矫正机构等被监督单位。如检察机关派驻看守所检察室与派驻的看守所在监管信息、监控信息上实现联网。2002年，最高检与公安部联合发布文件，明确派驻检察部门与看守所在监管信息系统、监控视频系统实行局部联网，建立信息资源共享机制，实现对看守所监管活动的网络化管理和动态监督。② 据统计，早在2011年，全国检察机关已有1152个派驻检察室实现与看守所监控视频系统联网，占驻所检察室总数的43%，有2246个派驻检察室与看守所监管信息系统实现联网，占派驻检察室总数的61.8%。③ 截至2022年，派驻检察室与看守所信息、监控联网覆盖率在90%以上。由于被监管人的信息直接自动被导入派驻检察的信息库内，不但极大提高了派驻检察官的工作质量和效率，而且推动实现了对刑罚变更执行、日常监管活动的动态、同步监督，特别是提高了羁押期限监督的即时性、有效性和准确性，极大地贴合了派驻检察工作的实际需要。

3. 两者的比较

内部数据库的数据源是在检察机关自身系统，外部数据库的数据源是被监督单位，两者都可以自动生成。但通过比较后可发现，前者因为是在整个检察系统这个大数据库中伴随逮捕、起诉的案件而产生，不依

---

① 参见陈东升：《绍兴数字检察开窗法律监督新天地》，载《法治日报》2021年3月22日，第1版。

② 最高人民检察院、公安部《关于加快看守所监管信息系统与驻所检察管理信息系统联网建设，推行监所网络化管理和动态监督工作的通知》（高检会〔2002〕4号）。

③ 参见徐盈雁：《两网一线信息化助推派驻检察实时监督》，载《检察日报》2012年2月27日，第1版。

赖于外部环境，所以独立性较强；而后者的运行顺畅需要检察机关与外部单位顶层设计的支撑、数据共享程度的最大化，在独立性上缺乏优势，对外部环境有很大的依赖性。而且，前者覆盖了被执行人被逮捕后至刑罚执行的全过程，相较后者只包括监管过程而言，具有完整性的特点。

此外，后者的数据库是为履行某项专门职能而建，只能满足单一职能的需要，而执检业务领域繁多，如派驻检察只能履行针对监管场所的部分监督职能，而社区矫正、财产刑、强制医疗、附加刑等职能，如果按照不同的职能、不同的被监督对象，分别建立对应的数据库，则需要长时间的顶层设计来打破数据壁垒，也需要更多的资金投入。

然而，内部数据库如执检子系统由于是整个检察业务系统的一部分，目前更多的是发挥办理刑事执行检察案件的功能，而专门服务于执检日常监督工作的功能属性不强，其中的"被执行人信息模块"也是仅仅起到"信息查询"的辅助性作用。例如，执检子系统所能抓取的信息是从检察机关受理审查批准逮捕案件以后获得的，而犯罪嫌疑人在刑拘后报请逮捕前这段时间的信息仍需要借助外部数据库，另外还会有一些被执行人的信息因为公安机关没有报请逮捕而根本不会产生。这也是内部数据库有待完善的地方。

（三）大数据应用的监督成效明显

数据是基础，应用是核心。就各项检察业务整体而言，全国各地的检察机关都在积极探索，其中浙江、湖南、贵州、安徽、江西等地的检察机关在大数据的应用上效果显著。而具体到执检业务上，除了前面提到的各种数据库，各地执检部门开始树立大数据思维，将大数据应用在监督履职过程中，逐步形成模型构建、数据集成、数据比对的操作模式。

1. 模型构建

"任何违法犯罪都有一个信息链条，孤立看链条上的每个信息都很难发现异常，运用大数据筛选、比对、碰撞，信息点之间就有了交集、串联，问题线索就能清晰展现出来"。大数据是一种逻辑思维，需要将办案与相关数据紧密联系起来。换言之，大数据是方法，最终要解决监督的问题，发挥监督的作用。这就意味着，大数据的运用必须从监督工作本身出发，从违法的特征、监督的规律本身考虑问题，作为思考的逻辑起点。从这点出发，进而去构建数据模型。通过归纳发现，近几年执检部门的监督实践正是沿着这一思路开展的。

例如，湖南省检察机关在省内巡回监狱检察中，将狱侦等分析数据、罪犯外伤数据、严管禁闭戒具使用、监狱民警违法违纪等信息集成，按照逻辑关系和法定条件进行数据对撞。为什么要构建这些数据平台？这些平台之间又存在什么联系？其背后正是检察人员根据长时间的监督实践从总结出的违法规律出发做出的思考。以刑罚变更执行违法为例，通常情况下，监狱可以通过应扣分而未扣分、应处罚而未处罚的手段为罪犯隐瞒情况、违规减刑。为发现疑点，可通过调取狱政、狱侦部门工作总结、监区狱情分析会、罪犯考核情况、严管禁闭戒具使用信息进行比对，找出差异点，就可能发现监狱可能存在徇私舞弊减刑、假释的情形。通过这种方法，检察机关构建出八大数据平台，并按照逻辑关系和法定条件进行组合，这种模式也被最高检用来借鉴推广。如最高检第四巡回检察组对江西省赣江监狱的巡回检察采取这一方法，取得了实效，立案侦查职务犯罪案件6件，纠正违法减刑、假释13件，提出40类问题的检察建议。①

另外，各地检察机关都在构建监督模型。据统计，全国各地检察机关共向高检院报送近600个法律监督模型参评全国检察机关大数据法律监督模型竞赛。② 湖北省检察院的检察官在采访中表示"模型是为服务办案而产生，不能止于主观空想或理论概念，而是要针对监督点、研判规则及数据要素等进行系统分析"。③ 例如，江西省检察机关构建了违法违规减刑、假释和暂予监外执行模型，从南昌地区监狱自查的案件中

---

① 参见湖南省人民检察院汤红伟检察官"'大数据模式'下巡回检察工作的探索"课件讲稿。

② 徐日丹：《让大数据激发法律监督新动能——全国检察机关大数据法律监督模型竞赛初评侧记》，载《检察日报》2022年6月17日，第1版。

③ 徐日丹：《让大数据激发法律监督新动能——全国检察机关大数据法律监督模型竞赛初评侧记》，载《检察日报》2022年6月17日，第1版。

梳理出 23 条研判规则，从减刑裁定书筛选发现疑似问题线索。①

2. 数据集成

数据集成，就是将孤立的数据集成起来建立电子数据库并通过相关调查不断补充。②信息收集工作可提前准备，避免因信息不对称而导致现场检察目标不明确、重点不突出。换言之，数据的集成是运用数据分析的前提和基础。如前面提到的，检察机关现有的数据库如执检子系统、派驻看守所的"两网一线"建设、社区矫正检察平台等聚集了被执行人数据、检察数据等海量信息，并且在未来仍然是主要的数据资源库。

一些地方的检察机关也自助研发了一些专门性的执检数据库。如浙江绍兴检察机关自主研发出智慧检察监督平台、财产刑执行一体化系统、社区矫正智慧监督软件、刑期计算智慧纠错系统等系列智慧软件，③通过收集相关执行信息来不断积累数据库的资源。此外，执检部门为满足实际工作需要，会根据监督模型，收集相关的数据，形成临时性的数据库。例如，前面提到的湖南检察机关在巡回监狱检察中列出八类有价值的数据源，将八大平台的电子数据进行集成，并不断充实，形成新的罪犯改造事实和民警执法事实电子数据，打破信息"孤岛"，为下一步进行数据碰撞创造条件。

3. 数据比对

大数据的关键是数据的比对分析，其核心是要找到最有价值的数据源，并借助分析工具，建立算法，快速从海量的各种数据分析中获得我们需要的结果。

例如，浙江绍兴检察机关开展违法犯罪人员"应执未执"专项自查清理工作，通过对刑事裁判文书开展大数据分析，发现全市 200 余件

---

① 参见黄辉：《江西检察机关让数据"说话"向数据"求解"大数据赋能法律监督更有"数"》，载《法治日报》2022 年 6 月 21 日，第 3 版。

② 参见湖南省人民检察院汤红伟检察官"'大数据模式'下巡回检察工作的探索"课件讲稿。

③ 参见陈东升：《绍兴数字检察开创法律监督新天地》，载《法治日报》2021 年 3 月 22 日，第 1 版。

强制隔离戒毒人员的犯罪均获轻刑判决，涉案人员均因吸毒被抓获，其中 61 人以编造虚假犯罪的手段逃避强制戒毒，捣毁 10 余人的涉黑团伙。①

又如，湖南省永州市检察机关依托社会管理大数据开展社区矫正巡回检察，共核查出漏管社区矫正对象 429 人，其中重新犯罪 49 人；脱管社区矫正对象 205 人，其中重新犯罪 73 人；利用虚假妊娠医学鉴定骗取暂予监外执行 16 人，未请假外出 468 人次。②

此外，作为非结构数据的图像数据通过智能分析，也在执检工作中发挥着重要作用。例如，北京、上海一些检察机关派驻检察室积极探索计算机视觉应用于对看守所等监管场所的监督。③ 由于时间和精力上的不足，驻所检察官无法 24 小时无间断、无死角地开展检察，因此通过计算机监控视频的实时智能分析，计算机可以及时发现看守所、监狱内被监管人之间，监管人员与被监管人员之间的非正常接触，并及时推送相关画面给派驻检察官。具体原理是人工智能，计算机通过对聚集到的海量视频数据，按照一定的标准参数进行分析，数据累积越大，学习机会越多，分析越准确，从而帮助检察官第一时间发现异常情况。

二、大数据应用中存在的问题

尽管执检部门在大数据的应用上已经取得了一定成效，但在数据库的构建、执检工作与大数据的深度融合上仍存在一些问题亟待改进。

（一）数据资源有待整合

笔者在前面提到，作为执检业务最重要、最稳定的数据库——执检子系统虽然具有独立、完整的优势，但更多的功能设计是满足办案需求和案件管理，而执检业务中能够体现任务量的看守所检察、监狱检察、

---

① 参见陈东升、王春：《绍兴数字检察开创法律监督新天地》，载《法治日报》2021 年 3 月 22 日，第 1 版。

② 参见操余芳：《大数据赋能社区矫正巡回检察》，载《检察日报》2022 年 7 月 5 日，第 5 版。

③ 参见林竹静：《"人工智能＋大数据"驱动的智慧检察路径规划》，载《共建未来法治 共享未来福祉》，2019 世界人工智能大会法治论坛。

社区矫正检察等大量、繁多的日常性监督工作，因为缺少相应的模块设计，尚不能满足实际工作的需要。而原有的数据库如看守所检察系统、社区矫正检察系统，虽然专为看守所检察、监外执行检察而设计，但近年来也因为数据传导出现技术障碍、软件维护困难等问题故障频发，发生数据导入迟延甚至导入失败等问题。此外，检察机关自己研发的一些数据库，由于数据信息只能通过人工录入，导致任务量繁重，耗费大量检力资源的问题。

这些数据库设计出发点不同，运行方式不同，能够满足执检业务需求的程度也不同，需要做进一步整合，厘清关系。

（二）数据"孤岛"问题仍然存在

1. 检察系统内部的数据"孤岛"问题

笔者认为，如果说前面提到的执检子系统专属功能不强的问题，属于数据纵深不足，那下面提到的数据孤岛问题，则属于数据的横向扩展不足。

目前，虽然检察业务应用系统中的案件信息能够关联"被执行人"模块，使得该模块可以自动产生被执行人的数据信息，但该模块仅能采集到本院、本地区的数据信息，而一旦诉讼终结，该名罪犯后续的执行情况就无从知晓了。后续的执行情况只能由后续负责的执检机关掌握。这就使得不同的检察机关像铁路运输一样，每一段车站的管理者只了解自己管辖的那一段。

此外，不同地方的执检部门在工作中采集的各种数据资源所形成的数据库无法在不同地区实现共享。而只有每个地方的数据资源汇聚到一起才符合大数据"大"的要求。如此一来，数据常常散落在不同的业务部门，并存储在不同的数据库内，导致数据在检察机关内部无法有效关联与整合，进而影响数据价值的挖掘与运用。①

---

① 参见陶建平：《检察工作中运用大数据的价值》，载《人民检察》2018年第10期。

2. 检察机关与法院、公安、看守所、监狱、司法局等众多单位之间的数据"孤岛"问题

由于执检业务对应多头的监督对象，从满足日常检察监督的角度出发，必然涉及与法院、公安、看守所、监狱、司法局等众多单位共享数据的问题，"数据孤岛"问题仍有待进一步解决。笔者认为，究其原因，可能仍是被监督单位对监督者的"天然戒备"心理使然。从最高检、公安部当年的会签文件来看，共享信息涉及在押人员个人情况、诉讼环节、戒具使用等7项内容。据笔者统计，这只占看守所检察需要信息的41%左右，① 如果仅看这些信息，检察官仍然不能掌握在押人员的日常监管情况。而笔者从事派驻检察工作多年，经观察发现，看守所对派驻检察室提出的调取材料要求，常以请示所领导来委婉拒绝。某种程度上折射出存在戒备的心态。

（三）大数据的核心价值尚未充分发挥

如前所述，大数据的核心是数据挖掘，形成二次价值。与传统的检察模式不同，大数据的功能定位不仅仅是辅助办案、提高效率，还在于从成千上万次的执检实践中、连篇累牍的裁判文书审查中梳理、寻找、归纳出普遍规律和一般特点，通过大数据分析研判，创造出监督模型或拓宽线索渠道。目前，从实践来看，执检工作中虽然也研发出不少监督模型，并取得了不少成效，但这些模型都是检察人员根据日常经验总结而来，仍然是从因果关系中找规律，通过数据比对，在确定、有限的信息内发挥数据对撞的价值。信息数据之间的内在关联性挖掘力度尚不能完全满足检察工作的实际需要，② 如在派驻检察中，能否从大量的被执行人监管信息中发现乃至预测某种执法监管活动存在违法情形或发生监管事故；如从财产刑执行信息中，发现被执行人仍有财产可供执行的大概率可能；等等。

---

① 笔者对照《人民检察院看守所检察办法》及一些常见的看守所监管规定，又列出医疗保障、日常生活、教育管理、临时出所等10项内容计算而来。

② 参见林竹静：《"人工智能+大数据"驱动的智慧检察路径规划》，载《共建未来法治 共享未来福祉》，2019年世界人工智能大会法治论坛。

三、大数据赋能执检工作的路径

围绕最高检提出的"以检察大数据战略赋能高质量发展",笔者做了以下几点思考:

(一)准确把握大数据思维

1. 准确认识大数据思维的概念

尽管各行各业都在强调大数据的运用,但大部分人可能并不真正理解大数据到底是什么,不少人认为大数据仅仅是海量的数据集合。所谓大数据,是指种类多、流量大、容量大、价值高、处理和分析速度快的数据汇聚的产物。[1] 大数据不仅包括数据本身,还包括与数据相关的分析技术和价值。英国学者舍恩伯格提出,应从大数据的价值出发,强调大数据的核心价值在于背后所蕴藏的规律。[2] 这一观点得到我国学者和实务界的认同。如学者王燃也认为,大数据包括海量数据集、数据分析技术以及大数据分析结果这三层含义。[3] 浙江、湖南、贵州等地的检察机关在经验介绍中强调,应充分挖掘数据背后的规律,也说明对这一认识的认同。所以,大数据本身并不意味着大价值,如果不对数据进行分析、挖掘,大数据便无法发挥作用。唯有灵活运用数据分析、处理技术,方能发现大数据背后的规律、特征,真正发挥大数据的价值。[4]

简而言之,大数据的核心价值在于数据分析,否则数据之"大"也就失去了意义。执检领域的检察官应当牢牢把握这一点,逐渐形成数据分析的主动意识。

2. 转变思维方式

厘清了概念,随之要转变思维方式。一是应从注重定性分析向注重

---

[1] 参见麻玉然:《检察机关运用大数据、云计算、物联网的前景与思考》,载《法制与社会》2016年第35期。

[2] 参见[英]舍恩伯格、库克耶:《大数据时代》,盛杨燕、周涛译,浙江人民出版社2013年版,第4页。

[3] 参见王燃:《大数据侦查》,清华大学出版社2021年版,第26页。

[4] 参见白建军:《大数据对法学研究的些许影响》,载《中外法学》2015年第11期。

量化分析转变。大数据时代强调数据的"大",一改传统数据分析的样本收集,强调尽可能全面地收集数据并进行分析。① 执检工作中会遇到大量数据资源,如几年甚至十几年的被监管人信息,如近30年内的全部减刑、假释、暂予监外执行案件信息等,检察人员必须尽可能全、尽可能广地收集大量数据。这也正是笔者提出跨区域执检部门应当共享数据资源的原因。二是应从注重精确推理向注重概率思维转变。大数据时代采用全样分析而不是抽样分析,全样分析因为被放大的全集数据,不像抽样分析那样存在误差放大的问题。② 我们可以从大量数据中归纳得到某种规律。数据的量越大,归纳得到的结论相对就越可靠。③ 执检领域本来信息量大而丰富,通过有效分析大而全的信息必然可以归纳出共性特征,得出大概率的判断。三是应从注重因果关系向注重相关关系转变。小数据时代人们遵循的是因果逻辑思维,而大数据则强调不确定性,因为在大数据时代,因果关系有时并不明显。在无法确定因果关系时,数据为人们提供了解决问题的新方法,从而消除不确定性。④ 这就意味着,必须从传统的监督手段中解放出来,要发现违法情形可以从海量的执行数据中有意识地挖掘背后存在的规律,即使无法解释为什么,但只要能达到发现问题、实现监督的目的就可以。

(二)构建合理完备的数据资源群

1. 从内部打破数据"孤岛"

一是对执检子系统进行完善,一种比较理想的状态,是根据执检业务的特点,充分考虑其需求,对执检子系统深入开发,形成被执行人数据库、日常监督平台、监督办案平台,汇集被执行人查询、数据分析、

---

① 季美君等:《大数据时代检察机关遇到的挑战与应对》,载《人民检察》2017年第15期。

② 参见林子雨:《大数据导论:数据思维、数据能力和数据伦理》,高等教育出版社2020年版,第144页。

③ 参见刘强:《大数据时代的统计学思维》,中国水利水电出版社2021年版,第121页。

④ 参见林子雨:《大数据导论——数据思维、数据能力和数据伦理》,高等教育出版社2020年版,第145页。

日常管理等综合功能。二是打破地域限制,在不同地区的执检部门之间实现数据共享,最终汇聚成海量的数据资源。

2. 从外部打破数据"孤岛"

公安、法院、监狱等单位作为执行主体,必然是执检业务中重要的数据来源,应尽可能从上述单位收集有价值的数据信息。共享的形式可以更加灵活。受制于资金投入、顶层设计周期、配合程度等因素的影响,不必拘泥于必须建立相应的软件系统,但务必要以被执行人为单位按照阶段特点收集一切执行信息。此外,被监督单位有大量数据库,其中有一些也对社会公开,如法院构建的中国裁判文书网和减刑、假释、暂予监外执行平台,可以直接使用。

3. 建立并完善数据管理机制

对于已经收集的数据,应当妥善储存、保管。在过去抽样分析的时代,一旦数据发挥了基本作用,往往就会被删除。但现在,海量的数据经过重新整合,可以创造新的价值。数据的价值不会因为不断使用而削减,反而会因为不断充足而产生更大的价值。[①] 所以,必须对工作中收集的各种数据妥善保管,尤其是从监管机关收集的纸质材料,应及时转化为数据资源。

(三) 提升大数据应用水平

1. 加强数据分析的应用

数据分析是提升大数据应用水平的关键。如前所述,数据分析的精髓在于对海量数据进行二次、甚至多次分析,发现事物、现象背后所隐藏的深层次规律。[②] 利用执检业务中构建起数据库资源,从海量执行信息中寻找到某种相关性的规律,构建更多水平更高的监督模型。

2. 转变监督模式,提升社会治理水平

从传统的"数量驱动、个案为主、案卷审查"个案办理式监督转

---

① 参见林子雨:《大数据导论——数据思维、数据能力和数据伦理》,高等教育出版社 2020 年版,第 5 页。

② 参见王燃:《大数据侦查》,清华大学出版社 2017 年版,第 123 页。

为"质效导向、类案为主、数据赋能"的类案治理式监督。① 如运用大数据创建类案监督平台，通过对审判机关、裁判执行机关司法活动痕迹、法律文书的分析、聚类、整合发现一类问题，再向其制发检察监督文书，通过数据分析实现个案监督向类案监督的转变。② 具体而言：一是由被动监督转为主动监督。以往的执检监督，存在发现线索难、来源渠道少的问题，做了大量基础工作但收效甚微，往往事倍功半。二是注重个案监督的同时强化类案监督。积极开展类案监督，能够发现系列案件中存在的共同问题，进而对类案的办理起到规范指导作用，扩大监督效果。三是由片面监督转为系统监督。要对被监督单位进行梳理，分层次、分步骤开展监督，如对看守所、监狱等监管场所制定长期的监督规划，以专项检察的形式，选取一个或几个监督重点开展工作。从而将刑事执行检察从个别、碎片、偶发、被动的监督，转变为全面、整体、系统、主动的监督，进而努力实现从传统执检工作向智慧执检的转型升级。

---

① 参见徐日丹：《让大数据激发法律监督新动能》，载《检察日报》2022年6月17日，第1版。

② 参见陶建平：《检察工作中运用大数据的价值》，载《人民检察》2018年第10期。

检察听证工作的实践反思与发展完善

贺永涛　王怡然[*]

检察听证是深化检务公开的重要内容，在保护当事人合法诉讼权利、推动检察环节落实全过程人民民主等方面具有重要意义。2020年以来，最高人民检察院先后印发《人民检察院审查案件听证工作规定》（以下简称《规定》）《人民检察院羁押听证办法》《人民检察院听证员库建设管理指导意见》等文件，进一步加强和规范检察听证工作，全面系统构建了检察听证制度基本框架。2021年6月，中共中央印发《关于加强新时代检察机关法律监督工作的意见》，明确指出"引入听证等方式审查办理疑难案件"，检察听证由此上升为党中央对检察工作的制度性要求。据最高人民检察院发布的消息，2020年以来，检察机关累计对21.6万余起案件组织召开听证会[①]，检察听证为更好实现惩罚犯罪与保障人权有机统一发挥了重要作用。

一、新时代加强检察听证工作的重要意义

检察听证是新时代检察机关主动转变司法理念、改进办案方式、广泛听取意见、接受外部监督的一项重要制度创新。[②] 我国听证制度已有20余年的发展历程，在防范和化解矛盾纠纷、推进治理体系和治理能

---

[*] 贺永涛，北京市丰台区人民检察院办公室（行政事务管理部）负责人；王怡然，北京市丰台区人民检察院办公室（行政事务管理部）干部。

[①] 参见《中国这十年，全面依法治国取得历史性成就》，载正义网，http://news.jcrb.com/jsxw/2022/202207/t20220728_2428948.html。

[②] 参见彭玉：《认真对待检察听证》，载《检察日报》2021年8月6日，第3版。

力现代化方面发挥了积极作用。

（一）解"法结"化"心结"，打通矛盾纠纷化解"最后一公里"

检察听证是贯彻落实习近平总书记"坚持以法为据、以理服人、以情感人"[①]解题思路的重要实践。对疑难复杂、意见分歧较大、久诉不息的案件，检察机关改变传统由书面审查的封闭模式，依职权或依申请召开听证会，搭建化解矛盾和释法说理的平台。将公开、亲历、兼听、说理贯穿始终，充分尊重当事人主体地位，消弭当事人、社会公众对司法办案的疑惑。借助第三方听证员力量，将法言法语化为民情民理，汇集合理性表达和感性沟通，引导当事人在法律框架内止纷息诉，有效修复社会关系。据最高人民检察院发布的消息，2021年，全国检察机关听证案件防范和化解矛盾纠纷率达到95.6%，许多常年没有解决的案件得以顺利办结。如B直辖市F区检察院推进跨区域检察深度协作，与S省L市检察院异地联动，召开线上听证会，成功组织双方当事人达成和解并即时履行完毕，使一起农民工异地死亡、家属讨薪的劳动争议纠纷案得到圆满解决。

（二）践行"阳光司法"，构建人民信赖的司法体系

保证权力公开透明运行是提升司法公信力、树立司法权威的基础和前提。听证活动中，各方代表当面把事情讲清、法律讲透，将办案程序、定案证据、法律适用公开，使检察履职以看得见的方式兑现程序公正，确保事实清楚、证据充分，有效提升了检察办案的公信力。同时，检察听证对办案过程进行披露，将其置于"聚光灯"下，推动完善检察权运行的外部监督制约机制，实现了对检察官自由裁量权的"面对面"监督与制衡，"不容有失"的压力倒逼检察官转变司法理念，反向审视办案中存在的问题和瑕疵，更加审慎思维、理性决策，提升办案质效，达到以"程序正义"促进"实体公正"的效果。听证数据曾经作为检察业务绩效重要指标，在全面推开公开听证、推动纠纷化解中发挥

---

① 参见习近平：《论坚持全面依法治国》，中央文献出版社2020年版，第260页。

了重要作用。2022年初，B直辖市对检察机关业务绩效评价办法和评价指标体系做出优化调整，突出听证质效，推动听证工作由数量优势向质量优势转型调整，充分释放听证效能，支撑推进检察业务高质量发展，持续优化开放、动态、透明的阳光司法机制。

（三）践行全过程人民民主，"借脑引智"实现"兼听则明"

人民群众依法对检察工作享有知情权、参与权和监督权，群众参与检察工作的深度和广度是衡量检察环节落实全过程人民民主的重要指标。检察听证制度引导人民群众以客观、理性、有序的方式参与司法，使得社情民意、人民群众的经验智慧能够伴随听证案件融入司法决策中。如B直辖市F区检察院贯彻落实最高检印发的《行政机关专业人员兼任检察官助理工作办法（试行）的通知》，深化行政执法和检察司法协作配合，聘任来自教育、金融、税务、卫生等多领域的18名行政机关专业人员，担任特邀检察官助理，充分调动发挥各界政治智慧、专业智慧和法律智慧。同时，人民群众通过参与听证活动，不仅对办案过程进行了监督，自身也接受了一场生动的普法课程，近距离感受法律的庄严与温情，涵养自觉守法、遇事找法、解决问题靠法的法治意识。

二、对检察听证工作的实践反思

检察听证集案件论证、检务公开、群众监督于一体，近年来，听证制度逐步完善，案件数量快速增长，典型案例层出不穷，但是在实践中还存在一些制约听证发展的因素，听证定分止争、促进社会治理的作用发挥还不够充分。

（一）听证案件分布不均衡

检察听证是实现调查核实权的有效途径。《规定》指出，检察听证程序启动有检察机关依职权或依当事人申请启动两种方式。在实践中，以依职权开展为主，听证程序主要由检察院根据案件情况主动适用。部分当事人对听证抱有观望态度、对听证效果存疑，主动申请听证的积极性较低，因此依当事人申请开展听证较少。从案件类型看，检察听证目前已经全面覆盖"四大检察""十大业务"，但是在各类检察业务中应用程度不同，存在条线差异，多为拟不起诉的刑事案件，其他类型案件较少。如2022年以来①，B直辖市F区检察院组织的听证活动中，不起诉公开听证占比81.5%，占绝大多数，刑事申诉、行政诉讼监督听证案件数为0，与全面推开、应听尽听的工作要求还有差距，与整体办案量也有差距，亟须拓宽群众有序参与和监督司法的渠道。

（二）听证程序启动有瑕疵

案件是否召开听证会，一般由检察官个人把握是否报请检察长批准，检察官拥有较大的自由裁量权。《规定》明确了听证案件类型为羁押必要性审查等常见类型案件，适用范围"事实认定、法律适用、案件处理等方面存在较大争议，或者有重大社会影响"，但是具体情形缺乏细化要求，部分检察官在案多人少的外在压力、存在畏难情绪等因素的叠加之下，不愿、不敢驾驭复杂听证局面，倾向于"避重就轻"，回避可能存在舆情风险、社会影响性较大的案件，热衷选择争议较小或矛盾已基本化解的简单案件听证，导致"凑数"听证。此外，部分检察官片面追求听证数量，将事实清楚、证据确实充分，本不需要召开听证的案件纳入听证范围，听证"流水线"作业，对当事人的释法说理走形式，既造成听证资源的浪费，也严重影响了检察机关的威信和公信力。

（三）听证员参与度不高

听证员通过"听、询、评、议"等方式参与案件办理。有些案件专业性较强，部分听证员的专长领域可能与案件争议焦点涉及的专业知识难以契合，在听证中只能秉持朴素的感情认知和心理期待，"听而不证"。有些听证员缺乏法律专业素养，不能完全掌握案件涉及的专业术语和法律知识，很难独立、专业、准确做出评议，受检察机关意见影响较大，或者更多受同情弱势思维影响，一定程度上与法律的处罚标准相背离，降低了监督效果和释法说理效果。此外，部分听证流于形式，在会议开始前，检察机关未能主动介绍案件情况，导致听证员对案件了解

---

① 统计时间为2022年1月1日至2022年9月30日。

不多,仓促上场,在有限的听证时间内,无法快速准确把握分歧焦点,存在"走过场"等倾向。

(四)听证结果运用不充分

《规定》指出,"听证员的意见是人民检察院依法处理案件的重要参考"。但是,对于如何参考、参考比重,以及未参考的处理方法等未做规定,因此,在实践中检察听证一定程度存在重程序轻实体现象[1],更多关注听证程序是否完善、是否公开透明、是否合规开展,对听证员意见的实际采用未有严格规范,"可能导致检察听证程序效力的'虚空'"[2]。对于听证意见的反馈也容易被忽视,听证活动陷于"一听了之"。依照法律规定,法律文书应当送达当事人,但是对于参与听证活动的听证员,无相关规定做出说明,导致听证员对参与评议的听证案件的处理结果一无所知,听证员的参与感较低,听证制度的社会治理效果未能充分发挥。

三、检察听证制度的激活路径

习近平总书记指出"要加快构建规范高效的制约监督体系"[3],检察听证在协助司法、制约权力、监督办案等方面具有不可替代的重要作用,要把好听证"启动、运行、延伸"三关,确保案件听证程序合法、结果公正、效果良好,实现"案结事了人和"的价值目标。

(一)破除听证启动思想顾虑,由"要我听证"转变为"我要听证"

聚焦群众诉求强烈、矛盾突出、引领性案件开展听证,不回避疑难听证案件,满足多元参与期待,注重检察官素能提升,努力提升当事人

---

[1] 参见霍敏:《检察听证制度完善研究》,载《国家检察官学院学报》2022年第1期,第80-91页。

[2] 参见温长军、王然:《刑事检察听证的理论根基与实践论证》,载向东主编:《检察听证理论研究与案例参阅》,中国检察出版社2016年版,第35页。

[3] 参见习近平:《坚定不移走中国特色社会主义法治道路 为全面建设社会主义现代化国家提供有力法治保障》,载《求是》2021年第5期。

和社会公众对检察听证的认可。

一是做实依申请启动听证制度宣传。在案件办理中,及时告知当事人有权申请召开检察听证会,详细介绍听证流程、作用、目的等,充分保障当事人听证权,防止少数群众"信访不信法"、弃法转访。对于当事人对结果无争议,听证意义不大的案件,不强求申请听证,兼顾司法效率和司法公平。进一步深化检务公开,通过检察院官方网站、微信公众号等渠道及时发布公开听证公告,广而告之听证活动,激发人民群众参与热情,接受旁听人员现场监督。

二是完善依职权启动听证的前置程序。明确检察官提请听证程序需要开展听证事前评估,撰写听证可行性报告,科学限定"不同意召开听证会"的标准,强化听证必要性审查,充分发挥听证在审查疑难复杂案件中的作用,突出定分止争效果,达到"应听证尽听证"。牢固树立总体国家安全观,增强预测预警预防能力,对拟听证案件开展风险评估,做好风险处置预案,确保听证活动顺利开展。如B直辖市F区检察院听证会前组织听证员签订承诺书,强化保密意识,严格保密责任,明确"三个规定"要求,筑牢保密防线,从源头上减少听证员对司法活动的非法干扰。

三是提升适用听证的主动性和专业性。引导检察官树立证据意识、审查意识、监督意识,端正听证态度,充分认识开展听证的目的、意义、法理依据,自觉开展听证。将个案听证与类案集中听证相结合,统一听证员评议尺度,节约诉讼资源提高效率,缓解检察官听证量压力。加强实案实训,组织集体观摩、模拟听证会等活动,提高听证活动的规范性,引导检察官克服畏难心理,提升驾驭公开听证会复杂局面的能力。

四是充分发挥"头雁效应"。努力转变工作思路,提高听证站位,作为"一把手"工程推进。如B直辖市F区检察院以动态分析研判把方向,定期召开党组会专题听取听证开展情况汇报,加强分析研判,动态查找工作短板和问题症结,推动听证工作持续向好开展。抓好"关键少数",做到领导干部带头听证,重复信访、复议复核等"硬骨头"案件由检察长亲自主持听证。通过领导"打样"带动工作,激发检察官开展工作内生动力，增加人民群众对于检察工作的认可度和信任度，营造听证工作良好氛围。

（二）严格听证运行规范性，实现流程合理化推进

完善相关制度机制，避免走过场，避免形式化，以人民群众"看得见""听得到"的形式，获得理解和支持，实现"以听证赢公信"的检察听证作用。

一是聚焦听证目的精准"派单"。根据最高检规定，积极建立完善听证员库，建立听证员工作档案和履职评价记录，进行分类履职管理，根据听证案件类型有针对性地选取听证员，确保听证员专业背景与听证案件贴合，充分发挥"外脑"作用。听证员库实行动态管理，针对听证员专业技能、法律素养、道德素质、参与积极性等进行考核，采用"有进有出"的动态管理方式，促进其依法、规范、积极履职。如B直辖市F区检察院紧盯区人大代表、政协委员换届契机，动态调整听证员库，全面覆盖法律型、专业型、社会型人才，兼顾案件性质和听证员专业优势，"由专业的人干专业的事"。

二是充分保障听证评议实质化。在听证会前，预留充足时间，就案件基本情况、争议点、涉及法律知识向听证员进行详细说明，必要时寄送相关案件材料供听证员提前了解掌握情况，确保听证员"有备而来"，以便在听证评议中客观发表相关意见，避免在现场出现"听不懂、说不出"的情况，对检察机关意见盲目认同。同时，加强听证员专业化建设，定期组织培训，不断提升听证员队伍法律素养，确保听证实效。

三是以外部监督为提升检察听证质效赋能。依托中国检察听证网，面向社会公众直播检察听证全过程，主动接受社会监督和舆论监督，推进开放、透明、阳光司法，让更多人民群众"零距离"了解、参与、监督检察听证，进一步了解司法、参与司法、监督司法，实现公平正义"可感可触"，最大限度发挥检察听证的"引擎"作用。

（三）着力延伸听证效果，助推治理体系和治理能力现代化

坚持以问题为导向，吸收转化、补齐短板，推动检察听证由数量规

模型向质量效果型转变，为司法办案加码助力，推动检察环节诉源治理，打造检察版"枫桥经验"。

一是认真听取、妥善答复听证员意见和建议。高度重视听证员的评议意见，严密把关、谨慎考虑，报检察长及相关院领导评估审核，并做好及时反馈。耐心解释检察机关最终的决定及理由，消除困惑和猜疑，充分阐述做出决定的依据和过程，提升检察决定的社会接受度。定期召开座谈会，听取听证员意见，及时了解人民群众对听证工作的新期待，持续完善改进检察听证工作。

二是引领推动全社会树立法治意识。注重以案释法，依托检察宣传立体矩阵，加强典型案例学习宣传，增加群众对检察听证工作的了解与关注，提升全社会对检察工作的支持和认可。丰富完善听证工作与社会治理、普法宣传等工作的衔接配合，积极落实"谁执法谁普法"，聚焦人民群众关心的重点领域和身边案件，让公开听证成为普法课堂，以听证落实精准普法。

三是追踪问效拓展听证效果。对于听证案件适时回访，确保当事人参与司法活动得到郑重回应，了解听证案件矛盾化解效果，持续追踪当事人合理诉求，推动司法政策、犯罪预防深入人心，让人民群众在法治实践中得到实实在在的获得感。将听证个案融入社会治理，总结分析同质案件多发原因，及时制发类案检察建议，持续扩大听证正向效应，以案件听证促进检察工作提质增效，推动社会问题治理。

律师参与刑事诉讼职能发挥问题再研究

——以认罪认罚从宽制度为背景

刘 亮 蔡 丽[*]

2018年10月通过的《关于修改〈中华人民共和国刑事诉讼法〉的决定》标志着我国正式确立了认罪认罚从宽制度。此项制度不仅影响了法院与检察院之间的"控审关系"、推动了"控辩关系"的转型,也导致律师与犯罪嫌疑人(被告人)内部之间的关系更加"外部化"。

一方面,当辩护律师与被追诉人意见存在冲突或对外表示不一致时,现行法律并未作出明确回应,另一方面,犯罪嫌疑人、被告人自愿认罪,通过接受一定程度上的程序权利减损换取一定幅度的量刑优惠,本着"简程序不减权利"的司法理念,引入了值班律师制度保障犯罪嫌疑人、被告人认罪认罚的自愿性,促进司法公正。与此同时,值班律师缺乏信息和激励,逐渐沦为"见证人"这个单一角色,无法充分保障犯罪嫌疑人在认罪认罚程序中获得有效法律帮助的权利。

面对此类问题,有必要以传统的辩护律师和新兴的值班律师为切入点,对现行认罪认罚从宽制度下律师制度在实践中所遇到的问题进行梳理,并试着提出平衡的路径与策略。

---

[*] 刘亮,北京市丰台区人民检察院第一检察部主任、检察官;蔡丽,北京市丰台区人民检察院第一检察部检察官助理。

一、律师职能运行现状

（一）辩护冲突问题凸显，律师辩护效果不佳

认罪认罚从宽制度的落地，改变了控辩双方之间的关系，主要表现在辩护律师辩护权行使的重点、阶段、主要对象、方式和方法的变化，传统上以庭审阶段为辩护重点的辩护模式面临挑战，辩护律师面临辩护阶段前移、辩护重心前移、辩护时机稍纵即逝的新局面。因此，有意见认为，认罪认罚从宽制度压缩了律师"对抗式辩护"的空间，导致了以下两个问题：

一是辩护冲突问题以一种新的方式进一步凸显。传统的辩护冲突发生在被告人与辩护律师内部，双方会在辩护权的行使与辩护策略的选择上产生冲突。如被告人坚持作无罪供述，否认自己的犯罪行为，但辩护律师为之作罪轻辩护；又如被告人在法庭上均表示认罪，而辩护律师却坚持为其作无罪辩护。在上述相互冲突的辩护策略下，辩方内部的意见冲突最多能起到辩护效果部分抵消的作用，[1] 然而在认罪认罚从宽制度推行后，上述辩护冲突的外部影响也更加"显性化"，进而影响到被告人的实质权益和最终被判处的刑罚。辩护律师介入最佳时机的前移导致检察机关和辩护律师这两个不同的诉讼构造主体的"意见冲突"更为靠前，也更为隐形，在此情况下，辩方常常因缺乏合法救济程序而处于弱势，主要表现为被追诉人签署认罪认罚具结书后，律师作无罪辩护或不同意具结书指控内容的辩护所引发的与公诉人之间的"意见冲突"，在被告人因自愿签署认罪认罚具结书获得了量刑优惠的情况下，辩护人再提出有别于量刑建议的不同辩护意见，甚至是无罪辩护，或会遭到公诉人或法官的质疑，认为辩护律师在利用法律漏洞做"骑墙辩护"，更有甚者，公诉人因为辩护律师作无罪辩护，当庭即撤回认罪认罚具结书，进而直接影响认罪认罚从宽制度对被告人的适用。

质言之，犯罪嫌疑人、被告人自愿认罪认罚时，刑辩律师的辩护权

---

[1] 参见陈瑞华：《独立辩护人理论的反思与重构》，载《政法论坛》2013年第6期。

是否应有所限制？如辩护人当庭提出与具结书中载明的量刑建议不同的辩护意见，是否违背了契约精神，而其当事人是否还享受量刑上的优惠？公诉机关因辩护人当庭提出不同意见，撤回量刑建议的做法是否妥当？对此问题，尽管有相关案例和文件支持律师在此条件下同时作无罪和罪轻、量刑辩护，然而现行法律并未作出明确的回应，① 而是极大地依赖办案法官和检察官个人对此问题的理解，各地在试点也使得现行司法实践标准不一，适用不一。② 一方面使得法律的模糊性成为辩护人行使独立辩护权的障碍，另一方面因辩护律师进行无罪辩护使案件由速裁程序、简易程序转而适用普通程序，又与通过认罪认罚从宽制度实现案件"繁简分流"的制度导向背道而驰。

二是律师辩护"无效化"问题凸显。目前来看，认罪认罚从宽案件已经实现了律师参与全覆盖，但是，律师的普遍参与并不等于律师辩

---

① "两高三部"《关于规范量刑程序若干问题的意见》第 15 条也指出："被告人及其辩护人参加量刑问题的调查的，不影响作无罪辩解或者辩护。"另可参见《关于认罪认罚从宽制度常见问题释疑》，该文指出："案件是否适用认罪认罚从宽制度，以犯罪嫌疑人、被告人是否自愿认罪认罚为前提，不以辩护人作有罪辩护为前提。根据刑事诉讼法的规定，辩护人有权根据事实和法律提出无罪辩护意见。""如果辩护人的无罪辩护意见不能成立，实体仍要根据犯罪嫌疑人、被告人认罪认罚的价值和意义来考虑是否从宽把握。需要强调的是，如果辩护人的无罪辩护意见成立，不能因被告人认罪认罚将本应宣告无罪的案件作从轻处罚处理。"

② 我国同一地区前后制定的规则并不一致，如 2020 年 12 月 24 日某省高级人民法院、省人民检察院、省公安厅、省司法厅联合发布的《刑事案件适用认罪认罚从宽制度实施细则》第 49 条规定："量刑协商的犯罪嫌疑人、被告人认罪，但辩护人坚持作无罪辩护或者对主要犯罪事实提出异议的，人民检察院可以不主动开展量刑协商工作。在法庭审理过程中，辩护人坚持作无罪辩护或者对主要犯罪事实提出异议的，人民检察院可以根据案件具体情况撤销具结。"这一规定似乎表明检察机关可以因辩护人作无罪辩护而撤销具结书，而 2021 年 6 月该省检察院、省司法厅、省律协联合发布的《关于深化检律协作构筑新型检律关系的意见》第 16 条规定："认罪认罚从宽案件律师作无罪辩护应当充分尊重当事人的意愿。辩护律师参与认罪认罚协商过程的，在审判阶段作无罪辩护的，应当充分尊重犯罪嫌疑人、被告人的意愿，不因律师作无罪辩护而影响犯罪嫌疑人、被告人依法得到从宽处理。检察机关可以根据犯罪嫌疑人、被告人对认罪认罚的态度综合犯罪事实、情节、性质等重新提出量刑建议。"这一意见又似乎表明，律师作无罪辩护并不会影响对犯罪嫌疑人、被告人认罪认罚从宽制度的适用。

护当然产生了犯罪嫌疑人权利充分保障和罪责刑相适应的实质功效，相反，由于检察机关的工作主要在庭前完成，随着法院对检察机关提出的精准型量刑建议采纳率的逐步提高，案件处理结果在审查起诉阶段已经接近确定，律师错过向检察机关提交辩护意见和量刑协商的时机后，通过庭审辩论来改变量刑建议书所具有的较强拘束力将会事倍功半，而在具结书指控事实和认定情节已经确定的条件下进行辩论，更像是"带着枷锁跳舞"，律师辩护"无效化"的问题进一步凸显。

（二）值班律师履职乏力，日趋"见证人"化

2018年《刑事诉讼法》的第三次修改引入了值班律师制度，以此作为委托辩护、指派辩护的补充。但是其诞生之初便带有"普惠"和"值班"属性，在信息不对称和权利不对等的情况下，无法提供如此数量庞大的精细法律服务，值班律师有限的数量和刑事案件律师辩护率较低之间的矛盾，导致值班律师在法律服务的"质"和"量"上"左支右绌"。

值班律师的职责多样，对值班律师的勤勉尽责义务提出了较高的要求。根据《刑事诉讼法》第38条规定，值班律师具有以下三类职责：（1）提供法律咨询，如为犯罪嫌疑人、被告人提供法律咨询服务；（2）提供程序性法律服务，如为犯罪嫌疑人、被告人申请变更强制措施、提供程序选择建议；（3）提供实体性法律帮助，如对案件的处理提出意见。

实践中，值班律师的权利被"束之高阁"，逐渐沦为"见证人"这个单一角色。为保障值班律师行使以上职责，"两高两部"《关于适用认罪认罚从宽制度的指导意见》第12条进一步赋予值班律师会见权和阅卷权，但轮流"值班"意味着在没有确定帮助对象的情况下，值班律师只是等待被动"约见"，在具结书签署前，无法在短时间内通过会见犯罪嫌疑人和查阅案卷的方式了解案情，而当犯罪嫌疑人处于羁押状态时，值班律师对案情的了解来自检察官的简要口述，难以在短时间内建立起对个案事实和证据的全面图景；同时，办案机关需要在辩护人或值班律师的见证下，与犯罪嫌疑人达成认罪认罚具结书，实际上使值班律师的到场见证成为保障认罪认罚具结书有效性的程序性事项，但未能

事先通过阅卷和会见熟悉案件事实和证据,自然无法完成上述要求的多项职责,最终导致值班律师沦为具结书合法性的"背书人"与认罪认罚程序的单纯"见证人"。

现行值班律师制度的保障不足加剧了上述问题。根据笔者调研,刑事辩护律师缺口大,辩护率不高,更导致值班律师人数有限,大部分值班律师缺乏经验、专业不对口、自身尚有案源压力,"流水线"式地穿梭于各个检察官和犯罪嫌疑人之间,同时面临数十个案情、罪名各异的案件,叠加疫情影响,看守所会见、提讯名额短缺,几乎无法在检察官开展认罪认罚工作前完成会见。此外,目前也无明确的对接程序安排等各方面使阅卷行为常态化,而在值班律师未阅卷、对案情不甚熟悉的情况下,只能对犯罪嫌疑人、被告人做罪名及程序性介绍,难以就犯罪嫌疑人所涉案件的具体情况提出切实有效的建议和处理意见。

二、体系思维下的认罪认罚从宽制度的构建

现阶段认罪认罚从宽制度正经历一场"嵌入"现行法律体系的"阵痛期",而法治的进步就是尽量消除法律在适用上的模糊性,赋予其明确性和可预测性。对现行法律留下的众多"孔隙",根据社会的需要及时予以解释、完善,最重要的是用一以贯之的逻辑和思路建构出一个条理清晰、逻辑自洽的认罪认罚从宽制度体系。

(一)"认罪认罚"的内涵与外延

如果犯罪嫌疑人表示"认罪",是否应当包括对被指控罪名的认可?对于自然犯来说,罪名的认定或许并未超出犯罪嫌疑人的理解范畴,而对于新近出现的法定犯,构成要件的复杂性决定了犯罪嫌疑人无法从专业角度将自己所涉嫌的犯罪事实与可能构成的罪名进行一一涵摄,在这种情况下要求犯罪嫌疑人也认可所指控的罪名无疑是对非专业研习法律者的不公,于他们而言,"认罪"实际是在不考虑罪名认定的基础上,让其承认被指控的事实,"认罚"是在上述事实基础上,直接接受所应判处的刑罚。于此,犯罪嫌疑人通过"认罪认罚",似乎是在向办案机关表明一个态度——承认自己有罪,愿意接受法律的处罚,即放弃无理、无谓的对抗、承认指控的"犯罪事实",回到配合办案机关

尽快查明事实真相、被动接受甚至认可基于事实与法律给予其的正当刑罚。除此之外，不应对犯罪嫌疑人的认罪认罚"范围"有超出非专业法律人士的期待。

（二）认罪认罚具结书的性质

第一，认罪认罚从宽制度关涉的是犯罪嫌疑人自己的认罪态度，最终的法律后果也由犯罪嫌疑人自己承担。第二，认罪认罚从宽制度虽然强调控辩协商，检察机关应当听取值班律师、辩护律师意见，但是正如上述律师制度运行现状所显示，由于角色的不对等，实际上无法实现平等协商，更多的是单方听取意见，故难以将其视为检方与嫌疑人甚至辩护律师签订的"契约"，更无法谈及契约精神的违反。不妨从已有的实践中寻找智慧，根据《辞海》中"具结"的释义——古时对官署提出负责的文件，有"保证"之义，另外，具结悔过是我国《行政诉讼法》第59条对妨碍行政诉讼行为规定的一种处理方式，因此，从这个意义上来说，"具结书"更类似于由检察机关制作的，表示被追诉人认罪悔罪后用以固定下来的一种书面保证，即认罪认罚具结书是形实兼备的单方承诺，是犯罪嫌疑人、被告人向检察机关代表的国家作出的郑重承诺。[①] 正是基于这种"承诺"所具有的妥协让渡，才使被追诉人有权享有量刑优惠和程序从简的从宽处理，由此具结书可移送至法院，作为其适用认罪认罚从宽制度的书面依据。

（三）值班律师的定位

在庭上辩护律师能否做不同于"认罪认罚具结书"的无罪、罪轻、量刑辩护？针对这个问题，除了考虑"应然"的问题，更要考虑前述值班律师法律帮助"形式化"、辩护律师辩护"无效化"的问题，让认罪认罚从宽制度所释放的制度红利最大化，在有效预防冤假错案与准确打击犯罪间实现双赢。

上述问题离不开对于律师独立辩护权的反思与重构、认罪认罚从宽

[①] 参见赖玉中、王耀珑：《认罪认罚具结书的性质、效力及其内容完善》，载《山东警察学院学报》2021年第5期。

制度中的"罪"与"罚"内涵的准确把握以及认罪认罚具结书的法律效力的进一步释明。认罪认罚从宽制度通过量刑优惠来换取被追诉人实体上的"坦白"与程序上的"从简",最终实现繁简分流,提高司法效率,作为力图在"司法效率"和"权利保障"之间取得平衡的产物,其适用的最低限度是具结书指控内容确系被指控人所为,且被指控人对其认罪认罚后因此受到的刑罚(法律后果)有充分的理解,前者决定了被指控人认罪的真实性,后者决定了其认罪认罚的明智性,在两者的基础上,遵循一定的法律程序决定了其形式合法性。

而在实践操作中,被追诉人在对法律后果与法律评价处于未知的情况下,如实供述且配合司法机关工作人员的工作,签署了具结书,在此种情况下,辩护律师通过审查事实、分析案情,进行无罪或罪轻辩护并不影响被追诉人的认罪认罚,即无罪辩护与认罪认罚之间并无矛盾,辩护律师仅仅是为了发挥有效辩护的效果而践行辩护职责。对于辩护律师来说,辩护无禁区,面对被追诉人已经签署具结书的现实情况,尽量争取"出罪"的可能,留足"罪轻"的空间,虽为"骑墙式辩护",但从维护被告人利益最大化的角度若能自洽,现行法律和司法理应给予最大程度的包容。

从深层次来说,"骑墙式辩护"也是律师群体在认罪认罚从宽制度全面推行的背景下,被动应对潜在辩护空间限缩的一种无奈之举。为了缓解律师群体的此种"焦虑",需要进一步在程序上保障控辩双方平等协商的实现。一是减少控辩双方信息不对称的可能性。一方面,继续保障辩护律师依法行使会见权和阅卷权,减少权利行使的"隐形壁垒",保障辩护律师在掌握案件事实和证据的基础上有效参与量刑协商。另一方面,检察机关在认罪认罚程序中应当全面收集证据,做好证据开示,在确实的量刑事实基础上精准量刑。二是提倡律师启动量刑协商程序请求权。认罪协商程序的启动权在控方,赋予辩方主动启动该程序的请求权,有助于辩护律师充分发挥主观能动性,为犯罪嫌疑人争取合法合理的量刑优惠。三是明确量刑协商的具体程序。检察机关应严格按照协商程序与辩方对话,尊重犯罪嫌疑人及辩护律师的意见,告知嫌疑人所适用程序的规定及后果。①

(四) 厘清程序衔接上的"堵点"

值班律师和辩护律师在认罪认罚从宽制度中的权利保障因缺失"最后一公里"使得实施效果打了折扣,在双方信息不对称的情况下所开展的量刑协商、程序适用建议等更深层次的法律帮助,往往缺乏"就案论案"的针对性与专业性,实际效果有限,若在未了解案情条件下提出了实质的法律意见,甚至可能变帮助为伤害,导致犯罪嫌疑人、被告人作出错误判断和选择,彻底损害其合法权益。

三、问题之解决

(一) 进一步完善配套法律,做好制度、程序衔接工作

认罪认罚从宽制度的完善有赖于围绕其而产生的配套法规的进一步释明,其中包括认罪认罚从宽制度本身的内涵的进一步明确,具结书的拘束力和规制对象的初步细化,"律师在场见证"的法律意义的再次强调等。

一是探索律师启动量刑协商程序的请求权,明确量刑协商的具体程序,保障值班律师与检方平等展开量刑协商。② 允许值班律师通过合法程序转化为法律援助律师。值班律师介入案件较早,对案件相对熟悉,对特定范围内可能判处 3 年以上刑罚的认罪认罚案件,指派值班律师转为法律援助律师,参与出庭辩护等环节,有利于节省过渡期的人力耗费。当然,值班律师转为法律援助律师的条件和程序要求等细节问题,还需要根据目前的司法实践情况进行探索。

二是简化、优化值班律师提供法律帮助的流程。首先是规范值班律师法律帮助的启动环节,通过强化权利告知、简化法律帮助申请方式和环节,保障犯罪嫌疑人在审查起诉阶段值班律师首次介入、提供法律帮

---

① 参见李志远:《律师辩护在认罪认罚从宽制度下的若干问题研究》,载《法制博览》2021 年第 21 期。

② 参见李志远:《律师辩护在认罪认罚从宽制度下的若干问题研究》,载《法制博览》2021 年第 21 期。

助的权利。其次是为值班律师履职提供便利。为值班律师提供专门场所保障,在会见时,应保证值班律师会见的单独性和私密性,增进犯罪嫌疑人对值班律师的信任,方便值班律师就法律问题进行答疑解惑。

(二) 推进值班律师法律帮助实质化

值班律师目前的法律定位不清晰。① 笔者认为可采取以下措施:

第一,应当让值班律师回归本质,立足于值班律师的权利保障者定位,保障犯罪嫌疑人在适用认罪认罚程序时的基本权利。值班律师本质上仍然是律师,其应当更加聚焦于权利保障者这一核心角色,其他与之相悖的角色,应当逐渐予以剥离,如认罪认罚案件具结书的签署见证,实际是要求值班律师为认罪认罚从宽的自愿性和具结的真实性和合法性背书,与其权利保障者的角色构造上存在矛盾,容易导致值班律师在上述价值产生背离的矛盾角色中一边倒地滑向程序合法性的单纯见证人,从而背离制度初衷。②在剥离出来后,可以借鉴陪审员制度、合适成年人制度,聘请独立的社会公众来担任轮值"见证员",以保证犯罪嫌疑人在认罪认罚事项上的自愿性和真实性。

第二,通过对案件和值班律师的精细化管理来实现值班律师"资源"的合理配置。通过保障人员与被保障对象更精准的匹配来合理配置律师资源,具体如下:

一是在刑事诉讼活动初始环节,就要强化分流的原则,对案件的流向进行过滤,通过委托辩护律师优先,法律援助律师依法保障、值班律

---

① 归结起来,学术界对此有两大类争议:一类是主张"退一步",单纯聚焦法律咨询,仅作为提供基础性、应急性法律服务的"法律帮助者",另一类主张"进一步",直接赋予等同于辩护人的职能。关于"法律帮助说",可参见谢汝柯:《认罪认罚视域下的值班律师制度定位与完善》,载《忻州师范学院学报》第1期;王迎龙:《值班律师制度研究:实然分析与应然发展》,载《法学杂志》2018年第7期。关于"辩护人身份说",可参见于阳、胡林林:《认罪认罚案件中值班律师的功能定位与司法适用》,载《江苏警官学院学报》第6期;陈卫东、安娜:《认罪认罚制度下律师的定位与作用》,载《浙江工商大学学报》2020年第6期。

② 参见汪海燕:《三重悖离:认罪认罚从宽程序中值班律师制度的困境》,载《法学杂志》2019年第12期。

师轮候补位的"层层过滤"的方式,保障刑事辩护律师辩护全覆盖。①

二是加强对案件智能化分级分类的管理能力,实现对值班律师的分级化选拔和任用。律师层面,可以在工作年限和执业领域这类直观的指标上,将律师办理案件的数量、案件类型等指标纳入分级标准中,按照实际情况动态调整各指标的权重,逐步形成一个动态的律师分级体系。案件层面,其一,对于大量案情简单、事实清楚、证据确实充分的轻微刑事案件,特别是特定罪名的常见犯罪,其量刑趋于精准、被告人最终被判处的刑罚差别不大,犯罪嫌疑人对此也有一定的心理预期,这部分案件只需要通过规范的证据开示制度和认罪认罚同步录音录像制度重点保障其认罪认罚的自愿性。对于其在案件办理过程中遇到的具体法律问题,可以通过现场咨询值班律师的方式来实现,参与这类案件的值班律师也只需基础培训便能胜任,故这类案件能够依托司法局和律协的合作,通过为实习律师划定一定数量的公益法律服务学时的方式,将广大青年律师以值班律师的方式纳入初级值班律师的队伍中。其二,通过减少对值班律师时间的无效占用,将有限的值班律师资源释放到案情较为复杂、可能判处3年以上有期徒刑的案件中。这类案件中,应当从信息和经济激励的角度出发,调动值班律师增强履职的积极性,保障值班律师能够提供充分的法律帮助。一方面,减少信息不对称导致的法律帮助形式化,这需要值班律师积极行使阅卷权和会见权,在对案件有较为全面的洞悉和预判的前提下,在审查起诉阶段便与检察机关就定罪量刑的内容进行实质协商,根据案件事实与证据达成合理的量刑建议。另一方面,为保障值班律师充分行使阅卷权和会见权,需要进一步消除程序上的障碍,通过"互联网+法律服务平台",依托人工智能和大数据,按照分级分类的标准,自动为犯罪嫌疑人匹配最适合的律师为其提供法律帮助,自动生成具有法律效应的会见证明材料供值班律师本人下载使用,并能通过电子阅卷的方式为值班律师推送案卷内容,减少量刑协商阶段双方信息的不对称。

---

① 参见詹建红:《刑事案件律师辩护何以全覆盖——以值班律师角色定位为中心的思考》,载《法学论坛》2019年第4期。

（三）促进辩护律师"有效参与"

我国有效辩护的实现，还需要从建立辩护律师等级准入制度、重树律师与委托人的关系、健全律师程序性保障权利、完善律师惩戒机制等多方面着手。针对律师群体自身，还需要主动作出一些改变。

首先要进一步更新刑事辩护理念。"对抗—协作"将会成为控辩双方工作的常规模式。在此种模式影响下，应逐渐向专业化转型：一是认识到辩护律师辩护的主战场不断前移，其说服对象也由传统上向法官进行法庭辩护进一步向检察官的庭外辩护扩展。① 二是市场对刑事辩护律师能力和素质要求更为多元。由于整个认罪认罚的程序日趋透明，犯罪嫌疑人据此获得了相对确定的刑期，减少律师利用信息不对称来夸大事实、欺瞒委托人的可能性，对律师的专业能力和综合能力提出更高的要求。在辩护节奏前移的背景下，辩护律师如何把握不同办案阶段的时机为被追诉人争取最有力的结果，要求辩护律师准确判断案件走向和预期结果，并据此在案件事实和证据的基础上把握辩护节奏、制定有效的策略，同时，对律师量刑辩护和协商能力也提出了更高的要求。律师除了要娴熟掌握各种量刑规则外，还需要学会类案的收集、整理和研判，在既往案例中寻求量刑辩护的支撑点，说服检察官接受己方量刑请求，力争在法律所允许的框架内寻求双方的平衡点。

其次要主动寻求控辩双方信息对称。一方面，律师应积极主动行使会见权、阅卷权、调查取证权，依法努力获取对案件有利的信息。另一方面，敦促检察机关全面收集证据，要求控方及时开示所收集的证据，使得辩方获得充分的量刑信息，推动平等协商。

---

① 随着精准化量刑的进一步推进和法院对量刑建议采纳率的稳步攀升，律师辩护的成效在审查起诉阶段便可以基本锁定，只需留待法院的进一步确认，根据最高检发布的 2022 年 1 月至 9 月全国检察机关主要办案数据显示，检察机关适用认罪认罚从宽制度审结人数占同期审结人数的 85% 以上，检察机关提出确定性量刑建议占量刑建议提出数的 90% 以上，对检察机关提出的量刑建议，法院采纳人数占同期提出量刑建议数的 95% 以上。

四、结语

认罪认罚从宽制度充分释放了司法资源，给刑事诉讼参与各方均带来了不同程度的机遇，但也应充分认识到，现行制度设计在迎接认罪认罚从宽制度这一"新鲜事物"时也存在诸多"孔隙"，这些"孔隙"也给各方带来了不同的挑战，对司法正义提出了新的难题，特别是在传统的律师辩护问题和新生的值班律师问题相互交织的情况下，更需要以体系性思维来建构一个条理清晰、逻辑分明的刑事律师辩护体系，让认罪认罚从宽制度所释放的制度红利最大化，在有效预防冤假错案与准确打击犯罪间实现双赢。

注册商标标识回收倒卖行为的刑法规制

——以高档名酒类商品注册商标刑法保护为视角

何 蕾 焦 焜 杨嘉玺 李 静[*]

根据相关报道，"1999年至2019年的近20年来，我国侵犯知识产权犯罪增长了约56倍，其中侵犯商标法益的犯罪案件占比高达90%左右。"[①] 这反映出侵犯知识产权犯罪逐渐呈现出以商标权为主要犯罪对象。由于我国当前商标法益的刑法保护体系确立时间较短，随着经济社会的快速发展，该体系逐渐体现出无法妥善应对现实生活中不断变化的侵犯商标犯罪现象，因此学术界及司法实务界历来颇为关注对我国商标法益刑法保护问题的研究。

在侵犯商标犯罪中，利润高的高档名酒等行业备受制假售假者的青睐。不同以往通过伪造、擅自制造注册商标标识来实施犯罪，如今侵犯高档名酒商标犯罪正在演变为依靠更加隐蔽的注册商标标识的回收与倒卖行为。对此种已销售商品外包装上含有的注册商标标识进行回收倒卖后二次利用的行为是否成立犯罪，以及若该行为成立犯罪，其究竟构成何种犯罪，目前仍存在不同意见分歧。

---

[*] 何蕾，北京市丰台区人民检察院第二检察部主任、检察官；焦焜，北京市丰台区人民检察院第二检察部检察官；杨嘉玺，北京市丰台区人民检察院第二检察部检察官助理；李静，北京市丰台区人民检察院第二检察部检察官助理。

[①] 孙凤娟：《积极参与社会治理，服务国家创新发展大局》，载《检察日报》2020年4月26日，第1版。

一、注册商标标识回收倒卖行为概述

注册商标标识的回收与倒卖行为，即行为人回收带有注册商标标识的高档名酒类商品的酒瓶、酒盒等包装材料，以不符合废物回收常理的高价出售给明知是制售假酒者以牟取非法利益的行为。对于该类行为是否应受刑法规制，目前存在不同观点。

一种观点认为不构成犯罪。若行为人尚未构成商标侵权，则更无法评价其行为构成侵犯商标犯罪。根据《国家知识产权局关于印发〈商标侵权判断标准〉的通知》第3条的规定，判断一行为是否构成商标侵权，一般需要判断涉嫌侵权行为是否构成商标法意义上的商标的使用。回收已销售高档名酒包装材料并二次出售获利的行为可以拆分为两个行为：一是行为人回收已销售高档名酒包装材料的行为，系对原有印有注册商标的包装材料的回收行为或整理行为，不属于对商标标识的直接帖服、刻印、烙印或者编织等积极加工行为；二是行为人将回收的包装材料向外出售的行为，并未直接通过在商品、商品包装、产品说明书、价目表等上使用的方式，建立商标标识与特定名贵酒类商品之间的唯一联系，故无直接导致公众混淆的可能。此外，基于商标权"穷竭原则"，由于相应酒类包装在首次投入市场流通后，商标权利人在销售过程中已经获得了商标权的对价，此后已销售的酒类商品可以基于商品买受人的自由处分行为而不受商标权利人的控制。故行为人回收倒卖名贵酒类包装材料的行为是商标权用尽之后的处分行为，不构成对商标权利人的侵权，更不构成侵犯商标犯罪。

另一种观点认为构成犯罪。商标的本质在于建立特定商标标识与特定商品或服务之间的唯一联系，保护商标权的本质在于保护商品生产者或商标权利人建立起来的经营行为与商标间的唯一联系，而刑法体系中保护商标权利人的注册商标专用权除包含专有使用权外，还应包含禁止权和处分权等。因此，商标权利人有权禁止他人非法利用其商标，有权禁止他人割断其与商标间的唯一联系。若行为人未经商标权利人的许可即随意使用注册商标，使得印有商标的包装材料流入假酒市场，从而影响了市场中的相关高档名酒产品与其商标权利人间的唯一联系，导致商标与商品的联系不再具有唯一性。此外，商标权"穷竭原则"仅适用于商品首次投放市场后的分销、转售等市场流通和消费者的合理使用情形，而回收倒卖行为人主观上明知其对外二次出售的高档名酒包装材料会助推假酒生产、销售等行为，仍为获取非法利益而对外出售，基于此种情形，行为人回收倒卖的行为不属于"合理使用"范畴，故不存在商标权"穷竭原则"的适用空间。因此，行为人实施的回收倒卖行为侵犯了商标权利人的禁止权，且不存在商标权"穷竭原则"的抗辩事由，属于商标侵权行为，情节严重的，构成侵犯商标犯罪。

本文同意第二种观点，认为注册商标标识回收倒卖行为具有刑事处罚的必要性。上述争议焦点在于注册商标专用权的内容，商标侵权行为与侵犯商标犯罪行为的民刑交叉问题界定，以及商标权"穷竭原则"能否适用于已销售商品中含有的商标标识这三个问题。

二、注册商标标识回收倒卖行为的刑法规制边界

（一）注册商标专用权

根据我国《商标法》，注册商标权利人依法享有商标专用权。关于商标专用权的表述，在学术界一直有学者持反对观点，认为"商标权包括使用权和禁止权，使用权是商标权人享有的法定独占使用的权利，以核准注册的商标和核定使用的商品为限。禁止权是禁止他人侵害其商标的权利，其范围及于相同商标之外的近似商标和相同商品之外的类似商品……侵害商标权不仅包括侵害《商标法》第56条规定的'商标专用权'，还包括对商标权之禁止权的侵害。因此，不能将商标专用权等同于商标权。"①

全国人民代表大会常务委员会法制工作委员会编辑的《商标法释义》中对商标专用权概念作了如下解释："商标专用权是指商标经依法核准注册，由商标注册人对其注册商标所享有的专用权，也就是商标注册人对其注册商标享有的排他性的支配权，可以独占使用，也可转让或

---

① 汪泽：《商标专用权与商标权辨析》，载《中华商标》2015年第4期。

者许可他人使用,但他人不得擅自使用。"① 从上述观点可以看出,因商标系以注册为前提条件,"专用"强调权利具有排他性,"专用"既包括正向支配的使用权,也包括逆向支配的禁止权。

本文认为,商标专用权是商标权利人支配自己持有商标的行为资格,使用或转让等行为是具体的商标支配方式。故注册商标的许可权、转让权不是独立于商标专用权的权利,而是商标专用权在使用过程中的具体表现。由此,商标权利人禁止他人利用商标也不是独立于商标专用权的权利,而是其应有之义,构成侵犯商标犯罪的前提是行为人的行为严重侵犯商标权利人的注册商标专用权。

(二)侵犯商标犯罪的适用边界

行为人的商标侵权行为达到某一严重程度时,可能上升为侵犯商标犯罪。我国《商标法》第57条②对假冒、仿冒、反向假冒等多种商标侵权行为进行了规定,另根据我国《刑法》的相关规定,《商标法》第57条中规定的假冒商标行为若达到严重程度,也会受到刑法规制。不同于"事实牵连型"的民刑交叉问题,商标保护的民刑交叉问题呈现出民事规范与刑事规范的纵向包容重合关系。因此,商标侵权行为与侵犯商标犯罪行为天然具有"民刑交叉"的属性。

"民事上的商标侵权行为及于同种商品、服务和相同商标外,还及于相近商标及类似商品、服务,而侵犯商标犯罪的规制范围则以相同的商标和同种商品为限。"③ 由此可以看出,刑法规制的侵犯商标犯罪行为,前提在于认定商标"相同"。目前通说认为:"相同商标是指在文字、图形、色彩或其组合等方面与他人注册商标在视觉上无差别或差别

---

① 朗胜编:《中华人民共和国商标法释义》,法律出版社2013年版。

② 未经商标注册人许可,在同种或类似商品上使用相同或近似商标易导致混淆的;销售商标侵权商品的;非法生产、供应他人的注册商标标识的;未经商标注册人同意,反向假冒商标的;故意帮助他人实施商标侵权行为的;以及其他损害他人注册商标专用权的行为都属于侵犯注册商标专用权的商标侵权行为。

③ 胡蓉:《如何界定商标侵权与商标犯罪》,载《中华商标》2001年第10期。

细微的商标。"① 根据"两高"《关于办理侵犯知识产权刑事案件具体应用法律若干问题的解释（三）》对相同商标的判定因素的表述，对比《商标侵权判断标准》，增加了"误导公众"的标准。

商标侵权的前提是客观上有商标性的使用行为，并且存在混淆的可能性。本文认为，行为人使用商标的行为只要有可能导致混淆，就有可能构成民事商标侵权，若混淆的程度已经达到"以假乱真""以假充真"的程度，则可能会涉嫌刑事犯罪。换言之，行为人使用商标行为已经达到了对商标的精准复制，导致公众对商标认识已经出现混淆的必然，此时该行为应做入罪考虑。就本文所论高档名酒商品来看，由于酒类商品自身具有的独特属性，同一品牌的酒类产品在不同产地、不同气候等因素的影响下，本身就具有口感、外观、品质等方面的差异。不法行为人回收已销售完毕的高档名酒包装材料并向制假、售假者出售后，当二次利用的注册商标标识与假冒酒类商品发生结合后，此时假冒高档名酒类商品对于消费者的选择已经出现混淆必然性，故注册商标标识回收与倒卖行为已然超出商标侵权的范畴。

（三）商标权"穷竭原则"

商标穷竭原则（Exhaustion Doctrine），是指经商标权利人同意，在注册商标的商品投入市场后，商标权利人对于该商品的商标权利已经穷竭，购买人可以使用或者进一步销售该商品，商标权人不得进行干预，但在销售过程中改变了商品质量或涂改注册商标标识的行为除外。简言之，在购买人买入标有注册商标的商品后，只要不对商品进行"再造"而使用或出售的，就不会构成商标侵权。界定"再造"行为，主要以"是否更换核心部件"和"更换部件所占产品整体比例"为判断标准。由此可见，"再造"后的商品与商标权利人最初许可出售的商品本质上已发生变化，不属于相同商品但仍保持原商标的则构成商标侵权。②

---

① 赵秉志主编：《侵犯知识产权罪疑难问题司法对策》，吉林人民出版社2000年版，第157页。
② 杨娟、郑睿：《生产、销售"翻新机"的刑法规制》，载《中国检察官》2021年第20期。

当已销售的商品经过回收、组装、包装等流程重新进入流通市场后，消费者基于对商标的辨识判断买到此类商品，此类商品原本应有的产品质量已经发生变化，由此会对商标的品质保障和商誉载体功能造成损害。此外，注册商标标识经回收后二次倒卖的行为属于"零成本"侵权行为，该类犯罪行为已发展为高发侵权行为，其破坏了通过商标所建立起来的知识产权管理秩序。

基于对高档名酒类商品的包装材料进行回收后二次倒卖的行为，使得再次销售的高档名酒类商品与原商品相比，产品性质发生根本变化，即酒类商品的本质——"酒水"已经发生完全变化，因此虽然使用了相同的注册商标标识，但该类行为已经构成商标侵权，情节严重的构成侵犯商标犯罪。

三、注册商标标识回收倒卖行为的入罪分析

（一）注册商标标识回收倒卖行为的定罪争议

根据前文所述，在同意入罪的观点中，又分为三种不同的定罪方式。

第一种入罪方式认为，根据相关司法解释的规定，为明知是实施侵犯知识产权犯罪的不法行为人提供贷款、资金、账号、发票、证明、许可证件，或者提供生产、经营场所或者运输、储存、代理进出口等便利条件、帮助的；[①] 或者为之提供生产、制造侵权产品的主要原材料、辅助材料、半成品、包装材料、机械设备、标签标识、生产技术、配方等帮助，或者提供互联网介入、服务器托管、网络存储空间、通讯传输通道、代收费、费用结算等服务的，[②] 都可以成立假冒注册商标罪的帮助犯。根据上述规定，为假冒注册商标犯罪行为人非法提供注册商标标识的行为也在上述帮助行为之列，即构成《刑法》第 213 条"假冒注册

[①] 最高人民法院、最高人民检察院《关于办理知识产权刑事案件具体应用法律若干问题的解释》第 16 条。

[②] 最高人民法院、最高人民检察院、公安部《关于办理侵犯知识产权刑事案件适用法律若干问题的意见》第 15 条。

商标罪"的帮助犯。

第二种入罪方式认为,《刑法》第215条"非法制造、销售非法制造的注册商标标识罪"属于刑法上的特别规定,即使能够认定提供注册商标标识的行为人与制假、销售人员有通谋,原则上也不应该以假冒注册商标罪的共犯认定,而应当直接认定行为人构成非法制造、销售非法制造的注册商标标识罪,即构成《刑法》第215条的实行犯。有学者认为,"只有在根据《刑法》第215条的入罪标准无法成为犯罪但根据假冒注册商标罪的定罪标准可以成立犯罪时,才能以假冒注册商标罪的共犯定罪处罚。"①

基于上述两个观点,有学者认为产生上述认识分歧的原因在于最高人民法院、最高人民检察院、公安部《关于办理侵犯知识产权刑事案件适用法律若干问题的意见》第15条,该解释使得《刑法》第215条实行行为与《刑法》第213条帮助行为之间出现了竞合的可能性,具体体现在上述司法解释中的"包装材料"一词。

对此,有学者提出了较为中庸的第三种入罪方式②,认为应从提供的包装材料进行实质判断,若行为人提供的包装材料、标签标识上不含有注册商标,应以假冒注册商标罪的帮助犯论处;若行为人提供的包装材料上印制有注册商标标识,或标签标识本身就是注册商标的,则应以非法制造、销售非法制造的注册商标标识罪论处。

本文同意第二种入罪方式,认为注册商标标识回收倒卖行为应以非法制造、销售非法制造的注册商标标识罪定罪处罚。

(二)非法制造、销售非法制造的注册商标标识罪属于帮助犯的相对正犯化

在我国刑法传统共犯理论之下,成立犯罪行为的帮助犯要求各共犯之间存在犯意联络,且以存在正犯为前提。但随着时代的变迁,特别是

---

① 赵秉志:《论制售假冒伪劣商品犯罪的刑法抗制》,载《河南省政法管理干部学院学报》2002年第2期。

② 童海超:《帮助他人假冒注册商标应当如何定罪》,载《中国知识产权》2016年7月27日,第9版。

伴随互联网的快速发展，各类犯罪行为演变为链条式分工，"行为人之间的共同犯意被不断弱化，许多帮助行为已然具备较高的独立性，这使得帮助犯的主观故意往往难以查证。"① 帮助行为的正犯化是对共同犯罪基本理论的一种强有力的补充，可以使部分已经具备独立的法益侵害性和类型化特征的帮助行为及时得到有效的评价。

我国《刑法》分则中存在将狭义的共犯规定为正犯的现象，这便是共犯的正犯化，包括教唆犯的正犯化与帮助犯的正犯化，而帮助犯的正犯化又可分为帮助犯的绝对正犯化、帮助犯的相对正犯化、帮助犯的量刑规则。②

我国《刑法》第213条规定的假冒注册商标罪，其犯罪行为在本质上属于实质上的商品假冒和形式上的商标假冒两个行为的结合，而《刑法》第215条非法制造、销售非法制造的假冒注册商标标识的行为为假冒注册商标犯罪行为提供必不可少的犯罪工具，属于实质性的帮助作用。对于此类提供贴附注册商标标识的产品外包装材料的行为人，以《刑法》第215条定罪处罚，系帮助犯的相对正犯化。

所谓帮助犯的相对正犯化，是指"帮助犯是否被提升为正犯不可一概而论，需要独立判断帮助行为是否值得科处刑法的情形。"③ 非法制造、销售非法制造的假冒注册商标标识的行为作为商标侵权和侵犯商标犯罪的上游行为，其本身具有独特的法益侵害性，其对国家的商标管理秩序的破坏程度以及对商标权利人的注册商标专用权的侵犯不亚于假冒注册商标犯罪行为。起着实质帮助作用的注册商标标识的非法生产、供应行为，可以类型化为非法制造、销售非法制造的注册商标标识行为，其社会危害性、刑事可罚性达到一定严重程度时，其已相应具备了以刑法独立评价的可能性。故提供贴附注册商标标识的产品外包装材料达到严重程度的行为人，其提供注册商标标识的行为即为实行行为，应

---

① 于冲：《帮助行为正犯化的类型研究与入罪化思路》，载《政法论坛》2016年第4期。
② 张明楷：《刑法学（上）》（第五版），法律出版社2016年版，第428页。
③ 张明楷：《刑法学（上）》（第五版），法律出版社2016年版，第429页。

直接认定行为人构成非法制造、销售非法制造的注册商标标识罪，即构成《刑法》第215条的实行犯。

（三）"回收倒卖"行为性质分析

《刑法》第215条对以假充真式的商标假冒行为起着重要的规制作用，但本文所讨论的回收倒卖行为属于冒用式商标假冒行为，若仅从字面意思来看，冒用既不属于伪造也不属于擅自制造，似乎无法以《刑法》第215条进行规制。

以假充真式的商标假冒行为本身就不具备合法性，因伪造、擅自制造的行为人自始至终未获得商标权利人的授权，或者超出了授权范围，最终造成了将无权生产的注册商标标识提供给其他制假售假者，从而促成了商标假冒和商品假冒的结合。而借助废品回收等方式产生的冒用式商标假冒行为，虽然注册商标标识在首次销售后仍然具有使用空间，但从法律评价的角度来看，在如酒类商品已被消耗使用完毕的情况下，在其相应酒瓶、包装材料中的注册商标标识已不具备再流通的可能性，本应不得再次进入市场流通。此时，若行为人将已销售完毕的注册商标标识回收后再次提供给制假售假者，此种回收注册商标标识的行为在本质上已然属于商标假冒行为。

在明确回收注册商标标识的行为属于商标假冒行为后，仍需解释《刑法》第215条条文中"非法制造"与"回收倒卖"之间的关系。本文认为，应从"回收倒卖"行为的本质上进行分析，寻找其具有"非法制造"的解释空间。

从酒类包装材料回收倒卖行为对象来看，主要集中于高档名贵酒类商品，行为人与制假售假者看重的是该类酒类包装材料上商标、商品的知名度高低，此种"回收倒卖"行为通常系以不合理高价回收或出售，该行为从客观性质上已经发生质变，已不属于正当的回收再利用。客观上，不合常理的高价"回收倒卖"行为已不再简单是对商标包装的回收再利用，而是对其上所附有的注册商标标识特有的使用价值的再生与利用，此种价值客观表现在较高的价格上。主观上，回收倒卖者对不同酒类的包装材料明码实价标价，其刻意追求对带有知名品牌、名贵商品的回收，且回收目的系向制假售假者出售后换取高额回报。因此，此种

"回收倒卖"行为在实质上赋予了已销售完毕的名贵酒类包装材料上的注册商标标识本不应再有的商标价值，属于该包装材料中注册商标标识价值的"起死回生"，此种从无到有产生商标价值的行为等同于非法制造商标而产生商标价值的行为。故"回收倒卖"行为本身可解释为对注册商标标识的非法制造及销售。

四、结语

回收贴附已完成销售的高档名酒类注册商标标识包装材料，且以不符合常理的高价出售给明知制假售假者的行为达到一定严重程度，即会严重破坏我国的商标管理秩序，侵犯注册商标权利人的注册商标专用权，侵犯商标法益，具有严重社会危险性，具有可罚必要性。且对该类行为可以通过将"非法制造"扩大解释的方式，以非法制造、销售非法制造的注册商标标识罪定罪处罚。创新是引领发展的第一动力，保护知识产权就是保护创新。检察机关在检察履职中应不断构建知识产权刑事保护格局。

刑民交叉案件程序问题的思考

——"同一事实"之展开

马志坤　陈逸宁[*]

一、问题的提出

刑民交叉问题并非一个新兴话题,学术界相关讨论也已持续多年。特别是伴随我国经济社会的快速发展,经济关系、社会关系和法律关系也变得复杂多元,加之公民权利保护的增多,实践中刑民交叉案件也日趋增多,相关问题也日渐凸显,与之相关的讨论也趋频繁。首先,从刑民交叉的内涵出发,应当明确的是"刑民交叉"一词本身并非一个严格的法律术语,其本身具有内涵的复杂性与学科的交互性。该问题背后是刑事法律关系与民事法律关系的交叉,涉及刑事与民事实体法、程序法间的综合运用,并且不同部门法的观察、解析视角差异较大。实体法学者聚焦于法律事实层面的争议,而诉讼法学者则偏重于民事诉讼与刑事诉讼的相互影响问题,即聚焦于诉讼程序的内部冲突与衔接,着重于程序领域的交叉及如何处理此类交叉问题等方面。而本文则主要聚焦诉讼法领域,在该领域,受到长期以来"刑法有效"的社会控制理论、"重刑轻民"思想认识及刑事审判权的扩张性等因素[①]影响,受到1985年及1987年两个有关在审理经济纠纷中将经济犯罪与经济纠纷全案移

---

[*] 马志坤,北京市丰台区人民检察院第一检察部检察官;陈逸宁,北京市丰台区人民检察院第一检察部检察官助理。

[①] 参见张卫平:《民刑交叉诉讼关系处理的规则与法理》,载《法学杂志》2018年第3期。

送的司法解释影响，我国曾一度奉行"刑事优先"的原则，采取先刑后民的做法。但在当前经济类案件激增，经济纠纷与经济犯罪交织交互频发的背景下，刑民间的法律壁垒逐渐模糊。而受到审判权独立行使等理论影响，我国司法观念与法治理论也发生一定变化，传统先刑后民的处理模式也开始发生争议，该模式受到的理论批判也不断增多。随着1998年《关于在审理经济纠纷案件中涉及经济犯罪嫌疑若干问题的规定》及2017年《关于公安机关办理经济犯罪案件的若干规定》的出台，"民刑并行"的处理模式逐渐出现。就目前并行与先行的模式选择来说，当前理论界的争议还较多。例如有刑法学者认为刑法的违法性判断应绝对或相对地从属于民法，[①] 而民诉的学者则是从审判独立性和诉讼效率的角度出发，认为并行审理才是处理上述问题的基本原则。[②] 而实务部门在对待这一原则上也存在不同理解，目前更多是将"先刑后民"归纳为一种司法惯性，而非严格的诉讼规则。从规范层面来说，刑民两种程序本身就具有独立性，在启动上都有自主性，并不存在当然的前后顺序，而即使未等待刑事案件的处理结果也并不违反法定程序。同时就目前最高人民法院的裁判案例看，在对待上述问题上也存在截然相反的两种处理方式[③]。其次，就现有模式的实际应用看，即使运用传统的界定标准和类型划分，囿于司法解释的抽象性，司法机关在确立程序法适用的先后上还是会面临一定障碍，甚至可能因法律评价和解释方法的不同，对事实认定的不统一并进一步影响司法裁判的统一性。[④] 因此，为实现刑事审判与民事审判间的良性互动，有必要从程序处理模式背后的方法论出发，全面考察案件的程序处理模式，厘清上述问题的程序处理思路并构建起合理有效的诉讼处理机制。

---

① 参见于改之：《法域冲突的排除：立场、规则与适用》，载《中国法学》2018年第4期。
② 参见纪格非：《论刑民交叉案件的审理顺序》，载《法学家》2018年第6期。
③ 参见张卫平：《民刑交叉诉讼关系处理的规则与法理》，载《法学研究》2018年第3期。
④ 参见纪格非：《刑事判决在民事诉讼中的效力》，载《法制与社会发展》2017年第3期。

二、当前刑民交叉案件的实体判断标准与程序处理模式的设计

刑民交叉问题的实质是在刑法与民法的双重实体法律评价后的民法思维与刑法思维的兼顾问题，涉及当事人的诉讼成本与国家的司法成本，并与司法体制框架及司法资源配置相关。需要明确的是刑民交叉案件的内涵，由于刑民交叉本身并非严格的法律术语，特别是在涉及民间借贷、合同股权纠纷、非法经营等问题上，更容易被宽泛理解。就本文的讨论范畴来说，此处的刑民交叉主要是指形成于一个案件的事实过程中，刑事和民事法律事实发生相互交叉且联系紧密，并且两种法律责任存在交互和整体性的情形。至于案件的具体类型，则包含了多行为交叉、后果交叉、主体交叉及涉众型交叉等类型。

（一）刑民交叉案件的实体判断标准及案件类型的划分

从刑民交叉案件的具体表现以及一般特性出发，刑民交叉案件类型的划分角度和划分标准有很多。综合现有的实体判断路径，现有规范主要有最高人民法院《关于审理民间借贷案件适用法律若干问题的规定》及 2019 年最高人民法院《全国法院民商事审判工作会议纪要》（以下简称《会议纪要》），而上述规范采取的则是"同一事实"判断标准，并将其与"同一当事人的不同事实"作了区分，还对不得认定为"同一事实"的情形予以细化。而这在两高一部《关于办理非法集资刑事案件适用法律若干问题的意见》中也有体现，特别是在涉众经济犯罪领域，当处于"同一事实"时，采取刑事处理思路。

就上述判断标准来说，还有几个重要问题需要厘清。首先是关于"事实"与"法律事实"的区分。不同于自然事实，法律事实是指由法官认定的，能够引起某种法律关系发生、变更、消失的事实，而事实上理论界对于是采取"同一事实"还是"同一法律事实"还存在诸多争议。例如，有学者主张，"同一事实"的表述虽然可以解决一定范围内的争议，但是其并不如"同一法律事实"的判断准确，并容易将实践中一些无实质意义的事实纳入其中。但事实上，以"法律事实"为核心的展开还存在着类型化标签以及限缩案件认定的问题，同时由于生产

和生活实践的复杂多样,多个行为要素关联并存的情形也较多,不同法律事实在实际判断上往往面临一定障碍。例如,非法集资案件中行为人经常发生以同一事由向熟人借款和向社会不特定对象吸收资金的情形,而这里对于"同一事实"的不同理解又将引发不同的程序处理模式,并给当事人的利益实现产生不同的影响。而就目前《会议纪要》第128条以及最高人民法院对"梅某娇与李某玲、海南某投资公司等借款合同纠纷案"的裁判要旨看,目前在司法实务中的通说观点为,"同一事实"主要指的是自然事实。其次是关于"同一事实"的具体认定。根据2019年最高人民法院在全国法院民商事审判工作会议上的讲话,"同一事实"主要是通过行为实施主体、行为客体以及行为表现等三方面要素进行判断。① 其中,对于涉众型经济纠纷案件关于"同一事实"的判断来说,以梅某娇与李某玲、海南某投资公司等借款合同纠纷申请再审案为例,并结合《会议纪要》第129条的有关规定,目前我国审判实践中对于涉众型经济纠纷案件同一事实的判断认定标准主要有两点:一是因租赁、买卖、金融借款等与涉众型经济犯罪无关的民事纠纷不属于同一事实;二是对涉案财产的处分可能影响其他受害人的利益。

综合上述判断标准,以行为要素为核心,就案件具体类型而言,大致可分为以下三类:一是一行为引发刑事与民事两类损害结果;二是多行为共同引发同一个损害结果,且各行为人之间并无共犯关系;三是犯罪行为及后续行为致使刑事与民事纠纷的相继发生。结合司法实践来说,目前前两类案件占据了刑民交叉的绝大部分,同时由于刑事与民事裁判惯性上的差异,基于法律价值的统一性与司法裁判的目的性,上述案件的程序处理模式也存在明显差别。其中,第一种类型的处理难点主要是在厘清罪与非罪的基础上,明确刑事与民事的赔偿范围,以及追赃挽损与民事赔偿的关系。至于第二种类型,也是实践中最为复杂多样的,又被称为牵连法律关系的类别,这一类别是指引起法律关系产生的事实存在关联或者法律关系的要素之间存在关联的情形。而这一类别的

---

① 参见黄祥青:《刑民交叉案件的范围、类型及处理原则》,载《法律适用》2020年第1期。

处理难点主要在于实体法的选择及程序法适用的先后问题上。事实上，这一类别在牵连关系的理解还存在模糊性。从学界的通说来看，应作如下理解，即损害结果是由多个行为引发的，而多个法律行为之间又存在并存、主次关系，并且由于行为主体的不同，违反义务的内容及所需承担的法律责任之间也存在差异。就规范文件所规定的程序处理模式来说，目前《会议纪要》第128条列举了五种牵连法律关系的情形，即因担保形成的主从合同关系、因表见代理形成的合同关系、职务行为侵犯构成犯罪的情况、侵权行为涉及保险合同的情形以及受害人请求其他主体承担相应的民事责任的情形。对于这部分的民刑交叉案件来说，司法实践目前采取的观点是民刑并进的处理思路，体现出在维护法律秩序与法律效果统一的基础上，对刑事违法以及民事违法性判断相对独立性的一种尊重。

（二）刑民交叉案件实体判断规则的缺陷

就现有实体判断标准看，存在的问题主要表现为：一是关于"同一事实"和"牵连法律关系"的具体判断还不清晰。"事实完全竞合"也并非实践中的全部交叉样态，而学术界也未对此形成较为完善的一致意见，至于《会议纪要》等关于牵连情形的列举，实际上也无法涵盖司法实践中的所有情形，司法裁判中纷繁复杂的疑难问题还在不断出现。二是现有判断规则中还存在价值判断因素，判断上还存在一定的模糊性。以《民事诉讼法》第153条第1款第5项关于诉讼中止的规定为例，"必须"一词存在价值判断，真正的程序与审理顺序的选择上往往需要司法人员融合价值判断标准，而不是严格依照案件类型进行套用判断。三是在案件事实的认定上还存在容易陷于表面的风险，并由于同一事实的认定不同，在裁判认定上发生偏差。而"同一事实"的表述缺少法律评价事实，实际案件中也易发生将无实质意义的事实代入其中的风险。例如，实践中常发生出于减轻办案压力和降低错案风险的考虑，中止审理或者移送案件。① 四是上述判断标准更多还是基于法律事实和

---

① 参见汪明亮：《刑民交叉案件的处理规则与原则》，载《法律适用》2019年第16期。

法律关系的差异展开，在具体判断运用时通常较为粗梳，还需要结合案件事实的各要素，即行为主体、行为客体以及对象等要素具体判断。有学者提出应根据违反义务的类型和内容来进行不同法律事实的区分理解，并通过责任主体进行法律关系的判断。① 以司法实务中常见的合同诈骗与合同欺诈类案件为例，若是欺骗行为违背的义务是一致的，则应当视为同一法律事实并采取刑事附带民事诉讼的方式予以解决。此外，对于诈骗行为涉及表见代理的情况，民事责任与刑事责任的承担主体存在差异，在责任主体存在区别的情况下，应采取"民刑并进"的处理思路。

综合上述分析，基于现有判断标准及司法实践的基本理念和思维方式，在侧重个体权利保障，以平等、自由为基础的民事法律保护与侧重社会利益维护，偏向公正与秩序的刑事法律平衡之间，② 还需要补充提出一些实体判断规则。首先，应结合先决问题的判断需要，从案件类型与具体情况出发，选取更有利于查清事实真相，解决法定事实要件的程序。例如，在骗取贷款、金融票证等情形中，刑罚的确定通常要在民事诉讼确立损失的基础上进行。另外，在知识产权权属还存在争议的情况下，需要先通过民事诉讼程序确定权属再进行有关是否侵犯知识产权的判断。其次，还应关注到程序的正当性与公正性，诉讼程序的进行往往关系当事人的程序性权利和实体性权利的实现。例如，有学者主张在民刑先行与并行不清的情况下，应坚持辅以利益保护原则，即采取更有利于保护民事主体利益的思路，也即"民刑并进"的处理模式。特别是对于刑民交叉案件多发的金融、证券、合同等民商事领域，在涉及企业经营管理时，刑事程序的进行通常会对企业的生产经营产生影响，故此类案件刑事准入标准的把握还是应当审慎。同时，具体利益衡量时，也应优先着重考虑民事被侵害人或刑事被害人的利益，再将民事权利的侵害人或刑事犯罪人的利益考虑其中。最后，还应对政策的走向及诉讼成

---

① 参见时延安：《刑民交叉案件的处理：类型与规则》，载《交大法学》2022年第5期。

② 参见纪格非：《论刑民交叉案件的审理顺序》，载《法学家》2018年第6期。

本等综合性因素予以关注，重视私权利救济手段及多元化纠纷解决机制的运用。

（三）刑民交叉案件的具体程序处理进路

结合前述分析，具体结合我国整体的刑事诉讼与民事诉讼架构来看，虽然诸如《刑事诉讼法》等法律并未对该问题予以回应，但是目前相关的司法解释已经为两类程序的交叉问题设计了相关的"交叉口"，在"先刑后民"与"刑民并进"两种处理逻辑下，事实上目前存在着刑事附带民事诉讼、民事诉讼中止、民事纠纷转为刑事案件以及自然人与单位刑民两轨处理等四种处理模式。

第一，就刑事附带民事诉讼的解决方式看，该诉讼方式具体呈现为一种民事和刑事问题的一体化诉讼解决方式，该程序的效率价值体现明显，也减轻了附带民事诉讼原告的举证责任，但是同时附带民事诉讼部分的证据标准高于一般民事诉讼标准。而以合同诈骗案件为例，原告人可能获得的物质赔偿数额也通常小于正常的民事诉讼赔偿标准，并且当刑事部分因事实不清而宣告无罪的情况下，附带民事诉讼部分往往也无法依照民事证明标准继续主张。

第二，就先决模式来说，如前所述，这里的先决模式指的是被诉讼中止的民事案件的实体处理结果依赖于另一案件的审理结果。至于民事案件中止的标准，则取决于对这种依赖性的判断。有学者主张应当以刑事案件的结果能否作为民事案件审理的前提或依据为标准。[1] 而这种判断标准又可以具体分为两类，一类是另一案的审理事实与本案相关但是当时并不属于本案的审理范围之列，例如与"套路贷"刑事案件相关的合同违约类诉讼以及非法集资和传销类案件中，由于刑事案件的处理结果对合同违约的处理存在着先决式影响，故而司法实践中审判机关多采取诉讼中止或者统一移送公安机关直接转为刑事案件处理的方式。第二类是他案的违法性判断结论对本案的处理具有影响的情形，就此种情形来说，诉讼中止的实质是对民事诉讼权利人诉权的一种限制，而不当

---

[1] 参见张卫平：《民事诉讼中止事由的制度调整》，载《北方法学》2018年第3期。

限制诉权的行使则会给民事权利人的利益实现产生不当障碍乃至妨害。①

第三，对于最为典型的"先刑后民"的处理模式来说，即民事纠纷全案移送转为刑事案件的处理思路。根据最高人民法院《关于审理民事纠纷案件中涉及刑事犯罪若干程序问题的处理意见》的规定，这种处理模式要求案件实体层面涉嫌犯罪并且不涉及民事责任的承担。在具体的移送方式上则包括了审理民事纠纷案件的法院依职权判断主动移送以及公安或检察机关向对应民事法院提出移送申请两种方式。至于法院在审查时的证明标准则是对应程序的标准。但基于《民事诉讼法》第3条所规定的主管理论，无论形式诉讼时无罪还是有罪结论，原民事纠纷的当事人是选择另行提起民事诉讼还是通过附带民事诉讼方式解决，均会影响到原民事纠纷的解决效率与利益实现范围。

第四，就自然人与单位的双轨处理模式来说，根据最高人民法院《关于在审理经济纠纷案件中涉及经济犯罪嫌疑若干问题的规定》第3条，还需要解决以下两个实体问题，即一是自然人以单位名义实施的犯罪是否属于单位犯罪；二是单位应否需要承担违约责任。至于单位犯罪的判断，当前存在以违法所得的流向以及基于单位犯罪组织体理论所进行的内部治理结构和运行方式为判断基准两种判断方式。至于违约责任的承担，则还需要结合民法理论和司法实践关于表见代理的判断规则进行判断。②

三、刑民交叉案件中涉案财物的处理

关于涉案财物的处理也是刑民交叉领域较为棘手的问题之一，而该问题的核心在于诉讼行为对象上的同一性方面。③ 但是就现有法律法规及司法解释来说，该领域还存在着规范供给不足，并进一步引发了司法

---

① 参见毕玉潜主编：《民事诉讼法学》，中国政法大学出版社2021年版，第179页。

② 参见王利明等：《民法学（上）》，法律出版社2020年版，第260 - 261页。

③ 参见宋英辉、曹文智：《论刑民交叉案件程序冲突的协调》，载《河南社会科学》2015年第5期。

实践中关于涉案财物交叉执行难的情况。

首先,就当前涉案财物的交叉情形来看,刑事诉讼中的责令退赔和返还与民事诉讼程序中的涉案财物执行之间存在交叉,同时结合最高人民法院《关于适用刑法第六十四条有关问题的批复》,此处涉案财物的处理主要是指先民后刑以及民刑并行案件中,对于已经进入民事执行程序后,刑事审判程序又作出退赔的决定并交付执行的情形。但是目前在这一领域尚缺乏明确具体的指导规范,相关规范也散见于若干规定之中。其次,从利益保护的原则出发,由于刑事退赔与民事财产执行具有同质性,而刑事退赔与民事执行也属于一种竞合关系,特别是对于程序并进的案件来说,在退赔决定作出后,民事执行程序一般应当终止处理。同时对于诸如非法集资诈骗类案件来说,由于案件往往涉及犯罪合同的效力问题,特别是其中依附于主合同的担保合同的效力问题,在担保人承担了保证责任的情况下,担保人与主债务人之间将形成新的债权债务关系,在刑事裁判作出责令退赔的判决后,为了避免犯罪人所承担的责任的不当减轻,相关民事诉讼程序不应当直接被终止,相反应当允许利害关系人选择更有利于保障自己利益的方式。

四、结语

刑民交叉案件处理的本质在于实现刑事与民事程序追寻价值间的平衡,而保持司法实践中的一致性一直也是社会价值和公共政策的核心追求,① 就刑民交叉诉讼关系的处理来说,其核心价值追求也应在于保障不同审判组织对不同案件中的同一事实认定的一致。这也是民刑交叉情形下存在先决类问题的原因所在。而伴随经济社会的持续发展,此类案件日益常态化,该领域也将持续成为理论与实务界讨论的重点之一。诸如证据交叉、裁判既判力等程序性问题还亟待解决,而在刑民交叉领域深入进行程序领域的探索将有助于解决当前实践难题,并形成刑民交叉领域的规范化体系。此外,就检察机关自身刑民交叉领域的效能发挥来看,一方面,应充分发挥检察机关法律监督机关的职能,在刑事程序的

---

① 参见[美]卡多佐:《司法过程的性质》,商务印书馆1998年版,第40页。

端口预防"以刑代民"情形的出现;另一方面,针对民事诉讼立案后涉嫌犯罪的情形,针对公安机关已提出移送申请,法院经过实体判断后已中止审理但迟迟未移送的情况,检察机关还应充分行使立案监督职能,助推诉讼效率与公正价值的实现。

未成年人民事检察机制研究

——以未成年人监护资格撤销案件为切入

乔 莹 王文元 张 超[*]

2021年10月8日,最高人民检察院发布了五件未成年人综合保护典型案例,其中一例即是青少年维权中心在检察机关的建议和支持下向法院提起诉讼,以未成年被害人养父梁某对其实施猥亵、严重损害被监护人身心健康为由,申请撤销梁某的监护权,法院采纳了检察机关支持起诉意见,依法撤销梁某的监护人资格,并指定被害人的外祖父母担任监护人。在以未成年人监护资格撤销案件为代表的婚姻、收养、监护等民事领域,检察机关介入是否具有必要性和合理性,以及检察机关介入该类案件存在哪些制度困境,本文以未成年人监护资格撤销案件为切入点,以期以微知著、由小见大,推动未成年人民事检察工作的深入发展,做好未成年人的综合司法保护工作。

一、检察机关介入未成年人监护资格撤销案件的必要性与合理性

（一）"儿童利益最大化原则"下民事检察权介入的必要性

基于家庭监护理论向国家监护理论的变迁,基于"儿童利益最大

---

[*] 乔莹,北京市丰台区人民检察院第一检察部检察官;王文元,北京市丰台区人民检察院第一检察部检察官助理;张超,北京市丰台区人民检察院第五检察部检察官助理。

化保护原则",公权力机构或社会组织介入家庭监护之中是必然趋势。①1989 年,联合国大会一致通过了《儿童权利公约》,其第 3 条第 1 款规定:"关于儿童的一切行为,不论是由公私社会福利机构、法院、行政当局或立法机构执行,均应以儿童的最大利益为一种首要考虑。"我国也是《儿童权利公约》的缔约国,"儿童利益最大化原则"自然也应成为我国司法机关处理涉儿童案件的一项基本原则。在"儿童利益最大化原则"下,国家实际上是儿童保护的第一责任人。我国为履行"第一责任人"的职责,从"宏观的宪法保护到法律规范体系打造"②,不断建立、健全和完善儿童权利保护。即在国家监护主义模式下,国家是未成年人真正的监护者,父母或者其他监护人仅是监护义务的履行者或责任替代者。换言之,儿童监护利益不仅是私人利益、家庭利益,同时也是社会公共利益,甚至国家利益。③而检察机关作为国家的公共利益维护机关和法律监督机关,出于监督涉未成年人保护的相关法律以及维护社会公共利益的需要,检察机关干预涉及未成年人监护、离婚、收养等民事案件具有正当性。加之,检察机关作为司法机关,是国家权力运行体制内的主要组成部分,检察机关介入未成年人监护、离婚、收养等案件也是国家在未成年人保护方面履行"第一责任人"职责的要求。

(二)未成年人检察统一集中办理机制有利于线索发现和证据收集

实务中,检察机关介入的未成年人监护资格撤销案件大多由监护侵害行为所致,换言之,未成年人监护资格撤销案件往往与监护人刑事犯罪有着密切联系,甚至监护人之刑事犯罪往往是未成年人监护资格撤销的事由。因此,在未成年人监护资格撤销案件的办理中,检察机关往往掌握第一手的资料,能较早地发现案件线索并及时固定和收集撤销监护

---

① 汪江连、柯丽贞:《未成年人监护权撤销制度之完善——基于检察公益诉讼的视角》,载《河南财经政法大学学报》2019 年第 4 期。
② 彭焕萍:《新中国儿童权利法律保护的历史回顾与反思》,载《少年儿童研究》2019 年第 10 期。
③ 汪江连、柯丽贞:《未成年人监护权撤销制度之完善——基于检察公益诉讼的视角》,载《河南财经政法大学学报》2019 年第 4 期。

资格的相关证据。此外,未成年人检察统一集中办理机制有利于未成年人刑事案件和民事案件的一体化审查,特别是在涉及未成年人监护资格撤销的案件中,未成年人检察部门可以在对涉未刑事案件提起公诉的同时,发挥未成年人权益保护方面的经验优势、社会资源优势,一并支持提起未成年人监护资格撤销之诉。综上所述,与法律规定的未成年人监护资格撤销案件申请主体相比,检察机关更易于发现案件线索和收集证据,也能更好地保护未成年人的身心健康。

(三) 域外立法例的支撑

从域外的经验来看,凡是设立了检察制度的国家和地区的民事立法,大多对检察机关介入涉未成年人的民事活动进行了相应的规定。例如《意大利民法典》第336条规定,如果父亲或母亲严重违反法定职责,给未成年子女造成严重危害,法院可以根据无过错的一方父亲或母亲、其他亲属或者检察机关的请求宣告撤销有过错父亲或母亲的监护权。《法国民法典》第378-1条规定,检察机关或家庭成员或儿童的监护人可以向法院提起撤销父母监护权的诉讼,法院可以判决父亲或母亲丧失全部权利或者部分权利。《日本民法典》第834条及第835条规定,未成年子女的亲属或检察官可以请求撤销父亲或母亲的全部权利或者财产管理权,家庭法院有权根据法律规定宣告撤销父亲或母亲的全部监护权或者部分监护权。2010年修改后的我国台湾地区"民法典"第14条第1项和第2项也规定:"对于因精神障碍或其他心智缺陷,致不能为意思表示或受意思表示,或不能辨认其意思表示效果者,法院得因本人、配偶、四亲等内之亲属、最近一年有同居事实之其他亲属、检察官、主管机关或社会福利机构之声请,为监护之宣告,受监护之原因消失时,法院应依前项声请权人之声请,撤销其宣告。"实际上,检察机关能介入包括未成年人监护资格撤销案件在内的婚姻、家庭、监护等诸多涉及公共利益的民事领域,这种有限介入特定民事活动的方式不仅具有合理性与必要性,而且比较大陆法系一些国家有关规定,在民法典中对于检察机关的有限介入作出明确规定,也是大陆法系不少国家普遍认同以及遵循的一项立法规则。① 实际上，包括英美法系在内，西方国家虽然对于检察机关提起民事案件的类型、范围的规定不尽相同，但立法上均把检察机关提起民事诉讼案件类型、范围确定在涉及国家利益、公共利益和社会公序良俗直接相关的婚姻家庭纠纷案件。②

二、检察机关介入未成年人监护资格撤销案件的现状

（一）检察机关介入案件的路径选择较为单一

在现行制度框架下，检察机关主要通过支持起诉和检察建议两种方式介入未成年人监护资格撤销案件。就支持起诉而言，对于检察机关能否作为支持起诉的主体，理论界尚存在不小的争议。有学者③指出，检察机关支持起诉没有立法和司法依据，并且为避免当事人诉讼地位失衡，司法机关不宜支持起诉。即使检察机关作为支持起诉的主体并不存在理论障碍，其在运用支持起诉制度中也不可避免地会遭遇到"支持"的程度如何、是否应当以及如何保持谦抑性，以及是否真正实现了未成年人权益保障的目的等诸多问题。因此，在实践中，检察机关运用支持起诉制度来介入未成年人监护资格撤销案件数量较少。笔者所在的检察院也仅办理过一起。针对检察建议的适用，按照"两高两部"《关于依法处理监护人侵害未成年人权益行为若干问题的意见》（以下简称《意见》）第 30 条之规定，监护人因监护侵害行为被提起公诉的案件，人民检察院应当书面告知未成年人及其临时照料人有权依法申请撤销监护人资格。对于监护侵害行为符合本意见第 35 条规定情形而相关单位和人员没有提起诉讼的，人民检察院应当书面建议当地民政部门或者未成年人救助保护机构向法院申请撤销监护人资格。即人民检察院可以向法律规定的申请撤销监护人资格的申请主体发出书面建议督促其提出申

---

① 参见廖中洪：《论检察机关对特定民事活动的有限介入——对完善〈民法典〉编纂的思考》，载《河南财经政法大学学报》2016 年第 3 期。

② 参见廖中洪：《检察机关提起民事诉讼若干问题研究》，载《现代法学》2003 年第 3 期。

③ 参见曾宪亚、郑永琦：《关于"支持起诉"工作的几点思考》，载《上海检察调研》2003 年第 3 期。

请，但并未明确该建议的性质为"检察建议"。加之，检察建议并不具有强制力，仅仅具有"建议"的效力，被建议机关是否采纳检察建议往往也具有不确定性。因此，通过检察建议的方式来督促法律规定的申请撤销监护人资格的申请主体在实践中的运用率并不高。

（二）检察机关出庭支持诉讼的职能定位不明确

从相关实践经验来看，目前检察机关主要通过两种方式介入以撤销监护权为代表的诉讼中，第一种是以自己的名义作为原告独立提起民事公益诉讼，第二种是作为辅助角色支持社会团体、公民个人提起民事诉讼，即作为诉讼参与者而不是诉讼的当事方。[1] 在现行法律的框架下，检察机关出庭支持诉讼的职能究竟应当是支持起诉制度下的诉讼参与人，还是公益诉讼制度下的公益起诉人，即诉讼当事人并没有相应的法律予以规定。虽然有学者主张，检察公益诉讼的范围是会逐步拓展的，目前仅在几个领域推动该制度无非是考虑到检察机关新增职能需要一个逐步熟练和渐进适应的过程，而非从法治机理上明确检察公益诉讼的教义学意义之法定范围，即规范意义上检察公益诉讼不应仅限于环境资源保护、食品药品安全、国有财产保护、国有土地使用权出让等个别领域，未来还会持续增加新领域，撤销监护权的检察公益诉讼就是必须予以考虑的新领域。[2] 但不可否认的，检察机关在介入诸如未成年人监护资格撤销等民事案件时究竟应当以何种身份介入案件，在现行法律框架下并未得到进一步明确，进而削弱了检察机关介入该类案件的积极性和主动性。

（三）检察机关介入案件的法律供给不足

按照现有规定，只有《意见》明确指出检察机关介入未成年人监护资格等相关民事案件具有合法性和正当性，但《意见》并未对成年人监护资格案件的民事检察制度进行具体规定，只是简单指出检察机关

---

[1] 王春丽、梁勇：《检察机关介入监护权撤销问题研究——以检察机关支持起诉为视角》，载《上海法学研究》2019年第5卷。

[2] 参见汪江连、柯丽贞：《未成年人监护权撤销制度之完善——基于检察公益诉讼的视角》，载《河南财经政法大学学报》2019年第4期。

可以通过"书面告知"和"书面建议"的方式督促相关申请撤销监护资格的主体提起诉讼。就实践中检察机关所使用的支持起诉制度来看，《民事诉讼法》第15条也只是将其作为民事诉讼法的一个基本原则规定在总则之中，并未对支持起诉制度中支持起诉主体、支持起诉的案件范围以及支持起诉的手段等内容进行规定。修订后的《未成年人保护法》第106条，对检察机关支持起诉提供了法律依据，但对于何为"涉及公共利益"，并未进一步明确，检察机关提起公益诉讼依然缺乏明确依据。总体而言，当前对检察机关介入未成年人监护资格撤销等相关民事案件的法律规定较为原则和笼统，并且法律层级较低。司法实践中，因法律供给不足，在备受各方质疑的压力下，检察机关往往不愿甚至不敢介入相关民事案件。

三、构建未成年人监护资格撤销案件的民事检察机制

（一）立法上扩大检察公益诉讼案件范围

《民法典》第36条至第38条对撤销监护人资格的事由、申请主体、监护人资格撤销后的义务及监护资格的恢复进行了规定，其中申请主体并不包括检察机关。监护侵害行为往往发生在家庭内部，隐秘性较强，不易为外人所知，而检察机关在相关案件线索的发现和证据固定收集方面具有独特的专业优势。此外，涉及未成年人监护、婚姻、收养等家事案件具有强烈的公益性，加之，检察公益诉讼案件范围本身就具有随着时间的推移逐渐扩大的趋势。反观司法实践，提起撤销监护人资格申请的多是父母一方或民政部门，而民政部门作为申请人向法院提起诉讼的，多是在收到检察机关的检察建议后提起的。[①] 因此，在现行法律框架下，可以将未成年人监护资格案件纳入检察公益诉讼范围。上述操作具有三点优势：第一，对现行法律框架的冲击并不大，通过扩大检察公益诉讼范围使得检察机关介入监护等具有强烈公益性的家事案件嵌入了检察公益诉讼程序，从而检察机关介入相关案件具有了实操性和现行法

---

① 钱笑、孙洪旺：《未成年人监护权撤销制度的法律适用及其完善》，载《法律适用》2020年第10期。

的具体规定。第二，保证了检察机关在未成年人监护资格撤销等案件中的谦抑性，即依法通过诉前程序支持、督促民政部门等组织履行职责，有利于构建机构间协作共赢的良好关系。第三，检察机关向不履行申请撤销监护资格的法定主体发出检察建议具有了法律依据，而不再纠结于《意见》所规定的"书面建议"究竟是何性质。总之，将撤销未成年人监护资格案件纳入检察公益诉讼范围具有合理性和现实性，至于未成年人监护资格检察公益诉讼案件是否有必要适用检察民事公益诉讼的审级规定，则值得进一步探讨。

（二）拓展刑事附带民事公益诉讼的适用范围

正如上文所指出的，检察机关介入的未成年人监护资格撤销案件大多由监护侵害行为所致，且往往与监护人刑事犯罪有着密切联系。因此，在未成年人案件统一集中办理机制下，应当明确检察机关在处理监护侵害行为刑事犯罪案件的同时，有权针对撤销未成年人监护资格案件提起刑事附带民事公益诉讼。这种操作具有三点优势：第一，有利于缩短刑事诉讼周期过长对未成年人监护关系的不利影响，从而尽快对未成年人的监护进行妥善安排，减少监护侵害行为对未成年人的身心损害。第二，未检部门办理涉及未成年人案件具有鲜明的专业优势，结合社会支持体系，在附带民事公益诉讼中提高对未成年人的保护。第三，在附带民事公益诉讼的制度框架下，对未成年人隐私的保护应按照刑事标准进行，有利于减少社会大众广泛关注对未成年人造成的伤害，提高未成年人的隐私保护标准。第四，在未成年人案件统一集中办理机制下，由未检部门负责刑事案件和附带民事公益诉讼案件，有利于固定和收集相关证据，从而更好地发挥检察机关的专业优势。

（三）设立对未成年人保护的特殊制度

家事类案件除了具有鲜明的公益性外，还具有伦理性、情感性、隐私性、关系持续性等特点。家事正义不同于一般民事案件的正义标准，其不仅在于公正妥善地解决纠纷，还在于实现未成年子女利益最大化、维护家庭和谐；家事诉讼的功能不仅仅是纠纷解决功能，还包括修复功能，即调整、修复当事人之间的人际关系功能。① 因此，检察机关在介入诸如未成年人监护资格撤销等案件时，必须充分考虑涉未成年人民事检察案件的特殊性，坚持未成年人利益最大化原则。第一，鉴于案件具有的隐私性特点，即案件往往发生在家庭内部，家庭成员往往秉持"家丑不可外扬"的想法不愿让他人得知，这实际上增加了案件发现的难度，因此有必要联合其他具有未成年人管理和保护职责的行政机关并充分利用新修订的《未成年人保护法》规定的强制报告制度，最大限度地发现案件线索。第二，案件所具有的伦理性、情感性和关系持续性等特点，要求检察机关在案件处理中秉持审慎的态度，坚持"以人为本"。尤其是涉及撤销父母对未成年人监护资格的案件办理中，要从维护家庭内部和谐稳定关系的角度出发，探索适用多方参与的监护资格和解机制以及包含《未成年人保护法》规定的家庭教育指导在内的多元化的亲子关系干预手段，要将提起撤销未成年人监护资格案件作为最后手段，遵循必要性原则，将是否需要撤销监护资格进行充分、专业、全面的评估作为前置程序。第三，探索落实《民法典》及《未成年人保护法》规定的临时监护制度，在撤销未成年人监护资格案件宣判前加强对未成年的人身保护，保障未成年人在案件审理过程中的生活稳定。第四，努力做好未成年人的安置保护工作。在充分听取未成年人意见的基础上，向法院提出新的监护人人选，避免在撤销监护人资格后出现监护缺失的状况。第五，完善监护监督制度。实践中，新形成的监护关系往往存在监护人监护能力不足、家庭环境缺失等问题，在探索以民政托底监护为主，司法、学校及社会组织为补充力量，协同分工、合力监督的同时，要着力完善监护监督机制。比如明确监督主体，比如督促原监护人支付抚养费并考察其悔改表现，为日后恢复监护人资格做好动态记录；又如对新的监护关系定期开展评估及救助，通过持续追踪监护人的基本生活、心理健康及情感等照料情况进行监护监督等。通过上述举措，努力实现监护监督的专业化和职业化，确保撤销监护后的未成年人

---

① 刘敏：《论新时代中国家事诉讼法学的建立和发展》，载《法治现代化研究》2018年第4期。

得到妥善安置，最大限度地保护未成年人的利益。

四、结语

在以未成年人监护资格撤销案件为代表的婚姻、家庭、收养、监护等涉及公共利益的民事领域，基于"儿童利益最大化"原则，出于维护公共利益的考虑，检察机关通过民事检察公益诉讼的方式介入该类案件具有正当性与合理性。但是，检察机关应当在该类案件的办理中保持谦抑和审慎的态度，通过综合运用支持起诉制、督促起诉、促成多方和解、检察公益诉讼以及刑事附带民事公益诉讼的方式来维护未成年人的合法权益。此外，检察机关在办理涉未成年人的民事检察案件时，必须对未成年人进行持续性的关注，建立多方参与的全过程帮扶机制，从而在案件结束后持续维护未成年人的身心健康。

侵犯知识产权犯罪中违法所得的思考

邓莉莉　李梦哲[*]

知识产权的刑事司法保护是最具有强制力和震慑力的保护方式，我国历来重视知识产权的刑事司法保护。2019年11月，中共中央办公厅、国务院办公厅出台《关于强化知识产权保护的意见》，其中明确要求"加强刑事司法保护，推进刑事法律和司法解释的修订完善。加大刑事打击力度，研究降低侵犯知识产权犯罪入罪标准，提高量刑处罚力度，修改罪状表述，推动解决涉案侵权物品处置等问题"。在此背景下，《刑法修正案（十一）》将修改完善知识产权犯罪作为重点内容之一，进行了大量修改，如在假冒注册商标罪中增加服务商标，将销售假冒注册商标的商品罪的定罪量刑标准由销售金额修改为违法所得数额加情节，并适当提高法定刑，进一步加大对销售假冒注册商标的商品罪的惩治力度。这标志着对知识产权刑事司法保护的法律规制进入了新阶段。为准确适用法律，充分发挥检察机关打击犯罪的作用，现就实践中知识产权刑事案件认定的相关突出问题进一步探讨。《刑法修正案（十一）》对销售假冒注册商标的商品罪作出修改，将定罪量刑标准由"销售金额数额较大""销售金额数额巨大"，分别修改为"违法所得数额较大或者有其他严重情节""违法所得数额巨大或者有其他特别严重情节"。该罪的变化在理论和实务界均引起热议，尤其是如何把握违法所得概念的界定和司法认定是实践中亟须解决的问题。

---

[*] 邓莉莉，北京市丰台区人民检察院第二检察部检察官；李梦哲，北京市丰台区人民检察院第二检察部检察官助理。

一、"违法所得"的概念

在经济犯罪中,"违法所得"经常出现,但是从刑法规定及相关司法解释来看,刑法中的违法所得概念未达成统一,对于违法所得的概念,主要有两种观点。

第一种观点认为,违法所得数额是指获利数额,即以违法生产、销售获得的全部收入扣除其直接用于经营活动的合理支出后剩余的数额。主要依据如下:一是1995年最高人民法院向湖北省高级人民法院下发的《关于审理生产、销售伪劣产品刑事案件如何认定"违法所得数额"的批复》(已于2013年失效)明确:"全国人民代表大会常务委员会《关于惩治生产、销售伪劣商品犯罪的决定》规定的'违法所得数额',是指生产、销售伪劣产品获利的数额。"二是1998年最高人民法院出台的《关于审理非法出版物刑事案件具体应用法律若干问题的解释》第17条明确:"本解释所称'违法所得数额',是指获利数额。"三是2012年最高人民法院、最高人民检察院出台的《关于办理内幕交易、泄露内幕信息刑事案件具体应用法律若干问题的解释》第10条明确:"……违法所得,是指通过内幕交易行为所获利益或者避免的损失。"

第二种观点认为,"违法所得"是指通过实施犯罪直接、间接产生、获得的任何财产,无须扣除生产、销售成本。该观点以《刑法》第64条的规定为依据,主要理由如下:一是2016年"两高"《关于办理环境污染刑事案件适用法律若干问题的解释》第17条第3款规定,本解释所称"违法所得",是指实施刑法第338条(污染环境罪)、第339条(非法处置进口的固体废物罪、擅自进口固体废物罪)规定的行为所得和可得的全部违法收入。二是2017年"两高"《关于适用犯罪嫌疑人、被告人逃匿、死亡案件违法所得没收程序若干问题的规定》第6条规定,通过实施犯罪直接或者间接产生、获得的任何财产,应当认定为刑事诉讼法第280条第1款①规定的"违法所得"。

---

① 此处是指2012年刑事诉讼法,经2018年修正后相关内容调整为第298条第1款。——编者注

综上所述，我们发现刑法中"违法所得"概念未达成统一，导致差异化的原因主要在于涉及"违法所得"的法律规定功能定位不同：一是罚金刑的判罚基数，如《刑法》第225条规定的"并处或单处违法所得一倍以上五倍以下罚金"，此处的违法所得主要作为罚金刑的参考基数；二是作为定罪量刑的标准，如《刑法》第214条规定的违法所得数额较大，决定行为是否构成犯罪以及适用何种刑档；三是在于明确没收财产范围，如《刑法》第64条规定的违法所得，目的在于便于确定在何种范围内没收财产。综上所述，侵犯知识产权犯罪中的"违法所得"，属于第二个层面的违法所得，即解决知识产权犯罪违法所得数额的问题，故应当在对应层面进行讨论。

二、违法所得与其他入罪标准概念之厘清

在知识产权犯罪相关法律规定及司法解释中，涉及四种知识产权犯罪数额，分别是非法经营数额、违法所得数额、销售金额、损失数额。为了厘清知识产权犯罪中违法所得概念，有效区分这四种犯罪数额的内涵是前提。

关于非法经营数额和销售金额可以在知识产权刑事案件司法解释中寻找到依据，但是相关司法解释并未对违法所得数额、损失数额作出明确规定。如2004年12月8日最高人民法院、最高人民检察院《关于办理侵犯知识产权刑事案件具体应用法律若干问题的解释》第12条明确规定，"非法经营数额"是指行为人在实施侵犯知识产权行为过程中，制造、储存、运输、销售侵权产品的价值。同时该解释第9条规定，《刑法》第214条规定的"销售金额"，是指销售假冒注册商标的商品后所得和应得的全部违法收入。关于"损失数额"虽然没有明确的定义，但是根据2020年最高人民法院、最高人民检察院《关于办理侵犯知识产权刑事案件具体应用法律若干问题的解释（三）》的规定，损失数额和违法所得数额是《刑法》第219条侵犯商业秘密罪并列的定罪量刑标准，该解释多条规定涉及损失数额的认定和计算，能够得出损失数额概念是指已经造成的直接经济损失，与侵权行为有直接因果关系而造成的财产损毁、减少的实际价格。

那么，对于违法所得数额，尤其是《刑法》第214条销售假冒注册商标的商品罪的违法所得数额，现行的知识产权刑事案件三个司法解释均未明确其含义及认定方法。有的学者认为违法所得等同于销售金额，其主张：虽然"两高"《关于办理侵犯知识产权刑事案件具体应用法律若干问题的解释》是就"销售金额"所做的规定，但由于其事实上将销售金额解释为违法所得，所以，在新的司法解释出台之前，仍然可以采用该解释规定的数额标准[①]。笔者认为该观点将违法所得与违法收入混同，实属不妥。通常销售金额以违法收入为参照，实践中一般以销售收入为准，并不扣除相关成本。笔者认为，违法所得数额不能等同于销售金额，侵犯知识产权犯罪章节中，非法经营数额、违法所得、销售金额这三个概念的界限应当是泾渭分明，尤其是在关于假冒注册商标罪的多则司法解释中，非法经营数额与违法所得明确系两种不同的定罪量刑标准。据此，销售假冒注册商标的商品罪中"违法所得"的含义应该与该节其他罪名中的相关术语的含义保持协调，不能理解为非法经营数额或者销售金额，不然会破坏了该节罪名体系的严谨性。笔者认为，违法所得数额理应理解为实际获利数额，而销售金额则是指销售货物后所得或应得的收入，且在通常情况下，销售金额要比违法所得数额大。

三、违法所得与成本扣除

在明确"违法所得"的概念后，继而出现另一个争议较大的问题，即违法所得数额是获利数额，那么获利数额是否包括成本、人工费用、税费，是毛利还是净利？带着这一问题，下面我们来探讨违法所得数额的认定。

（一）违法所得数额是否应扣除成本

笔者认为，违法所得数额应当扣除成本，具体可以从违法所得来源、法益侵害关联程度两方面展开分析。

---

① 张明楷：《刑法学（下）》（第六版），法律出版社2021年版，第1069页。

第一,从违法所得来源区分,对于贪污、受贿等以非法占有为目的的取得利益型犯罪,主要系利用职务便利,其他犯罪成本极低,所占比重微乎其微且不必要,其违法所得与犯罪数额具有同一性,一般不再扣减成本。然而,侵犯知识产权犯罪位于刑法第三章,属于扰乱市场经济秩序的行为,本身系一种经济行为。非法经营罪、销售假冒注册商标的商品罪等经营利益型犯罪,经济行为需要前期成本投入是正常现象,并且存在成本在经营数额中占比极高的情况,正所谓"薄利多销"是一种普遍的经商理念。另外,从犯罪嫌疑人的主观心态考虑,其主要追求的也是刨除成本的"利差"。犯罪成本并不必然反映犯罪行为的危害程度、经营时间长短等,但是"利差"与犯罪行为的危害程度、经营时间、经营规模成正比。综上所述,应当作出相应的扣除,以"利差"作为违法所得。

第二,从法益侵害关联程度来看,犯罪数额、侵权产品数量是法益侵害程度的具体体现,如果犯罪成本与法益侵害程度关联,则应当予以扣除;反之,则需坚持犯罪成本不予扣除的做法。具体而言,在盗窃、诈骗等传统财产犯罪中,因行为人对行窃、行骗工具的成本投入与被害人财产损失的大小没有直接关联,所以这类成本一般不予扣除,而在套路贷犯罪中,行为人交给被害人的本金数额是从犯罪数额中扣除的,因为被害人收取行为人给予的本金后,客观上其财产损失得到减少。而销售假冒注册商标的商品罪,侵犯的主要法益是商标管理秩序,次要法益是权利人的商标权利,这些法益是通过售假行为受到侵犯的,因此,违法所得的界定原则上需从侵犯商标管理秩序的角度进行理解,只能限定在售假环节获取的直接收益,比如购进原材料和进货价款属于售假行为的直接获利,因而应该扣除;其他房租、人工、物流费用等成本属于场地、工具性质的投入,不属于售假环节的直接获利,因而不能予以扣除。①

---

① 孙秀丽、金华捷:《以法益侵害关联度认定售假犯罪"违法所得"》,载《检察日报》2021年4月2日。

（二）扣除成本的范围

法益侵害关联程度这一视角，不仅能解决哪类犯罪应该扣除成本，而且还能很好地解决扣除成本的范围。以销售假冒注册商标的商品罪为例，坚持违法所得应当扣除成本立场的观点中，对于成本包括购进原材料、进货价款不持异议，但对于是否应扣除员工工资、物流费用、仓储费用观点不同。上述已经分析过，房租、人工、物流费用等成本不属于售假环节的直接获利，这类成本与罪刑轻重、社会危害性大小没有直接关联，因而不应扣除。但司法实践是复杂的，实践中面临的售假人员分为两类，大部分是纯粹制假、售假人员，也有小部分是真假混卖情形。笔者认为，这两类人员社会危害程度有区别，故对于他们的成本范围也应该有所区别，具体而言：第一，对于纯粹制假售假的人员，仅扣除进购费，对于为增加销量而付出的广告费用、物流费用、包装费用、赠品采购费用以及房屋租金、雇佣人员工资等不应扣减，而应评价为犯罪成本或违法犯罪所得的分配、使用。第二，对于真假混卖情形，若未建立完善财务账目，有逃避处罚之嫌，建议参考第一种情形；若有账本，可以从有利于被告人角度，从宽核减员工工资、运费等合理开支幅度。

四、销售假冒注册商标罪入罪标准的思考

《刑法修正案（十一）》实施后，销售假冒注册商标的商品罪的入罪标准调整为违法所得数额较大或有其他严重情节。但是实践中取证情况存在较大差异，犯罪嫌疑人往往具有反侦察意识，定期更换手机、删除聊天记录、销毁账本等，便出现了违法所得数额难以查清的情况。在查不清违法所得的情况下，对一些经营时间较长、经营范围较大的，会轻易放纵犯罪，不利于知识产权司法保护。那么，应当如何理解销售假冒注册商标的商品罪的"其他严重情节"？

笔者认为，应当从体系解释角度出发，虽然销售假冒注册商标的商品罪的"其他严重情节"尚未明确，但最高人民法院、最高人民检察院《关于办理侵犯知识产权刑事案件具体应用法律若干问题的解释》中规定，在假冒注册商标罪中，"非法经营数额在五万元以上"属于该罪名的"情节严重"，应当以假冒注册商标罪定罪处罚。该司法解释对

销售非法制造的注册商标标识罪、侵犯著作权罪也进行了相同的规定。"非法经营数额"与"销售金额"实质上系同一概念。因此，通过比较同章同节的其他条文，可以得出这样的结论：原条文中的"销售金额数额较大"应为"其他严重情节"中一种情形，之前相关解释仍可以适用修法前后的犯罪行为。

五、结语

现阶段，高质量发展成为全面建设社会主义现代化国家的首要任务，发展是第一要务，创新是第一动力。法治是护航经济发展的重要保障，尤其是对知识产权的司法保护，在中国制造向中国创造转变、中国速度向中国质量转变、中国产品向中国品牌转变中起到关键作用。知识产权犯罪手段不断翻新、犯罪形态呈现多元化，给知识产权立法和刑事司法带来新的挑战。面对挑战，检察机关要结合现有法律规定、学理知识进行司法判断，在实现刑事打击过程中不断提升知识产权司法保护能力。

涉众型经济犯罪中电子数据的审查问题研究

李慎海　薄　亮　焦　焜*

涉众型经济犯罪是一个政策性概念。① 根据2017年11月24日最高人民检察院、公安部联合发布的《关于公安机关办理经济犯罪案件的若干规定》，"涉众型经济犯罪案件"是指基于同一法律事实、利益受损人数众多、可能影响社会秩序稳定的经济犯罪案件。近年来，随着信息化时代的迅猛发展，涉众型经济犯罪线上化、网络化趋势明显，案件数量和案件规模也随之不断攀升。作为案件关键证据的电子数据，其种类形式不断丰富多样，规模体量也不断增大，这对如何更好地使用电子数据证明案件事实提出了更高要求。同时，电子数据在涉众型经济犯罪案件中的大量应用，不仅给司法实践中证据审查认定环节带来很大的冲击和挑战，而且也极大冲击着原有办案理念、办案方法等。

一、涉众型经济犯罪案件中的电子数据及审查

随着互联网对社会生活的渗入，人们的行为方式随着信息化逐渐从线下接触走向线上交流，犯罪也从线下走向线上，需要证明案件事实的材料随着科技的发展不断扩展，"各类刑事案件几乎都会涉及电子数据，电子数据广泛应用于刑事诉讼活动"。② 尤其是涉众型经济犯罪案

---

* 李慎海，北京市丰台区人民检察院第八检察部副主任、检察官；薄亮，北京市丰台区人民检察院第二检察部副主任、检察官；焦焜，北京市丰台区人民检察院第二检察部检察官。

① 石魏、贾长森：《涉众型经济犯罪实证分析及应对策略建议》，载《法律适用》2019年第9期。

② 喻海松：《网络犯罪二十讲》，法律出版社2018年版，第138页。

件中，证据也越来越多地以电子数据的形式进入刑事诉讼过程，特别是大数据、区块链等现代信息技术的推广，对涉众型经济犯罪案件的电子数据证据审查、采信提出了新挑战。

（一）涉众型经济犯罪案件中的电子数据

涉众型经济犯罪案件中电子数据的常见表现形式包括勘验检查笔录、电子数据、鉴定意见、侦查实验笔录等，且越来越呈现出海量性、碎片化特点。随着移动互联网对个人生活的渗透，人们生活的方方面面都离不开手机、网络的支持。涉众型经济犯罪往往打着科技的旗号，其犯罪主要是依托于网络进行的，① 犯罪嫌疑人、被害人遍布全国且人数众多，犯罪时间跨度较长，一个案件中能够提取到的电子数据多则以TB计算。同时，随着互联网技术的不断发展和普及，"互联网＋"也被非法集资、传销等犯罪活动所利用，获得了互联网线上推广及发展的"加持"后，互联网非法集资、网络传销等案件的参与人数、传播范围及资金规模等呈几何式增长，传统的证据形式、取证模式均已无法实现要求，因此对涉众型经济犯罪案件的取证要求、证据体系、证据标准均提出了新的更高要求。

但在大数据、云计算、区块链技术广泛应用的今天，涉众型经济犯罪的行为人对信息技术的应用，必然会在虚拟的网络空间中留下难以完全擦除的痕迹，本地数据存储设备的物理灭失，并不会将犯罪事实带至九霄云外，远程服务器、大数据技术中心留存的相关数据中依然有可能还原案件事实，这也为涉众型经济犯罪审查带来了较大机遇。

（二）电子数据技术性审查在涉众型经济犯罪案件中的应用现状

从技术性审查的主要内容来看，实践中以电子数据的客观性、完整性为主，主要涉及电子数据提取、保存、流转等是否规范、电子数据获取是否全面等。另外，电子数据是否能够快速检索、直观展示、电子数

---

① 陈敏：《浅析网络"涉众型"经济犯罪的办理难点及对策》，载《法制与经济》2019年第7期。

据的结果解释等也在实践中呈现日益快速的增长需求。

从技术性审查的主要方法来看，实践中主要以三种形式为主：一是对电子数据的直观查验，包括对电子数据相关的检验报告、鉴定意见、勘验检查笔录、侦查实验笔录、附卷工作说明等进行形式审查，以确定电子数据的来源、提取等是否规范、合法。二是在检察官的主导下进行阅卷，全面分析案件可能涉及的电子数据，以及针对这些电子数据是否已进行了相应的提取，对未提取的是否能够进行提取及对应的技术工作方案，对已提取的要全面审查客观性、关联性等。三是配合检察官参与案件讨论、进行讯（询）问等。特别是对于一些较为专业的技术性问题，如数据库字段含义等，需要获取原数据持有人或管理人员的说明或相关的技术文档。

从技术性审查的参与阶段来看，实践中主要集中在检察机关自行补充侦查或提前介入引导侦查环节，大部分系检察官与检察技术人员密切配合，运用电子数据技术手段有效解决案件专门性问题的典型案件。这也与检察机关办理案件的时限性密切相关。审查逮捕阶段因办案时限短，难以有效开展技术性审查。审查起诉阶段，检察官要做到对案件的全面审查和实质审查，必然涉及对涉案技术性证据的审查判断，这时面对较为复杂案件或较为专业技术问题，往往就需要寻求技术性审查的支持。

从技术性审查的参与人员来看，实践中以检察机关的技术人员为主。从各地检察机关技术性审查的相关工作规定以及办案实践来看，鉴定人是开展技术性审查的主要力量。内设机构改革之后，虽然很多检察机关内部未设置专门的检察技术部门，但原有的检察技术人员和职能基本都得以保留，特别是鉴定人队伍相对稳定，这为开展技术性审查提供了基础性条件。

二、涉众型经济犯罪中电子数据审查的实践困境

当前，检察机关对电子数据重要性的认知日益增强，检察人员对电子数据的运用日趋熟练，电子数据呈现形式日渐规范，但受制于电子数据本身的专业性特点，实践中在电子数据的审查和运用等方面，仍然存

在较多亟待解决的问题。调研发现，实践中涉众型经济犯罪案件电子数据审查仍然存在一些问题。

（一）案件中涉及的海量电子数据的审查

涉众型经济犯罪案件中，经常收集提取到海量的涉案电子数据，这些海量的电子数据仅是案件证据的基础和初始状态，往往需要对收集提取到的电子数据进行进一步的检验、鉴定等工作，以更好地实现证明案件事实的作用。而当前，对于收集到的海量原始电子数据的检验、鉴定等工作存在现实客观困难。一是现有检验、鉴定机构普遍难以满足实践需求，对不同案件中的不同类型的海量电子数据，进一步检验、鉴定需求不同，技术要求不同，部分检验、鉴定工作的技术性要求较高，实践中寻找到能够满足实践办案需要的检验、鉴定机构往往不易，或者成本较高、时间较长等。二是现有检验、鉴定技术规范不全。司法实践中，侦查机关往往根据实际需要对原始电子数据进行进一步检验、鉴定，但部分检验、鉴定等行为可能尚无实际技术规范，这便可能导致检验、鉴定意见受到犯罪嫌疑人、被告人以及辩护律师的质疑。三是检察官缺乏专业的针对电子数据的审查工具手段，对于海量数据之间的关联关系仅靠人脑和笔难以完成，往往只能采信侦查机关或者鉴定机构的相关结论和意见，一旦结论或意见出错，检察官将处于被动的境地。

（二）基于同一事实的云端电子数据与本地电子数据的审查认定问题

具体案件中，线上的犯罪行为经常需要和线下的犯罪行为进行对应，以认定犯罪事实或者还原犯罪过程，但对于审查来说却是极为困难的。如实践中发现，嫌疑人在实施涉众型经济犯罪时，由于公司化运营和互联网办公需要，多租用或者搭建了服务器，因而服务器中存储的电子数据是呈现犯罪全貌、梳理涉案人员、进行司法审计的基础性证据。当前，对于这部分证据的提取，主要存在三个方面的问题：一是对于嫌疑人租用的位于境外的服务器中的电子数据，其提取途径、提取方式、证据移送过程中的完整性问题有待解决。二是嫌疑人同步使用租用的云服务器与自行设置的局域网服务器，两个服务器同步运行其办公OA系统。在嫌疑人自行架设的局域网服务器被毁坏、藏匿的情况下,仅提取到云端服务器中留存的部分OA系统数据,从而根据该部分数据部分恢复OA系统的功能。在部分电子数据缺失的情况下,如何保证随案移送的电子数据的真实性和完整性。三是对于云服务器中存储的海量数据,在硬件设备不便扣押、移送的情况下,服务器中涉案电子数据的提取方式、提取主体、提取程序问题。

(三)涉案电子数据技术性审查规范与审查结果运用问题

从审查规范来看,对电子数据技术性审查在审查范围、审查方法、审查意见出具等方面存在不同意见,使得检察技术人员在开展技术性审查工作时承担了一定的风险,这一点在涉众型经济犯罪案件中表现较为突出。例如,涉众型经济犯罪案件中存在海量电子数据,检察官希望技术性审查人员能够帮助寻找案件中众多电子数据结果之间的关联,而这必然涉及对电子数据现有结果的筛选和转化,然而技术性审查人员不得不面临的风险是,转换过程中电子数据是否保存真实、完整,转换程序和方法是否符合技术规范,转换结论是否合理有效?另外,对于这种筛选和转化又应该如何认识?其是属于检验、检查、审查还是技术协助?即使不考虑这种情形,那么一个技术性审查人员面对公安部、司法部等不同主管单位管理的机构出具的勘验检查笔录、检验报告和鉴定意见,在审查时是应当按照电子数据获取的一般原则进行,还是应当依据该机构所属主管单位制定的相关办法来进行?针对这些问题检察机关内部也存在不同的观点。

三、加强涉众型经济犯罪案件电子数据审查的对策

当前,不少检察机关设立了专门的内设机构或专业化办案组承担经济犯罪案件等的专门办理,提升了涉众型经济犯罪等案件办理的专业性,对案件涉及的电子数据等技术性专门证据审查及运用能力提升起到积极作用。笔者在调研基础上,建议实践中从审查方法、机制、工具、人才四个方面入手,进一步加强涉众型经济犯罪电子数据审查工作。

(一)完善涉众型经济犯罪案件电子数据审查清单

将实践中检察官对涉众型经济犯罪电子数据的审查经验固化,制定

涉众型经济犯罪案件电子数据审查清单，为如何审查电子数据提供指引，引导检察官规范化审查电子数据的真实性、合法性和关联性。电子数据审查清单应涵盖以下内容①：

1. 形式性审查，主要审查电子数据收集、提取是否合法。具体包括：收集、提取是否由合法适格人员进行；取证方法是否符合相关技术要求、标准；收集、提取过程是否详细记录在案，如是否附有笔录、清单等，并有相关人员签名或者盖章等；收集、提取过程中是否依据有关规定由见证人见证，或者对相关活动进行录像固定；对电子数据进行检查、鉴定的，检查程序、鉴定程序是否符合有关规定。

2. 实质性审查，主要审查电子数据是否真实、完整。具体包括：电子数据以何种形式（电子数据、鉴定意见、勘验检查笔录等）固定、呈现；该电子数据来源何处，何人何时何方法提取、固定、提供；原始存储介质是否在案，来源、提取、扣押过程是否完整，是否封存；如果原始存储介质未在案的，则需审查现存于何处，为何未提取在案；电子数据的收集、提取过程是否明确，是否符合技术要求；比对完整性校验值；电子数据的收集、提取过程是否可以重现；电子数据中是否具有数字签名、数字证书等特殊标识；电子数据是否完整、完全，如有增加、删除、修改等情形的，是否有合理说明等；审查冻结后电子数据的访问操作日志等。

（二）探索涉众型经济犯罪案件电子数据专业审查模式

1. 探索"检察＋技术"联合办案模式，破解涉众型经济犯罪电子数据审查难题。"检察"即现有的以检察官、检察官助理、书记员组成的检察官办案组，"技术"即具有电子数据审查专门知识的检察技术人员或聘请的具有电子数据审查相关专门知识的技术专家。"检察"要解决的是案件的定罪量刑、证据采信等法律问题，"技术"要解决的是电子数据的技术性审查，通过审查结果服务或支持案件处理结果。

---

① 江奥立、朱能立：《涉众型经济犯罪案件的证据审查》，载《人民检察》2019年第14期；蔡杰、娄超：《论涉众型网络犯罪中电子证据的审查与认定》，载《北京邮电大学学报（社会科学版）》2015年第6期。

2. 完善技术性审查在涉众型经济犯罪案件中的工作机制。一是完善专家辅助人制度，在涉众型经济犯罪案件中探索专家辅助人工作模式。在涉众型经济犯罪案件中由专门检察技术人员开展同步辅助审查，提供专业意见，解决专业难点，丰富专业领域案件专门问题，是快速补强涉众型经济犯罪案件电子数据审查能力的关键举措。[①] 二是设立电子数据审查工作室或检察技术专家工作室，服务和保障涉众型经济犯罪案件电子数据审查工作。各级检察机关可根据自身情况，可单独或通过整合设立审查工作室，结合人员情况，就涉众型经济犯罪等案件做强专业审查职能。同时，根据各地情况，以区域或省级为节点，设立检察技术专家工作室，集中管理使用范围内的审查工作室和审查人员，为涉众型经济犯罪、网络犯罪等提供电子数据审查支持。三是搭建涉众型经济犯罪案件数据资源共享平台。针对涉众型经济犯罪案件电子数据的特点，搭建电子数据资源共享平台，利用该平台实现电子数据的网上流转，并进行电子化审查，以解决数据体量大、形式复杂等问题。

（三）开发涉众型经济犯罪案件电子数据审查专用工具

调研发现，各地检察机关在电子数据审查工作中有的开发或采购了一些用于审查分析的工具软件，如数据画像、关联分析等，有的使用了自主编写的软件程序，但这些工具基本都是临时性、应急性使用，无法在案件办理中普遍运用。公安机关在毒品犯罪、网络赌博等案件中也使用了一些自动化分析工具，但其侦查职能与证据审查存在较大不同，也无法直接适用。具体到涉众型经济犯罪案件中，需要审查的电子数据既有海量的聊天记录（包括文字、图片、语音等），还有大量的网上交易信息、银行流水等，更有海量的数据库备份、网站后台数据文件等。涉众型经济犯罪全过程就隐藏在这些数量巨大的电子数据中，但前述提到的现有审查工具无法提供即时帮助。如在一起涉众型经济犯罪案件中，虽然已经从前端导出了相关记录，但需要从数据库备份文件中分析网站

[①] 朱梦妮、刘品新：《转型中的技术性证据审查》，载《人民检察》2017年第13期；廖静舒：《浅析检察机关技术性证据审查面临的困境及发展趋势》，载《法制与经济》2018年第10期。

用户的交易记录来验证,但利用现有工具却没办法自动实现,这大大降低了电子数据的审查效率。因此,有必要开发涉众型经济犯罪案件电子数据审查专用工具来为办案提供帮助。且该工具需要兼容主流的电子数据格式,提供较为强大和丰富的分析功能,针对案情对电子数据进行自动化审查,支持对涉众型经济犯罪案件高频所需的聊天记录、支付记录、消费信息、电子邮箱、数据库文件等做深度关联分析,并形成分析报告。

(四)培育涉众型经济犯罪案件电子数据审查复合型人才

1. 充分发挥检察官的主导责任,培养复合型人才。检察官在指控和证明犯罪中起着主导作用。目前,电子数据技术性审查意见尚不能够作为法定证据采信,且对一些较为简单的电子数据,如果也需要技术性审查人员的介入,势必导致资源的浪费和时间的消耗。因此,需要不断提升检察官在涉众型经济犯罪案件电子数据审查方面的能力水平。

2. 着眼于现有检察机关技术人员,把培养专业化复合型技术人才作为长期工作。虽然存在因检察改革导致技术部门被合并、人员流失等现实情况,但检察机关的检察技术队伍在多年的发展中还是涌现出了许多具有高水平业务能力的优秀人才。应当充分利用好这一优势,不断完善技术人员参与涉众型经济犯罪案件办理工作机制,特别是发挥技术人员在重大、复杂、疑难案件电子数据审查中的作用,为电子数据审查提供人才保障。

3. 招录具有法律、经济学、计算机、刑事技术等多学科多专业背景的人才充实到涉众型经济犯罪案件办案队伍中。通过人才的培养和引进,不仅能够解决很多涉众型经济犯罪案件电子数据审查难以正常开展的问题,同时引进的这些复合型人才能够更好地带动和提升涉众型经济犯罪案件电子数据审查的整体水平。[①]

---

① 李佳:《检察改革背景下的技术性证据审查》,载《人民检察》2017年第13期。

论受贿行贿一起查政策背景下重点打击的行贿犯罪

——以行贿犯罪体系为视角

纪鹏飞　谢江伟[*]

一、问题的提出

由于腐败具有严重的危害性，因此，各国都通过各种手段与方式加强预防与打击，各国推进腐败治理目标的实现，主要从机制创新和体制完善两个维度展开。[①]

2021年9月，中央纪委国家监委与中央组织部、中央统战部、中央政法委、最高人民法院、最高人民检察院联合印发《关于进一步推进受贿行贿一起查的意见》（以下简称《意见》），对进一步推进受贿行贿一起查作出部署。

《意见》细化规定了五类需要重点查处的行贿行为。一是重点查处多次行贿、巨额行贿以及向多人行贿，特别是党的十八大后不收敛不收手的；二是重点查处党员和国家工作人员行贿的；三是重点查处在国家重要工作、重点工程、重大项目中行贿的；四是重点查处在组织人事、执纪执法司法、生态环保、财政金融、安全生产、食品药品、帮扶救灾、养老社保、教育医疗等领域行贿的；五是重点查处实施重大商业贿

---

[*] 纪鹏飞，北京市丰台区人民检察院第二检察部检察官助理；谢江伟，北京市丰台区人民检察院第二检察部副主任、检察官。

[①] 参见魏昌东：《〈监察法〉与中国特色腐败治理体制更新的理论逻辑》，载《华东政法大学学报》2018年第3期。

赂的。

虽然《意见》根据行贿情节、行贿人身份、行贿领域等因素确定了五类重点查处的行贿行为,但在行贿犯罪办理的司法实践中,如何把握重点查处的五类情形,例如"巨额行贿"中的"巨额","重大商业贿赂"中的"重大",以及"等领域"中的"等"如何理解都没有予以明确。因此,重点打击的行贿犯罪情形如何破题,还应当回归到刑法行贿犯罪体系中进行解构与分析。

二、行贿犯罪体系的要素

《意见》规定的五类重点查处情形并不意味着要把受贿行贿作同等处理,也不意味着将行贿行为一律按犯罪处理。《意见》明确了对行贿行为的分类处理方式,包括统筹运用纪律、法律、行政、经济等手段进行综合施策。本文要讨论的是,在司法实践中如何确定重点打击的行贿犯罪行为,而基础正是对行贿犯罪体系的整体把握和对独立行贿罪名的具体分析。

纵观我国刑法关于行贿犯罪的规定可知,行贿犯罪分布在第三章(破坏社会主义市场经济秩序罪)第三节(妨害对公司、企业的管理秩序罪)和第八章(贪污贿赂罪)中,涉及5个法律条文6个独立行贿罪名,具体如下:第164条第1款规定的对非国家工作人员行贿罪、第2款规定的对外国公职人员、国际公共组织官员行贿罪,第389条规定的行贿罪,第390条之一规定的对有影响力的人行贿罪,第391条规定的对单位行贿罪,第393条规定的单位行贿罪。[①] 根据《监察法实施条

---

① 我国《刑法》第392条还规定了介绍贿赂罪,是将行贿和受贿之间的居间介绍行为单独规定为一罪,构成介绍贿赂罪的行为人必然不构成行贿人的共犯或者受贿人的共犯。本文的行贿犯罪体系只包括直接构成相关行贿犯罪的行为,所以未将介绍贿赂罪纳入体系之中。

例》，上述行贿罪名全都包含在监察机关依法调查的贪污贿赂犯罪中，[①]其中对非国家工作人员行贿罪和对外国公职人员、国际公共组织官员行贿罪是监察机关和公安机关的共管罪名，监察机关仅对公职人员实施的这两种罪名具有管辖权。通过对各独立行贿犯罪在构成要件符合性[②]上的分析，抽象出行贿犯罪体系的五个基本要素，即行贿主体、行贿指向、行贿目的、行贿行为、行贿数额（行贿情节、损失结果）。这些基本要素正是《意见》中五类重点查处的行贿情形的依据和来源。

（一）行贿主体

从整个行贿犯罪体系来看，行贿主体既可以是自然人，也可以是单位，有的行贿罪名可以兼容两种行贿主体，有的行贿罪名则只能包含一种行贿主体。刑法规定的对单位行贿罪、对有影响力的人行贿罪、对非国家工作人员行贿罪、对外国公职人员、国际公共组织官员行贿罪的行贿主体均包含自然人和单位，行贿罪的行贿主体只能是自然人，单位行贿罪的行贿主体则只能是单位。

（二）行贿指向

行贿指向是指行贿人向谁行贿，就此而言，行贿指向既可以是自然人，也可以是单位，但每一独立行贿罪名仅能指向一种行贿指向。行贿罪、单位行贿罪的行贿指向只能是国家工作人员，除去行贿罪及单位行贿罪没有将行贿指向直接体现在罪名中以外，其他行贿犯罪则均将行贿指向直接写入罪名本身，并且在罪状表述中予以展开，如对单位行贿罪的行贿指向是单位，对非国家工作人员行贿罪的行贿指向是非国家工作

[①] 根据《监察法实施条例》第 26 条规定："监察机关依法调查涉嫌贪污贿赂犯罪，包括贪污罪，挪用公款罪，受贿罪，单位受贿罪，利用影响力受贿罪，行贿罪，对有影响力的人行贿罪，对单位行贿罪，介绍贿赂罪，单位行贿罪，巨额财产来源不明罪，隐瞒境外存款罪，私分国有资产罪，私分罚没财物罪，以及公职人员在行使公权力过程中实施的职务侵占罪，挪用资金罪，对外国公职人员、国际公共组织官员行贿罪，非国家工作人员受贿罪和相关联的对非国家工作人员行贿罪。"

[②] 构成要件符合性，在日本、中国台湾又被称为构成要件该当性，是犯罪构成三阶层中的第一阶层，指犯罪首先是必须符合刑法各本条以及其他刑罚法规所规定的某种构成要件的行为。

人员等。不难发现，我国刑法关于行贿罪名的划分更多是基于行贿指向的区分。

（三）行贿目的

从行贿目的来看，除了对外国公职人员、国际公共组织官员行贿罪中表述为"谋取不正当商业利益"外，其他行贿罪名均要求行贿主体有"谋取不正当利益"的主观目的。近年来，关于修改行贿犯罪罪状表述，将"谋取不正当利益"修改为"谋取利益"的声音不绝于耳。考虑到这种观点不免有泛犯罪化处理的倾向，对人民群众的一般认知和情感接受度也带来巨大冲击，本文认为应当在既有法律框架下防止"谋取不正当利益"的任意类推和内容的肆意扩张。根据2012年12月26日"两高"《关于办理行贿刑事案件具体应用法律若干问题的解释》第12条，行贿犯罪中的"谋取不正当利益"，是指行贿人谋取的利益违反法律、法规、规章、政策规定，或者要求国家工作人员违反法律、法规、规章、政策、行业规范的规定，为自己提供帮助或者方便条件。违背公平、公正原则，在经济、组织人事管理等活动中，谋取竞争优势的，应当认定为"谋取不正当利益"。

（四）行贿行为

行贿行为串联起行贿主体、行贿指向之间给予和收受的关系，通俗理解就是行贿人给予国家工作人员等财物的行为，直接揭露了行受贿行为中权钱交易的犯罪本质。行贿行为在各独立的行贿罪名中都是具体的、客观的，司法实践中根据《意见》作出的重点查处决定也必然是针对具体行贿犯罪行为的。

（五）行贿数额（行贿情节、损失结果）

我国刑法体系在对行贿犯罪的规范中，根据行贿主体的不同和行贿指向的差异设定了不同犯罪数额标准或行贿情节、损失结果标准。

自然人构成的对非国家工作人员行贿罪、对外国公职人员、国际公共组织官员行贿罪均是单纯的数额犯。一般情形下，自然人实施的对非国家工作人员行贿罪、对外国公职人员、国际公共组织官员行贿罪行贿数额在6万元（以下币种同）以上的属于"数额较大"，行贿数额在

200万元以上的则属于"数额巨大"。自然人实施的行贿罪、对有影响力的人行贿罪、对单位行贿罪并非单纯的数额犯，而是融合了行贿数额、行贿情节和损失结果。一般情形下，自然人实施的行贿罪、对有影响力的人行贿罪行贿数额在3万元以上作为入罪标准。根据2016年4月18日"两高"《关于办理贪污贿赂刑事案件适用法律若干问题的解释》，在特定的具有向三人以上行贿、将违法所得用于行贿等六种情形时，入罪数额标准则规定为1万元以上。且在上档量刑时将"使国家利益造成重大损失"的结果作为单独考量因素。通常情况下，自然人实施的对单位行贿罪的入罪标准为行贿数额在10万元以上，而对于具有为谋取非法利益而行贿、致使国家或者社会利益遭受重大损失的等四种特定情形的，入罪数额则为不满10万元。

通常情况下，单位实施的对非国家工作人员行贿罪、对外国公职人员、国际公共组织官员行贿罪、对有影响力的人行贿罪、对单位行贿罪、单位行贿罪的入罪数额为20万元以上。单位实施的对单位行贿罪和单位行贿罪中，如果有为谋取非法利益而行贿、致使国家或者社会公共利益遭受重大损失等四种特定情形的，入罪数额为10万元以上。

三、行贿犯罪体系视域下重点查处的行贿犯罪

《意见》中列明的五类重点查处的行贿情形是通过行贿次数、行贿指向数量、行贿数额、行贿领域等因素进行的类型化区分，凡是有其中任一情形的行贿犯罪均应当作为重点查处的对象。在对每一具体行贿犯罪行为是否作出重点查处的决定时，应当以各独立的行贿犯罪的构成要件为基础和前提，在认定相关行贿犯罪的事实清楚，证据确实、充分的基础上，再对照《意见》中的五个类型化重点查处情形进行验证，采用"任一行贿罪名+任一重点查处类型"的组合方式来锁定需要重点查处的具体行贿犯罪行为。司法实践中应当坚决避免本末倒置的思维，更不能用五个类型化重点查处情形倒推论证行贿犯罪的成立。

（一）重点查处情形一的理解与适用

向多人行贿是以行贿指向为视角，既包含多次向同一种行贿指向行贿，例如多次向国家工作人员行贿、多次向单位行贿，也包含累计多次

向不同行贿指向行贿,例如累计三次以上分别向国家工作人员、非国家工作人员、单位行贿的。所以在理解把握"向多人行贿"时,不应当局限在单个行贿罪名之下计算行贿指向的多少,而应当将单一行贿主体实施的行贿犯罪中的行贿指向进行累加计算,从而确定是否满足"向多人行贿"的情形。

"巨额行贿"则是从行贿数额出发设定的一种重点查处的具体情形。基于我国刑法根据行贿主体以及行贿指向的差异设定了不同的犯罪数额标准,故在把握"巨额行贿"这一重点查处情形时不能一概而论。"巨额行贿"在刑法条文中并没有对应表述,除了对非国家工作人员行贿罪、对外国公职人员、国际公共组织官员行贿罪在罪状中有数额的相关表述,其他行贿犯罪在罪状中均没有数额的相关表述。所以,"巨额行贿"并不等同于对非国家工作人员行贿罪、对外国公职人员、国际公共组织官员行贿罪罪状表述中的"数额巨大",而应当在整个刑法行贿犯罪体系中根据行贿主体和行贿指向的差异具体把握不同行贿犯罪中"巨额行贿"的理解和适用。"巨额行贿"中的"巨额"不能任意创设,还应当在各具体的行贿犯罪构成中寻找依据。对于自然人实施的对非国家工作人员行贿罪和对外国公职人员、国际公共组织官员行贿罪,应当以"数额巨大"的升档量刑界点作为需要重点查处的"巨额行贿"的数额起点,即行贿200万元以上或者具有特定情节、行贿100万元以上的,属于"巨额行贿"的情形。对于自然人实施的行贿罪和对有影响力的人行贿罪,由于两罪的入罪数额及升档量刑数额均一致,所以在把握"巨额行贿"的认定上应当标准一致。本文认为应当以"情节严重"作为"巨额行贿"的数额起点,即行贿数额在100万元以上,具有特定情形的,则下降到50万元以上。至于自然人实施的对单位行贿罪,相比自然人实施的其他行贿犯罪,对单位行贿罪属于刑罚最轻的,只设置了一个刑档,具体量刑为3年以下有期徒刑或者拘役,并处罚金。所以,在把握自然人实施的对单位行贿罪的"巨额行贿"情形时,应当比照自然人实施的其他行贿犯罪适当提高"巨额"的数额起点。自然人实施的对非国家工作人员受贿罪及对外国公职人员、国际公共组织官员行贿罪的入罪数额起点均为行贿罪与对有影响力的人行贿罪的二倍，属于同等数额情况下刑罚较轻的罪名。那么，自然人实施的对单位行贿罪的"巨额行贿"标准以对非国家工作人员行贿罪和对外国公职人员、国际公共组织官员行贿罪最具对照意义。由于自然人实施的单位行贿罪的入罪起点为10万元，是通常情况下两个对照罪名的约1.67倍，照此推断，"巨额行贿"的数额一般应当不低于对照罪名"数额巨大"的1.67倍，即在330万元左右。但刑法体系在同类型轻罪和重罪犯罪数额设定中并没有使用非整数倍的习惯，且有任意创设犯罪数额的嫌疑。本文建议可直接将自然人实施的对单位行贿罪的"巨额行贿"中的巨额标准跳格至一般情形下行贿罪的"情节特别严重"的数额起点，即500万元。从单位实施的行贿罪名体系上看，单位实施的行贿犯罪均采取双罚制的刑罚模式，所以在对单位实施的行贿犯罪进行重罪、轻罪的划分时，应当结合对单位和对直接负责的主管人员和其他直接责任人员的刑罚进行综合评价。一般情形下，虽然单位涉及的行贿犯罪的入罪门槛均需达到行贿数额20万元的标准，但是在单位实施的对非国家工作人员行贿罪和对外国公职人员、国际公共组织官员行贿罪中却为直接负责的主管人员和其他责任人员设置了两个刑罚档次，最高刑罚可以到10年有期徒刑。显然，相较于单位实施的其他行贿犯罪，对国家工作人员行贿罪和对外国公职人员、国际公共组织官员行贿罪属于重罪，也正是这两个罪名在刑罚上的两档设计，为判断单位实施的行贿犯罪中的"巨额行贿"提供了思路。与自然人实施的该两种行贿罪名相比，在入罪门槛上单位犯是自然人犯的约3.3倍。在"巨额行贿"的认定上单位犯至少应当是自然人犯的3.3倍，即要达到660万元以上。考虑到我国刑法对于犯罪数额的设定习惯，以及过分细化导致的司法适用上的困扰和不便，本文认为可以尝试将1000万元设定为单位实施的行贿犯罪中"巨额行贿"情形的数额起点。

特别条款"党的十八大后不收敛不收手的"，更多是基于行贿人主观恶性的考量。在构成多次行贿、巨额行贿、向多人行贿的任一情形时，又有跨越党的十八大这一历史节点的连续犯、继续犯，或者单纯在党的十八大以后实施的行贿犯罪行为，能够推定行贿人具有更高的主观恶性。

(二) 重点查处情形二的理解与适用

党员和国家工作人员行贿是从行贿人身份出发对行贿主体中的自然人进行划分，由于党员和国家工作人员常态化接受党的廉政教育，应有更高的注意义务，对这两类人的行贿行为进行重点查处符合人民群众的情感和政策期待。为保持对法律适用的统一性，减少分歧，此处的国家工作人员从我国刑法关于职务犯罪中"国家工作人员"的相关规定中寻找参考依据。根据《刑法》第93条的规定，国家工作人员是指在国家机关中从事公务的人员；国有公司、企业、事业单位、人民团体中从事公务的人员和国家机关、国有公司、企业、事业单位委派到非国有公司、企业、事业单位、社会团体中从事公务的人员，以及其他依照法律从事公务的人员，以国家工作人员论。通常情况下，上述人员的国家工作人员身份具有通常性、稳定性和持续性。另据相关司法解释，协助人民政府从事行政管理工作的村民委员会等基层组织人员，受国家机关、国有公司、企业、事业单位、人民团体委托管理、经营国有财产的人员，以及经国家出资企业中负责管理、监督国有资产职责的组织批准或者研究决定，代表其在国有控股、参股公司及其分支机构中从事组织、领导、监督、经营、管理工作的人员，均应当认定为国家工作人员。需要注意的是，上述人员通常情况下不具有国家工作人员的身份，只是在特定情形下被视为国家工作人员。在重点查处国家工作人员实施的行贿犯罪时，一般重点查处那些通常情况下具有国家工作人员身份的行为人。

(三) 重点查处情形三、四的理解与适用

重点查处情形三、四主要是以行贿行为所作用的事项和发生的领域作为考量因素。

行贿行为所作用的事项具体表现为国家重要工作、重点工程或者重点项目。从事项的隶属层面来看，属于在国家级层面上具有重要影响力的事项，省级及以下层级的任何重要程度的事项均被排除在外。从事项的重要程度来看，应系重要或重点，一般程度的事项中发生的行贿行为则不应当重点查处。

重点查处的行贿领域包含组织人事、执纪执法司法、生态环保、财政金融、安全生产、食品药品、帮扶救灾、养老社保、教育医疗等。重点查处情形四使用了"等领域"的表述,给重点查处的行贿领域留下了选择空间。"等领域"应当与前述所列举的领域具有同等的重要性。

(四)重点查处情形五的理解与适用

重点查处情形五是重点查处情形四的特别规定,这是因为情形五的规定也是以行贿行为所发生的领域为出发点,只是在表述中加上了"重大"这一限定词。

《关于禁止商业贿赂行为的暂行规定》第2条规定:"本规定所称商业贿赂,是指经营者为销售或者购买商品而采用财物或者其他手段贿赂对方单位或者个人的行为。"我国刑法不存在独立的商业行贿罪和商业受贿罪。商业贿赂只是从贿赂发生的领域出发而形成的概念,即发生在商业领域内的贿赂就是商业贿赂。人们习惯上将非国家工作人员受贿罪理解为商业受贿,与之具有一定对合关系的对非国家工作人员行贿罪当然地被理解成了商业行贿。其实,非国家工作人员受贿罪和对非国家工作人员行贿罪包含了商业行受贿行为,但并不限于商业受贿行为。例如,在大型非国有公司任职的B,为了谋取更高一级的职务,向该公司的经理A行贿,使B担任了更高一级的职务。A构成非国家工作人员受贿罪,B构成对非国家工作人员行贿罪,但并不属于商业受贿和商业行贿。① 我国行贿犯罪体系中的其他行贿罪名,凡是发生在商业领域内的,均可以评价为商业行贿。

消除了上述分歧,在司法实践中如何判断"重大商业贿赂"中的"重大"则是另外一个难点。本文认为,"重大"的认定应以犯罪数额为基础参照,在以犯罪数额作为判断"重大"与否的标准时,应当与重点查处情形一中的"巨额行贿"中"巨额"保持一致。除了通过行贿犯罪数额来对"重大"进行判断外,造成损失数额也应当作为一个判断依据,这是因为在我国行贿犯罪体系中,除了对非国家工作人员行

---

① 参见张明楷:《刑法学》(第六版),法律出版社2021年版。

贿罪和对外国公职人员、国际公共组织官员行贿罪,其他的行贿犯罪均将经济损失或国家、社会利益损失作为入罪数额的调整因素或者升档量刑的独立影响因素,可见损失数额亦在行贿犯罪体系中发挥着重要的影响作用。

四、结语

受贿和行贿是一根藤蔓上的两颗"毒瓜",加大对行贿犯罪的查处力度是对腐败行为的源头性治理。在根据《意见》对特定情形的行贿犯罪行为进行重点查处的司法实践中,应当严格遵循罪刑法定的基本原则,在行贿犯罪体系框架下,以各独立行贿犯罪的构成要件为基础,将重点查处的行贿犯罪办成经得起历史考验和人民群众检验的铁案、定案,坚决防止任何行贿行为人因行贿而得利。

未成年被害人司法救助的法律完善

刘 亮 陈莎莎 余 丽[*]

"今人说轻刑者,只见所犯之人为可悯,而不知被伤之人尤可念也"。相较于被告人,因被告人犯罪行为受到伤害的被害人更不该被忽视。未成年被害人是指18周岁以下,受犯罪侵害的被害人。伴随为关注与救助弱势的刑事被害人理念的深化,未成年被害人这一特殊主体常作为重点救助对象获得关注。如2018年,最高检明确将未成年人群体作为重点救助对象,但当前未成年被害人司法救助理念仍然较为薄弱,体系性不强,救助可参照性依据缺失,不利于未成年被害人司法救助的落实。对此,应当立足最有利于未成年被害人原则,完善对未成年被害人救助的法律体系。

一、未成年被害人司法救助的重要意义

各国司法普遍认可被害人因犯罪行为遭受的损失应由被告人承担,但因被告人往往不具赔偿或完全赔偿能力,为保障被害人权益,维护社

---

[*] 刘亮,北京市丰台区人民检察院第一检察部主任、检察官;陈莎莎,北京市丰台区人民检察院第一检察部副主任、检察官;余丽,北京市丰台区人民检察院第一检察部检察官助理。

会稳定，国家救助应运而生。① 任何制度的设置都有其自身的正当性逻辑基础，被害人救助逻辑前提和目的设定基础是救助正当性所在，正当性基础直接关乎被害人救助立法和司法运作，必须依据救助的立法根基和目的来理解和适用救助的法律法规。

未成年被害人的主体身体具有双重属性，即被害性和未成年性，相较于其他被害人，具有独特性，决定了未成年被害人救助的必要性和特殊性，应当将少年司法理念和被害人救助正当基础相结合，切实理解未成年被害人司法救助的重要意义。②

(一) 维护社会安定和保障人权之必要

公平正义是和谐社会的应有之意，当被害人的权益受到侵害时，原有的平衡被打破，希望通过矫正正义实现被害恢复的情感更强烈。人权是人之所以作为人所固有的权利，是人生存所必需的、基本的、不可剥夺的权利。国家作为社会共同体的集合，应当对被害人提供权利保障。

恢复性司法不仅要努力预防和减少犯罪，还应当保护犯罪被害人的合法权益，尽可能对犯罪被害人因犯罪所遭受的损失予以救助。现代刑事司法对犯罪人给予了相对完善的保护，而犯罪被害人在被害后寻求救助的渠道却很少。如果不重视犯罪被害人及其家属的物质损失或者精神伤害并作出合理救助，会严重伤害犯罪被害人及其家属的感情，无法实现社会的公平和正义。特别是在很多严重暴力案件中，被害人及其家属因为犯罪遭受到巨大的身体、生命、财产以及精神损害，得不到犯罪人的弥补和国家的救助，致使生活艰难；又因为法律对犯罪人的保护，对犯罪人的刑罚不能得到犯罪被害人及其家属的认同，出现在被害人及其

---

① 我国从2004年开始对被害人救助进行了地方性实践探索，如山东省淄博市于2004年率先颁布《关于建立刑事被害人经济困难救助制度的实施意见》，开启了被害人国家救助试点工作。2009年，国家在总结试点经验的基础上将被害人司法救助制度提升为全国性的规定，最高人民法院在《人民法院第三个五年改革纲要（2009—2013)》中提出应"改革完善司法救助制度"，首次将被害人救助与司法救助相连接。2014年中央政法委、财政部、最高人民法院、最高人民检察院、公安部、司法部发布《关于建立完善国家司法救助制度的意见（试行）》。

② 方军：《刑事被害人救助：问题与前景》，载《犯罪研究》2020年第4期。

家属心里的是对社会的绝望，因而不再相信司法的公平和正义，很容易导致犯罪被害人及其家属与犯罪人、国家乃至社会的对立。甚至犯罪被害人及其家属为了寻求内心的公平、正义甚至可能直接报复犯罪人及其家属，甚至报复社会，从而导致由犯罪被害人向加害人转变，成为新的犯罪原因。对被害人因犯罪遭受的损失予以救助并有效恢复，可以化解被害人负面情绪，避免新的犯罪的产生，有助于维护社会稳定、构建和谐社会。

（二）"国家亲权"理论之必然体现

未成年人是国家和民族的未来，未成年人健康成长关系亿万家庭的美好生活，关系民族复兴和国家富强，关系到新时代社会主义现代化强国的全面建成，保护未成年人应当是全社会的共同责任。伴随人类社会文明与进步，传统"家长亲权"逐渐衍生出"国家亲权"，主张未成年人的最高监护人和最终监护人是国家，对未成年人积极行使监护和保护是国家职责所在。国家监护职责的实现重要渠道之一就是通过制定和修改政策、立改废法律保障未成年人成长，对不利于未成年人成长因素加以调整干预，特别是当未成年人的父母缺乏保护子女的能力或缺位监护时，国家可以根据国家亲权理论强制行使监护权，甚至超越父母亲权对未成年强制干预和保护。

未成年被害人被害后果比成年被害人更加严重，这是由未成年人的身体和心理特征决定的。这里的被害后果指的是未成年被害人因犯罪遭受到的身体伤害和心理伤害。一方面，未成年被害人往往会因犯罪遭受严重的身体伤害。因为未成年被害人的身体和心理都不够成熟，自我防卫能力和辨认能力比较差，很多人在遭到侵害后，不敢或不懂告发，从而遭到长期、多次侵害。相较于成年被害人，因犯罪所带来的痛苦更深，更需要救助。国家亲权和最高监护人在司法程序中的突出体现是，当未成年刑事被害人之所需救助超过（或暂时超过，但已影响到其身心安全）父母的能力范围无法支撑未成年人生存发展时，国家就应通过完善社会福利体系，维护刑事案件未成年被害人相关利益，为他们提供相应支撑和支持。

(三) 实现未成年人犯罪预防

根据 2021 年最高人民检察院发布的《未成年人检察工作白皮书》统计数据显示，2017 年至 2021 年，检察机关批准逮捕侵害未成年人犯罪分别为 33790 人、40005 人、45763 人、38854 人、45827 人，而这些案件中可能受侵害的未成年人不止一个。未成年人被称为"双 V 资源"，既为人类社会最有价值（valuable），却也是最脆弱的（vulnerable）资源。① 就未成年被害人群体而言，与成年被害人最大的区别就在于其处于身心发展并未成型的阶段，在其合法权益遭受不法侵害时，他们难免会产生自卑自残、消极偏激的想法，甚至实施冲动暴力行为，即可能产生"恶逆变"或破罐子破摔等现象。如果这一特殊群体在被害后的心理得不到适当调节，将会导致其人性发生扭曲，对社会产生不公感，形成犯罪认同心理，转化为犯罪人，以极端、危险的方式报复社会和他人，对社会和他人的合法权益造成威胁，即未成年人容易出现"恶逆变"，更有甚者，在被害后得不到有效的援助，其内心所思所想得不到正确的宣泄，在极度压抑的情形下实施自伤、自残、自杀行为。无论是从法理还是从社会理论的视角，国家和社会都应当对未成年被害人予以救助。无论是从犯罪还是权利保护的视角来考量，未成年被害人都需要法律和社会的特别保护，应当对其尽早进行援助与引导。

二、未成年被害人司法救助法律法规的体系性考察

同未成年人保护工作一样，未成年被害人司法救助也是一项系统且长远的综合工作，作为一项庞杂的社会管理工作，它需要根据国家制定的法律和制度来统一安排和落实，因此，未成年人司法保护工作需要通过国家立法形式确立，现实意义很强。从体系性考察，当前有关未成年被害人司法救助的现行法律规范主要有《未成年人保护法》《刑事诉讼法》等原则性的规定，我国尚无专门法的规定，且相关规定大多散见于刑事诉讼法以及相关司法解释中，主要有以下几个特征：

---

① 张鸿巍：《儿童福利法论》，中国民主法制出版社 2012 年版，第 21 页。

（一）以政策性文件为主要依据

我国尚无未成年被害人救助的专门法，在解决刑事被害人救助问题方面多依据国家政策文件，如 2009 年国家在总结试点经验的基础上将被害人司法救助制度提升为全国性的规定，2013 年党的十八届三中全会提出要"完善人权司法保障制度，健全国家司法救助制度"。2014 年 1 月 17 日，中央政法委、公安部、最高人民检察院、最高人民法院、司法部以及财政部共同出台《关于建立完善国家司法救助制度的意见〈试行〉》（以下简称 2014 年《意见》）等。

由上可见，当前我国尚未形成有关司法救助的法律体系，司法救助制度主要是在以中央出台的政策性意见和与之对应的各地出台的实施细则基础上建立起来的，这很大程度上是由我国国情和法治发展现状决定的。司法救助作为一项福利性制度，需要具备强大的物质力量，同时还需要心理疏导、社会救助、法律援助等配套制度的实施，因各地实际情况并不一样，以政策性文件的形式下发和推广有利于增强司法救助延伸的力度和速度，尽快回应社会和被害人需要。此外，司法救助的面广点多，有必要同政策意见先引导深化司法救助理念和思路，因此在司法救助制度建立初期，以政策性文件形式出台较为符合司法实际。

（二）以地方试点探索规范性文件为主

虽然尚无统一司法救助法律，但在立足中央政策性文件精神指引下，地方各地结合当地实际情况积极作出探索，相继出台地方性司法救助规范性文件。笔者通过北大法宝搜索，发现现行有效的有关被害人司法救助的文件，多为各地为探索试点工作制定的规范性文件，不仅尚无统一的被害人司法救助法，国家层面的司法解释、规范性文件也较少。[①] 当前通过地方立法规范刑事被害人救助工作的有山东、包头、无

---

① 根据有关学者统计，截至 2021 年，现存有效的约有 59 件：中央文件 1 件，司法解释 9 件，地方性法规 3 件，地方规范性文件 16 件，地方司法文件 11 件，其他工作文件 19 件。摘自陈丽燕：《我国被害人司法救助现状和完善建议》，载《西部学刊》2021 年第 5 期。

锡和四川等,① 这些地方试点规范性文件是对中央有关司法救助制度政策的深化体现和进一步细化,不过与2014年《意见》一样,在这些政策文件中也鲜见有对未成年被害人开展司法救助的单独规定,且政策性文件一般规定较为原则、模糊,对具体救助流程、事项等内容规定的相对简约。

(三) 未成年被害人救助机制和程序欠缺专门规范

值得一提的是,虽然继2014年《意见》之后,2018年最高人民检察院下发《关于全面加强未成年人国家司法救助工作的意见》,该《意见》明确将未成年人群体作为重点救助对象,确立了未成年人司法救助基本理念和原则,扩大了救助范围,确立了救助标准等,有利于加强和改善未成年人国家司法救助工作。② 但是,该《意见》主要是检察机关在办案中发现需要司法救助的未成年人时可以启动的救助程序和参照工作机制,尚无法覆盖诉讼流程中涉及的所有未成年人。同时,该《意见》着重于未成年人司法救助,主要着重于对危困未成年被害人的经济补偿和救助,救助范围仍然较为狭窄,且并未专门建立未成年被害人救助程序。

三、新时代未成年被害人司法救助的法律完善

我国被害人司法救助制度已经建立,未成年被害人作为特殊主体,是救助的重点人群,是完善和扩展救助制度的重要体现,同时少年司法往往是司法制度的试验田,本文建议在未成年被害人救助的已有立法和司法成果经验基础上,加强新时代未成年被害人司法救助的法律完善。

(一) 尽快出台国家司法救助法

在立法方面,目前我国仅有一个中央指导文件和"两高"的司法

---

① 如2004年淄博市委政法委、淄博市中级人民法院联合出台的《关于建立犯罪被害人经济困难救助制度的实施意见》,2004年青岛市政法委、青岛市中级人民法院和青岛市财政局共同发布的《青岛市刑事案件受害人生活困难救济金管理办法》,以及浙江省台州市、四川省绵阳市等地区建立的"司法救助基金"。

② 具体参见最高人民检察院《关于全面加强未成年人国家司法救助工作的意见》。

解释，各地多是参考指导文件并结合自己的实际情况和试点经验，出台相关的地方法规、工作文件，故实践中各地救助标准不统一的问题比较突出，包括救助资金、困难标准、救助方式。2016年最高人民法院和最高人民检察院分别出台了《关于加强和规范人民法院国家司法救助工作的意见》《人民检察院国家司法救助工作细则（试行）》，以此来规范统一救助工作，2018年和2019年也连续发布司法救助典型案例作为相关救助类型的指导案例，以期能够给各级法院起到示范作用。近些年经过中央和地方各级机关的共同努力，我国司法救助的政策性文件和已经积累的大量实践经验，为出台专门的司法救助法提供了基础条件。实际上，早在2009年中央下发的司法救助文件中就明确了"先政策、后法律、两步走"的改革发展思路，这些年一直在不断累积成熟的实践经验，在这样的大背景下，为更好地保障被害人权益，向被害人提供福利性司法，实现司法救助常态化和精准化，建议积极推进出台国家司法救助法，统一各地适用标准。

未成年被害人同时具备未成年人和被害人的双重身份，对其应当与成年被害人有所区分。为加强对未成年被害人司法救助的针对性和精准化，可以参照刑事诉讼法，在拟制定的司法救助法中专设未成年被害人司法救助专章，系统综合地将未成年人司法救助的立法宗旨、目的，司法救助方向和事项，以及司法救助特殊程序等内容集中规定。

（二）完善未成年被害人司法救助法律规定内容

从未成年人权益保护的角度出发，未成年被害人救助应当从最有利于未成年人原则出发，扩大未成年被害人补偿的范围，体现国家亲权、国家监护理念，需要国家作为保护人的角色，充分发挥对未成年被害人的监护和关爱。

1. 扩大未成年被害人司法救助案件范围

在未成年被害人司法救助视角下，扩大未成年被害人救助案件范围是集中表现之一。当前司法实践中，被害人救助案件主要集中在执行不能案件、涉诉涉访涉法案件、贫困户被害人、未成年被害人等几类案件，但实务中很多案件因各方面因素并未进入司法程序或未找到犯罪人，如尚未破案、未查获真凶案件中的被害人，证据不足未立案、起诉或被撤回或宣判无罪案件中的被害人。在现代法治和刑事诉讼证据规则下，一些案件可能没有或尚未查找到应当负刑事责任的被告人，但被害人因犯罪行为遭受损失是实实在在的，应当将司法救助作为一项国家补偿制度，加大对这类案件被害人的关注度，探索这类案件被害人司法救助的条件和程序。①

2. 扩大未成年被害人司法救助范畴

精神损害的最终表现形式是精神痛苦和精神利益的丧失或减损，②精神损害会使人产生烦躁、愤怒、焦虑、沮丧、悲伤、忧郁、绝望等不良情绪，严重影响未成年被害人身心健康，可能导致未成年人自伤自残等严重后果。当前现有司法救助文件中并未将精神损害明确纳入司法救助范畴，不利于司法救助体系的构建和完善。国家充分保护未成年被害人，不仅在于对未成年被害人的经济补偿，还应包括对未成年被害人心理安抚、心灵修复等方面的投入。为保障未成年人权益和关爱未成年人成长目的的实现，建议发挥少年司法试验田、先行者的作用，逐渐扩大精神损害赔偿作为被害人救助制度的重要组成部分。

（三）规范未成年被害人司法救助程序

规范的司法救助程序是司法救助工作有序开展和救助效果最优化的保障，未成年被害人司法救助的特殊性不仅体现在实体救助范围的扩大，还应表现为司法救助程序的专门化。专门化的程序更能考虑到未成年被害人的身心特点，结合未成年被害人个体实际情况对司法救助程序加以适用和调整。

1. 发挥公安机关司法救助未成年被害人作用

我国实施司法救助的机构较多，公安机关、检察院、法院以及政府信访部门等都可以实施司法救助，但当前未成年被害人司法救助的专责机关主要是检察机关和审判机关。本文认为公安机关作为侦查机关，是

---

① 陈丽燕：《我国被害人司法救助现状和完善建议》，载《西部学刊》2021年第5期。

② 冷传莉、顾龙涛：《刑事案件中精神损害的定位与救济》，载《政治与法律》2006年第5期。

介入案件的前置机关，作为掌握大量案件信息的专责机关，完全可以在未成年被害人司法救助专项工作中发挥更大的作用。

2. 增设未成年被害人社会调查程序

未成年被害人的双重身份，一方面需要更为客观全面了解其受损害情况，另一方面需要更为公正合理了解其身心受侵害状况，为此需要对未成年被害人的身心损害情况、被害人是否从加害人处获得赔偿或是否从其他机构获得相应的司法救助情况进行实质审查。为此，建议在司法救助立法中设立未成年被害人司法救助专章中，规定未成年被害人的社会调查制度。

巨额财产来源不明罪实行行为
及其衍生问题分析

何 蕾 焦 焜 李 静 杨嘉玺[*]

一、巨额财产来源不明罪的立法价值

巨额财产来源不明罪自1988年诞生以来便饱受争议。否定该罪立法价值的观点认为该罪可能会成为贪腐分子的"保护伞""避风港",有放纵、轻纵犯罪之嫌。理由如下:由于本罪的最高法定刑明显低于贪污罪和受贿罪,那么涉嫌贪污腐败的国家工作人员在司法工作人员无法查清其财产来源时,或许会选择避重就轻,拒不交代巨额财产的来源,进而避免被追究刑罚可能会更重的贪污罪或受贿罪等。同时,也有持立法价值否定说的观点认为,本罪存在有罪推定的色彩,有违疑罪从无之嫌。与否定说的观点不同,肯定本罪立法价值的观点认为其是反腐倡廉的锐利武器,本罪在查办国家工作人员贪污贿赂犯罪案件中发挥了"兜底"的作用。[①] 本罪的创设具有实体和程序双重价值:实体法的价值方面,本罪能够严密法网、堵塞漏洞,使犯罪分子得到应有的惩罚;程序法的价值方面,本罪能够为司法机关迅速追究犯罪分子的犯罪行为

---

[*] 何蕾,北京市丰台区人民检察院第二检察部主任、检察官;焦焜,北京市丰台区人民检察院第二检察部检察官;李静,北京市丰台区人民检察院第二检察部检察官助理;杨嘉玺,北京市丰台区人民检察院第二检察部检察官助理。

① 参见杨兴国:《贪污贿赂犯罪认定精解精析》,中国检察出版社2011年版,第308页。

提供必要的前提条件。①

笔者认为,不能孤立地评价本罪的立法价值,而应当综合考虑其所处社会发展环境、历史背景等因素,理性、辩证地加以评判。基于此,笔者对本罪的立法价值持肯定观点。一方面,设立本罪是惩治贪污腐败的必然要求。当前反腐败斗争取得压倒性胜利并全面巩固,本罪的司法适用强化了刑法与贪腐犯罪作斗争的功能,体现了有罪必究、有罪必罚的决心,对于保证国家工作人员职务行为廉洁性具有不可忽略的作用。虽然本罪的设立可能会存在否定说所主张的罪责刑不相适应的情形,但是在侦、调查技术有限且行为人又拒绝配合的情况下,本罪的设立多少还是使得腐败分子受到了法律的惩罚,没有让其完全逃脱法律的制裁。同时,也正是因为本罪在实践中有沦为贪官的"避风港"的风险,立法者在《刑法修正案(七)》中也对本罪作出了相应调整——将本罪的最高法定刑提高至 10 年有期徒刑,以更大程度地发挥本罪在职务犯罪中的堵截性功能,发挥威慑作用,促使国家工作人员廉洁奉公。另一方面,本罪确实是一种推定,但本罪属于立法推定,是可以反驳的推定,并不违反无罪推定、疑罪从无等原则。在本罪的证明过程中,检察机关需要证实行为人存在超出合法收入且差额巨大的财产,进而推定该财产系行为人非法所得,而如若行为人说明财产来源进行反驳、防御,则检方需要证实行为人所述财产来源的真实性。由此看来,最终还是由检方承担证明责任,行为人的反驳只是证明责任的转移而非证明责任倒置。因为,证明责任的倒置意味着一方主张待证事实成立,不需要承担证明责任,而由对方完全承担待证事实不成立的证明责任。②

---

① 参见孟庆华:《巨额财产来源不明罪研究新动向》,北京大学出版社 2022 年版,第 27 页。
② 褚福民:《刑事推定的基本理论——以中国问题为中心的理论阐释》,中国人民大学出版社 2012 年版,第 128 页。

二、巨额财产来源不明罪的实行行为

(一) 本罪实行行为的理论聚讼

巨额财产来源不明罪是针对"国家工作人员的财产或支出明显超过合法收入,且差额巨大,但其本人又不能说明来源"的情形而设立的,关于本罪的实行行为性质是本罪的最大争议,且由本罪的实行行为问题衍生出了本罪的溯及力及自首制度的适用等一系列问题。理论界对本罪实行行为的见解众说纷纭、莫衷一是,实践中对此也是标准不一,因此,厘定本罪的实行行为对于准确、恰当适用本罪具有积极意义。关于本罪的实行行为,理论上主要存在"无行为说""持有说""不作为说""复合行为说"等几种观点。

1. "无行为说"

主张"无行为说"的学者认为,"财产、支出明显超过合法收入,差额巨大"是一种禁止的事实状态,并不是本罪的实行行为,只是构成巨额财产来源不明罪的前提和基础。"不能说明来源"包括拒绝说明和虚假说明,但这是司法机关对被告人说明来源后的具体评价结果,是司法机关需要证明的对象,而不是行为人的行为。因此,本罪是一种立法推定型犯罪,说明来源成为阻却立法推定为犯罪的正当化事由。① 但是,现代刑法是"行为刑法",行为是构成犯罪的最基础要素,无行为则无犯罪。我国《刑法》第 13 条对犯罪进行了规定,该条表述中包含"以及其他危害社会的行为,依照法律应当受到刑罚处罚的,都是犯罪……","无行为说"将没有行为的现象规定为犯罪,否认该罪存在客观行为要件,显然违背了这一刑法基础原则。

2. "不作为说"

"不作为说"基本上是刑法理论上的多数说,支持该说的学者认为,本罪实行行为的本质特征是不作为,国家工作人员的财产或支出与合法收入相比差额巨大只是事实前提,不能说明该巨额财产的来源才是

---

① 参见于冲:《关于巨额财产来源不明罪客观要件的反思与重构》,载《法学论坛》2013 年第 3 期。

本罪的实行行为。张明楷、周光权教授均是"不作为说"的支持者。张明楷教授指出，本罪是真正不作为犯。① 作为不作为犯罪，构成本罪应当符合"当为—能为—而不为"的基本结构，即行为人作为国家工作人员负有说明自己财产来源的作为义务，当其在能够履行自己应尽义务的情况下不履行该义务时，不论是虚假说明还是拒不说明，都是一种不作为犯罪，其应当对此承担巨额财产来源不明罪的刑事责任。

"不作为说"最先面临的问题就是本罪"当为"的问题，即本罪的作为义务来源问题。根据"不作为说"，本罪成立的根本基础在于"国家工作人员按照法律法规的规定，负有如实申报财产收入、说明财产来源的义务"，但问题在于，所谓的申报、说明义务并无法从刑法典或刑法典以外的法律法规中找到，现有的要求领导干部报告个人事项的相关规定要么是党内法规，要么是政策性文件，并不能成为本罪说明义务的来源。

"不作为说"还面临着"应为"的问题，即本罪的作为可能性的问题。根据不作为犯罪的原理，如果行为人不具有作为的可能性，就不能对其苛加，由此推出，当行为人不具有说明财产来源的能力时，其仍有可作为的义务，否则便是强人所难，难以实现预防犯罪的刑事政策目的。但是，最高人民法院发布的《全国法院审理经济犯罪案件工作座谈会纪要》明确规定，本罪中的"不能说明"包含"行为人无法说明财产的具体来源"的情形能构成本罪，但此时按照"不作为说"的观点，行为人是不构成犯罪的。所以，从"能为"这一点来说，本罪也不属于不作为犯。

另外，需要注意的是，《全国法院审理经济犯罪案件工作座谈会纪要》中还规定了"行为人所说的财产来源线索因不具体等原因，司法机关无法查实，但能排除存在来源合法的可能性和合理性的"这一情形，这一列举更加明显地表示本罪并非不作为犯。因为在此情形下，行

---

① 参见周光权：《刑法各论》（第三版），中国人民大学出版社 2018 年版，第 488 页；张明楷：《论巨额财产来源不明罪的实行行为》，载《人民检察》2016 年第 7 期。

为人已经履行了所谓的说明义务,只是因为不够具体,司法机关难以查证财产是否来源非法,这时若仍认为行为人是没有履行作为义务,显然是不合理的。

最后,"不作为说"还会导致本罪在适用自首、溯及力等制度上存在困境。这一点将在后文对本罪实行行为的衍生问题的讨论中详细阐述。

3. "持有说"

主张"持有说"观点的学者认为,巨额财产来源不明罪的实行行为是国家工作人员非法持有来源不明的巨额财产。① 将国家工作人员持有来源不明的巨额财产作为犯罪来加以规制,能够降低控方的证明负担,使得对此类案件的查处会更加容易。②

有学者对"持有说"提出批判,认为"持有说"使得本罪的着手过于提前,不当扩大了本罪的成立范围:在国家工作人员被责令说明其巨额财产的来源之前,当行为人拥有巨额财产时就已经被认为是不法的了。③ 如果要采取"持有说",还需要解决"不能说明来源"的性质问题。尽管有学者主张"不能说明来源"是客观处罚条件,来试图实现理论上的自洽,但客观处罚条件的存在乃是为了对刑罚权加以限制,而不会影响行为的违法性,而在本罪中,"不能说明来源"显然是能够影响行为人行为的法律定性的,所以也不能将其简单归于客观处罚条件。"持有说"存在的问题还在于,通常来说,持有型犯罪限于行为人持有枪支、毒品等具有一定危险性的违禁物品的情形,然而本罪中行为人持有的来源不明的巨额财产显然不具有如此大的危险性。

4. "复合行为说"

提倡"复合行为说"的部分学者认为本罪是持有巨额财产和不能

---

① 参见陈红兵:《巨额财产来源不明罪适用研究——从实行行为"着手"》,载《厦门大学法律评论》(总第二十六辑),厦门大学出版社2015年版,第40-57页。

② 参见劳东燕:《揭开巨额财产来源不明罪的面纱——兼论持有与推定的适用规则》,载《中国刑事法杂志》2005年第6期。

③ 参见张明楷:《论巨额财产来源不明罪的实行行为》,载《人民检察》2016年第7期。

说明来源的行为的复合（即"持有+不作为"的"复合行为说"），还有一部分学者认为本罪由作为形式的非法获取巨额财产和不作为形式的拒绝说明财产来源的双重行为组合而成（即"作为+不作为"的"复合行为说"）。① "复合行为说"似乎是最容易让人接受的学说，但是无论是"持有+不作为"的"复合行为说"，还是"作为+不作为"的"复合行为说"，实际上还是肯定了本罪的实行行为具有不作为特性，既然如此，那么该说也便无法克服"不作为说"的弊端。

（二）本罪实行行为的本质是一种"不该持有而持有"的作为

笔者认为，相较于"不作为说"所存在的结构性弊端而言，"持有说"面临的质疑阻力相对要小得多。

如果要认同巨额财产来源不明罪的实行行为是持有，首先需要解决持有的行为定性问题。尽管学界有观点认为，持有是与作为、不作为并列的第三种独立的行为方式，② 但是学术界多数观点还是认为，作为与不作为的区分具有排他性，不存在作为和不作为之外的第三种行为方式：一种行为要么是违反了命令性规范的"不当为而为"的作为，要么是违反了禁止性规范的"当为而不为"的不作为。笔者认为，持有的本质是"不该持有、无权持有而持有"，即"不当为而为"，是一种积极的作为。

在肯定巨额财产来源不明罪的实行行为本质是"不当持有而持有的"作为之后，还需要回应"持有说"（即笔者所主张的"作为说"）所面临的诸多质疑，对"持有说"进行证成。

笔者认为，"持有说"并没有不当扩大巨额财产来源不明罪的成立范围，因为"不能说明来源"虽不属于客观处罚条件，但是却可以将其解释为违法阻却事由。本罪中，国家工作人员作为公权力的行使者，当其特殊身份与来源不明的巨额财产在客观上存在关联之后，普通公众

---

① 参见孟庆华：《巨额财产来源不明罪新动向》，北京大学出版社2022年版，第93页。
② 参见赵长青主编：《新刑法典的理论与实践》，重庆出版社1998年版，第205–206页。

自然会对国家工作人员职务行为的廉洁性产生怀疑甚至作出负面评价，公权力的信赖利益便受到侵害，此时"持有"行为已然具有违法性。但这并不意味着其行为当然构成犯罪，如果国家工作人员能够客观、真实地说明财产的来源，便阻断了持有行为对信赖法益的侵害，也就是说，"不能说明来源"是本罪的出罪路径。这一点，也可以从《刑法》第 395 条第 1 款对本罪的表述方式上得到印证，该条款先描述了本罪的行为情状，而后规定消极的正当性事由（即能够说明财产来源），最后才规定相应的刑罚后果。①

至于认为持有巨额财产不可与非法持有毒品罪、非法持有枪支、弹药罪等罪名相提并论的观点，也是可以反驳的。否定"持有说"的观点认为，我国《刑法》中规定的持有型犯罪的对象通常是毒品、枪支等具有严重人身危害性的违禁物品，而本罪的对象是财产，不符合常见的持有型犯罪的行为模式特征。但是并无规定要求持有型犯罪的行为对象必须具有较大危险，且诸如持有假币罪、持有伪造的发票罪等犯罪，也属于持有型犯罪，但假币、伪造的发票的人身危害性显然无法与枪支、弹药等相提并论。事实上，持有型犯罪的设立具有明显的功利主义的政策导向，即为了最大程度地保护法益、维护社会秩序，立法者将一定的持有状态纳入刑法规制范畴以降低对部分犯罪的指控难度，实现风险控制。巨额财产来源不明罪的设立目的亦是如此，该罪是权衡成本与效益或者说是权衡冲突利益的结果：立法者经过权衡之后认为法律处罚无辜者带来的危险，要远远小于因在每个案件中要求证明犯意与财产来源非法而给国家与社会造成的损害。②

此外，将本罪的实行行为认定为是持有型的作为能够顺利解决由本罪实行行为性质的争论衍生出的自首的适用、相关判决的既判力等问题，以确保本罪的顺利、准确适用。

---

① 参见劳东燕：《揭开巨额财产来源不明罪的面纱——兼论持有与推定的适用规则》，载《中国刑事法杂志》2005 年第 6 期。

② 参见劳东燕：《揭开巨额财产来源不明罪的面纱——兼论持有与推定的适用规则》，载《中国刑事法杂志》2005 年第 6 期。

三、巨额财产来源不明罪实行行为的衍生问题

(一) 自首制度的适用问题

关于巨额财产来源不明罪是否能够适用自首，存在"自首否定论"和"自首肯定论"两种观点。

"自首否定论"为多数持实行行为"不作为说"的学者所支持。该观点认为：成立自首所需的"如实供述"与"不作为说"所主张的国家工作人员应当履行的如实说明财产来源的义务存在逻辑矛盾，因而不存在自首情形。如果行为人拒不说明财产来源，应以本罪论处，则无所谓自首；如果行为人说明了巨额财产的合法来源和一般违法来源，既不构成本罪和他罪，同样也不存在自首；如果行为人说明巨额财产是通过其他犯罪行为所得，便不能认定本罪，应按该犯罪行为构成的具体情况定罪处罚，此种情况可以考虑能否构成他罪的自首，也不是本罪的自首。当然，从有利于被告人的原则出发，在处罚时可以考虑作为酌定从轻的量刑情节来处理。①

"自首肯定论"则得到了"持有说"支持者的肯定。该观点认为：行为人自动投案，如实交代自己巨额财产来源不明罪行的，即能够成立一般自首；行为人在被采取调查或者强制措施期间，主动交代办案机关尚未掌握的自己存在巨额财产来源不明罪行的，则构成特殊自首。②

笔者认为，《刑法》总则第101条明确了刑罚总则的效力范围，即"本法总则适用于其他有刑罚规定的法律，但是其他法律有特别规定的除外"，该法条确定了刑法总则在刑法体系内的指导性地位。自首作为刑法总则中规定的一项有利于被告人的从宽处罚情节，在刑法分则或其

---

① 顾雪峰：《浅析巨额财产来源不明罪的自首问题》，载《陕西师范大学学报》2009年第38卷。
② 孟庆华：《巨额财产来源不明罪自首问题探讨》，载《人民检察》2003年第6期。

他法律没有特别规定时，自首"应当适用于刑法分则规定的每一个犯罪"。① 因此，巨额财产来源不明罪当然能够成立自首，"不作为说"所认为的本罪不能成立自首实际上是该说存在的结构性缺陷。同时，认可本罪能够适用自首制度，鼓励行为人积极投案、悔过自新，既可以回应广大人民群众对于有腐必惩的期待，也可终止行为人违反职务廉洁性要求行为的发生进程。

需要强调的是，巨额财产来源不明罪中自首的成立并不要求行为人能够如实准确地讲清巨额财产的来源。本罪在适用一般自首上没有较大困难，值得讨论的是特殊自首情形在本罪中的适用。特殊自首是指被采取调查或者强制措施的犯罪嫌疑人、被告人和正在服刑的罪犯，如实供述办案机关还未掌握的本人其他罪行的情形。此处的"本人其他罪行"应当如何理解？

1998年最高人民法院《关于处理自首和立功具体应用法律若干问题的解释》规定，"其他罪行"，是指"与司法机关已掌握的或判决确定的罪行属不同种罪行"。对于何为"不同种罪行"，2010年最高人民法院《关于处理自首和立功若干具体问题的意见》进一步明确：一般应以罪名区分，当罪名不同，但如实供述的其他犯罪与司法机关已掌握的犯罪，属选择性罪名或者在法律、事实上密切关联时，还是应认定为同种罪行。具体到巨额财产来源不明罪中，如何把握"在法律、事实上密切关联"的罪行成为解决问题的关键。笔者认为，至少可以将贪污、受贿、私分国有资产等敛财型的职务犯罪纳入本罪的"同种罪行"范畴内，行为人在因涉嫌此类犯罪被采取调查或强制措施期间，即便是主动供述其持有来源不明的巨额财产的事实，经查证属实的，也不能认定其成立巨额财产来源不明罪的特殊自首。如此设计的原因在于巨额财产来源不明罪本身的兜底属性，即本罪的设立目的是为了防止涉嫌贪腐的行为人倚仗自己的不配合行为而逃避法律制裁，在行为人因涉嫌敛财型职务犯罪而被采取调查或强制措施后，再认定其能够成立本罪的特殊

---

① 张明楷：《刑法分则的解释原理》（第二版），中国人民大学出版社2011年版，第157页。

自首，便是对其的轻纵，也不符合当前从严惩治腐败的刑事政策精神。天津市和平区人民法院在崔某犯受贿罪、巨额财产来源不明罪的一审判决书中也是采纳此种观点。该案中，被告人崔某在办案机关已经掌握其涉嫌收受某单位"好处费"的违法违纪事实后，对其调查并采取相应措施期间，主动交代该部分事实。法院认为巨额财产来源不明罪虽与司法机关已经掌握的受贿罪的罪名不同，但在法律、事实上密切联系，应认定为同种罪行，因此不能认定为自首。①

(二) 既判力问题

由巨额财产来源不明罪的实行行为的争论还衍生出本罪是否具有既判力的难题：对于在以本罪定罪判刑后又查清或被告人又讲出巨额财产真实来源的，是应当采纳基于"不作为说"的"不可撤销说"的观点，还是支持基于"持有说"的"可撤销说"的观点？

"不可撤销说"以尊重法院判决的既判力为由，主张原判决不能撤销。根据"不作为说"的观点，巨额财产来源不明罪处罚的是"不能说明财产来源"的行为，因此当行为人不能说明来源之时行为就已经产生了相应的社会危害性，即便事后查明财产是合法所得，也不能否定行为人当初没有履行说明来源义务的事实，此时对行为人按照不作为犯罪处罚的根据仍然存在，所以原判决不可撤销。而如果查明的财产系犯罪所得，且未超过诉讼时效，则对于刑罚尚未执行完毕的进行数罪并罚，刑罚已经执行完毕的则对新查明的犯罪行为单独处理。② 显然，"不可撤销说"有违背禁止重复评价原则之嫌。

"可撤销说"是绝大多数主张"持有说"的学者的观点，"可撤销说"认为在判决宣告后查明财产来源的，应当启动审判监督程序撤销原判，因为事后查明来源，说明原判决在事实认定上存在错误，故属于应当启动审判监督程序的情形。③ 此时，若查明先前来源不明的巨额财

---

① 参见天津市和平区人民法院（2015）和刑初字第0124号判决书。
② 参见卢建平：《刑事政策视野中的巨额财产来源不明罪》，载《中国刑事法杂志》2002年第1期。
③ 参见沈志先主编：《职务犯罪审判实务》，法律出版社2013年版，第272页。

产是犯罪所得，就应当按照相应犯罪处理，而如果是合法所得，那么犯罪嫌疑人、被告人就应当无罪，此时撤销原判也符合有错必纠原则的要求。①还有学者着眼于持有型犯罪的性质，指出持有型犯罪本身是基于推定的补充性罪名，在已经查明财产来源和用途的情况下就不应让被告人一事二罚，这也是刑事诉讼中无罪推定原则的内在要求。②

从笔者所主张的巨额财产来源不明罪的实行行为是"不该持有而持有"的作为的角度出发，持有型犯罪中被告人并不负有证明责任，亦不承担证明不力的后果，故在查明来源与用途后，一般应当撤销原判，以基本罪名定罪处罚。特别是行为人开始便已说明巨额财产系合法所得，但由于司法机关没有查清而导致行为人被定罪判刑后，又发现新的证据证明巨额财产系合法所得的情况下，如果行为人不能得到无罪改判，则法律的公正性在此就荡然无存了。基于此，对于巨额财产来源不明罪所涉的既判力问题，笔者主张"相对可撤销说"。

第一，当事后查明行为人的巨额财产系合法所得时，应当撤销原判决，宣告行为人无罪。当巨额财产的来源能够查清时，"不当为"的前提条件已不满足，此时属于《刑事诉讼法》中"有新证据证明原判决、裁定认定的事实确有错误"应当重新审判的情形，此时启动审判监督程序是对错误裁判的事后补救，是刑事立法有错必纠原则的体现，有利于保障公民的合法权益。

第二，当事后查明行为人的巨额财产系违法所得时（比如赌博），此时依旧满足"不当为"的前提条件，不能否认被告人此前拒绝说明巨额财产来源的对抗态度，以及其行为对国家工作人员职务行为廉洁性产生的危险，故应承认原判决的既判力，不应改判。

第三，当事后查明行为人的巨额财产是行为人犯罪所得时（比如贪污、受贿、挪用公款等），此时在未超过追诉时效的前提下，应当撤

---

① 参见王松波：《论巨额财产来源不明罪之举证责任》，载《中国刑事法杂志》1999年第5期。

② 参见陈洪兵：《论巨额财产来源不明罪的实行行为》，载《刑事法评论》2015年第1期。

销原判决，按照漏罪定罪处罚。同时，为了避免对被告人不利的重复评价，应将本罪已执行的刑期在漏罪应执行的刑期中相应扣除。

四、结语

习近平总书记在十九届中央纪委六次全会上发表重要讲话指出，要保持反腐败政治定力，不断实现不敢腐、不能腐、不想腐一体推进战略，要保持清醒头脑，永远吹冲锋号，牢记反腐败永远在路上。巨额财产来源不明罪是对国家工作人员违背职务行为廉洁性行为的堵截性规定，其在反腐中具有重要的兜底作用。但是，该罪作为一项刑事法律规范，已是反腐的最后一道防线，唯有建立完善相应的财产申报制度作为前置，才能将反腐的防护网织密、织严、织牢，更快推进法治反腐的进程。

论网络虚拟货币洗钱的治理体系构建

冯晓婷　卢　易[*]

一、虚拟货币的界定

当前，学界虽然对虚拟货币的概念和外延尚未有定论，但在一定程度上也达成了共识。2018年7月施行的欧盟《第五项反洗钱指令》中将虚拟货币定义为："不是由中央银行或公共机构发行或担保价值的数字表示形式，不具有货币或金钱的法律地位，但被自然人或法人视为交换手，可以电子方式进行转移、存储和交易"。[①] 金融行动特别工作组（FATF）发布的报告中的概念为"虚拟货币是一种可以进行数字交易的数字价值表示，其功能大致有三：交换媒介、记账单位和价值储存。虚拟货币在任何司法管辖区均不具有法定货币地位。"[②] 总结来说，虚拟货币"即非真实货币，是指由一定的发行主体以公用信息网为基础，以计算机技术和通信技术为手段，以数字化的形式存储在网络或有关电子设备中，并通过网络系统以数据传输方式实现流通和支付功能的网上

---

[*] 冯晓婷，北京市丰台区人民检察院第二检察部检察官助理；卢易，北京市丰台区人民检察院第二检察部检察官助理。

[①] FATF Report, Report Advice for the European Commission on Crypto – assets，(2019)，Avaiable at ConPolicy：http：//conpolicy. de/en/news – detail/report – with – advice – for – the – european – commission – on – crypto – assets/.

[②] FATF Report, Virtual Currencies：Key Definitions and Potential AML/CFT Risks，(2014)，Avaiable at：http：//docslib. org/doc/1088184/virtual – currencies – key – definitions – and – potential – aml – cft – risks.

等价物。"① 当前占主流地位的虚拟货币种类有比特币（BTC）、以太币（ETH）、泰达币（USDT）等。无论是利用何种虚拟货币洗钱，都跟虚拟货币的数字特性密不可分，其去中心化、匿名性、全球流通性等特征使得虚拟货币洗钱成为洗钱犯罪的新样态。

二、虚拟货币所产生的洗钱新模式

虚拟货币洗钱和传统洗钱本质上是相同的，其实质都是通过一定的方式将非法所得的收入转化为合法收入。具体而言，利用虚拟货币洗钱，就是犯罪分子先通过虚拟货币发行方或交易服务方将犯罪所得或收益转换为虚拟货币，购买虚拟或现实的商品或服务，以掩饰违法所得和收益的性质和来源。之后，犯罪分子再将虚拟或现实的商品、服务通过虚拟货币或现实的商品、服务通过虚拟货币交易服务方转换为法定货币。② 一般情况下，涉虚拟货币洗钱犯罪大致包含放置、培植、融合三个阶段。在放置阶段，犯罪分子通过在交易平台注册购买虚拟货币，将非法资金注入所要清洗的渠道中。在培植阶段，囿于虚拟货币的匿名性，犯罪分子运用混合技术等手段进行多层次、复杂化交易，从而实现掩饰、隐瞒犯罪所得性质和来源的目的。在融合阶段，犯罪分子将所有不断转移洗白后的虚拟货币整合到某一地址上提现，完成全部洗钱操作。③ 三个阶段并非严格区分，实践中经常发生重叠、交叉、集合的情况，因此，在具备一定条件的情况下，完成其中的部分阶段即实现了洗钱行为。

---

① 孟于群：《法定虚拟货币跨境支付的法律问题与规则构建》，载《政法论丛》2021年第4期。
② 李文德、刘鑫：《虚拟货币衍生犯罪的打防对策》，载《中国刑事警察》2020年第2期。
③ 孙梓翔、于彤：《虚拟货币洗钱犯罪治理难点与打击策略研究》，载《江西警察学院学报》2022年第5期。

三、域外经验：国际及其他国家对虚拟货币洗钱采取的治理对策

针对数字经济时代网络洗钱犯罪的特点，世界各国均在不断完善虚拟货币法律体系与监管框架，一些国际机构和组织也提出了多种反洗钱策略。

（一）FATF 的虚拟货币反洗钱监管措施

FATF 是负责制定和落实金融政策的独立政府间机构，旨在保护全球金融体系免受洗钱、恐怖主义融资和大规模杀伤性武器扩散融资的威胁，并制定和完善相应的国际标准以确保国际标准的与时俱进及行之有效。①《打击洗钱、恐怖融资与扩散融资的国际标准》是 FATF 的反洗钱标准，其内容包括"40 项建议，从反洗钱监管、刑事司法、国际合作、执行联合国定向金融制裁四个方面对反洗钱设定系列要求。FATF 通过成员之间相互评估的方式督促成员履行标准，该标准对全球 200 多个经济体均有约束力。②

从 FATF 的监管总体来看，是以虚拟货币服务提供商为监管重点，对相关虚拟货币服务提供商提出准入要求，并对其提出与金融机构同等的反洗钱义务要求。同时，由于本身具有的匿名性和跨境交易便利性的特性，FATF 设置了更加严格的反洗钱报告标准。

（二）美国的虚拟货币反洗钱监管模式

美国是世界上最早出现洗钱活动的国家，而且逐渐成为洗钱犯罪的重灾区，因此美国从 20 世纪 70 年代就开始制定反洗钱的相关法律。经过发展，美国形成了一系列严密的反洗钱法律，主要包括 1970 年的《银行保密法》、1986 年的《洗钱控制法》和 2001 年的《爱国者法案》

---

① 李敏：《虚拟货币的反洗钱监管探析及借鉴》，载《上海政法学院学报》2022 年第 2 期。

② 李敏：《虚拟货币的反洗钱监管探析及借鉴》，载《上海政法学院学报》2022 年第 2 期。

第 3 条等。①

其中,《银行保密法》要求金融机构履行交易记录保存、大额或可疑交易报告义务。该制度的目的在于通过便利执法者追踪的交易留痕,从而提升毒品犯罪所获现金的处置难度。但该法仅仅将洗钱行为认定为上游犯罪的副产品,没有将洗钱行为本身及逃避或试图逃避报告义务的行为界定为非法。为了填补前述漏洞,《洗钱控制法》将洗钱规定为联邦犯罪并适用于包含金融机构的所有主体,并且补充明确了逃避报告义务是犯罪行为。《爱国者法案》第 3 条强化了前述洗钱监管规则,其要求公司设置反洗钱内控合规制度,还将货币转移、货币兑换的主体视为金融机构,从而使其也要适应相应的反洗钱监管要求。

(三)日本的虚拟货币反洗钱监管模式

为了保护虚拟货币投资者的权益,日本金融厅于 2015 年 12 月发布报告,将虚拟货币定义为新兴支付手段,并把虚拟货币纳入反洗钱监管体系。2016 年,日本修改《资金结算法》,开始对虚拟货币等法律进行监管规制。② 新修订的《资金结算法》,首先规定对虚拟货币和虚拟货币交易机构的定义,明确监管范围;并且对虚拟货币交换业者规定了登记制度。其次明确了虚拟货币的财产价值,允许使用虚拟货币作为支付手段,但否定了虚拟货币的货币属性,也不能以法定货币衡量计价。最后,对虚拟货币交易机构设置一定的监管规则,一方面防范虚拟货币被用于洗钱等违法行为,另一方面有效保护虚拟货币使用者的合法权益。

四、对利用虚拟货币洗钱进行监管的探索与思考

对于虚拟货币的崛起,国内外研究学者都对其可能涉及的犯罪风险、监测与法律完善进行了大量的研究。对于我国来说,不论是 2013

---

① 李敏:《虚拟货币的反洗钱监管探析及借鉴》,载《上海政法学院学报》2022 年第 2 期。

② 李敏:《虚拟货币的反洗钱监管探析及借鉴》,载《上海政法学院学报》2022 年第 2 期。

年12月《关于防范比特币风险的通知》，对比特币所产生的风险进行简单的法律规制①，还是2017年9月《关于对代币发行融资开展清理整顿工作的通知》明确认定首次代币发行（ICO）在本质上是属于未经国家批准的非法公开融资，②到目前的《关于进一步防范"虚拟货币"交易活动的风险提示》中五项禁令，彻底关闭境内平台交易，国家都在明确表态对虚拟货币的严格限制与国家直接监管的举措。③然而，严令禁止虚拟货币在境内交易的监管政策虽然可以一定程度上减少币种的使用率，但各国规制差异必然使得此法律规制难以阻止该类去中心化的币种用于境外洗钱或者其他违法交易，而该类政策的限制也使一旦出现虚拟货币犯罪的情况时，我国其他法律的缺页空白会为该类行为的定性与处置铸成壁垒。因此，在目前虚拟货币类币种在世界范围内迅猛扩张的客观事实下，应正视虚拟货币带来的金融秩序变革与金融支付风险，"需要着重把握互联网虚拟货币的金融监管问题，使监管措施更科学得当，以此确保互联网虚拟货币能够实现良性发展是有必要的"。④笔者认为，精准对虚拟货币进行定性、建立专业化虚拟货币调查分析机构、提升对虚拟货币交易地追踪技术、借助区块链强化对虚拟货币犯罪地打击、构建国际多方认可的世界规则仍是目前完善对虚拟货币的法律监管的着重之处。

（一）对虚拟货币的性质进行精确的法律定性

不同国家对虚拟货币有着不同的态度，但无论对虚拟货币的规制如何，都应在面对使用虚拟货币进行的犯罪时，存在可以适用的法律。在我国民法典已经明确提出对虚拟财产进行保护的前提下，对虚拟货币的单纯禁止条款就显得难以操作。因此，对不同种类虚拟货币进行区分并

---

① 师秀霞：《利用虚拟货币洗钱犯罪研究》，载《中国人民公安大学学报（社会科学版）》2017年第3期。

② Malcolm Campbell – Verduy, Bitcoin, crypto – coins, and global anti – money laundering governance, Crime, *Law and Social Change* （2018）69, pp. 283 – 305.

③ 李兰英：《虚拟货币洗钱犯罪的风险剖析及治理策略》，载《贵州省党校学报》2021年第2期。

④ 李堃：《互联网虚拟货币的金融监管问题研究》，载《营销界》2019年第39期。

有效定义，将符合该种特征的虚拟资源全部纳入法律规制中，才能更加有效地对使用虚拟货币进行犯罪的行为进行定性分析，为我国反洗钱监管部门开展反洗钱工作提供法律支持。对此，FATF 已于 2015 年对原有的虚拟货币定义进行修正，增加了"虚拟资产"和"虚拟资产服务提供者"的定义，并对成员国提出了"各国应确保虚拟资产服务提供商受到反洗钱或反恐金融服务融资目的的监管，并获得许可或注册，以减轻虚拟资产产生的风险"的要求。同时，其也将货币服务提供商定义为"代表客户提供保护私人加密密钥服务的实体，以持有、存储和转移虚拟货币"，明确将虚拟货币的交易平台纳入法律监管范畴。[1] 该指令设想的国家金融情报部门应能够获得信息，使其能够将虚拟货币地址与虚拟货币所有者的身份联系起来，可以为我国规制虚拟货币提供参考。

（二）建立专门的虚拟货币调查分析机构，探索多方规制虚拟货币的可行性

作为新兴的洗钱犯罪手段，反网络虚拟货币洗钱工作应当从传统洗钱犯罪预防部门剥离出来，成为一个单独的专业性分支机构，以便于有针对性地开展工作。[2] 至于监管虚拟货币的主导，各国学者给出了不同的方向。有学者认为监管应该由私营部门的技术公司，也就是万维网联盟（W3C）来负责。虚拟货币公司的用户在注册和创建公司账户时必须通过签署同意 W3C 标准的某些条款或协议来允许 W3C 执行监管，作为回报，W3C 将会为该虚拟货币的发展提供帮助以激励其扩大正规合法业务。[3] 在欧盟，支付服务提供者必须经过授权才能开展其服务，其必须遵守记录的义务，以及透明信息的义务。欧盟为此还制定了虚拟货

---

[1] Thomas A. Frick, Virtual and cryptocurrencies—regulatory and anti-money laundering approaches in the European Union and in Switzerland, *ERA Forum*（2019）20, pp. 99 – 112.

[2] 官路、朱昊：《网络虚拟货币洗钱防控体系构建研究》，载《吉林公安高等专科学校学报》2008 年 2 月，第 23 卷第 1 期。

[3] Guadamuz, A. and C. Marsden, Blockchains and bitcoin: Regulatory responses to cryptocurrencies, *First Monday*（2015）20.

币服务提供者的自愿登记制度，在进行交易之前，要验证客户的身份以使政府能够有效地监督虚拟货币的使用。目前，服务提供商如卢森堡的 SnapSwap、英国的 Circle，已经为保护自己的业务不受潜在的新监管规定的影响，同意将公司纳入监管之下。① 我国目前已经建立和完善了由人民银行牵头、23 个部委参加的国务院反洗钱工作部联席会议制度，人民银行也成立了中国反洗钱检测分析中心。而央行 2021 年发行的国家数字货币，则表明了我国反洗钱中心与监管虚拟货币主体的统一，并在一定程度上认同区块链优势的前提下探索使用相对中心化的法币来遏制洗钱类犯罪。数字货币可以挤压虚拟货币的存在空间，也能够将监管机构转移至控制力更强的央行手中，同时其价值稳定的特点会吸引合法使用虚拟货币的市场用户使用它们，从而降低成本。当然，这不会使他类虚拟货币就此消灭，但这将在很大程度上边缘化它们，凭借大数据分析自动标记它们的用户作为潜在的洗钱者，并以黑名单方式对其进行限制。我们可以在以央行为监管中心的基础之上，寻找其他辅助监管网络洗钱的机构或公司，最大限度地提升监管效率。

（三）提升对虚拟货币追踪技术的研究

虚拟货币不同于其他传统金融产品，因为它们在技术上更加复杂，完整理解它的设计逻辑与运作方式需要拥有较高的知识储备，这就意味着有效的监管需要更多的投入。但是，虚拟货币的价值终究是要通过法币才能得以实现，这也就意味着虚拟货币的交易不能完全脱离金融机构，即虚拟货币交易在一定条件下可以追踪。Chainanalysis 是一家专门跟踪比特币的服务公司，该公司已经证实一枚比特币所走过的路径的完整记录是存在的。比特币的匿名性更接近于使用"假名"，而不是使用于完全隐匿于交易之下。② 所以，我们可以尝试建立中央数据库，将

---

① Niels Vandezande, Virtual currencies under EU anti–money laundering law, *Computer Law and Security Review* (2017) 33, pp. 341–353.

② Emily Fletcher, Charles Larkin Shaen Corbet, Cryptocurrency Regulation: Countering money laundering and terrorist financing, (2020), Avaiable at SSRN: http://papers.ssrn.com/sol3/papers.cfm? abstract_ id = 3704279.

虚拟货币的资金地址与用户身份联系起来，利用大数据来分析识别定位虚拟货币交易的源地址，以监管虚拟货币交易服务商自觉履行反洗钱等义务。

（四）发挥区块链在规制虚拟货币的过程中的作用

区块链作为当前各国竞相创新发展的核心技术，其数据不易篡改、信息真实可靠的特征已经证明会对全球反洗钱工作做出具体贡献。私有及半私有的"许可"区块链允许中心化实体授权访问特定的虚拟货币。[1] 由于虚拟货币交易过程中必须广播所有交易的历史，对这些数据的分析可以揭示特定节点及其交易活动的信息，这就将交易行为匹配特定用户的身份相关联用以有效监督虚拟货币的合法使用提供了可行性。例如，Identabit 区块链中已经将身份证明功能内置其中。[2] 基于对底层协议的构建，其在对节点搭建的过程中就可以确保用户传输信息的真实性，并内置了风险警示机制与促进客户信息识别的交易模式，最大限度地增强使用虚拟货币洗钱的风险。而且，区块链的作用还不止于此，区块链可用于创建符合反洗钱地注册中心，以实时识别虚拟货币钱包持有者的交易信息，并同时构筑用户黑名单。[3] 目前，新加坡正在利用区块链技术，通过利用大数据分析识别特定的虚拟货币使用者地址，建立全国包含政府认证的个人信息"KYC"平台以强化对网络交易的监测。这些举措都能说明区块链技术并不一定削弱对虚拟货币的监管，其功能转化对全球反洗钱治理的信息和识别工作可以有所贡献。

（五）协调世界法律监管，强化国际社会沟通

由于虚拟货币是一个全球性的概念，多个国家已经产生了有一定规

---

[1] Taylor, M., U.S. treasury official: blockchain can solve compliance problems. Blockchain Briefing (2015).

[2] Identabit. (n.d.). We are Identabit. http://identabit.com/.

[3] Financial Action Task Force (2013). Guidance for a risk – based approach to pre-paid cards, mobile payments and interest – based payment services. (2016), Avaiable at FATF report: http://fatfgafi.org/publications/fatfrecommendationgs/documents/rba – npps – 2013html.

模的交易所。因此,在缺乏一致性监管的前提下,货币交易市场不可避免地会出现失控的情况。出于对虚拟货币地域限制模糊特征的考量,犯罪分子如洗钱者或者恐怖主义者极易利用国际上的虚拟货币监管政策的差异来降低犯罪成本或者规避刑罚。由于虚拟货币的监管和法律问题是由现有的国内框架管理的,所以,国际社会共同建立一个适合虚拟货币技术本身的框架以应对这种差异性仍然是缓解虚拟货币犯罪蔓延态势的必要手段。因此,在全球市场和国家货币安全受到威胁的情况下,各国和国际主体需要联合起来,制定共同的政策来预防犯罪活动的风险,形成统一的虚拟货币制度条文,以强化网络安全和打击非法活动。有学者认为可以探索构建一个可以推动国际法律法规发展,并在规避数据泄露相关问题上进行信息沟通的专门的国际网络安全部门。通过建立较为统一的区块链原则,以国际协议的方式来推动不同司法管辖区的统一,并要求各国遵守新制定的国际监管规范。同时,为避免各方之间的管辖权问题,签署国可以根据国内对虚拟货币政策需要增加额外的规定。①

综上所述,在虚拟货币适用性日趋增强的当下,我国亟须紧跟国际步伐,提升对反虚拟货币洗钱的技术探索,强化以央行为中心的金融监管水平,尽快完善对虚拟货币的立法,以实现对使用虚拟货币进行违法行为的有效遏制。

---

① D. Towne Morto, The Futher Of Cyptocurrency: An Unregulated Instrument an an Increasingly Regulated Global Enconomy, Loyola Universtty Chicago International, Law Review (2020) 16.

基层社会治理视野下信访矛盾预防化解的多维路径

——以民事检察为例

李 佳[*]

一、涉民事信访案件的基本情况

当前，社会处在不断转型发展时期，社会矛盾不断被引导到法治轨道，诉讼量激增，检察机关作为法律监督机关，承载着矛盾化解和社会治理的重要任务，是社会矛盾的主要聚集地。据统计，2019—2021年，F区检察机关共接收群众来信1707件，其中涉民事信访623件，信访诉求主要集中在申请对民事裁判结果监督、控告审判人员或审判程序违法、申请支持起诉等方面。

从受理审查结果看，基本呈现四种样态：案件不符合监督条件；案件存在瑕疵但对当事人权益影响不大，缺乏抗诉必要性或者达不到良好的监督效果；案件符合民事诉讼法第207条规定的情形的；审判人员、审批程序或执行行为存在违法情形等。从办案结果看，基本呈现三种样态：提出生效裁判、执行活动具有违法性的监督意见；维护正确裁判、执行活动的权威性；促成当事人之间达成和解。

二、涉民事信访矛盾的类型及成因

矛盾纠纷是一种不和谐的关系状态，关系到群众的合法权益和切身

---

[*] 李佳，北京市丰台区人民检察院第八检察部检察官助理。

利益。民事案件中,矛盾纠纷产生的原因各不相同,要想从源头化解矛盾,首要问题是对这些矛盾进行全面和正确识别,了解矛盾的核心和信访人内心真正关涉所在,找准问题的源头,研究问题出现的原因,找出解决问题的"牛鼻子"。只有这样,才能正确识别矛盾,找到化解矛盾的抓手,才能为选择合适可行的方式和手段奠定基础,才能解决好社会矛盾。就涉民事信访案件而言,检察环节存在的社会矛盾主要包括以下几种:

（一）原生矛盾:民事纠纷引发的矛盾

民事纠纷是指平等主体之间发生的,以民事权利义务为内容的社会纠纷,直接关系到群众的切身利益,影响群众的日常生活。例如,民间借贷纠纷、房屋产权纠纷、著作权纠纷、损害赔偿纠纷等,是当事人与当事人之间,私权利与私权利之间的矛盾。民事纠纷涉及的法律关系十分复杂,受不同民事实体法的调整,主要涉及合同、婚姻、收养、继承等相关法律法规。民事案件的多样性决定了民事信访矛盾的广泛性。

（二）次生矛盾:审判结果、审判执行程序引发的矛盾

1. 由审判结果引发的矛盾

当事人对于法院审判结果不服,认为原审法院认定事实不清、证据不足、适用法律错误等,认为裁判结果有失公允,而不能息诉服判,此时,在当事人与法院、审判人员之间产生了新的矛盾纠纷。

2. 由审判执行程序引发的矛盾

（1）因程序违法引起矛盾。审判执行人员不严格遵守诉讼法和司法解释等规定的程序,造成当事人诉讼权利或实体权利受侵犯的情形,通常被认定为审判执行程序违法。程序违法行为容易导致当事人程序权利失去后不能予以维护和纠正,或实体权利被侵害而难以纠正①,引发当事人认为审判不公的负面情绪,继而向检察机关申请监督。

（2）因程序瑕疵引起矛盾。程序瑕疵通常是指程度微小的、不规

---

① 苏文:《民事审判程序性违法行为检察监督研究》,内蒙古大学 2016 年硕士学位论文。

范的程序问题,但这些问题并未对案件结论真实性造成影响。例如,未及时告知或未正确告知当事人诉讼权利义务、移送管辖不恰当、扣除审限报批手续不齐全、法律文书送达不及时等。程序瑕疵虽不影响案件结论真实性和效力,但在一定程度上损害了当事人的诉讼权利,且在当事人看来,这些程序上的"小问题""小瑕疵"都是可能影响其胜诉的重要因素。因此,当程序瑕疵产生而法院内部监督又无法发挥作用时,当事人往往向检察机关寻求帮助,希望检察机关对程序瑕疵予以监督。

(3)因司法作风引起矛盾。态度生硬、作风拖沓、语言不当等这些不恰当的行为都是司法作风瑕疵的表现形式。司法作风出现瑕疵,容易使当事人对审判人员产生不利的固定印象,并对案件审理进行无端猜忌。当事人往往以司法作风瑕疵作为判断和评价案件审理的过程、结果不公平、不公正的依据。一旦对裁判结果不服,便以作风瑕疵为由向检察机关申诉。

(三)被转移的矛盾:检察监督中产生的矛盾

检察机关是宪法规定的法律监督机关,承载着群众的精神寄托和对公权力的信赖。在矛盾化解中,检察机关一旦对上述矛盾处理不当,群众失望和不满的情绪将转向检察机关,原生矛盾、次生矛盾因检察机关的职权介入进一步演化发展,并叠加形成新的矛盾,检察机关从化解矛盾的主体转变为矛盾的一方主体,检察机关化解矛盾的过程成为新的矛盾指向。比如,有些民事信访案件,法院作出的终审判决或裁定是正确的,是具有法律强制拘束力和不可更改的终局裁决。现实中,部分信访人对法院判决结果不满,虽提不出更有力的证据和理由,但是不顾法律的规定,仍然坚持己见继续向检察机关信访申诉,检察机关在作出不支持监督申请的决定后,信访人仍然缠诉、缠访。

三、检察监督环节涉民事信访矛盾的主要特点

(一)社会矛盾表现多元

民事案件当事人向检察机关申请监督时,检察机关需要化解的矛盾冲突不仅包括当事人双方之间的矛盾纠纷,还包括当事人对审判结果、

审判执行程序的不满,甚至包括检察机关作出不受理、不支持决定后可能引起的对检察机关的不满。社会矛盾在检察监督环节呈现出主体多元化、诉求多样化。

(二) 矛盾冲突更加对抗

社会矛盾在本质上表现为各方利益博弈。一般情况下,社会矛盾在检察机关介入之前已经有国家公权力的介入,当社会矛盾发展到需要检察机关去化解的时候,意味着利益双方的矛盾更加对抗。比如,有些原审裁判正确的案件,但案件当事人之间存在特殊关系,或案件按原判执行存在困难。对此类案件,检察机关简单地作出不支持监督申请决定是远远不够的;有些原审裁判正确的案件,但法律事实与客观事实不符,此类案件虽不符合抗诉条件,但当事人之间的利益冲突更加激烈,难以从根本上解决纷争等。

(三) 息诉服判任务繁重

大多数人申请民事检察监督的真正目的是希望检察机关推翻不利裁判,但实务中,民事检察案件由于经过了申请法院再审的前置程序,符合提出抗诉或再审检察建议的比例较低,而违法检察建议是一种事后监督,目的和作用在于提醒法院并建议改正,与当事人实体权利义务关系无涉[1],一旦检察监督结果与当事人预期存在偏差,当事人容易缠访缠诉,导致息诉工作压力大。例如,原审裁判虽有错误或瑕疵,但不符合再审条件或无再审必要的案件。这类案件争议不大或标的较小,检察机关从诉讼经济等因素考虑,对此一般不会抗诉或发再审检察建议。但由于个体差异和个案差别,同样标的额对不同当事人而言往往具有不同的价值,再加之案件本身确有不当之处,当事人因不服往往会反复申诉或上访。

---

[1] 杨会新:《对民事审判程序中审判人员违法行为的监督》,载《中国检察官》2016年第17期。

四、检察监督环节预防化解涉民事信访矛盾的困境

(一) 预防社会矛盾的方式较为单一

在大数据检察战略背景下,运用大数据预防、发现社会矛盾纠纷的手段不足,主要还是靠人力发现,比如群众信访、12345 政法民声热线等,这也决定了社会矛盾发现具有一定的滞后性,往往民事纠纷已经激化了才引起重视。依靠数据分析发现的社会矛盾较少,大数据为预防、发现社会矛盾发挥的作用不足,利用检察大数据进行专项监督、类案治理的行动更少。

(二) 化解社会矛盾方法略显不足

对当事人实体性权利义务影响不大且程序上不可逆转的浅表性违法行为提出的监督意见较多,如违法送达、违反审限、超期执行等表层问题,对深层次问题提出的监督意见较少,缺少深层次监督,较少涉及审判执行人员的违法违纪问题,监督威慑力不足,监督层次有待进一步提升。

(三) 息诉罢访考核机制有待完善

在现行的考核模式下,民事检察工作业绩考核标准主要以民事检察部门成功办理抗诉案件数量、检察建议的数量而论。而对息诉和解工作仅仅是鼓励性的,未能纳入定量考核,缺乏对矛盾化解工作质量、效率、效果的整体评价和激励机制。在这种考核模式指挥棒的指引下,办案人员在办案中化解社会矛盾的积极性和主动性就不能充分激发出来,"案结事了"思想一定程度存在。现有考核评价机制尚未从根本上实现奖勤罚懒、彰先策后等作用效果,有待进一步完善。

五、基层社会治理视野下信访矛盾预防化解的多维路径

社会治理的理想目标状态是"善治",而要实现"善治",就需要在保障公民合法权益与完善公权力运行方面实现动态均衡。检察机关在预防化解涉民事信访案件过程中,一方面应关注矛盾焦点,探究矛盾化解逻辑,针对民事检察环节矛盾纠纷的新特点,以高度的政治自觉、法

治自觉、检察自觉积极担当作为,通过全程全域释法说理,积极回应群众诉求;另一方面应通过优化裁判结果监督,深化审判执行程序监督,健全类案监督机制,加强检察和解等措施,强化法律监督职能,优化检察监督质效,在一件件个案实现案结事了、事心双解的过程中,助推基层治理"善治"的实现。

(一)全程全域释法说理,实现"事心双解"

检察监督作为息诉的后端关口,承担了更多的释法说理、化解矛盾纠纷的重要职责,在此过程中,检察机关应从民心出发,挖掘全流程息诉基因,积极开展释法说理工作,下一场化解矛盾的"及时雨",画一个定分止争的"同心圆",有效实现案结事了人和、双赢多赢共赢的办案效果。

1. 注重受理前的审查、引导,在接访时化解矛盾

当事人穷尽法院救济程序后方可申请检察监督,而此时,彼此之间往往已积怨颇深。检察机关要充分发挥检察服务中心的矛盾释放化解功能,耐心接待、倾听群众反映的问题,让群众释放怨气、表达溯源。了解申请监督理由及证据情况,对明显不当的监督请求,通过依法引导,合理规劝,尽可能使当事人明白法律规定,积极引导当事人理性选择权利救济途径,防止矛盾激化、升级。建立信访风险评估机制。根据申请监督事项、人数、信访历史、信访倾向等方面评估信访风险系数和等级,例如,曾经有过信访历史的当事人、信访言辞激烈的当事人或者容易形成"民转刑"的案件,信访风险系数较高。履行信访接待职能的部门将信访风险系数交监督部门参考,加强对监督部门的信访风险提示,做好息诉罢访工作。

2. 注重办理中的沟通、答复,在办案中化解矛盾

在办案中,让当事人充分了解办案流程及可能承担的风险,是平息和化解社会矛盾的有效途径之一。建立"逐案答复"机制,严格落实群众信访件件有回复制度,对程序性事项在七日内回复,对实体性审查内容在三个月内答复,及时告知检察工作进展情况,避免信访人因理解偏差而对检察工作产生质疑。及时告知风险,提示信访人案件受理并不必然代表违法行为的认定及原判决结果的改变等,引导信访人对检察监

督结果保持合理的心理预期。认真倾听当事人心声,仔细研判当事人诉求,聚焦争议焦点问题,结合双方的社会背景和相互关系,将情感关切、情绪疏导与利益平衡引导贯穿全流程,敏锐发现和解基因,准确把握和解机会。创新发展新时代"枫桥经验",对邻里纠纷、劳动争议、伤害赔偿纠纷等案件,在充分尊重双方当事人意愿的前提下,综合考虑具体案情和当事人心理,找准解决纠纷的切入点、达成和解的突破口和双方利益的平衡点,创造化解案件深层次矛盾的条件和机会,达到精准和解,实现案结事了。

3. 强化办结后的析法明理,在结案后避免矛盾升级

坚持依法审慎、谦抑平和,讲清楚检察机关是如何根据掌握的案件情况并依据法律和政策做出最终结论,使当事人理解检察监督工作,接受、参与并促成检察机关的矛盾化解工作。加强对拟作出不支持监督申请案件的矛盾化解,针对当事人要求、质疑、控告、申诉的重点问题充分解释说明,引导、说服当事人正确处理法、理、情的关系,促使当事人从心理上接受检察机关作出的决定。全面推开公开听证工作,充分发挥公开听证在充分听取各方意见、查清案件事实、释法息诉等方面的积极作用,对具备听证条件的民事监督案件,"应听证尽听证",提升司法公信,加强释法说理,促进矛盾化解。

(二)强化法律监督职能,实现矛盾"诉源治理"

深悟践行习近平法治思想,准确把握新时代人民群众日益增长的司法需求,以高度的政治自觉、法治自觉、检察自觉,强化民事法律监督,提升民事监督案件质效,最大限度减少不和谐因素,从根源上防范风险、化解矛盾,促进基层社会治理。

1. 优化裁判结果监督

把握监督标准,坚持法定性与必要性相结合的监督标准,综合考虑监督价值、办案效果、司法政策、社会背景等因素决定是否监督。对案件的法律适用进行严格把关,对存在定性不准等错误的案件,依法提起抗诉,切实提高监督的精准性和权威性,力争抗诉一件促进解决一个领域、一个地方、一个时期司法理念、政策、导向的问题。提升再审检察建议质量,解决再审检察建议采纳率不高的问题。检察建议本质上是一

种说服，只有说服了被监督者，检察建议才能起到效果。在提出检察建议时，详细阐述、分析提出检察建议的原因、具体法律依据以及不采纳检察建议可能面临的风险和后果等，做到指向精准、事实依据阐述清晰、解决建议于法有据、合理可行，增强检察建议的说服力。

2. 深化审判执行程序监督

以程序公正与实体公正并重理念为指引，强化审判执行程序监督，重点针对法院应立案而不立案、违法送达、严重超审限等程序违法情形和社会反映强烈的拖延发放、消极执行、选择性执行、执行对象错误、超标的执行等执行突出问题进行监督。着力破解深层次违法行为监督不足难题，积极完善审判人员深层次违法行为线索发现机制，让监督从审判程序错误等轻微违法情形监督向审判人员违纪违法等更深层次延伸，深挖隐藏在错误生效裁判、审判程序违法、执行程序违法以及虚假诉讼背后的审判人员违法行为，努力探索与违法审判责任追究相衔接的审判人员违法行为监督机制，加强对事监督与对人监督的结合。准确界定司法瑕疵。准确把握司法瑕疵与程序违法之间的界限，既不能不当扩大司法瑕疵范围，使程序违法被"降格"为司法瑕疵，也不能不当扩大程序违法的范围，使司法瑕疵被"升格"为程序违法。对于发现的司法瑕疵，应根据诉讼阶段及司法瑕疵具体情况，妥善予以补正，重新塑造司法公信力。

3. 健全类案监督机制

注重发挥同类问题的监督指导作用，总结审判程序中经常出现问题的多发环节，由此及彼、由微见著、由点带面，深挖个案背后的成因以及案件中的违法违规违纪因素，从形成矛盾纠纷的根源上找到问题的症结，提出堵塞制度漏洞、完善工作机制等治理建议，促进诉源治理。完善民事诉讼类案监督方式，针对类案反映的问题，通过类案检察建议要求法院纠正错误，规范司法行为。在类案分析基础上，通过与法院座谈、联合调研、共同出台文件等方式，促进统一司法标准，积极发现类案中存在的普遍性社会治理问题，及时制发检察建议，有效参与社会治理，防范化解重大风险。充分运用12345热线等大数据平台，从海量数据中深挖监督线索，拓展监督领域、放大监督效果、优化监督效能，紧紧围绕群众诉求，解决群众急难愁盼问题。

4. 加强检察和解

检察和解是集情、理、法、义于一体的说服开导工作，是维护利益受损一方合法权益的重要途径，是落实精准监督的有力手段。民事检察和解体现了"成本最低、效益最大"的原则，对虽有瑕疵但不需要启动再审程序的案件，通过调解促成双方和解，能够一次性解决纠纷、化解矛盾，有效减轻当事人讼累，节约司法成本。在矛盾纠纷化解后，对于诉讼中的违法行为，仍然可以通过发送检察建议或移送案件线索的方式予以监督，从而最大化地实现司法资源效益。检察机关在案件办理中应加强民事和解工作，在对于一些疑难复杂案件，应整合社会资源，构建多维度、立体化工作模式，通过借助社会多元化力量，结合不同需求，对不同的案件对症下药，有效化解社会矛盾。

5. 建立完善考核评价机制

建立完善能够反映"息诉罢访"工作的考评办法，可以从群众反映的问题是否得到解决和诉求人对整个诉求解决过程及结果是否满意两个方面着手；其中对于后者来说，既可以让当事人来评价，也可以让第三方来评价，而由当事人进行主观评价是最直接、最有效的评价方式。具体来说，可以围绕工作重点，建立回复率（是否第一时间回应诉求人的需求）、解决率（诉求人的事项是否得到解决）、满意率（对整个过程是否满意）为核心的"三率"考评体系，反映群众诉求办理成效，同时将考评结果和群众诉求办理情况纳入检察官业绩考核，从而充分发挥业绩考核推动检察工作的"指挥棒"作用。

6. 培育群众法治信仰

化解民事检察环节信访矛盾，既要从检察环节找原因及其解决方法，又要从当事人方面找原因和解决方法。当前，民事检察环节信访矛盾化解难的原因之一是群众法治素养参差不齐。因此，一方面，应将化解矛盾纠纷与提升人民群众法治素养有机结合，通过不断强化法治宣传教育，增强群众法治意识，强化群众法律素养，提升群众知法、守法、懂法水平，从源头减少矛盾纠纷。另一方面，积极践行"谁执法谁普法"理念，拓展普法广度、宽度和深度。强化"以案释法"力度，将析法、释法、普法、用法有机结合,通过推进"全程说理式"普法,针对社会关注度高的热门事件和案件,以群众喜闻乐见的形式,对热点背后的法律知识进行专业解读,让晦涩的法律知识变得生动可读,实现以案释法。

浅析在押人员的范围

杨梦峰*

2018年修改后刑事诉讼法赋予检察机关对司法工作人员相关职务犯罪侦查权，无论是对于国家反腐败工作大局，还是对于检察机关法律监督整体工作均具有重要意义。未来，要进一步推进司法工作人员相关职务犯罪侦查工作，不仅要完善诸如侦查线索管理、侦查人才培养、侦查设施建设以及与监察委员会配合等技术层面问题，更要解决关于追诉时效、因果关系以及各罪适用等法律层面问题。本文以在押人员的范围问题为切入点，揭示私放在押人员罪和失职致使在押人员脱逃罪在司法实践中的矛盾和争议，并尝试予以化解，以期有助于检察机关正确把握对相关案件的立案侦查标准，既避免出现该立不立、放纵犯罪，又要保证立得准、诉得出、判得下。

一、问题的提出

根据《刑法》第400条的规定，私放在押人员罪是指司法工作人员私放在押的犯罪嫌疑人、被告人或者罪犯的行为，失职致使在押人员脱逃罪是指司法工作人员由于严重不负责任，致使在押的犯罪嫌疑人、被告人或者罪犯脱逃，造成严重后果的行为。从法条表述来看，在押人员的范围包括在押的犯罪嫌疑人、被告人和罪犯，由此，私放因被行政拘留、司法拘留而被羁押的人不构成私放在押人员罪，失职致使此类人员脱逃的，也不构成失职致使在押人员脱逃罪。

---

* 杨梦峰，北京市丰台区人民检察院第四检察部检察官助理。

2006 年最高人民检察院《关于渎职侵权犯罪案件立案标准的规定》对《刑法》第 400 条的规定进一步细化，指出"在押"不仅包括在羁押场所，也包括在押解途中。无论是在羁押场所还是在押解途中，司法实践中均较为常见，在适用上并无疑义，但是对于其他几类特殊对象是否属于在押人员，无论是理论研究还是司法实践中均有不同意见。按照刑事诉讼一般流程，可以将这些特殊对象分为三类：一是刑事立案前被扭送到案或被抓捕到案但未采取立案和刑事强制措施的对象；二是立案之后在侦查、审查起诉、审判过程中被采取取保候审、监视居住等非羁押刑事强制措施的对象；三是在包括缓刑、暂予监外执行、假释等进行监外执行的人员。如果认为上述人员属于在押人员，那么其脱逃的，就要承担脱逃罪的刑事责任，相关司法工作人员可能构成私放在押人员罪或者失职致使在押人员脱逃罪，此时就需要检察机关及时进行立案侦查；如果认为其不属于在押人员，那么其脱离监管的行为可能只会被认定为脱管，处以行政拘留或者对其收监执行而不会追究脱逃罪的刑事责任，检察机关也无法以涉嫌私放在押人员罪或失职致使在押人员脱逃罪来对相关司法工作人员进行立案侦查。由此可见，对在押人员范围问题的界定，直接关系到检察侦查工作的范围和界限。

二、司法判决现状

关于上述三类争议人员，当前的司法实践既有认可其在押人员身份属性的肯定性判决，也有否定性判决。

（一）尚未立案或采取刑事强制措施人员

此类人员是指因实施了犯罪行为而被司法机关抓捕到案或者被群众扭送到案的犯罪嫌疑人，此类人员具有以下三个特征：一是具有一定的犯罪事实；二是在司法机关的实际控制之下，人身自由受到限制乃至被剥夺；三是尚未正式立案或者采取刑事强制措施。有观点认为，对于符合上述三个条件的人员，就应视为在押人员。[①] 有相关判决支持上述观

---

① 参见卢振：《私放在押人员罪的理解及适用——以破解审前未羁押罪犯交付执行为视角》，载《中国检察官》2017 年第 9 期。

点，如何某对马某实施了诈骗行为，马某为了要回钱款将何某非法拘禁，未果后马某向公安机关报案。从何某、马某的笔录可以认定二人分别涉嫌诈骗罪和非法拘禁罪，但办案民警未采取任何措施，而是让马某将何某带走。后何某为了偿还欠款，与马某一同诈骗他人钱财被抓获。针对当初的办案民警，法院认为其应当对何某、马某二人采取强制措施而不采取，并将其放走，最终判处其构成私放在押人员罪。[①] 也有判决反对上述观点，如某森林公安分局干警邓某在办案过程中，故意把刑事案件降格立为行政案件，使涉嫌犯罪的人员未被采取刑事强制措施，邓某被判滥用职权罪。[②]

（二）立案后被采取非羁押强制措施人员

此类人员一般包括被采取取保候审、监视居住等措施的犯罪嫌疑人、被告人。

对于取保候审人员，实践中存在大量脱保案件，司法机关对其处理往往是撤销取保候审决定，变更为逮捕措施并进行上网追逃，并没有单独就脱逃行为追究脱逃罪的刑事责任，对于存在过失的司法工作人员，一般追究其玩忽职守罪的刑事责任，而非失职致使在押人员脱逃罪，即使是存在故意的情形，即司法工作人员故意不依法采取逮捕的强制措施而采取取保候审措施，也不认定为私放在押人员罪，而是根据其动机认定为徇私枉法罪或滥用职权罪。

对于监视居住人员，一般而言其居住在自己的住处，具有较大的人身活动自由，但实践中存在人身自由受到实际控制的情况。如某派出所抓获犯罪嫌疑人刘某，因其患有疾病被采取监视居住措施。派出所担心刘某利用监视居住机会脱逃，遂聘请保安人员景某等人对其进行看守和监视。刘某向景某送了现金后景某放松监管，刘某趁机逃走。有观点认为，刘某事实上处于司法机关的实际控制之下，属于在押人员，因此其

[①] 参见张明楷等：《司法工作人员犯罪研究》，中国人民大学出版社2008年版，第170页。

[②] 参见（2014）台刑初字第42号邓某滥用职权案刑事判决书。

脱逃行为构成脱逃罪，景某则构成失职致使在押人员脱逃罪。① 但实践中也有相反的判决，如阿某某失职致使在押人员脱逃案中，犯罪嫌疑人被监视居住于拘留所，拘留所所长阿某某在监管过程中失职致使其脱逃，最终法院认定阿某某构成玩忽职守罪，而非失职致使在押人员脱逃罪，因为"犯罪嫌疑人被公安机关采取的强制措施为监视居住，不属于在押人员的范围，阿某某的行为不符合失职致使在押人员脱逃罪的构成要件"。② 至于指定居所监视居住措施虽然属于监视居住，但其对人身自由的限制程度并不弱于逮捕措施，正因此指定居所监视居住可以折抵刑期，此类人员应属于在押人员，一般不存在争议。

（三）监外执行人员

监外执行人员包括被判处管制、宣告缓刑、裁定假释人员以及被决定暂予监外执行进而接受社区矫正的人员。此类人员在监外服刑过程中具有很大的人身自由，与一般的"在押"概念存在明显差异，但从司法实践来看，同样是既有认定其在押人员身份的判决，也有相反的判决。

首先是被宣告缓刑人员，实践中对脱管的缓刑人员，一般都没有单独追究其脱逃罪的刑事责任，而是决定对其处以行政拘留或者撤销其缓刑判决并将其收监执行，对于执行社区矫正的司法所工作人员，情节严重的，一般也是按照玩忽职守罪而非失职致使在押人员脱逃罪追究其刑事责任。例如某司法所所长马某某没有落实请销假制度，对处于完全失控状态的社区矫正人员李某，其不仅未向法院提出收监执行建议或者提请对其行政处罚，还为了应付检查，对李某社区矫正档案内容进行随意篡改，导致李某在社区矫正执行期间长期脱逃，多次犯罪，最终马某某被判玩忽职守罪。③

---

① 参见李薇薇、李静雯：《失职致使监视居住对象逃逸是否构成犯罪》，载《检察日报》2005年11月15日，第3版。

② 参见（2015）和县刑初字第24号阿某某失职致使在押人员脱逃、玩忽职守案刑事判决书。

③ 参见（2019）冀06刑终540号马某某玩忽职守案刑事判决书。

其次是暂予监外执行人员，实践中较多的是因病保外就医人员和怀孕、哺乳人员，此类人员与缓刑人员均需接受社区矫正，但是不同于缓刑罪犯脱管，暂予监外执行人员脱管的往往被追究了脱逃罪。例如犯罪嫌疑人郭某某在保外就医期间不到公安机关报到、学习，未经批准到外地居住长期不归，保外就医期满后不到监狱报到，致使监狱对其不能及时收监执行，时间长达 5 年 9 个月。法院认为，因其在保外就医期间故意非法脱离监管的行为处于持续状态才造成其未被关押的现状，应视其为依法被关押的罪犯，因而符合脱逃罪的主体要件，最终被认定构成脱逃罪。① 但实践中也存在不同的判决，如闫某滥用职权案中，罪犯郝某因怀孕被法院决定暂予监外执行，哺乳期满后法院决定对其收监执行，但民警闫某以其孩子未满一岁无人看管为由拒不执行收监决定，并将网上在逃信息撤销，后郝某又实施了贩卖毒品犯罪，最终闫某被认定构成滥用职权罪。②

最后是有关假释人员，与宣告缓刑人员类似，一般情况并不认定其在押人员身份，对存在渎职的相关司法工作人员往往也只是追究玩忽职守或者滥用职权的刑事责任。

三、问题症结及其化解

上述三类人员在司法实践中的不同处理结果，直观地反映出在押人员范围问题存在的争议。笔者认为，这些案件之间虽然有客观存在的差异，但判决的不同主要反映的还是法官的认识差异，其中的症结在于对"在押"二字的理解，而根源则是对本罪所保护法益的理解。

（一）监管秩序与羁押秩序

1. 司法机关的监管秩序

有观点指出司法工作人员利用职务上的便利，非法释放被监禁的犯罪嫌疑人、被告人和罪犯，就是对国家监管制度的严重侵犯，严重妨害

---

① 参见（2004）渝一中刑终字第 134 号郭某某脱逃案刑事判决书。
② 参见（2015）平刑初第 143 号闫某滥用职权案刑事判决书。

了监管机关教育、改造、关押犯罪嫌疑人、被告人和罪犯的活动。① 前文提到的有关判决书也有持此观点:"其保外就医期满后长期不归监,直接破坏了司法机关的监管秩序,侵害的客体仍然是司法机关的正常活动""崔某保外就医期间因暂予监外执行的情形消失,被决定收监执行,但在收监过程中,崔某未按时到监狱管理机关报到、投监,其脱离监管机关收监,获取非法自由的主观故意明显,其行为破坏了正常的司法监管秩序,原审法院据此以脱逃罪追究崔某刑事责任并无不当。"② 那么何谓监管秩序呢?

(1) 狭义的监管秩序。狭义的监管秩序,是指监狱、看守所等监管场所内部的监督管理秩序,在此状态下,无论是犯罪嫌疑人、被告人还是罪犯均被严格地剥夺了人身自由。《刑法》第315条规定了破坏监管秩序罪,其中的监管秩序指的就是看守所、监狱的监督管理秩序。《反恐怖主义法》第29条第2款规定:"监狱、看守所、社区矫正机构应当加强对服刑的恐怖活动罪犯和极端主义罪犯的管理、教育、矫正等工作。监狱、看守所对恐怖活动罪犯和极端主义罪犯,根据教育改造和维护监管秩序的需要,可以与普通刑事罪犯混合关押,也可以个别关押。"其中的监管秩序指的也是监狱、看守所的监督管理秩序。

如果持狭义的监管秩序说,那么前述以保外就医人员侵犯了监管秩序进而追究其脱逃责任的判决就存在问题,因为保外就医人员本身就处于正常的社会生活中而非监狱、看守所内,具有活动自由,谈不上私放或者脱逃,其行为不会对国家监管制度及监管活动构成侵犯。③

狭义的监管秩序说存在的问题在于,其无法涵盖法律明确规定的押解途中情形,因而明显不能成立。

(2) 广义的监管秩序。广义的监管秩序除了涉及监狱、看守所对被实际羁押人员的监督管理外,还涉及公安机关、司法行政机关等对非

---

① 石佳宏:《私放在押人员罪及其法律适用探究》,载《现代法学》1998年第1期。
② 参见(2017)辽04刑终135号崔某脱逃案刑事判决书。
③ 石佳宏:《私放在押人员罪及其法律适用探究》,载《现代法学》1998年第1期。

羁押状态的犯罪嫌疑人、被告人或者罪犯的监督管理，在此状态下，犯罪嫌疑人、被告人或者罪犯的人身自由既可能被剥夺，也可能只是受到限制。

《社区矫正法实施办法》第 34 条规定："社区矫正对象具有下列情形之一的，执行地县级社区矫正机构应当给予训诫：（一）不按规定时间报到或者接受社区矫正期间脱离监管，未超过十日的；……"其中的"监管"二字表明，无论是管制、缓刑罪犯还是假释、暂予监外执行罪犯，其在接受社区矫正期间均应接受社区矫正机构的监管，相应地，也就存在监管秩序。就取保候审、监视居住人员而言，根据《刑事诉讼法》第 71 条、第 77 条的规定，其在取保候审、监视居住期间需要遵守相关的规定，如未经批准不得随意离开居住的市、县或者居所等。《公安机关办理刑事案件程序规定》第 93 条规定："执行取保候审的派出所应当履行下列职责：（一）告知被取保候审人必须遵守的规定，及其违反规定或者在取保候审期间重新犯罪应当承担的法律后果；（二）监督、考察被取保候审人遵守有关规定，及时掌握其活动、住址、工作单位、联系方式及变动情况；……"虽然法律并未使用"监管"或"监管秩序"一词，但执行取保候审的派出所履行的职责实际上就是监督管理。

如果持广义的监管秩序说，那么上述多数判决可以自圆其说，但广义的监管秩序说显然也不成立，因为其将极大地扩大本罪打击范围，而且这也与法律规定相冲突，例如上述《社区矫正法实施办法》规定，在社区矫正期间脱离监管未超过十日的，社区矫正机构应当给予训诫，超过十日的应当给予警告，违反关于外出、迁居等规定，情节较重的也是给予警告。倘若持监管秩序说，则社区矫正对象应视为在押人员，那么其脱离监管即应认定为脱逃罪，社区矫正机构的相关工作人员也应被追究私放在押人员罪或者失职致使在押人员脱逃罪，这明显不合理。

2. 司法机关的羁押秩序

综上所述，狭义的监管秩序说存在法益保护漏洞，无法涵盖法律明确保护的情形，广义的监管秩序说则存在过分的扩张，与法律规定也存在明显的冲突。对二者予以调和，可确定本罪的法益为司法机关的羁押秩序或羁押权，因为狭义的监管秩序说所遗漏的押解途中情形与监狱、看守所监管秩序的共同属性是羁押，而广义的监管秩序的不当扩张正是体现在将非羁押情形予以纳入。

（二）现实的羁押与可能的羁押

综上所述，只有被羁押之人方可被认定为在押人员，但仅仅得出这一结论显然不能化解全部争议问题，因为一方面，这一结论意味着前文提到的追究保外就医等人员脱逃责任的判决以及相关司法工作人员私放在押人员或失职致使在押人员脱逃的判决全部错误，另一方面，这一结论也与一些人基本的法感情相悖，即对于保外就医人员利用就医等机会脱离监管的，对整体法秩序或具体的羁押制度也是有损害的，如果不将其纳入在押人员范围似乎不妥。

1. 现实的羁押

所谓现实的羁押，是指犯罪嫌疑人、被告人以及罪犯处于实际的羁押状态之下，其人身自由受到了现实的、实际的剥夺。

（1）正式的羁押。正式的羁押是指根据相关的强制措施文书、判决或裁定等对犯罪嫌疑人、被告人或者罪犯实施实际的羁押，如在监狱内服刑、审前在看守所羁押等。此类人员毫无疑问属于在押人员。

（2）非正式羁押。非正式羁押是指犯罪嫌疑人、被告人或罪犯事实上处于司法机关实际控制之下，这种控制具有相应的事实依据，但司法机关尚未依法立案并采取刑事强制措施。按照前文提到的判决，此类人员实际处于司法机关的控制之下，属于在押人员，因此可以追究相关人员的刑事责任。这样的判决显然是错误的，理由如下：一方面，《刑法》第400条明确规定在押人员的范围限于犯罪嫌疑人、被告人和罪犯，其中犯罪嫌疑人并非指一切涉嫌犯罪的人，只有在立案之后提起公诉之前才属于犯罪嫌疑人。换言之，犯罪嫌疑人是具有特定含义的称谓，不能望文生义。① 另一方面，如上所述，本罪所保护的是羁押秩序，对于尚未立案或者尚未采取强制措施的人，其与司法机关之间并不

---

① 参见吴占英：《私放在押人员罪若干问题探讨》，载《河北法学》2000年第2期。

存在羁押关系。对于应当立案而不立案或应当采取羁押强制措施而不采取的情形，直接侵害的是司法机关对立案、侦查等公务的合法、公正、有效的执行，与羁押关系不大。当然，此类人员将来可能会受到正式的羁押，这涉及下文可能的羁押问题。

2. 可能的羁押

可能的羁押，是指犯罪嫌疑人、被告人或罪犯虽然并未被羁押，但是其具有被羁押的可能。显然，可能的羁押是一个范围较模糊的概念，这与非法拘禁罪中的可能的自由存在类似之处，其范围广泛性的大小实际上取决于可能性的高低。

（1）羁押的可能性。就一般的逻辑而言，任何人都有被羁押的可能，即便当前是一个奉公守法的公民，其在未来都有涉嫌犯罪进而被羁押的可能性。这种最低的可能性显然不能成为被保护的法益，否则任何人都将面临脱逃刑事责任的风险。在最低的可能性之上，还有较高的可能性，例如，对取保候审、监视居住的犯罪嫌疑人，其在取保候审或监视居住过程中违反规定但尚未达到应当改变强制措施的程度。此时，行为人人身自由的状态具有特殊性，实质上仍然只是被限制而非剥夺人身自由，但是其人身自由被剥夺的可能性增加了。还有更高的可能性，比如被取保候审的被告人在取保候审期间故意实施新的犯罪的、缓刑罪犯在社区矫正期间因违法被行政拘留的、保外就医罪犯期限届满等，一般情况下此类人员应当被收监执行，因此其羁押的能性很高。但是这种羁押的高度可能性仍然不是必然性，例如保外就医期限届满但再次诊断发现仍然需要保外羁押、哺乳期满的妇女重新怀孕等。上述情形中羁押的可能性有高有低，但本质上都尚未建立真正的羁押关系。

（2）羁押的必然性。在符合有关条件时，司法机关依据法律规定出具了羁押手续、开启了羁押程序，此时犯罪嫌疑人、被告人或罪犯均应被逮捕或收监执行，即使其仍然具备监外执行条件，也应先予羁押。所谓开启羁押程序，是要求司法机关在出具羁押文书之后，依法向犯罪嫌疑人、被告人或罪犯出示有关文书并根据文书实际实施羁押措施。只有此时，方可将有关对象视为在押人员，进而追究其脱逃的刑事责任和有关司法工作人员私放或失职的刑事责任。理由如下：一方面，此时的犯罪嫌疑人、被告人或罪犯的人身自由依法只有一种结局即被剥夺，其在实质上与被现实羁押的人员不再有区别；另一方面，只有在此时，犯罪嫌疑人、被告人或罪犯才需要履行新的义务，即按照羁押文书规定接受司法机关的羁押。此时，如果其仍然脱离监管，直接损害的就不再是原本的监管秩序，而主要是新的羁押秩序，尽管这个羁押秩序是刚刚建立的。结合在押人员范围而言，如果说押解途中是对羁押场所的延伸，那么羁押必然性状态可以认为是对押解途中的延伸。将押解途中视为羁押场所的延伸，实质原因在于无论是押解途中还是在押解场所，对行为人人身自由的剥夺是一致的。而将羁押必然性视为押解途中的延伸，则是因为押解途中是一个包括押解开始、押解持续和押解结束的整体过程，押解开始并不是从给犯罪嫌疑人、被告人或罪犯戴上手铐或押解至车上起算，而应适当予以提前。例如监狱民警与负责收监执行的公安民警一同向罪犯当面送达收监执行决定书之时，即使此时尚未对罪犯戴上械具，也应将其视为在押人员。

四、总结

对某个犯罪具体构成要件的解释和确定，离不开该罪的法益。私放在押人员罪和失职致使在押人员脱逃罪所保护的法益都是司法机关的羁押秩序，这一羁押秩序并非抽象的概念，而是以司法机关合法的羁押依据为基本前提。在此基础上，羁押一般是现实的、实际的，表现为行为对象的人身自由受到剥夺；同时，对于人身自由仅受一般限制的行为对象，当对其羁押具备必然性时，也应视为存在羁押秩序，以体现对法益保护的完整性。基于此，前述有关在押人员范围的争议问题也就迎刃而解了。

首先，对于尚未立案或尚未采取刑事强制措施的对象，即便其处于司法机关实际控制之下，但这种实际控制并不属于合法的、正式的羁押，因此不属于在押人员。司法机关工作人员对于应当立案而不立案、应当采取羁押强制措施而不采取的，应当综合考虑相关情节，追究其徇私枉法、滥用职权或玩忽职守的刑事责任。

其次，对于被指定居所监视居住的对象，应认定为在押人员，但对普通的监视居住对象，即使司法机关额外对其进行监管或者违法将其置于监管场所执行监视居住进而实际控制其人身自由，也不属于在押人员，原因在于监视居住属于非羁押强制措施，只能产生非羁押法律关系。

最后，对于保外就医等执行社区矫正的人员以及取保候审、一般监视居住人员，其在执行社区矫正过程中或在取保候审、监视居住期间，一般都不属于在押人员，因为此时其被限制人身自由的程度与剥夺存在实质的差别，其与司法机关只具有一般的监管与被监管关系，并无羁押与被羁押关系。因此，此类人员脱逃的，一般不单独追究脱逃罪的刑事责任；相关的司法工作人员，一般也是追究其玩忽职守而非失职致使在押人员脱逃的刑事责任。但是，当行为人在取保候审、监视居住以及社区矫正过程中违反了相关规定而被司法机关决定变更强制措施为逮捕或者被决定收监执行时，在原本的监管关系之外就产生了新的羁押关系，当司法机关依据该决定启动羁押程序时，行为人就具有了接受和遵守羁押法律规定的义务。此时，行为人违反该义务而脱逃的，应追究其脱逃罪的刑事责任。如果司法人员在对行为人执行羁押措施过程中故意提前透露信息让行为人逃跑的，则应追究其私放在押人员罪的刑事责任。如果是不依法使用械具，或者让行为人先行处理其他私事导致行为人最终脱逃的，则应追究其失职致使在押人员脱逃罪的刑事责任。

实践案例编

业务数据分析研判助力检察高质量发展的实践思考[*]

——以基层检察机关为视角

李毅荣　李慎海[**]

切实推进检察工作高质量发展，是新时代检察工作的题中应有之义。最高检多次强调，业务数据分析研判既是政治学习，也是业务学习。检察业务分析研判是检察统计分析更高层次的数据服务形式，是对检察办案活动中形成的检察业务数据进行分类整理、汇总描述、量化分析，剖析各种指标的相互联系，反映业务运行情况，研判业务运行态势，发现业务运行问题，总结业务运行规律，提出相应对策建议，为领导决策和业务指导提供依据和参考的重要活动。实践中，随着以"案-件比"为核心的案件主要质量评价指标体系日趋完善和应用的不断深入，检察业务数据分析研判有了更为广阔的发展空间，在服务检察大局、服务领导决策、体现工作价值等方面逐渐发挥出重要的导向作用。

一、业务数据分析研判的内涵、价值及时代意义

检察业务数据分析研判是案管部门服务检察大局、服务领导决策、体现工作价值的核心，是实现检察工作高质量发展的重要工作支撑。

---

[*] 本文系北京市人民检察院2022年检察理论课题"业务数据分析研判助力检察高质量发展问题研究"（立项编号：BJ2022B27）的阶段性研究成果。

[**] 李毅荣，北京市丰台区人民检察院党组成员、副检察长；李慎海，北京市丰台区人民检察院第八检察部副主任、检察官。

（一）业务数据分析研判的内涵

检察工作中所说的业务数据分析研判，是指通过综合运用统计分析和数据分析的方法，客观真实反映业务运行情况，总结业务运行规律，研判业务运行态势，发现业务运行异常问题，分析原因并提出对策建议，从而为检察业务指导和决策提供依据和参考的活动。①

根据最高检 2020 年印发的《检察业务数据管理办法》，检察业务数据的范围包括检察业务统计数据以及可产生该数据的相关案件信息。因此，检察业务数据分析研判的对象并非泛指检察工作中的一切数据，只有具有统计意义的才会被纳入检察业务数据分析研判范畴。随着检察业务统计数据范围的不断调整，检察业务数据的范围也会随之发生变化，与之对应的检察业务数据分析研判的对象始终处于动态变化之中。

（二）业务数据分析研判的价值体现

业务数据分析研判在实践中越来越显现出其对检察工作高质量发展的重要作用和独特价值。

一是检察业务数据分析研判具有决策指导作用。例如，针对北京检察机关业务绩效考评指标开展本院的检察业务数据分析研判，从指标的升降变化中能够客观、准确反映出本院各项检察业务工作中存在的短板和不足，从而为制定检察业务决策提供数据支撑，更好地推进检察工作适应新时代、新发展阶段要求。

二是检察业务数据分析研判具有预测预警作用。最高检提出了以"案-件比"为核心的案件质量评价指标体系，对"案-件比"开展专门研究是分析研判的重点。在分析研判过程中，如果发现某一类案件同比或者环比出现大幅度变化，即使尚未显著影响到"案-件比"，但基于统计数据规律，可以做出预测性分析，根据分析结果及时提出预警，从而更好地确保检察业务工作稳进发展。

三是检察业务数据分析研判具有强化监督作用。检察业务数据分析

---

① 李斌、刘云：《以高质量业务数据分析服务检察工作高质量发展》，载四川检察微信公众号，2021 年 7 月 9 日。

研判所形成的统计结果、分析报告能够成为开展检察管理监督的重要依据。例如，通过数据分析研判发现不捕复议、不诉复议案件数量较以往明显上升，就可以在此基础上专门开展针对复议案件的案件质量评查，以及加大对不捕、不诉案件的流程监控力度，从而对案件办理更好地实现精准监督的效果。

（三）业务数据分析研判的时代意义

检察工作进入新时代、新发展阶段，赋予了检察业务数据分析研判更多时代意义。

首先，业务数据分析研判是检察工作高质量发展的重要基础。2022年是检察工作"质量建设年"。业务数据分析研判作为检察业务工作的"风向标""指挥棒"，为不断提升检察工作质效提供了重要助力。以笔者所在检察机关为例，通过深入运用最高检案件质量评价指标、北京市检察机关业务绩效指标，借助业务数据分析研判，及时发现和分析业务工作存在的短板、弱项，"四大检察"办案规模不断扩大，结构均衡性不断提高、案件质效持续提升。

其次，业务数据分析研判能够更好地回应人民群众新时代法制需要。在法治层面，人民群众由单一的"在每一个案件中感受到公平正义"需求，向"更多了解法治发展、更深参与法治建设"综合需求转变。检察机关通过业务数据分析研判会商，及时发布办案数据，回应人民群众关心、社会关切，满足人民群众的新需求。例如，基层人大代表、政协委员等对检察机关发布的各项业务数据极为关注，通过业务数据的变化，能够更好了解检察机关工作，强化检察机关法律监督作用。

最后，业务数据分析研判是数字检察的重要组成部分。全国检察业务应用系统的应用为检察机关积累了海量的业务运行数据。全国检察业务应用系统2.0上线运行后，"四大检察""十大业务"职能划分更为明确，数据颗粒度更为精细，业务数据分析研判借助现有统计系统，业务办案规模、质量、效率、效果得以全面反映。数字检察提出的智能化理念，大数据监督模型的应用，为业务数据分析研判提供了更为先进的科技工具，同时，业务数据分析研判也成为数字检察落地应用的重要成果。

二、业务数据分析研判工作发展现状与存在的问题

调研发现,以"业务数据分析研判"为关键词进行检索,各地检察机关发布的工作经验类宣传文章呈现快速增长趋势,侧面体现出业务数据分析研判的良好发展态势。

(一)业务数据分析研判在基层检察机关的发展现状

以笔者所在检察院为例,全院已经建立了较为完善的业务数据分析研判工作机制,配置了较为合理的数据分析研判岗位及人员,全院各部门形成了业务数据应用的思维和意识,业务数据分析基础上的研判会商成为解决检察业务问题的重要平台。

一是思想更为重视。明确检察长第一责任,通过成立以党组书记、检察长为组长的本院全面提升办案质效工作领导小组,制定《全面提升办案质效工作方案》,以案件质量评价指标、业务绩效考评为核心开展全面提升办案质效专项活动,定期召开数据分析研判会商会、业务绩效考评推进会等,进一步从组织领导、工作制度、专项整治、责任落实等层面一体推进。

二是理念不断更新。通过在业务部门内设置数据分析副职、质效管理员、开展数据会商等方式,引导检察官进一步加深对实现新时代检察工作高质量发展与业务数据分析研判、与科学化数字化指标化考核之间辩证关系的理解,切实发挥"让数据说话"引导检察要素资源有效配置,增强检察供给的适配性、灵活性的积极价值。

三是机制逐渐完善。充分发挥业务数据分析研判"风向标""指挥棒"作用,形成以检察管理监督部门全院趋势分析与各办案部门具体分析相结合的会商机制为核心,以检察业务数据通报机制为载体,以部门互动反馈一体化机制为延伸的分析研判会商工作机制,通过业务绩效数据周报、业务绩效考评提示单等,及时准确将院各项要求传达到相关部门及人员。

(二)业务数据分析研判实践中存在的主要问题

从当前检察实践来看,与检察工作新时代、新理念、新要求相比,

业务数据分析研判还存在一些亟待解决的突出问题，主要体现在几个方面。

一是案管部门整合职能较多，数据分析研判核心职能不突出。以笔者所在的基层检察机关为例，案管部门不仅承担案件受理、流程监控、数据分析等传统案件管理职能，还承担法律政策研究、检察技术、控告来访等各项职能，以及普法宣传、平安建设等综合事务，职能较多且分散，数据分析研判的核心作用发挥难以有效保障。

二是科学化、数字化指标体系还有待进一步完善。从最高检到各级检察机关均建立了较为完整且体系化的考核评价指标体系。但从指标设置和实际应用情况来看，在指标设置的数量和质量如何平衡、具体指标的计算方式、指标考核评价与业务结合程度等方面还存在一些需要解决和完善的地方。

三是数据分析研判会商工作机制作用发挥还需进一步提升。最高检多次强调，要重视和做好业务数据分析研判会商，并明确提出定期做好数据分析研判会商的具体要求。虽然当前各级检察机关都能按要求完成研判会商工作，但为会商而会商的现象仍然存在，部分研判会商会着重工作总结、工作部署，弱化了研判会商这一过程。

四是业务数据分析研判人员配置及能力存在不足。笔者所在检察机关每年案件受理量近万件，案管部门人员仅不足30人，承担数据分析研判工作的仅2人，需要承担对全院及各内设机构业务数据的日监控、周分析、月通报，人员力量严重不足。同时，人员不足也制约着数据分析研判主动开展专项分析、以分析研判引领检察工作发展职能的履行。

五是业务数据分析研判与数字检察结合不够。最高检提出数字检察战略是以数字化重塑检察工作的重大理念变革和实践创新。作为新时代案管工作核心的数据分析研判，理应以更科学、更精准为目标，为数字检察发展贡献数据力量。从实践来看，业务数据分析研判本身的数字化建设仍然较为落后，智能应用较少，实时性不强。

三、业务数据分析研判助力检察高质量发展的对策建议

新时代检察实践充分证明，检察业务数据分析是促进检察工作质效

提升、推进社会治理效能最大化的重要举措。如何用好检察业务数据分析研判,既客观准确全面反映检察业务工作运行状况,又能动高效便捷。服务检察高质量发展,服务检察工作现代化,需要正面回应实践中出现的各类制约性问题,有的放矢,对症施策。对于基层检察机关,要不断深化优化职能、用好指标、完善机制、培育队伍、创新方法等层面一体推进,确保业务数据分析研判各项要求全面落实,效能得到充分发挥。①

(一)以业务数据分析研判为核心对案管各项业务进行整合

最高检案管办多次强调,检察业务数据分析研判是案管工作的核心内容。但从案管工作本身来看,案件受理、流程监控、信息公开等案管业务职能发展并不均衡,存在各自为政的情况,难以与数据分析研判共同形成工作合力。

一是突出数据分析研判的核心作用。如北京市检察机关部署推进的检察管理监督部门"三个中心"建设,将业务数据分析研判作为其中的核心职能,就是突出核心作用的有力举措。

二是进一步加强内部职能整合。案管业务既包括案件统一受理流转、案件流程监控、涉案财物监管、案件信息公开、辩护与代理预约接待等程序性监管职能,也包括案件质量评查、业务数据质量监管等对案件质量的实体监管职能。但这些职能分处于案件的不同流转阶段,职能存在交叉或者重合。业务数据分析研判作为案件管理工作的核心,恰恰能够发挥对上述各类案件管理职能的衔接器和润滑剂作用,用业务数据分析研判对案件管理业务重新整合,实现"1+1>2"的叠加效果。例如,案卡审核是统计人员岗位职能,但其也是决定数据分析研判是否有效的数据准确性纬度的重要基础,这就需要将案卡填录审核重点与数据分析研判相结合。

(二)以数据为中心,构筑检察工作高质量发展科学评价体系

一是建立和完善检察业务科学评价指标体系。新时代检察工作高质

---

① 申国军:《检察业务数据分析研判会商机制的实施与完善》,载《人民检察》2021年第12期。

量发展目标的实现，要求正确运用案件质量评价指标等，全面了解各项检察业务的历史演进、当前状态以及未来趋势，并根据本地实际因地制宜。例如，北京市检察机关创新性提出的结构比指标，是根据北京市检察机关实际情况做出的科学尝试。从基层检察机关实践来看，要立足自身发展的薄弱环节和突出问题进一步丰富指标内容，通过积极引导和负面评价等方式，加大对指标弱项的攻坚力度。

二是进一步完善和落实检察官业绩考核科学评价体系。应进一步坚持问题导向，深刻践行"求极致"工作要求，探索适用于本单位的检察官业绩考评评价指标体系，确保不同部门、不同业务、不同岗位检察官都能够得到科学客观评价，让"干与不干""干多干少""干好干差""是不是主动服务大局""是不是注重办案'三个效果'有机统一"区别开来，提升办案质量、效率和效果。

（三）立足一体化工作机制，进一步优化数据分析研判会商工作机制

从基层检察机关实践来看，真正发挥好数据分析研判会商一体化工作机制优势，要坚持全院会商、部门会商、检察官会商三个层次一体推进[1]，形成以数据分析研判为核心推动检察工作高质量发展的工作合力。

一是有效发挥全院会商"指挥棒""风向标"作用。主要以定期会商的方式，对一段时间内的检察业务工作进行分析，通过业务数据横向对比、纵向对照等方式，为制定检察业务决策提供预警和指引作用。

二是有效发挥部门会商在落实检察决策要求上的"节拍器"作用。在全院会商的基础上，案件管理部门可以就会商反映出的重点或者突出问题，及时组织相关业务部门开展部门间会商，确保全院会商要求按部就班落地推进。

三是有效发挥检察官会商在解决具体业务问题上的"工具箱"作用。实践中发现，相同业务数据在不同检察官办案组之间也存在较大的

---

[1] 参见陈奥琳、秦婧雯：《检察业务数据分析研判会商机制的运行与完善》，载《中国检察官》2021年第13期。

不均衡。例如，案卡数据的填录，不同检察官之间数据质量差距较为明显。对于此类问题，需要通过检察官之间的会商传递经验做法，真正解决看似很小但却十分重要的业务问题。

（四）以思想要素为引领，更新新时代检察理念，打造高素质数据分析研判队伍

思想要素在检察发展要素体系中居于核心地位。加强数据分析研判队伍，首先要强调思想要素的核心作用，进一步加深对实现新时代检察工作高质量发展与做好业务数据分析研判二者辩证关系的理解。应基于新时代检察理念的更新，培育检察业务数据分析研判复合型人才。一要充分发挥案件管理部门的主导责任，将最优秀检察人才配置到检察业务数据分析研判岗位，建立人才梯队，以传帮带形式不断扩大业务数据分析研判人才队伍。二要在其他检察业务部门选拔一批数据思维突出、检察业务精通、数据分析能力强的检察人才，充实到案管部门业务数据分析研判岗位上，以尽快实现本单位业务数据分析研判能力的提升。三要增加招录一批具有法律、统计学、数学、计算机等多学科多专业背景的人才补充到业务数据分析研判队伍中，不断提升队伍整体的专业能力。

（五）以数字检察为契机，打造数字化分析研判新模式[①]

数字检察工作是检察机关落实党的二十大精神、加强新时代法律监督工作战略性、全局性、长远性的重要举措。数字检察和业务数据分析研判二者既不是对立关系、也不是替代关系，而是一种互补关系。因此，需要借助数字检察工作的不断推进，进一步创新业务数据分析研判，探索数字检察理念下的数字化分析研判新模式，以更好地服务于新时代检察工作高质量发展。

一是创新技术方法，以检察业务应用系统 2.0 为纽带，强化检察业务数据应用。目前，检察业务工作基本围绕检察业务应用系统 2.0 展开，检察业务统计系统 2.0 上线应用，数据的广度、深度、数据统计维

[①] 参见项金桥：《数字检察的实践背景与深化路径》，载《中国检察官》2022 年第 9 期。

度等较之前有了更大提升,在业务数据分析研判工具箱进一步丰富的同时,业务数据分析研判也需要探索创新技术方法,借助数字检察和大数据思维,更为高效、便捷地利用好这些资源,将业务数据效能最大化。

二是创新业务数据分析研判成果应用,进一步推进检察办案质效全面提升。目前,业务数据分析报告一般作为会商材料,为各业务部门参与数据会商提供数据支撑。业务数据分析研判成果形式较为单一,应用场景不够丰富。借助数字检察理念,可以适当探索大数据模式下的业务数据分析研判成果展现形式,如实时反映各类业务数据指标变化的数字化平台等,将会在很大程度上弥补定期数据分析的数据滞后性。

青少年法治教育工作实证研究

——以 F 区检察院青少年法治教育实践为例

刘 亮 王 颖[*]

2016 年中宣部、司法部出台的《关于在公民中开展法治宣传教育的第七个五年规划（2016—2020 年）》指出将法治教育纳入国民教育体系，对青少年法治宣传教育提出了新的更高要求。在具体实施层面，2016 年 6 月出台的《青少年法治教育大纲》更加明确了法治教育的目标定位、原则要求和实施路径。这些文件在顶层设计上明晰了青少年法治教育的定位和发展方向，但法治教育的推进更需要结合各地青少年法治教育实践，凝练经验、发现问题，在顶层设计明确的发展方向引导下，提出更具体、细致的建议。本文以 B 市 F 区人民检察院青少年法治教育实践经验为样本，总结主要经验，分析实践中青少年法治教育的难点问题及原因，在此基础上提出应对思路，以期突破青少年法治教育的困境。

一、实践工作考察

2016 年至今，B 市 F 区人民检察院在院党组的大力支持下，成立了由检察长牵头，主管检察长、未成年人检察办案团队为主力的"法治副校长"工作团队，范围覆盖 F 区 5 所小学、13 所初高中以及 1 所专门学校，在实践中逐渐摸索出一条符合本区特点、受关注度高、实践效果好的青少年法治教育工作路径。六年来，F 区检察院开拓工作思

---

[*] 刘亮，北京市丰台区人民检察院第一检察部主任、检察官；王颖，北京市丰台区人民检察院第一检察部检察官助理。

路、创新普法方式、树立品牌意识,共开展"普法进校园"102次、举办"检察开放日活动"8次、制作普法微动画、微电影6部。特别是疫情暴发以来,开展线上直播9次,受众范围达20余万人次。

(一)重视专业人才培养,搭建"法治副校长"人才培养平台

一是突出模范引领。F区检察院法治副校长12人团队中,所有检察官和检察官助理均获得过全国、省市或区级荣誉,他们用"求极致"的工作作风引领整个团队不断向前。二是突出梯队建设。由"老中青"三代检察人组成的法治副校长团队,以"传帮带"的方式,鼓励年轻干警积极参与青少年法治教育工作,培养年轻检察官助理逐步成为法治宣传的"主力军",确保各项工作开展不断层、不断档。三是突出专业素养。F区检察院以"能讲、会讲、愿讲"法治课为标准确定法治副校长人选,主要选拔具有一定未成年人检察工作经验的检察官、检察官助理担任各项法治课程开发与讲授工作,一方面能够增加未检干警的实践经验、打磨专业技能;另一方面满足了法治课高标准、高质量的要求。

(二)创新普法途径,打造多元化普法工作机制

一是讲好"检察故事",提供特色"检察法治产品"。一方面,积极"请进来",让学生深入未检工作第一线。2015年,F区检察院根据未检工作实际,建立了包含法治教育、讯(询)问、心理测评/疏导功能的未检工作室。六年来,F区检察院共举办"检察开放日活动"8次,带领学生参观未检工作室、不起诉公开审查办公室等检察机关功能区,引导学生开展"模拟法庭"等法治实践活动,增进青少年对司法机关的了解,让法律工作可感可触;联合区人民法院选取具有法治教育意义的刑事案件开展庭审观摩活动,让法治宣讲从课堂走进法庭,让未成年人进一步亲身感受法律威严。另一方面,主动"走出去",了解学校实际需求。F区检察院联合区教委、"法治副校长"对接学校共开展检校共建座谈3次,通过总结分析未成年人违法犯罪特点与趋势、检教校三方沟通、现场提问深入了解学校法治教育需求,自主研发有针对性的特色"检察法治产品"。

二是依托"互联网+",激发"两微一端"和自媒体直播"涟漪效

应"。一方面,制作普法宣传微动漫、微视频6部,其中《对校园欺凌说NO》《我是一个小美丽》《哪吒网络历险记》等获"全国检察机关新媒体类十佳作品奖"、首届"新时代·新检察·新影像"检察视频作品大赛一等奖等奖项;另一方面,在"抖音""一直播"等平台开展直播宣传14次,受众达数百万人次,扩大普法宣传影响阵地。

三是探索依法治校新模式,深度参与学校治理。根据《未成年人学校保护规定》相关规定,F区检察院积极建立学生保护监督专员制度,1名检察官受聘为F区教育系统学生保护监察员,这是B市首次尝试聘用检察干警为学生保护专员,得到了央视等多家媒体的广泛宣传报道;结合刑法关于刑事责任年龄的相关规定,对将满14周岁、16周岁或18周岁的学生进行"法治成人礼"仪式,带领学生庄严宣誓,以生动、可感的方式让学生感受法律的庄严肃穆。六年来,F区检察院共参与8次"法治成人礼"活动,让未成年学生在成人礼活动中学会知法、懂法、守法。

(三)以个案为切入点,强化家庭法治教育

2021年10月23日出台的《家庭教育促进法》规定了检察机关应当配合有关部门建立家庭教育工作联动机制,共同做好家庭教育工作。F区检察院依托"青春引航"未检社会支持体系,引入专业社会力量逐案开展家庭教育评估,向家庭教育存在严重问题的未成年人及其监护人送达《督促监护令》,责令其按时参加家庭教育指导、亲职教育等课程;向家庭教育方式轻微不当的监护人送达本院结合未成年人保护相关法律法规制作的《科学育儿倡议书》,督促监护人依法"带娃"。截至目前,F区检察院送达《监护督促令》19份、《科学育儿倡议书》6份。

二、司法机关实施青少年法治教育存在的问题

(一)法治副校长职责落实不够全面

为贯彻执行《教育法》《预防未成年人犯罪法》《青少年法治教育大纲》等法律规章的要求,不少地区都建立了法治副校长制度,由公

安机关、检察机关、人民法院、司法行政部门的司法人员担任中小学校的法治副校长，参与学校法治教育、学校治安治理、学生保护等相关工作。但法治副校长制度在实践中存在功能单一、走过程等问题，主要表现为以下三个方面：一是协助学校合理设计法治教育规划和课程的职责发挥仍不够，几乎没有参与过相关教材编写、课程项目规划等活动。大多数中小学学校法治教育并非设置的固定教学科目，仅在每学期开学、结业前邀请法治副校长到校开展一到两次法治教育。法治副校长通常是根据对接学校提出普法需求完成讲座，对学校法治教育工作的统筹规划、课程设计、教材编撰等工作参与度较低，法治副校长制度功能大打折扣。二是学校治安治理、学生保护工作参与度不高。法治副校长仅在开展法治教育时才会前往学校，日常工作中与学校的交流较少。而学校在治安治理、加强学生保护等工作中，没有形成邀请法治副校长参加的机制，存在只有发生刑事案件才能寻求法治副校长的帮助的观念，以至于法治副校长助力学校构建安全校园的作用微乎其微。三是参与完善学校、家庭、社区"三位一体"的法治教育机制成效不够突出。当前法治副校长主要与学校对接，法治教育受众群体也以学生为主，针对家长、老师等与未成年人密切接触群体开展未成年人相关法治教育相对较少，家庭、学校、社会"三位一体"未成年人法治教育体系不够健全。

（二）法治教育实践仍存在一定误区

青少年法治教育是一项系统性的工程，需要教育主体、教育内容、方式等各个环节相互配合、共同促进，才能取得良好的教育效果。实践中，青少年法治教育的效果总是不尽如人意，究其原因，主要是法治教育工作开展存在误区，事倍功半，主要表现在以下三个方面：一是法治教育方式过于僵化。法治教育不仅注重对法律知识的掌握，更重要的是培养学生的法治思维与素质。[①] 然而实践中，法治副校长开展的法治教育主要形式仍是"传道授业"的静态课堂讲授，主要内容就是向学生传授法律知识与条文，其互动性、参与性都大打折扣。二是法治教育非

---

① 余雅风、吴会会：《深化依法治国实践亟须提升中小学法治教育实效》，载《中国教育学刊》2018年第3期。

法律化倾向明显。法治教育内容的非法律化倾向是指法治教育被理解为单纯的法律条文记忆，导致教育内容成为重要法律条文罗列，或者将教育内容、德育与纪律教育混同在一起，用德育或纪律教育替代法治教育或者将法治教育作为德育或纪律教育的补充内容讲解。这导致法治教育并未得到真正开展，即使开展法治教育，也往往沦为机械的法条记忆活动。三是法治教育被替代为道德教育、纪律教育。司法实践中，未成年人犯罪案件中的大部分涉罪未成年人都是闲散社会人员或早早辍学闯荡社会的未成年人，学生犯罪的比例较低。中小学校的学生普遍存在的问题是轻微的校园欺凌、违反校纪校规等不良行为，针对这种情况，学校的法治教育重点主要是预防未成年人遭受侵害和加强学生道德、纪律意识，故部分学校的法治需求主要是规范学生不良行为，要求学生遵守校纪校规，模糊了法治教育与道德教育、纪律教育的界限。

（三）中小学校法治教育区域发展不平衡

一是纵向来看，法治副校长覆盖范围不均衡。受政府财政、检校共建、法治教育受重视程度等多方面因素的影响，各地青少年法治教育工作发展程度不一，东部地区法治教育比西部地区更受重视、经验更丰富；城市中小学比农村中小学法治教育力量更充足、法治教育内容更专业。以F区为例，F区地理面积较广且学校分布不均衡，靠近市核心区内学校密集，相较而言法治副校长配置较完备，但是靠近郊区的部分中小学位置较为偏远，校园基础设施不够健全，安全管理制度落实不够完善，更容易发生犯罪案件，但事实上此类学校法治副校长配置反而不足。

二是横向来看，法治副校长作用仍处于"供不应求"的局面。这主要是源于学校对此项工作的重视程度差异较大，某些学校认为开展法治教育就是一项普通工作而已，因此以影响正常教学进度或是不便安排等理由，减少法治教育课时。以F区检察院为例，每名法治副校长每年最多在同一个学校开展4次法治教育，且主题分散、缺乏系统性，因此对学校规章制度制定、法律咨询以及对存在严重不良行为或违法犯罪的学生提前介入方面很难实质性参与。

三、司法机关加强青少年法治教育的实施路径

（一）充分发挥法治副校长法治教育支持作用

一是树立法治副校长"主业"思维。未检工作重要内容之一就是预防未成年人犯罪，开展好法治副校长工作就是在积极履行这一职能，这是未检工作的主责主业，不可轻视，检察官要在其中发挥中流砥柱作用，检察辅助人员要将这份工作作为锻炼成长的有益平台，共同携手提升法治副校长工作质效。

二是积极参与校园法治建设各项工作。首先，要积极参与校园内部学生权益保护建章立制，推动强制报告制度、特殊行业入职前查询和从业限制等制度机制的建立和完善，针对"校园霸凌"等问题，要有针对性地提出意见和建议。其次，对于特殊学校要"因地制宜"，参与到罪错未成年人的矫治教育工作中，帮助其身心恢复重新适应正常学习和社会中。最后，协助学校处理涉法涉诉案件，当好法律顾问，积极献言献策。

三是协助学校加强与家庭及其他有关部门的沟通联系，通过畅通信息流转、法治教育需求转介等制度，共同构建"六大保护"体系，多管齐下推进学校治理法治化水平的提升。

（二）加强法治教育内容和方式与时俱进

当前青少年法治教育的内容主要根据学校法治需求来确定，法治教育的内容容易与思想品德教育、纪律教育、安全自护教育等相混淆，难以凸显法治教育对塑造青少年法律素养方面的重要作用。因此，普法内容要紧贴校园法治工作实际。一方面，按需授课，实现法治课的"私人定制"。建立检校共建互通机制，打通学校与司法机关法治教育的壁垒，通过开展座谈会、发放调查问卷、开通"两微一端"法治需求留言、法治副校长制度等方式了解各学校师生对法治教育的实际需求，分时分类制定"菜单式"法治课程名录，由辖区学校自主选择授课内容、授课时间，提升法治课的针对性和时效性。另一方面，授课内容应通俗易懂，具有实用性。检察工作人员开展青少年法治教育的优势即在于专

业知识储备丰富且具有司法实践经验，在课程内容安排上要善于将法律理念、法律规范融入鲜活的案例，针对未成年学生群体理解能力有限、注意力不集中等特点，灵活运用生活化的场景和语言解释规范化的法言法语，让法治课真正贴近学生的生活实际，让法条规定可感、可触。

同时，随着科技的飞速发展，传统的法治课堂已经不足以满足青少年法治教育的需求，且普法效果有着巨大的提升空间，应当充分利用新兴科技手段，扩大法治教育的覆盖面和影响力。一方面，开展好常规化法治教育共奏。以"开学第一课""国家宪法日"等传统普法时间节点为契机，协调公检法等部门联合举办法治教育活动，由"单打独斗"转变为"群策群力"；在现有的"检察开放日""模拟法庭""庭审观摩"等特色法治教育活动的基础上，与"互联网+"相结合，扩大特色法治教育活动的影响力和覆盖面。另一方面，创建并推广青少年法治教育特色项目。可以借鉴美国纽约市的暑期青少年警校（The NYPD Summer Youth Police Academy）。本地警察分局与学校联合开办青少年警校，利用暑期就执法、行为科学、抵制毒品、防范校园凌霸等，进行讲授、角色扮演、操作展示。对参与活动的青少年，由警察分局提供午餐、制服衬衫以及外出考察参观；参加活动的青少年学员也要进行军事训练，安排到警察实战部门考察参观。上述费用全部由政府财政开支。[①] 这样的公益活动能让青少年深度接触、参与执法活动，对于社会法务运作形成客观而实际的认识，更能在日常行为中理性选择、防止失范并增强对社会的责任感。此外，美国青少年法治教育中还有一种特殊的项目——青少年法庭，由经过培训的学生志愿者担任法官、辩护律师、公诉人、陪审员，对犯有轻罪的青少年犯经过审理后作出量刑判决。这种审判制度不适合我国国情，但可以在全国范围内开展模拟法庭大赛。各省先进行选拔，胜出的队伍参加全国模拟法庭大赛。辖区检察院、法院可以联合对参加比赛的队伍进行实践指导和培训。

---

① 车雷：《社会资源参与学校法治教育的美国经验》，载《教育评论》2021年第3期。

(三) 均衡青少年法治教育地域发展水平

由于经济、交通、科技等多方面发展水平的不均衡，导致我国东西部以及城乡中小学法治教育重视程度、内容方式等差异巨大，尤其是农村地区学校法治教育存在诸多问题。基层检察机关应当将农村中小学校列为法治教育工作重点对象，与学校、乡政府建立共建机制。司法机关工作人员每月定期前往学校开展一次法治教育；乡镇政府根据实际情况为每个自然村配备1至2名法治教育工作人员，由村中从事相关工作、文化层次较高的村干部、村民党员担任，将学龄前儿童至初中毕业年龄段青少年作为重点宣传教育人群，检察机关定期对村干部、村民党员进行法律知识培训。可以借鉴苏州市吴江区大潮村的先进经验，大潮村实行相对划分区域负责制，行政村干部与村民小组、村党总支下属五个党支部的党员进行层层分解，党员干部包自然村户，逐一开展宣传教育工作。① 另外，在农村青少年法治教育内容方面，应当开发适合农村地方学校的法治教育课程，充分利用互联网资源，收集资料，进行案例教学，开展"互联网+模拟法庭"等形式的实践活动，针对农村出现的留守儿童权利受侵害、特困生外出打工放弃学习、个别学生班级称霸欺负同学等问题，进行课程和教学设计，对学生进行思想教育，精准地对农村中小学生实施法治教育。

(四) 构建检校共建青少年法治教育支持体系

青少年法治教育的对象不仅仅局限于未成年人，更应该覆盖教师与家长。司法机关在开展青少年法治教育的过程中，还应当积极推动校园制度建设，通过强化校园法治建设，提高中小学依法治校水平，推动校园治理的法治化。② 一是保持常规性工作长效长治。依托法治副校长平台，与对接学校共同设计法治课程，系统性开展法治教育，并通过"两微一端"不定期为学生解答法治问题；与学校构建依法治校机制，

---

① 沈颖尹：《农村青少年法治教育路径新探索——以苏州市吴江区大潮村为例》，载《农村青年》2020年第2期。

② 郭开元、刘宗珍：《法治副校长，如何有"名"更有"实"》，载《教育家》2021年第40期。

进一步发挥法治副校长参与学校治理、构建安全校园职能作用。二是探索建立科研共建平台。以辖区学校为实验基地,由法治副校长牵头,针对校园普法需求、特点等问题开展合作课题研究,提高法治教育科学性、实用性。三是吸纳高校法学专业师生进入法治副校长队伍。通过与高校法学专业建立合作机制、招募志愿者等多种方式吸引高校法学专业师生参与中小学法治教育,提高法治副校长全区中小学全覆盖率。

认罪认罚视域下证据开示制度研究

张 磊 马京安 蔡君艺 *

一、问题的提出

随着认罪认罚从宽制度改革步入"深水区",如何实现认罪认罚从"量变"到"质变"的突破,确保被追诉人真实、自愿认罪,提升控辩协商有效性,成为当前颇具挑战的问题。证据开示作为认罪认罚环节中的一项信息交换机制,具有促成嫌疑人自愿认罪、增强协商实质化的重要潜力,因而受到理论和实践的共同关注。

2019 年 10 月,"两高三部"《关于适用认罪认罚从宽制度的指导意见》第 29 条授权人民检察院"针对案件具体情况,探索证据开示制度"。2021 年 11 月 16 日,北京市人民检察院办公室发布《北京市人民检察院认罪认罚案件证据开示工作指引(试行)》(以下简称《证据开示工作指引》),对于认罪认罚案件中检察机关开展证据开示的原则、条件、范围、方法及程序等作出规定,是首都检察系统将证据开示制度化、规范化的一项率先尝试。

在此背景下,本文重点关注《证据开示工作指引》的实施效果,从而剖析证据开示制度的实践意义与不足,并建构其在认罪认罚案件中的完善路径。① 与既往研究相比,本文的实践视角更为突出,在梳理当

---

* 张磊,北京市丰台区人民检察院第三检察部主任、检察官;马京安,北京市丰台区人民检察院第三检察部检察官助理;蔡君艺,北京市丰台区人民检察院第三检察部检察官助理。

① 如无特殊说明,本文所称的"证据开示"均为检察机关在审查起诉阶段,为开展认罪认罚工作进行的证据开示,不包含庭前证据交换和法庭中的证据出示。

前学术观点的基础上，强调证据开示的潜在局限，并结合检察机关认罪认罚工作的实践智慧，提出证据开示制度的合理定位，厘清证据开示的适用范围与条件，提升证据开示的程序规范性。

二、认罪认罚案件中证据开示运用情况的实践分析

作为一项促进嫌疑人认罪的教育转化方式，证据开示在检察办案中的运用由来已久，但此前的证据开示多停留在经验惯例层面，并未对其流程作出严格限定。《证据开示工作指引》的出台是规范证据开示工作，从而全面推进认罪认罚从宽制度的强力推手，使得认罪认罚领域的证据开示呈现出新的发展态势。本文将结合丰台区院的司法办案实践，厘清认罪认罚案件中证据开示制度的运用情况。

（一）从惯例到规范：证据开示的角色转变

自 2016 年首都检察机关推进认罪认罚从宽制度试点以来，丰台区院为实现"节约司法成本、合理配置司法资源"的改革目的，先后探索出诸多认罪认罚促进机制。在此背景下，检察人员尝试在讯问环节适度开示证据，增强释法说理工作的证据支撑，堵住嫌疑人侥幸的"心理口径"，将证据开示作为促进认罪认罚的有效抓手。

然而，尽管审查起诉阶段的证据开示已成为检察机关促进认罪认罚的办案惯例，但此前证据开示仅作为实践工作中的经验性方法，并无明确的规范依据和流程指引。2021 年 11 月，北京市检察院《证据开示工作指引》的出台填补了这一规范上的空白，对于证据开示的目的、原则、条件、范围、方法及程序等作出规定，实现了认罪认罚案件中的证据开示从司法惯例到工作规范的重要转变。

（二）数量与规范的不足：证据开示的适用困境

针对《证据开示工作指引》颁布后的适用情况，本文对 2021 年 11 月以来丰台区院的相关数据进行研究，发现证据开示制度的规范化适用存在不容忽视的困境。

一是证据开示运用数量不多。在大量适用认罪认罚的案件中，仅个别案件对嫌疑人进行了规范的证据开示，主要是针对嫌疑人认罪态度不

好的案件适度开示部分证据,如播放相关视频资料等,以促成嫌疑人自愿认罪,但证据开示并未形成普遍的态势。

二是程序规范性仍显不足。调研结果显示,依照《证据开示工作指引》的要求,规范制作清单、笔录,严格履行相关程序规定的案件很少。由于市院并未将证据开示的适用纳入审查考核范围,实践中检察机关仍沿用传统经验做法,而未将《证据开示工作指引》的程序规范性落实到位。

三是证据开示的适用效果尚不理想。作为检察实践智慧的经验凝结,对于检察机关而言,证据开示制度的初衷旨在促成认罪认罚,但在运行实际效果中,该项制度实为一把"双刃剑",其对认罪认罚的负面影响不容忽视,下文将做进一步分析。此外,尽管有观点认为证据开示制度可以提升量刑建议的精准度,[①] 但并无足够案例显示证据开示与法院对量刑建议的采纳率有明显影响,该制度尚未能完全回应理论与实践的双重期待。

(三) 正负 "双刃剑":证据开示的辩证影响

丰台区院实践显示,证据开示的运行效果具有辩证性。一方面,部分案件中证据开示促进认罪认罚的效果显著。通常对于证据基础较好、嫌疑人认罪态度一般的案件,检察机关通过适度开示证据,能够有效突破嫌疑人心理防线,顺利实现教育转化。尤其对于嫌疑人以"醉酒、记不清"名义拒不供认的案件,通过适度播放现场监控,往往可以促使其转变态度、认罪悔罪。例如,在丰台区院办理的王某某涉嫌妨害公务案中,嫌疑人醉酒后到某交通队门口堵住工作通道,阻碍交通队工作人员正常履职,待该人酒醒后,在多份讯问笔录中均称不记得其犯罪经过。在提起公诉时,检察机关通过适度播放案发监控录像、现场执法记录仪录像,帮助嫌疑人回忆案件发生的过程,促使该人如实供述犯罪行为,自愿认罪认罚。另一方面,偶有经过证据开示反而加剧了嫌疑人的对抗情绪。如丰台区院办理的曹某某故意伤害案中,嫌疑人在公安机关

---

① 柴晓宇:《认罪协商中的信息偏在与法律矫正》,载《政法论坛》2022 年第 3 期。

的供述中承认其致伤被害人的行为,但移送审查起诉后,又否认之前供述,且经多次释法说理仍不认罪。在提起公诉时,检察人员向其播放了案发监控片段,其仍拒不承认自己的犯罪行为,且在一审后提出上诉。事后分析,本案开示的现场路边监控虽然可以看出嫌疑人的动作轮廓,但并未清晰拍摄到嫌疑人的面部特征,嫌疑人据此更加否认犯罪行为,增加了认罪认罚的难度。

因此,在司法实践中,认罪认罚案件的证据开示是一把"双刃剑",而非放之四海而皆准,也并非适用于所有案件,不宜盲目扩大其积极意义,也不可忽视其可能引发的负面影响。

三、认罪认罚案件中证据开示的功能与限度

从实践分析来看,《证据开示工作指引》的推行确实遇到一定的瓶颈,如何突破困境,需要关注该制度本身的功能限度,从而合理校正其定位,提升检察人员综合运用证据的能力。下文将提炼学理观点和实践经验,总结证据开示制度的积极作用与负面风险。

(一)证据开示的积极作用

证据开示不仅是提升认罪认罚适用率的有效机制,而且在保障嫌疑人合法权益、促进认罪认罚的彻底性和实质性方面,同样具有重要潜力。

其一,证据开示有助于保障嫌疑人的知情权,提升认罪认罚的质效。作为刑事诉讼程序主体和裁判结果的最终承担者,嫌疑人具有充分参与到诉讼进程中的程序性权利,即"听审权"[1],而实现有效参与,需要保障其了解案件信息和证据的知情权。"程序简化须以被追诉人对案情事实证据和法律相关规定的充分知悉为前提"[2],对嫌疑人而言,选择认罪认罚,意味着放弃部分抗辩权,以换取量刑减免和程序从宽,

---

[1] 关于程序主体理论和听审权,详见刘作凌、刘学敏:《论被追诉人本人的阅卷权》,载《法学论坛》2012年第5期。

[2] 刘泊宁:《我国控辩协商程序的规范进路:以认罪认罚案件为视角》,载《法学》2022年第2期。

但这种对于自身部分利益的不利处分，需要以对案件事实和证据的充分认识为基础，系在清醒理智的状态下作出的真实意思表示。因此，知情权的保障是认罪认罚的正当性基础，也是实现认罪认罚"量变"到"质变"深水区改革的必然要求。而当前虽然有阅卷制度、庭前会议阶段的证据展示、值班律师制度等机制，却囿于部分立法和实践原因，无法充分保障嫌疑人在认罪认罚协商过程中的知情权。[1] 因此，证据开示作为一项证据信息交换机制，在审查起诉阶段的认罪认罚案件办理过程中，对于嫌疑人的知情权保障具有重要意义。

其二，证据开示有助于提升认罪认罚的彻底性。对嫌疑人开展证据开示，有助于消除其侥幸心理，使其在经过对案件证据的内心评估后，了解可能的司法处理结果，并基于理性选择彻底接受认罪认罚的协商结果，在后续诉讼过程中不再撤回认罪或提起非理性上诉，避免因不必要的对抗引起程序拖延和回转，浪费司法资源。

其三，证据开示制度有助于促进认罪认罚协商的实质化。对案件信息资源的掌握是保障控辩平等，进而促进协商实质化的重要因素。[2] 随着认罪认罚案件中刑事诉讼的重心前移，"庭审实质化"的要求必然要向前传导至认罪协商阶段的"协商实质化"。检察机关此时进行证据开示，可以使嫌疑人及辩护人知晓现有证据材料，从而针对具体情节开展实质性的协商过程。对于嫌疑人及辩护律师的意见，检察机关应充分听取，吸纳合理意见并及时作出反馈，这一过程也能促进检察机关完善证据链条，加强对证据材料的审查，强化检察机关法律监督的职能。

（二）证据开示的潜在风险

尽管证据开示制度具有积极作用，但作为一把"双刃剑"，其消极

---

[1] 关于阅卷制度、庭前证据交换、值班律师制度在犯罪嫌疑人知情权保障方面的局限性，可参见鲍文强：《认罪认罚案件中的证据开示制度》，载《国家检察官学院学报》2020年第6期；陈学权：《论被追诉人本人的阅卷权》，载《法商研究》2019年第4期；柴晓宇：《认罪协商中的信息偏在与法律矫正》，载《政法论坛》2022年第3期等文献。

[2] 参见刘泊宁：《我国控辩协商程序的规范进路：以认罪认罚案件为视角》，载《法学》2022年第2期。

影响仍不容忽视。除上文提及的加剧嫌疑人的侥幸心理、影响认罪认罚从宽制度适用的风险,证据开示还具有其他一些潜在风险。

其一,证据开示可能影响侦查活动进行。例如,嫌疑人通过证据开示了解到控方暂未掌握的证据,可能会试图在侦查机关或检察机关之前将证据湮灭,或对证人、被害人采取恐吓、收买或打击报复。再如,如果将技术侦查措施对嫌疑人予以开示,可能暴露侦查手段,大大增加嫌疑人逃脱法律处罚的风险,妨碍案件事实的查明。

其二,证据开示可能引起嫌疑人翻供。在证据存在瑕疵的案件中,一旦嫌疑人通过开示获悉证据情况,分析出若排除自己先前的有罪供述,控方可能会出现证据不足的情况,则可能滋生侥幸心理,当庭推翻有罪供述。而对在侦查阶段部分供述犯罪事实的嫌疑人,在经历审查起诉阶段的证据开示后,可能利用自身信息优势,有针对性地做出能够与其他证据材料互相印证的虚假陈述和辩解,从而影响检方和法官对事实的认定,借此减轻自身刑责。① "被告人庭前了解控方证据材料越多,就越有可能推翻原来的有罪供述……被告即便不推翻原来的有罪供述,只是改变一些有关案件事实细节的陈述,就足以对公诉方的追诉活动造成不同程度的妨碍。"② 嫌疑人当庭推翻有罪供述的风险,是检察机关在认罪认罚案件中适用证据开示的重要顾虑。

其三,证据开示的大量适用势必影响诉讼效率。从准备工作到完成开示,涉及必要性评估、范围选定、制作文书、通知辩护人到场、准备设备、宣读证据、签署材料、听取意见等步骤,整个过程必然消耗办案时间和精力,尤其在当前基层"案多人少"的困境下,证据开示的普遍适用可能导致诉讼拖延,使繁重的办案压力雪上加霜。

综上所述,认罪认罚案件中的证据开示确有积极作用,但也存在不容忽视的消极风险。鉴于此,全面否定或推崇证据开示均非良策,应当结合《证据开示工作指引》的相关要求和检察实践,寻找成本—收益均衡的解决路径。

---

① 参见陈学权:《论被追诉人本人的阅卷权》,载《法商研究》2019 年第 4 期。
② 陈瑞华:《论被告人的阅卷权》,载《当代法学》2013 年第 3 期。

四、认罪认罚案件中证据开示的完善路径

为最大限度地发挥证据开示制度的效用,尽可能涤除其不利影响,需要明确证据开示制度的合理定位,以此为核心分析该制度的适用范围和条件。下文将结合《证据开示工作指引》的规范要求与检察实践积累的经验智慧,为完善认罪认罚案件中的证据开示提出可能的建议。

(一)认罪认罚的促进机制:证据开示的实践定位

为合理定位证据开示,首先需要明确这项制度的核心目的是什么?从《证据开示工作指引》的相关规定中可以解读出,提高认罪认罚案件办理质效,推动认罪认罚工作创新发展,是北京市检察院规范化证据开示的核心目的。[①] 具体而言,当前的证据开示制度化、规范化改革,诞生于认罪认罚从宽制度改革的大背景,顺应了检察机关自发运用证据开示促成认罪认罚的实践潮流,服务于认罪认罚从宽制度的根本要求,即促进案件繁简分流,提升司法效率,合理配置司法资源,从而兼顾公正与效率。因此,本文所关注的证据开示,其定位应当是促进认罪认罚的一项辅助性工作机制。与之相呼应,《证据开示工作指引》中专门规定了证据开示的时限和模式,即应当在审查起诉阶段签署认罪认罚具结书之前进行,且系检察机关对嫌疑人的单向开示,遵循检察主导的原则。

而对于认罪认罚案件中的证据开示条件,我们认为,一方面要提升认罪认罚质效,强化人权保障理念,确保每一起认罪认罚案件都能经得起法律和历史的检验;另一方面也要考虑证据开示对认罪认罚核心目的的作用,即是否能够促成认罪认罚,以及有助于认罪认罚繁简分流目的的实现。若"一刀切"地对所有案件、所有证据均不加以区分的开示,那么既耗费大量司法资源,导致原本繁简分流的作用被抵销,也可能反向阻碍认罪认罚的适用,加剧嫌疑人的非理性对抗。鉴于此,《证据开

[①] 《证据开示工作指引》序言规定:"为提高认罪认罚案件办理质量与效果,保障犯罪嫌疑人的知情权和认罪认罚的真实性及自愿性,提升量刑建议质量,减少犯罪嫌疑人的非理性对抗和非必要上诉……结合检察工作实际,制定本指引。"

示工作指引》适用了"部分证据开示模式"①,对案件是否有必要进行证据开示、哪些证据需要进行开示、具体如何进行开示等,规定检察机关具有一定的裁量权,可以在综合全案情况后评估决定。因此,检察机关对证据开示必要性的审查,成为破除证据开示运行困境、完善证据开示实践效能的重要突破口。

（二）强化"必要性审查"：证据开示的适用条件

《证据开示工作指引》首先正面规定了"可以进行开示"的案件情形,随之以反向"列举+兜底"的形式将"不得进行开示"的证据范围排除在外。② 但指引的用语较为模糊,"必要性"解释和兜底条款的存在给现实适用留下大量裁量空间。因此,如何设置证据开示"必要性审查"的考量因素,就成为检察履职的重要问题。本文结合司法实践,拟提出相关考量因素。

1. 嫌疑人的认罪态度。认罪态度关乎嫌疑人对自身行为社会危害性的认识,也直接关涉最终促成认罪认罚的可能性大小、刑罚特殊预防目的能否实现。实践中,可将嫌疑人的认罪态度区分为始终认罪、承认主要犯罪事实、认罪不认罚、不认罪也不认罚等程度。对于认罪但对案件细节或量刑存在微辞的嫌疑人,应当更倾向于通过必要的证据开示,促成其及早、彻底认罪认罚；而对于始终拒不认罪的嫌疑人,要充分审查影响定案的关键证据,客观评估进行证据开示的客观影响,审慎决定。

2. 嫌疑人供述的稳定性。作为认罪态度的重要体现,嫌疑人供述的稳定性对于证据开示必要性的考察具有一定参考价值。对于供述存在反复的嫌疑人,检察机关是否进行证据开示要更为审慎,这暴露出此类嫌疑人往往存在很大的投机、侥幸心理,若其知晓了证据情况,可能会利用证据漏洞加剧对抗,推翻之前的有罪供述或作虚假陈述。

3. 案件证据基础是否牢固。该因素关系到证据开示是否实现促

---

① 关于全面证据开示模式和部分证据开示模式的详细讨论,参见刘甜甜:《认罪认罚从宽案件中的证据开示制度》,载《中国政法大学学报》2021年第5期。

② 参见《证据开示工作指引》第3、4条。

认罪的效果。需要说明的是，对于存在一定瑕疵的证据，检察机关并非一概不能开示，而是要在全面审查的前提下，分析全案证据的牢固程度，结合嫌疑人供述稳定性等因素，考量是否需要开示特定的证据。

4. 证据开示对案件本身侦办活动的影响。例如，共同犯罪案件部分嫌疑人认罪认罚，部分嫌疑人拒不认罪的情形，需要考量开示有关证据是否会引发串供的风险；再如，共同犯罪案件部分嫌疑人到案，部分尚未到案或案件情形仍有需要继续侦查的新情况、新事实等，就需要审查证据开示是否妥当，是否会影响整体案件的侦办过程，不能为了促成某个嫌疑人认罪认罚而开示证据，却影响整体案件的办案效果。

5. 嫌疑人权利保障的必要性。知情权保障是证据开示的功能之一，也是《证据开示工作指引》的目的之一。检察机关可以发挥履职智慧，兼顾认罪认罚和人权保障的平衡。例如，对于嫌疑人认罪态度较好的案件，虽然并无促成认罪的必要，但如果嫌疑人及辩护人提出证据开示的申请，检察机关可以在排除影响侦查等因素后予以开示。再如，对于审查中认为可能确未实施犯罪行为的嫌疑人，为避免其因恐惧心理和弱势地位产生对事实和法律的错误认识，通过主动向其开示证据可以使其更好地进行自我辩护，并促进检察机关查明案件事实。未来的《证据开示工作指引》或可规定检察机关应当在审查起诉阶段告知犯罪嫌疑人具有提出证据开示申请的权利，同时明确检察机关开示必要性审查的实体和程序要求。

（三）强化规范意识：证据开示的程序设计

《证据开示工作指引》用较多篇幅规定了证据开示的操作流程和程序要求，然而实践中，程序规范往往成为适用证据开示的"鸡肋"或"掣肘"。例如，制作证据开示清单、笔录的要求突破了既往实践惯例，仅在较少案件中得以执行。同时，《证据开示工作指引》还要求检察机关听取辩护人、值班律师的意见并详细记录，难免会加重检察人员的工作负担，降低其规范适用的积极性。

然而应当看到的是，规范的程序不仅是一种自我约束，更是一种保护机制。清单、笔录的制作完善，辩护人、值班律师的全面参与，甚至开示过程的全程录音录像，这些程序机制看似烦琐，实则当面对嫌疑人当庭翻供撤回认罪，或无正当理由"恶意上诉"时，规范的留痕能够帮助检察机关证明认罪认罚过程的合法性与真实性，使嫌疑人对认罪认罚过程的质疑不攻自破，获得法院的支持性裁决。因此，强化证据开示的规范化意识，与明确证据开示的实体要件同样重要，均是完善检察机关认罪认罚案件中证据开示的重要路径。

五、结论

认罪认罚案件中确立证据开示制度的核心目的是促进认罪认罚的高质量适用，同时兼顾保障嫌疑人知情权和加强控辩协商的有效性。证据开示具有辩证效果，运用得当可以促进认罪认罚、保障嫌疑人权益、增强协商实质化，但运用不当时，也可能影响侦查活动、诱发翻供风险、降低诉讼效率。因此，检察机关应强化对证据开示条件和范围的必要性审查，全面评估嫌疑人认罪态度、供述稳定性、案件证据基础、对侦查活动的影响、嫌疑人权利保护的必要性等因素，自觉遵守证据开示的程序规范，在提升认罪认罚质效的同时保障嫌疑人的合法权益。检察机关应当积极能动履职，以自我革新的担当和勇气，不断探索证据开示的完善路径，为深化认罪认罚从宽制度改革、建设中国特色的刑事司法现代化道路贡献力量。

关于基层人民检察院检察建议工作的思考与建议

——以F区检察院为例

杨媛媛　郭英杰[*]

一、检察建议概述

(一) 检察建议的发展历程

1931年，中华苏维埃共和国颁布《工农检察部组织条例》[①] 规定了检察部的职责，其主要工作方式是对被检察的机关提出具体的建议。

新中国成立后，《中央人民政府组织法》规定了检察机关的职权[②]，检察建议被归于"一般监督"的工作范畴。进入20世纪80年代，检察建议出现频率增加，主要用于职务犯罪预防和未成年人权益保障。

2017年6月，随着民事诉讼法、行政诉讼法修改，检察机关开展公益诉讼全面实施。2019年中央通过了完善中国特色社会主义制度若干重大问题的决定[③]，检察建议成为检察工作转型发展、各项工作制度

---

[*] 杨媛媛，北京市丰台区人民检察院第八检察部副主任、检察官；郭英杰，北京市丰台区人民检察院第一检察部检察官助理。

[①] 徐劲传：《党领导制定的首部检察"组织法"〈工农检察部的组织条例〉》，载《检察日报》2021年5月11日。

[②] 1949年《中央人民政府组织法》第28条规定："最高人民检察署对政府机关、公务人员和全国国民之严格遵守法律，负最高的检察责任。"

[③] 参见2019年《中共中央关于坚持和完善中国特色社会主义制度、推进国家治理体系和治理能力现代化若干重大问题的决定》。

化、规范化建设的重要抓手。之后,最高检通过颁布实施《人民检察院检察建议工作规定》把散见于《检察官法》《人民检察院组织法》等五类检察建议进行收集、总结,形成了较为完备的具有中国特色的检察建议制度体系。

2021年6月中央发布《中共中央关于加强新时代检察机关法律监督工作的意见》,全文多次提到检察建议,检察建议在强化刑事立案、侦查活动和审判活动监督、精准开展民事诉讼监督、全面深化行政检察监督、进一步提升法律监督效能等方面承担着重要职能。

对于如何用足用好检察建议,各地开展了诸多的探索,有的属于检察机关内部规范性文件,如《陕西省人民检察院关于进一步加强和规范检察建议工作的意见》;有的属于地方人大推动检察建议的规范性文件,如《泰州市人大常委会关于加强检察建议工作的决议》;有的属于被监督机关办理检察建议案件的规范性文件,如《北京市高级人民法院检察建议办理工作指南》等。

(二)检察建议的概念

《人民检察院检察建议工作规定》通过列举方式对检察建议进行了定义。"检察建议是人民检察院依法履行法律监督职责,参与社会治理,维护司法公正,促进依法行政,预防和减少违法犯罪,保护国家利益和社会公共利益,维护个人和组织合法权益,保障法律统一正确实施的重要方式。"

(三)检察建议的分类

1. 以检察职能为分类标准。《人民检察院检察建议工作规定》根据检察机关的职权,将检察建议分为再审检察建议、纠正违法检察建议、公益诉讼检察建议、社会治理检察建议及其他检察建议。

2. 以检察建议制发依据为标准。检察建议可分为类案检察建议和个案检察建议。类案检察建议是指通过对在办的大量个案进行总结归纳,形成问题集合,进而发出检察建议。

3. 以被建议对象为分类标准。检察建议可分为诉讼程序内的检察建议和诉讼程序外的检察建议。程序内检察建议突出"检察",有相应的处置手段可以保障检察建议的落地。程序外的检察建议主要侧重的是"建议",是对被建议单位的一种提示或者提醒,其本身具有柔性的特点。

二、F区检察院检察建议工作现状

(一) 基本情况

1. 总体情况

2019—2021年12月,F区检察院共制发各类检察建议388份,其中,2019年82份,2020年55份,2021年251份。

(单位:份)

	2019年	2020年	2021年
第一季度	9	9	21
第二季度	9	8	87
第三季度	19	22	60
第四季度	45	16	83
总计	82	55	251

2. 检察建议类别

从检察建议类别而言,社会治理类检察建议2019年35份,2020年28份,2021年143份;纠正违法类检察建议2019年27份,2020年10份,2021年74份。纠正违法、社会治理类检察建议呈爆发式增长,与此相较,再审、公益诉讼类检察建议相对稳定,呈现较稳定推进模式。

(单位:份)

	2019年	2020年	2021年
纠正违法	27	10	74
再审	4	5	5
公益诉讼	16	12	29
社会治理	35	28	143
总计	82	55	251

3. 被建议单位情况

经统计发现,2019—2021年检察建议的发送对象主要是行政机关、司法机关、企事业单位、其他，分别制发45份、129份、143份、16份。

(单位：份)

时间	发送对象	数量	建议类型	数量
2019年	行政机关	22	公益诉讼	16
			社会治理	6
	司法机关	31	纠正违法	27
			再审	4
	企事业单位	16	社会治理	16
	其他	13	社会治理	13
2020年	行政机关	15	公益诉讼	12
			社会治理	3
	司法机关	19	纠正违法	10
			社会治理	4
			再审	5
	企事业单位	19	社会治理	19
	其他	2	社会治理	2
2021年	行政机关	30	公益诉讼	29
			社会治理	1
	司法机关	79	纠正违法	74
			再审	5
	企事业单位	141	社会治理	141
	其他	1	社会治理	1

（二）检察建议的制发流程和主要环节

1. 检察建议的制发流程

《北京市检察机关检察建议工作指引》第17条规定，制发检察建议，一般按照调查核实、制作文书、报送审核、审批决定、送达文书、备案审查、异议复核、督促落实、入卷存档等流程办理。

实践中，可以把检察建议的制发流程分为制作检察建议、发送检察建议、落实检察建议三个阶段。制作阶段又可分为调查核实、分析论证、建议的制作、建议的审核及征求意见；落实检察建议可以分为建议的回复、整改落实以及异议处理。进一步细分可将检察建议的制发分为线索发现、立案、调查核实、形成报告、草拟初稿、审核审批、送达备案、异议处理、督促整改、回复评估、总结归档、质量评查等共计12个环节。

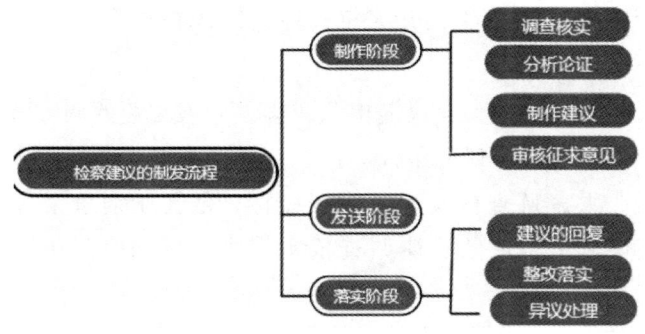

检察建议制发流程图

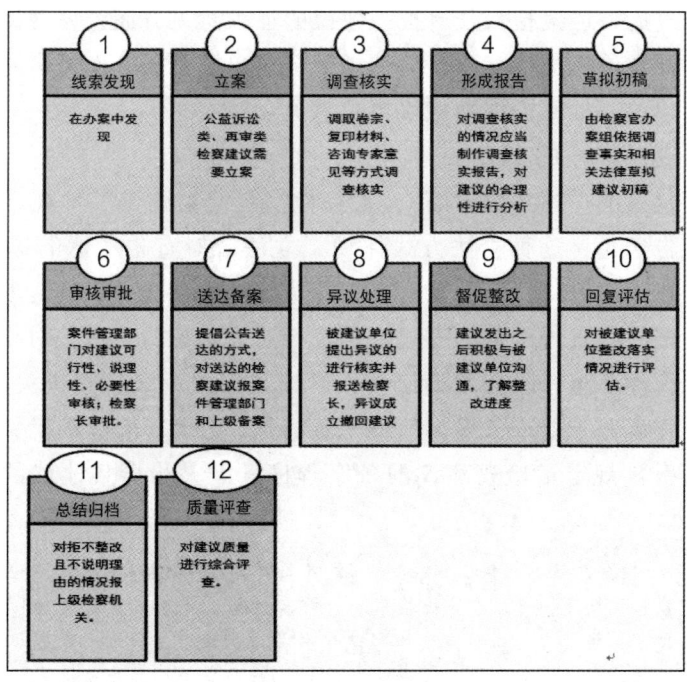

检察建议制发环节图

2. 制发检察建议的环节

（1）制作阶段的环节

一是调查核实。F 区检察院检察建议较为重视调查核实工作，狭义的法律监督类检察建议以办理的各类案件为基础，通过在办案件的卷宗直接发现问题，且这些问题较为简单与直观，一般根据法律规定即可找出对应的整改措施，并无再与被监督单位沟通协调和深入调查的必要。

二是分析论证。检察建议需单独成案，开展相关的调查核实才能明确是否符合制发检察建议的条件。但社会治理类检察建议，因其以刑事案件为基础，大多调查核实程序为程序性，依托于刑事案件的证据材料，并不实际开展。依照法律调查核实完成之后均应制作调查终结报告，拟定初稿。

三是审核审批。法律政策研究部门对检察建议进行事前审查，审查内容为建议制发的合理性、合法性、必要性、可行性。法律政策研究部门审查修改后，层报检察长审批。建议的征求意见方面，公益诉讼类检察建议和社会治理类检察建议会征求被建议单位意见，而再审和纠正违法类检察建议一般不征求被建议单位意见。

（2）送达阶段的环节

检察建议的送达备案方面，《人民检察院检察建议工作规定》单独阐释了宣告送达，这种立法方式体现了立法者对宣告送达的提倡。[①] F 区检察院在送达方式上依旧受文来文往传统工作模式的影响，书面送达占据绝大多数，宣告送达的方式占比较少。北京市检察机关对检察建议的备案无硬性要求，除公益诉讼类检察建议需报上级检察机关备案外，其余检察建议并未要求备案。值得注意的是，《北京市检察机关检察建议工作指引》规定了检察建议的备案程序，下一步检察建议的备案将

[①]《人民检察院检察建议工作规定》第 18 条第 2 款规定："宣告送达检察建议书应当商被建议单位同意，可以在人民检察院、被建议单位或者其他适宜场所进行，由检察官向被建议单位负责人当面宣读检察建议书并进行示证、说理，听取被建议单位负责人意见。必要时，可以邀请人大代表、政协委员或者特约检察员、人民监督员等第三方人员参加。"

更加规范。

(3) 落实阶段的环节

关于检察建议回复情况,之前检察建议工作并不重视回函工作,存在一发了之的情况,比如2019年82份检察建议中仅有38份按期回复。随着检察建议工作的完善和受重视程度的不断提升,到2021年回复率已接近100%。

对已回复的检察建议的跟踪可分为三个等级。第一等级通过电话沟通、座谈会议的形式进行回访,不对实际整改效果进行考察,此类情况的检察建议提出的问题整改落实较为简单,因此不需要深入回访跟踪;第二等级是通过实地勘查、跟进落实的方式对实际整改效果进行实质考察,并对发现的问题再提出意见,最终达到完全整改落实;第三等级是在第二等级的基础上发现要根治问题需要别的单位协同配合,因此形成专报报区委区政府或者上级检察机关,最终形成合力,将问题彻底解决。

三、检察建议存在的问题

(一) 思想层面的问题

1. 重刑事、轻其他的思想

F区检察院员额检察官不足百人,刑检业务部门存在案多人少的情况,刑检业务部门的工作内容决定了社会治理类检察建议和诉讼监督类检察建议的制发主要依靠刑检业务部门。与审查引导侦查、案件办理、认罪认罚、量刑建议这些工作"硬指标"相比,检察建议工作显得无关轻重,检察建议工作需要调查取证、沟通协调、审核审批、宣告送达,时间成本较高。检察官普遍把制发检察建议的工作交给书记员或者检察官助理,后者因办案能力不足,生活阅历较少等原因,造成找到的问题不准、说理不充分,成了"凑数建议"。

2. 重发现问题、轻解决问题

检察建议工作开展最大的难点在于跟踪问效。向行政机关提出的建议,有的是在两个月回复期内无法完成的,需要长期的整改、落实才能有效果,有的单位在给检察机关的检察建议回函中明确列明了整改方案，很多措施的整改期限是长期坚持。如果对此类建议一直跟踪问效，会造成被建议单位的反感，检察官亦没有更多的精力投入，只能寄希望于被建议单位的自觉。从考核方面而言，对检察建议的考核主要集中在数量、文书的质量以及是否得到被建议单位的回函，而对是否取得实际效果难以进行量化的评价。

（二）制度层面的问题

一方面，存在检察建议书和检察意见等文书适用范围混乱的问题。另一方面，当出现建议类型的重叠时应当优先适用哪类检察建议尚未明确。有些时候并不能明显的区分是哪类检察建议，尤其是社会治理类检察建议和公益诉讼类检察建议，会出现类型重叠的现象。出现同一事由出现两份不同部门制发不同类型检察建议的情况。

值得注意的是，《北京市检察机关检察建议工作指引》规定"涉及社会治理方面的问题，可以在公益诉讼检察建议中同时提出改进工作、完善治理的建议。如果同类错误反复发生，带有普遍性倾向性，可以制发社会治理检察建议。"由此可见，对行政机关同类多次未依法履行职责的，原则上只制发一份检察建议。

（三）执行层面的问题

1. 检察建议分类管理有待完善

法律对检察建议的制发流程有明确和清晰的规定，根据最高检的要求，制发检察建议一律需要在检察机关统一业务应用系统上生成对应的案件，完成审查报告、线上审批等。该做法规范但不高效。其实并不是所有类型的检察建议都适合全流程管理，比如在办理刑事案件过程中制发的社会治理类检察建议，更多属于"文书"而非"案件"，且其制发依据是具体个案，检察建议作为案件的一部分更为合适。

2. 检察建议同质化问题突出

以社会治理类检察建议为例，数量激增的同时，同质化的情况也较为突出，比如2021年制发的检察建议中，有14份检察建议都是源自于危险驾驶案，内容多为单位人员醉酒后驾驶机动车，要求所在单位加强管理。

3. 部分建议提出的问题不具体、不准确

部分检察建议或套用"机制不健全""未尽到监督管理职责""未充分依法履职"等泛泛之言,或没有经过认真细致的调查和走访,提出问题的能力不足。例如,向某小学制发检察建议,希望严肃教师队伍,提高教师品德。经沟通该学校不能给出整改措施,最后改向区教育委员会发出检察建议。这就是因为没有事先沟通好,导致检察建议内容超出了被建议单位的职责范围。部分检察建议可执行度存疑。有的检察建议的措施较为原则,缺乏可以开展的具体工作,如检察建议使用"履行监督管理职责""加强教育培训""加大宣传力度""完善机制建设"等缺乏建设性的意见。

4. 公、检、法建议重叠

同一个刑事案件会经过侦查、审查起诉、审判三个环节,三机关在办案中发现相关单位存在问题均可以制发建议。特别是在办理扫黑除恶案件过程中,"一案一建议"已经成为办案的"硬指标",出现同一问题,被建议单位分别收到公安提示、检察建议、司法建议。"一案三发"的情况虽然是个案,但极大降低了检察建议的权威性。另外,对检察建议的管理,由于对外没有相应的沟通协调机制,审核也仅仅是内部审核。

四、完善检察建议工作的对策建议

(一)提升对检察建议工作的认识

在新时代中国特色社会主义发展的背景之下,经济社会的发展呈现出新情况,出现了新问题,刑事检察独大的传统观念,无法适应时代的发展,无法满足人民群众对检察机关的履职期待。检察机关应该积极开展供给侧结构性改革①,对人民群众关注程度高的公益诉讼类检察建议、纠正违法类检察建议要提高重视,改变传统的职能构架,构建民、刑、行、公益均衡发展的检察新格局。

---

① 参见朱雅频:《深化首都检察供给侧结构性改革》,载《首都检察》2021年第3期。

检察建议工作既有个性又有共性，尤其是公益诉讼类检察建议，具有极强的地域特点，因为各地情况不尽一致，有些行为在某些地方需要发送检察建议予以纠正，但这种经验并不能照搬到其他地方。因此，应当以省级检察机关为单位进行经验总结和梳理，积极推进在省域范围内梳理总结开展检察建议的相关经验和教育以及典型案例。

（二）完善制度建设

1. 检察建议分类管理

检察建议作为严肃的法律文书，其制发流程涉及三个阶段12个环节。但并非每一类检察建议都必须走完12个环节，"一刀切"地要求所有类型检察建议必须生成案件、撰写审查报告、督促被建议单位回函、检察机关回访，所有工作都要求在检察机关统一应用业务系统中予以体现，这种做法不仅增加工作量，也会出现被建议单位不知道如何回函的情况。应当根据实际情况，制定检察建议工作实施细则，开展检察建议标准化建设，以检察建议的12个环节为蓝本，根据不同类别的检察建议，设置合理的环节。比如，公益诉讼类检察建议因涉及问题争议较大，后期可能要诉诸法院，因此12个流程都要完整进行。而纠正违法类、再审类和社会治理类检察建议并不一定要完成上述所有环节。所涉及的流程应该有标准化的法律文书以及法律手续。又如刑事案件类检察建议可不必单独生成案件，仅作为一种文书即可。常见犯罪预防、提示类的检察建议也无需强制被建议单位回复等，以达到繁简分流的效果。

2. 规范公益诉讼"等外"领域检察建议的适用

《人民检察院检察建议工作规定》明确了公益诉讼类检察建议可以适用的四个领域，同时又用"等领域"留足公益诉讼类检察建议的适用空间。从立法方面而言，公益诉讼类检察建议的适用范围运用了列举法、示例法等方法。[①] 这种立法方式体现了立法者谨慎的态度，但在理论界对"公共利益"的界定并没有形成共识，在实践中"何为公共利

---

① 参见温辉：《行政公益诉讼"等外"刍议》，载《河北法学》2020年第9期。

益"也成为执法者的困惑,这种背景之下,应当根据各地区不同的情况制定实施细则,对"等外"领域进行科学探索,避免出现公益诉讼类检察建议的滥用,确保司法权威。

(三) 强化检察建议的规范程度

1. 规范分析论证工作

事实认定方面,将相关案件信息进行提炼,解释案件事实的主要情况、特点、原因以及被建议单位存在的问题与所发案件的因果联系,案件事实部分不能以"我院在办案中发现"一笔带过。在法律依据的引用上要注意引用的规范,指出被建议单位违法的具体法条内容,确保检察建议有理有据。程序方面,在调查取证结束之后,必须制作完整的调查取证报告,对建议的必要性、合理性进行分析论证。

2. 提升建议的可行性

检察建议关键在措施,如发现的问题属于行业内的顽瘴痼疾就应当与被建议单位开展充分的沟通,了解解决问题的难点、痛点、堵点。充分考虑被建议单位的职权以及客观条件,针对不同的问题提出切实可行的解决办法。不能以"增强法治观念""加强法律教育"等大而化之的措施来提出建议。同时,还要把握好外行指导内行的度,监督不越权。

3. 建立专业化办案团队

与其他业务部门相比,刑事检察部门对检察建议工作的重要性和受重视程度都比较低,在专业化和规范化方面还有很大的提升空间。应当在刑事检察业务部门设立专门的检察官办案组,专门负责对刑事案件的办理进行总结和归纳,发现问题,提出建议。检察官将办案中发现的问题及相关证据移送检察建议办案组即可,检察建议办案组通过对问题的总结归纳,统一制作一份检察建议,能大大提高纠正违法类检察建议的被采纳程度和受重视程度。

4. 探索建立检察数据库

最高检《"十四五"时期检务保障工作发展规划》明确指出:"要进一步推进智慧检务建设与应用,加速提升检务保障信息化水平。"应当在现有应用系统基础上发掘检察数据潜力。例如,统一办案系统中引入自动检索机制,一旦能够实现文书和审查报告的全文检索,所有的案件将成为大数据的一部分被利用起来。通过检索的方式进行有机组合，经过几轮次的有机组合就可匹配到一些非常难得的数据结果①，无论是对于监督，还是对于社会治理都具有极大的意义。

---

① 刘哲：《检察大数据远在天边近在眼前》，2020年4月4日发表于微信公众号"刘哲说法"。

认罪认罚案件中被告人的上诉权与检察机关抗诉权的平衡

——以检察机关刑事司法实务为视角

辛 欣 秦杏鸽[*]

一、当前我国认罪认罚从宽制度下被告人上诉现状

2016年认罪认罚制度开始在我国进行试点实验，2018年10月，认罪认罚从宽制度被正式写入《刑事诉讼法》，2019年10月，"两高三部"共同发布《关于适用认罪认罚从宽制度的指导意见》，为认罪认罚从宽制度的落实提供制度依据。在经历了6年多的实践，认罪认罚从宽制度现已在我国全面推行，刑事案件的认罪认罚适用率不断提升，根据最高人民检察院公布的数据显示，2022年1月至6月，认罪认罚从宽制度适用率为89.9%。[①] 认罪认罚从宽制度的实施在一定程度上确实有效地缓和了司法资源配置的压力，提高了刑事诉讼效率，但该种具有"中国特色"的司法制度在实践中也逐渐呈现出不同问题，如本次笔者所讨论的认罪认罚从宽案件中被告人的上诉情况。2017年12月，最高人民法院院长周强在《认罪认罚从宽制度试点工作情况报告》中指出"试点地区认罪认罚从宽制度审结刑事案件91121件103496人，被告人

---

[*] 辛欣，北京市丰台区人民检察院第二检察部副主任、检察官；秦杏鸽，北京市丰台区人民检察院第二检察部检察官助理。

[①] 数字来源于最高人民检察院发布的《最高检案管办负责人就2022年1至6月全国检察机关主要办案数据答记者问》，https://www.spp.gov.cn/xwfbh/wsfbt/202207/t20220720_565763.shtml#1，最后访问日期：2022年9月19日。

上诉率仅为3.6%"。2020年10月,最高人民检察院检察长张军在《关于人民检察院适用认罪认罚从宽制度情况的报告》中指出"2019年1月至2020年8月认罪认罚上诉率为3.9%"。由此可见,在认罪认罚从宽制度不断推行的同时,伴随的是上诉率的同步攀升,虽然该3.9%的上诉率要低于其他刑事案件11.5个百分点,但仍不得不承认其不断上升的趋势。

关于认罪认罚案件中被告人上诉的情形,常见于两种:一种是合理的上诉。即被告人确实自愿认罪认罚,但不排除一审判决存在认定事实、适用法律错误,或者量刑不当,或者违反法律规定的诉讼程序等情形,① 被告人为维护其合法权益提出上诉。另一种是不合理上诉。即被告人滥用上诉权进行上诉,如无正当理由上诉,主要表现为认为认定事实清楚,但不认可刑罚,利用上诉不加刑制度谋求更轻的处罚,但在检察机关抗诉后又撤回上诉,存在"搏一把"的心理。再如技术性上诉,主要表现为被告人对认定的事不持异议,认可主刑,但认为附加刑主要是罚金刑过重,利用上诉不加刑原则,寻求较轻的附加刑,或者出于不愿投监心理,想在看守所耗尽刑期。

对于技术性上诉等滥用上诉权的行为,笔者认为主要有以下几点原因:一是被告人对认罪认罚从宽制度的认识不彻底,"反悔"成为常态。一方面是由于检察机关更为强调认罪认罚的适用率,而忽视认罪认罚质量,在对被告人讲解认罪认罚从宽制度时往往出现"走形式"的情形,致使被告人在"一知半解"的情况下同意了认罪认罚。另一方面是辩护律师在为被告人提供法律帮助的同时,往往更倾向于作无罪或罪轻辩护,回避对认罪认罚从宽的适用。二是辩护律师"骑墙式辩护",左右被告人上诉意愿。当前"骑墙式辩护"伴随着认罪认罚从宽制度的实施而日益普遍,所谓"骑墙式辩护"是指辩护人与被追诉人、其他辩护人辩护意见发生冲突或者在此前已经签署认罪认罚具结书的情

---

① 骆锦勇:《认罪认罚案件的上诉和抗诉问题》,载《人民法院报》2019年8月8日,第6版。

况下仍作无罪或者罪轻辩护。① 司法实践中最常见的"骑墙式辩护"表现为辩护律师虽然在《认罪认罚具结书》上签字，但在审判环节又作无罪或罪轻辩护，在法院判决后，其又以律师意见左右被告人上诉的意愿，引导被告人上诉。三是法律规制缺位，检察机关抗诉难。虽然认罪认罚从宽程序在我国已然确立，但各项机制建设仍在摸索阶段，针对认罪认罚从宽案件的上诉及抗诉问题如何解决，当前并无明确标准，落实到司法实践中，特别是哪些情况可以抗诉、哪些情况不用抗诉、抗诉后是否适用上诉不加刑原则等一系列实际问题，在缺少相关法律法规指引下，只能依靠检察官自行判断、摸索，增加了抗诉难度。实践中，针对部分无法明确是否抗诉的案件，检察机关秉持谨慎原则，往往采取不抗的态度，一定程度上传达出一种既可以获取从宽处罚，又不用担心检察机关抗诉的信息，强化了被告人上诉的意愿。

二、认罪认罚从宽案件中被告人上诉权有无之争

我国《刑事诉讼法》第227条对被告人的上诉权进行了明确规定，并指出对被告人的上诉权，不得以任何借口加以剥夺。但关于认罪认罚从宽制度下被告人的上诉权有无之问题的争议一直存在。"全盘否定说"的学者认为，认罪认罚从宽实施的基础是被告人自愿表示认罪认罚，检察机关才会据此提出从宽处理的决定，法院亦因此采纳检察机关据此提出的审判程序及从宽处理建议，而被告人如果又提出上诉，则是撕毁与司法机关达成的合意，且针对上诉而开展的后续诉讼活动，亦并未达到简化司法程序、节约司法资源的目的。因此，对于适用认罪认罚从宽制度的被告人，其不应再享有上诉权。"限制说"的学者认为，理应对执行认罪认罚从宽制度的被告人的上诉权利进行限制，以免国家的司法出现漏洞，造成资源的浪费，甚至认为可以将一审作为终审，进行快速裁定的审理程序。"全面享有说"的学者认为，2018年对刑事诉讼法修正时对认罪认罚案件没有作出例外规定，因此使用一般规定。任何

---

① 韩旭：《认罪认罚从宽案件中的"骑墙式辩护"》，载《西南民族大学学报（人文社会科学版）》2022年第2期。

人不得以任何理由和借口对认罪被告人的上诉权加以限制和剥夺，根据"法无禁止即自由"的法学基本原则，就我国当前法律规定而言，因认罪认罚而得到从宽处理的被告人对一审裁判享有上诉权，且上诉的范围、内容不受任何限制。① 因此，应当全面保留认罪认罚被告人的上诉权利。

笔者认为，一方面，应当肯定认罪认罚从宽案件中被告人上诉权的享有。在现有法律规定下，上诉权是被告人的法定权利，刑事诉讼法等法律并未将认罪认罚从宽制度作为上诉权行使的例外进行规定，尽管实践中仍存在大量滥用上诉权的情况，造成部分司法资源的浪费，违背了认罪认罚从宽制度设立的初衷，但仍不可直接否定认罪认罚从宽案件中被告人的上诉权利。另一方面，认罪认罚从宽案件的被告人应合理使用其上诉权。该种的合理使用并非是对被告人上诉权的全面限制，笔者认为，在既有法律制度基础上，通过完善刑事诉讼程序中各阶段对认罪认罚从宽制度的适用，强化被告人对认罪认罚从宽制度的理解，并根据诉讼进程向其告知认罪认罚后上诉的法律后果，确保其正确行使上诉权，防止上诉权的滥用，如此，在确保认罪认罚从宽适用率的同时，保障其适用效果，实现认罪认罚从宽制度设立的初衷。

三、认罪认罚从宽案件中检察机关抗诉权强弱之辩

如上所述，在肯定认罪认罚从宽案件中被告人的上诉权的同时，与之相对应的是检察机关的抗诉权。刑事抗诉是法律赋予检察机关的重要职权，我国刑事诉讼法及刑事诉讼规则均对检察机关的抗诉权进行了明确规定，同时，最高检也出台了多个规定，不断规范检察机关抗诉权的行使，但上述法律法规中均未提及认罪认罚从宽案件中检察机关抗诉权的适用问题。有学者指出，检察机关的抗诉只是针对被告人上诉这一行为，认为检察机关通过被告人后续的行为认定被告人认罪认罚动机不

---

① 王志刚、陈丽娜：《认罪认罚案件被告人上诉权的限定问题》，载《重庆邮电大学学报（社会科学版）》2021年第2期。

纯，显然是以事后行为反推当时的主观心态，明显不当。① 检察机关采取的抗诉行为是对被告人上诉行为的压制，看似解决了被告人滥用诉权带来的司法诚信问题，而于法无据的抗诉实质上是对于被告人上诉权的剥夺。②

笔者认为，虽然现行的法律法规尚未对认罪认罚从宽案件中检察机关的抗诉权问题进行单独规定，但并不能否认检察机关抗诉权的存在。一方面，检察机关的抗诉于法有据。被告人在适用认罪认罚从宽后所获得的从宽处理结果，在其提起上诉的同时便消灭，原有根据其认罪认罚所适用的法律程序及量刑便不再适用，此时，检察机关以原审判决适用程序有错误、适用刑罚不当提起抗诉是合法的。同时，2020年9月，最高检发布了第22批指导性案例，其中检例第83号琚某忠盗窃案，就是一起被告人认罪认罚后上诉，检察机关进而抗诉的案件，该案要旨中指出：对于被告人无正当理由而提出上诉的认罪认罚案件，检察机关可以提出抗诉，且因被告人的上诉，其不再适用认罪认罚从宽，检察机关应当建议法院取消因被告人认罪认罚而给予的从宽量刑。该指导案例的发布，为认罪认罚从宽案件中检察机关抗诉权的行使指明了方向。

另一方面，检察机关的抗诉具有必要性。认罪认罚从宽案件中被告人的上诉行为不仅违背了诚信原则，更降低了司法诉讼效率，破坏了认罪认罚从宽制度的法律权威，如果检察机关不抗诉，则不仅使恶意上诉人因此获取利益，更会向社会传达被告人不仅可以获得从宽的处罚，还可以通过不合理上诉获取其他利益等不良信息。从本质上讲，检察机关抗诉也并不是为了加重少数上诉人的刑罚，而是希望通过抗诉的方式引导被告人形成尊重认罪认罚具结和承诺的自觉，减少无谓的上诉和不必要的二审环节，助推认罪认罚从宽制度的良性运行。③

---

① 王恩海：《认罪认罚动机不是抗诉理由》，载《上海法治报》2019年4月24日，第B06版。

② 徐曼俊、施李艳：《认罪认罚案件上诉、抗诉问题研究》，载《上海公安学院学报》2020年第3期。

③ 滁州市定远县人民检察院：《认罪认罚从宽案件被告人上诉应对与反思》，载《安徽警官职业学院学报》2021年第1期。

如上所述，笔者认为认罪认罚从宽案件中，检察机关所享有的抗诉权是应当的，缺少法律法规等明确规定的"先天不足"也不可否认，同时，司法实践中，检察机关在认罪认罚从宽案件中所面对的上诉情形更为复杂多变，其抗诉率要远低于上诉率，检察机关抗诉工作的开展仍困难重重。

四、认罪认罚从宽案件中被告人上诉权与检察机关抗诉权平衡之解决路径

如上所述，在认罪认罚从宽案件中被告人绝对的上诉权与检察机关缺乏法律法规支撑的抗诉权之间形成明显的不平衡。笔者认为，最根本的解决路径依然是相关法律法规的出台，特别是在检察机关抗诉方面，应对具体抗诉范围、抗诉标准等加以明确，为认罪认罚从宽案件的抗诉工作提供法律依据及办案指引。但在当前相关法律法规尚未出台的情况下，笔者认为，检察机关在审查起诉阶段可以从以下几个方面着手，做好两者之间的平衡，以实现认罪认罚从宽制度的最佳效果。

（一）完善认罪认罚从宽告知内容，前置告知时间

在公安机关将案件移送检察机关进行审查起诉时，依据法律规定，检察机关应在规定时间内向犯罪嫌疑人告知一定权利义务及认罪认罚从宽制度内容，但现有的认罪认罚从宽制度告知中，并未包含对适用认罪认罚从宽后上诉可能面临的法律后果的告知。笔者认为，可将上诉结果纳入告知范围内，确保告知的全面性。此外，将告知时间进行前置，主要是指将认罪认罚从宽后上诉后果的告知前置于权利义务告知阶段，提前让其了解上诉后果，深化对认罪认罚从宽制度的认识，同时可在被告人签署认罪认罚具结书时，对认罪认罚上诉后果进行二次告知，做好释法说理工作，降低其后续上诉的可能性。

（二）确保被告人认罪认罚的自愿性、真实性

被告人认罪认罚的自愿性与真实性是被告人与检察机关达成认罪认罚从宽合意的前提和基础，同时，确保其自愿性与真实性的同时，也可有效降低其后续上诉的可能性。笔者认为，一是做好认罪认罚同步录音

录像工作,将认罪认罚从宽制度的告知、对被告人及其辩护人或值班律师意见的听取、量刑建议的协商、认罪认罚具结书的签署等工作进行同步录音录像,同时确保录制的完整性和不间断性,客观反映被告人的认罪认罚情况。二是做好与被告人的沟通工作。实践中,常出现在签署认罪认罚具结书时被告人本人不愿签署,但其辩护人出于先寻求从宽处理,探寻检察机关量刑"底线",后续再提出无罪或罪轻辩护,怂恿被告人作出认罪认罚的表示,或是以被告人亲属希望其认罪认罚为由,要求被告人认罪认罚的情况。为避免上述情形的出现,检察机关应当及时做好与被告人的沟通工作,明确告知其认罪认罚从宽制度的适用是基于被告人本人的意志,以及其反悔可能带来的法律后果。

(三)检察机关充分发挥检察权,降低被告人上诉率

1. 做好精准量刑。在推行提出确定刑量刑建议之前,检察机关的量刑多为幅度量刑,此种情形下,检察机关会根据案件事实、被告人的量刑情节,向被告人提供一个幅度量刑,但被告人的心理预期一般是幅度刑内的最低刑,一旦审判机关作出的判决刑期高于其心理预期,被告人便会以量刑过重为由提起上诉。因此,笔者认为,确定刑量刑建议的提出可以解决此类问题。在量刑的范围上,应包含主刑及附加刑,对于附加刑应着重于对罚金刑的裁量。而检察机关为了提出精准量刑,一方面要积极听取被告人及其辩护人的意见,特别是要审慎对待辩护律师提出的意见,听取应及时、全面,为后续的辩护协商打好基础。另一方面要吸收法院量刑经验,对于部分疑难复杂案件可向法院寻求支持,听取其相关意见,提高精准量刑能力。

2. 有效使用量刑建议调整权。部分案件在检察机关向人民法院提起公诉后,其事实证据发生一定变化,在此种情形下,原有的量刑建议已经达成,但由于案件事实证据的变化,会对被告人的量刑产生一定影响,为避免在后续庭审活动中,由此产生的被告人及其辩护人对量刑提出异议,进而提出上诉的可能性,检察机关可通过使用量刑建议调整权进行应对,针对新出现的情况重新提出量刑建议,并就此量刑建议重新听取被告人及其辩护人的意见,重新签署认罪认罚具结书,并将该量刑建议提交人民法院。

3. 把握上诉黄金期，做好抗诉应对工作。根据刑事诉讼法的规定，在法院判决之后，被告人有 10 天的上诉期，由于文书流转需要时间，故待人民法院将被告人上诉状转交检察机关时，其上诉期往往已经过半甚至临近最后期限，如此，在较短时间内检察机关无法有效完成对其上诉理由的正确判断，从而影响检察机关抗诉决定的作出。为避免此种情形，检察机关应在收到判决书后便及时跟进被告人的上诉情况，根据上诉时限主动与人民法院对接，了解被告人是否上诉。对于已经确定被告人上诉的案件，在第一时间做好信息收集，如通过被告人提交的上诉状了解其上诉理由等。

五、结语

认罪认罚从宽制度在我国的法律实践较短，司法实践中面临的一些问题也正不断出现，上诉率的上升似乎是对认罪认罚从宽制度价值的削弱，反映出被告人的上诉权与检察机关抗诉权的不平衡情况。在缺少法律规制的现状下，检察机关可通过对告知制度的完善、被告人认罪认罚自愿性及真实性的确认及诉讼阶段检察权的使用，确保被告人上诉权的合理行使及检察机关抗诉权的有效运用。

食品药品安全领域民事公益诉讼中公共利益损害的量化探析

——以某公司销售重金属含量超标的食用农产品案为例

郭 爱 王薇淇*

一、案情简介

区市场监督管理部门委托检验机构对某公司销售的皮皮虾进行监督抽检，经检验，该公司销售的皮皮虾中检验项目中镉项目（标准指标：≤0.5mg/kg，实测值 2.6mg/kg）不符合 GB 2762—2017《食品安全国家标准食品中污染物限量》要求，检验结果为不合格。该公司共购进此批次不合格产品 15 千克，截至检验结果出来时，此批次不合格产品已经面向消费者以 119.6 元每千克的价格全部销售完毕，违法所得数额为 1794 元。

本案中，现有证据能够证明该公司存在上述违法行为，相关鉴定意见能够佐证其销售的皮皮虾中重金属镉含量超标，区市场监督管理局也依法对其进行了行政处罚。

但本案中对该单位行为造成的社会公共利益损害情况进行量化和鉴定过程中，承办人多次尝试但终无法得到肯定依据。经咨询多名食品安全领域专家，对于皮皮虾等农产品中检出镉含量超标的情况，无法从客

---

* 郭爱，北京市丰台区人民检察院第六检察部副主任、检察官；王薇淇，北京市丰台区人民检察院第六检察部检察官助理。

观上论证人食用后会造成何种影响，因皮皮虾等的重金属残留可能主要在外壳上而非人食用部分，且人食用情况还要结合具体吃了多少等因素，故专家表示无法出具文字材料论证对人体的危害情况。

后承办人通过市院发布的社会第三方检测机构名单联系北京某机构，检测机构表示现阶段能够出具的鉴定意见或专家意见也只能说明长期服用超标农产品会对人体健康造成损害，但具体服用多少才能产生相应不良反应还需要针对不同个体情况进行分析。

综上所述承办人在对案件进行调查后，终结此案。

二、当前民事公益诉讼中食品药品安全领域存在的问题

上述承办人办理的案件，仅是众多食品药品安全领域民事公益诉讼案件中的一件，但此案的办理也能折射出该类案件中共通的问题：一方面是当事人实施违法行为时主观方面难以判断，另一方面则是现有的证据难以证明和量化社会公共利益受损。

（一）当事人实施违法行为时主观方面难以判断

2021年，最高人民检察院、最高人民法院、农业农村部、海关总署、国家市场监督管理总局等七个部门共同召开探索建立食品安全民事公益诉讼惩罚性赔偿制度座谈会，并印发《探索建立食品安全民事公益诉讼惩罚性赔偿制度座谈会会议纪要》[1]（以下简称《会议纪要》），会议认为向众多不特定消费者销售明知是不符合食品安全标准的食品，应当认定为侵害众多不特定消费者合法权益，对众多不特定消费者生命健康安全产生公益损害风险，构成损害社会公共利益。[2]

基于以上表述，当事人实施了销售不符合食品安全标准食品的行

---

[1] 《最高检等七部门印发〈探索建立食品安全民事公益诉讼惩罚性赔偿制度座谈会会议纪要〉规范食品安全民事公益诉讼惩罚性赔偿实践探索》，https://www.spp.gov.cn/spp/xwfbh/wsfbt/202106/t20210608_520675.shtml#1，最后访问日期：2022年11月30日。

[2] 沙雪良：《七部门：食品安全民事公益诉讼惩罚性赔偿金当用于公益》，https://www.bjnews.com.cn/detail/162312292314975.html，最后访问日期：2022年11月30日。

为,且该销售行为针对的是不特定的消费者,同时当事人实施上述行为时主观上应为故意,即明知是不符合食品安全标准的食品而销售,符合上述条件的,则被认定为损害社会公共利益。但实践中,涉案当事人有些是连锁经营的大型商超,消费群体广泛,其销售的食品面向的消费者是不特定的且众多,不合格食品确实会对消费者生命健康安全产生公益损害风险,但大多数当事人主观方面对其销售的食品是否合格这一情况并没有明确知悉,往往是经市场监督管理部门对食品进行抽样检验,检验结果不合格后由市场监督管理部门将该结果告知当事人,当事人销售不合格产品时并不存在主观上的故意,此种情况下是否仍可以认定为侵害不特定且众多消费者的合法权益?

(二) 社会公共利益损害难以量化

除了上述当事人实施销售不合格产品的行为时主观意图不易区分外,还有一个难题,如上述案例中,该公司销售重金属含量超标食物的违法行为损害了消费者的合法权益、损害了社会公共利益,但对于该违法行为损害的社会公共利益却无法量化,即现有的鉴定报告并不能明确证明社会公共利益受损。

根据《人民检察院公益诉讼办案规则》第86条的规定,人民检察院应当调查社会公共利益受到损害的类型、具体数额或者修复费用等。但因为现行法律对检察公益诉讼调查核实权保障不足,检察机关独立取证难度较大,且食品消费群体众多且分散,案件承办检察官收集到的证据中没有消费者投诉购买该公司销售的镉含量超标的不合格皮皮虾进食后身体产生不良反应,也就是没有证据证明当事人销售的镉含量超标的食品对消费者造成了切实的危害。

案件办理过程中,承办检察官就本案中当事人销售重金属镉含量超标食物对社会公共利益造成何种损害等问题咨询了鉴定机构,鉴定机构工作人员回复:鉴定机构只能对食物进行鉴定,鉴定该食物中所含重金属镉含量是否超标,并可出具鉴定报告,但对于销售重金属镉含量超标的食物对人体造成何种危害,鉴定机构无法鉴定,也不能出具相关鉴定意见,其原因是食用重金属镉含量超标的食物虽会对身体造成损害,可能导致血管、肺、肾、肝等组织系统受损,但食品对人体健康损害往往是潜移默化的，该损害过程是一个长期积累的过程，短期之内对人体健康造成的危害结果无法呈现，而且对人体的危害也需要结合个体的不同情况。故此，销售重金属含量超标食物的行为对社会公共利益的损害难以及时量化。

笔者查阅了相关文献，未找到对损害社会公共利益的量化标准。在查阅资料的过程中，笔者发现最高检在2021年3月15日发布了8起"3·15"食品药品安全消费者权益保护检察公益诉讼典型案例，其中有4件为民事公益诉讼案例，相关案例中直接表述为"庭审中，检察机关出示、宣读了本案被告人供述、证人证言、勘验笔录及鉴定意见等证据，证明刘某美等三人生产销售不符合安全标准食品的犯罪行为侵犯了不特定多数人的生命健康权，侵害社会公共利益的事实。"① 该表述中也没有就当事人的行为如何对社会公共利益造成损害进行论证。

以上述案件为例，办理食品药品安全领域案件时，当事人的违法行为损害的社会公共利益并不能根据《人民检察院公益诉讼办案规则》第86条的标准进行量化，继而多数案件根据《人民检察院公益诉讼办案规则》第90条规定，终结案件。

三、探索民事公益诉讼案件问题解决路径

针对上述食品药品领域民事公益诉讼案件中当事人主观方面难以判断的问题，笔者认为可以根据案件细节方面推断当事人主观意图。而针对当事人销售不符合安全标准的食品的行为对社会公共利益难以量化的问题，笔者认为可以选择当事人销售不符合食品安全标准的食物所获得的销售金额为危害结果的量化标准。

（一）根据案件细节推断当事人主观方面

当事人针对不特定的消费者实施了销售不符合食品安全标准食品的行为，主观上应为故意，即明知是不符合食品安全标准的食品而销售，

---

① 《最高检发布"3·15"食品药品安全消费者权益保护检察公益诉讼典型案例》，https://www.spp.gov.cn/spp/xwfbh/wsfbt/202103/t20210315_512526.shtml#1，最后访问日期：2022年11月30日。

才能认定为损害社会公共利益。

关于主观上的"明知",根据最高人民法院《关于审理食品安全民事纠纷案件适用法律若干问题的解释(一)》第 6 条规定:"食品经营者具有下列情形之一,消费者主张构成食品安全法第一百四十八条规定的'明知'的,人民法院应予支持:(一)已过食品标明的保质期但仍然销售的;(二)未能提供所售食品的合法进货来源的;(三)以明显不合理的低价进货且无合理原因的;(四)未依法履行进货查验义务的;(五)虚假标注、更改食品生产日期、批号的;(六)转移、隐匿、非法销毁食品进销货记录或者故意提供虚假信息的;(七)其他能够认定为明知的情形。"[①]

笔者认为,对"明知"的认定,可借鉴上述司法解释规定,结合食品药品领域民事公益诉讼案件事实,尤其注重案件细节审查,特别是当事人是否提供了所售食品的合法进货来源,当事人是否以明显不合理的低价进货且无合理原因,是否依法履行进货查验义务等表述。

以上述案件为例,承办当事人收集的证据中能够证明当事人提供了所售皮皮虾的合法进货来源,也提供了相关进货单据,进货单据中填写的进货价格也没有明显低于市场进货价,则可以推定当事人主观上不存在故意,即当事人主观上不存在明知产品不符合标准仍进行售卖的故意。反之,如果涉及食品药品安全的民事公益诉讼案件中,当事人无法提供所售食品的合法进货来源,或者存在无合理原因却以明显不合理低价进货的行为或者没有依法履行进货查验义务,则应当推定当事人主观上存在故意,即明知自己销售的产品不符合安全标准,仍进行售卖,则可以认定该行为侵害了消费者的权利,损害了社会公共利益。

(二)社会公共利益受损的量化标准

社会公共利益受损无法量化不能等同于社会公共利益没有受到损害。针对当事人销售不符合安全标准的食品的行为对社会公共利益难以

[①] 人民法院新闻传媒总社:《最高法发布审理食品安全民事案件司法解释(一)和典型案例》,https://www.court.gov.cn/zixun-xiangqing-278211.html,最后访问日期:2022 年 11 月 30 日。

量化的问题，笔者认为可以选择当事人销售不符合食品安全标准的食物所获得的销售金额为危害结果的量化标准。以上述案件为例，当事人已经将不符合食品安全标准重金属镉含量超标的皮皮虾出售给不特定的消费者，且15千克的皮皮虾已经流散到消费市场，虽然没有收到消费者食用该批次不符合食品安全标准的皮皮虾后身体不适的投诉，但该批次不合格的食品流入市场就已经对消费者的身体健康产生了威胁。

某一行为损害社会公共利益造成危害结果不能仅局限于现实的已经形成的危害，不能仅以不合格的食物已经对人体健康造成的损害为标准来认定危害结果，检察公益诉讼不仅仅要关注个案公益损害的修复，其目的还在于预防，充分发挥制度治理效能，既要注重抓溯源、治根本，也要抓前端、治未病。① 故危害结果应当包括销售或者食用不符合食品安全标准可能给人体健康造成的重大安全隐患、安全风险。②

《会议纪要》中指出："食品药品安全领域民事公益诉讼案件办理中认定是否侵害众多不特定消费者合法权益，损害社会公共利益，应当以是否存在对众多不特定消费者造成食品安全潜在风险为前提，不仅包括已经发生的损害，也包括有重大损害风险的情形，可以结合鉴定意见、专家意见、行政执法机关检验检测报告等予以认定。"③

结合上述案例中，承办检察官针对当事人销售重金属镉含量超标食物对社会公共利益造成何种损害等问题咨询鉴定机构，得到的回复可知，在现有的认知水平和鉴定条件下，鉴定意见、行政执法机关检验检测报告等证据材料能证明送检的食物某项指标不符合国家食品安全标准，但检测人员对不符合食品安全标准的食物对人体造成何种危害、对社会公共利益造成何种重大损害风险无法出具具体意见。因此，这种对社会公共利益的损害风险是无法用语言进行量化和描述的。

---

① 金歆：《检察公益诉讼 守护美好生活》，载《人民日报》2022年6月30日，第19版。
② 曹辰：《预防性环境民事公益诉讼"重大风险"的认定与适用》，载《环境污染与防治》2022年第5期。
③ 曹辰：《预防性环境民事公益诉讼"重大风险"的认定与适用》，载《环境污染与防治》2022年第5期。

但可以通过利用可视的其他指标来量化社会公共利益所遭受的损害程度。笔者认为，在食品药品安全领域民事公益诉讼案件办理过程中，以当事人销售不符合食品安全标准的食品所得的销售金额为标准量化社会公共利益受损具有一定的可行性。①

首先，当事人销售不符合食品安全标准的食品所得的销售金额是确定的、可查的，能体现对社会公共利益的危害程度。对于相同一类不合格食品，当事人的销售金额越多，意味着流入消费市场、流向不特定消费者的此类食品越多，对消费者身体健康的威胁越大，对社会公共利益的损害越大。因此，以当事人销售不符合食品安全标准的食品所得的销售金额为量化社会公共利益受损的标准，能够很清晰、明了地确定社会公共利益受损的程度。

其次，以销售额作为衡量标准是合理的，具有一定的说服力。当事人销售不合格产品并因此获利，而消费者花钱本应购买符合安全标准的食品，却买到了不合格的食物，故当事人所获的利益实为对应购买该食品的消费者的损失。当事人出售不合格食品所得的销售金额愈多，意味着消费者为此遭受的损失愈大。因此，以当事人销售金额作为受损公共利益计算基数有其合理性。

最后，以当事人销售不符合食品安全标准的食品所得的销售金额为标准便于司法实践操作，有利于摆脱受损公共利益无法量化的困境。相较于使用抽样统计、问卷调查等技术手段确定公共利益的损失，以当事人的销售金额为衡量公共利益受损的标准更加便捷，也更容易获取，具有更高的可行性，同时获取当事人销售金额的成本更低。当事人作为销售者，其每一笔销售金额均应有账单予以记录，可以通过调取账目账单的方式获取当事人销售不符合食品安全标准的食品所得的销售金额。即使个别当事人存在无法查清具体销售金额的情况，也可以综合比较市场价格、同行商家一般销售利润等认定其销售金额。如此可以减轻检察机关调查取证的难度，同时调取的证据对于证明社会公共利益受损更具有

---

① 刘凤月：《食品安全民事公益诉讼惩罚性赔偿金的确定》，载《人民检察》2020年第22期。

证明力，便于检察机关打击食品安全领域非法生产销售行为，提高办案效率，提升办案效果，达到保护公共利益的目的。

公益诉讼不能仅仅对已经发生的公共利益受损的违法行为进行立案调查，也应该对即将发生或者可能发生的公共利益损害的风险进行防范。① 但在此种情形下，虽然存在违法行为，但是该违法行为可能对公共利益构成一定的威胁，使得公共利益处在一种危险之中，但是损害公共利益的结果并没有发生，对于此种违法行为下公共利益受损进行量化时，往往并没有直观的、现实的损害结果。在食品药品安全领域，可以依据当事人销售的不符合安全标准的食品所得的销售金额作为社会公共利益受损的量化标准，衡量当事人违法行为对社会公共利益造成的损害，解决社会公共利益损害无法量化的问题，提高公益诉讼案件办理的质量，提升办理案件水平，为守护人民群众"舌尖上的安全"贡献检察力量。

---

① 周骁然：《论预防性环境民事公益诉讼的制度化路径》，载《湖湘法学评论》2022年第2期。

浅析社会调查制度在未成年人审查逮捕程序中的适用[*]

李章颖　王　颖[**]

《刑事诉讼法》规定了有社会危险性逮捕和径行逮捕两种类型。径行逮捕包含三种情形①，自由裁量空间较小，司法实践中存在的争议较少；而有社会危险性逮捕则赋予检察机关较大的自由裁量权，需要根据案件事实、证据情况和刑事政策等综合判断是否具有法律规定的社会危险性。自2001年起，最高人民检察院、公安部先后发布《关于依法适用逮捕措施有关问题的规定》《人民检察院审查逮捕质量标准》等多份规范性文件，为司法机关客观把握"社会危险性"提供了依据。但尽管如此，司法实践中对于"社会危险性"的判断缺乏量化评估标准，依旧存在"仁者见仁"的情况，而这一困境在未成年人审查逮捕程序中更加突出。人格刑法学理论认为，未成年人与成年人犯罪在内在本质和人格特点上都有很大的不同。未成年人心智尚未发育完全，行为认知和控制能力尚不完全，且未成年人犯罪的背后往往有着深刻的制度背景

---

[*] 本文系北京市丰台区人民检察院2022年检察理论研究重点课题"论社会调查制度在未成年人审查逮捕程序中的适用"的研究成果，刊载于《黑龙江政法管理干部学院学报》2022年第4期。

[**] 李章颖，北京市丰台区人民检察院第一检察部检察官；王颖，北京市丰台区人民检察院第一检察部检察官助理。

① 根据《刑事诉讼法》第81条第3款的规定，径行逮捕的情形为：有证据证明有犯罪事实，可能判处10年有期徒刑以上刑罚；有证据证明有犯罪事实，可能判处徒刑以上刑罚，曾经故意犯罪或身份不明。

和社会原因,故未成年人实施犯罪行为的社会危害性较之成年人犯罪有其特殊性,需要根据未成年人的成长经历、失足原因、家庭监护等情况进行综合判断,即对未成年人开展社会调查。本文尝试在借鉴域外国家经验的基础上,在未成年人审查逮捕程序中引入社会调查制度,以期平衡犯罪控制与未成年人司法保护,实现个案的实质正义。

一、未成年人适用逮捕措施的现状

(一)立法现状

在我国未成年人司法保护与国际少年司法理念接轨的过程中,我国加入或参与制定了包括《儿童权利公约》《北京规则》《到 2000 年及其后世界青年行动纲领》《预防少年犯罪准则》等国际公约和准则。这些公约或准则均要求优先重视少年违法和犯罪问题,其中《儿童权利公约》确立了儿童利益最大化的少年司法理念,《北京规则》更是明确规定非必要不得审前拘留未成年人,充分保护未成年人免受审前羁押带来的身心伤害和"犯罪污染"。

2012 年修订《刑事诉讼法》时新增未成年人保护的特别程序专章,确立了未成年人刑事案件办理方针和原则,并明确要求严格限制适用逮捕措施。同年最高检发布的《人民检察院刑事诉讼规则(试行)》规定了涉罪未成年人无社会危险性的情形,① 并要求根据未成年人涉嫌的犯罪性质、主观恶性大小、监护条件等情况综合衡量社会危险性。《人民检察院办理未成年人刑事案件的规定》则进一步细化了未成年人无社会危险性不予逮捕的多种情形。分析上述规定不难发现,对未成年人的犯罪原因、成长经历、监护帮教条件的综合评估是决定是否适用逮捕措施的重要依据。

---

① 《人民检察院刑事诉讼规则(试行)》第 144 条规定:"犯罪嫌疑人涉嫌的罪行较轻,且没有其他重大犯罪嫌疑,具有以下情形之一的,可以作出不批准逮捕的决定或者不予逮捕:……(五)犯罪嫌疑人系已满十四周岁未满十八周岁的未成年人或者在校学生,本人有悔罪表现,其家庭、学校或者所在社区、居民委员会、村民委员会具备监护、帮教条件的;……"

（二）司法实践

根据最高检未成年人检察工作数据显示，2014年至2020年全国检察机关对涉罪未成年人的平均不捕率分别为26.66%、29.41%、31.66%、33.59%、34.13%、39.1%。由此可见，在"教育为主、惩罚为辅"的原则下，我国涉罪未成年人的不捕率逐年上升。这样可喜的成绩得益于未成年人刑事立法的不断完善和各地对严格限制对未成年人适用逮捕措施的实践探索。例如，2002年北京市某区检察院将社会调查制度纳入审理未成年人刑事案件的必经环节；2005年河北省某区检察院也开始试行涉罪未成年人人格调查制度；上海市多个区县检察机关均积极探索社会调查制度和涉罪未成年人非羁押措施可行性评估机制。[1] 但此项制度尚在起步阶段，还存在诸多问题有待进一步明晰和解决。如社会调查制度的启动主体、具体内容、审查规则等在立法层面没有明确规定，在审查逮捕程序中适用社会调查的检察机关寥寥无几且存在流于形式等问题。

二、审查逮捕程序中引入社会调查制度的必要性

有学者提出，对未成年人适用监禁处遇存在不人道；被监禁的未成年人身心更易受到创伤；"标签效应"负面影响更突出；"犯罪污染"的风险更高；导致其社会化进程中断甚至畸变的可能性更大等五大弊端。[2] 为了降低因为逮捕对未成年人的消极影响，应当在审查逮捕程序中引入社会调查制度，为检察机关在充分了解未成年人的主观恶性、成长经历、监管条件等内容的情况下作出捕与不捕决定提供客观依据。

---

[1] 闵行区检察机关建立涉罪未成年人非羁押措施可行性评估机制，将犯罪行为、个人情况、家庭情况、保障支持条件作为评估项目，制作《涉罪未成年人非羁押措施可行性评估表》；卢湾区检察机关制定了《关于未成年人刑事案件适用品格证据的实施办法》；长宁区检察机关联合区法院、司法局开展"未成年人刑事案件判决前人格社会调查制度"试点项目并引入心理测评机制。

[2] 姚建龙：《未成年人犯罪非监禁化理念与实现》，载《青少年犯罪研究》2004年第6期。

(一) 未成年人刑事政策与立法的要求与趋势

我国关于社会调查制度最早的法律依据为1985年联合国大会通过的《少年司法最低限度标准规则》，该规则规定社会调查应当作为未成年人刑事案件的必经程序。自此，我国便开始了对社会调查制度的探索。上海市长宁区法院1988年首次开展在刑事审判工作中引入社会调查的尝试；随后"两高两部"于1991年在《关于办理少年刑事案件建立互相配套工作体系的通知》中初步确立了在未成年人刑事诉讼中开展社会调查的理念，但社会调查的重点还是放在判决后的帮教中。此阶段社会调查主要作为审判阶段及判后帮教的参考依据。2012年《刑事诉讼法》修订时正式将社会调查制度纳入，并将社会调查的功能延伸至公安机关侦查阶段。此后，为了更好地指导实践工作，我国陆续出台了一系列规范性文件细化完善社会调查制度。由社会调查制度在我国落地生根的立法脉络可以看出，社会调查制度由审判阶段不断前移至侦查阶段是对严格限制适用逮捕措施的立法要求，更是对未成年人相关刑事司法政策的响应与落实。

(二) 未成年人主体身份决定了其社会危险性评估的特殊性

未成年人的大脑功能尚未发育成熟，其控制冲动、判断行为性质、预见行为可能造成的后果及其他能让个人承担责任的功能等均受到影响，因此，即使实施了与成年人同样严重危害社会的犯罪行为，其社会危险性与主观恶性与成年人也是不同的。具体而言，一是由于未成年人控制和辨认能力尚不全面，人格特点具有假象性。即使实施了同样的犯罪行为，造成了同等程度的危害后果，未成年人对行为的主观认识、人身危险性也与成年人有一定的差距，并不能认定其形成了犯罪人格，而很可能只是一种"不法人格"的假象。二是未成年人实施犯罪行为的背后大多存在复杂的家庭原因或社会原因，如原生家庭监管缺失、成长环境复杂、多次受到不正常对待等。实践中，涉罪未成年人大多存在家庭监管不利的问题。因此，社会制度缺陷、恶劣成长环境、学校教育制度及自身所处阶段的人格特征相互作用导致未成年人走上犯罪道路，他们的行为并非完全出于意志自由，并不能客观反映其社会危险性。为了全面、深入、客观地了解未成年人的犯罪原因，综合判断未成年人的社会危险性，严格限制适用逮捕措施，需要借助专业的评估方法开展社会调查，判断其主观恶性、再犯风险等指标。

（三）快速介入未成年人司法矫治康复的参考依据

未成年人司法的终极目标是发挥司法机关教育、感化和挽救功能，帮助涉罪未成年人回归社会，修复受损社会关系。由于未成年人身心发育尚未完全，还处于人格、心理特征形成阶段，刑事诉讼对其产生的负面影响更深远。为了尽可能减少犯罪行为及后续刑事诉讼过程给涉罪未成年人的身心造成不可挽回的伤害，司法机关应当及时对其进行行为矫治、心理疏导等矫治康复工作。社会调查则可以较为全面地反映涉罪未成年人隐匿在个体行为下的扭曲人格倾向、失足原因、主观恶性等复归社会的障碍。在审查逮捕程序中引入社会调查制度，则可以从侦查阶段开始有针对性地对未成年人开展矫治康复工作，降低"犯罪污染"或形成真正的"犯罪人格"，同时也为衔接后续对未成年人采取与其身心状况相符的处遇措施和考察帮教工作提供重要参考依据。

三、比较视野下社会调查在审前逮捕程序中的适用

（一）域外国家社会调查在审前逮捕程序中的运用情况

无论是大陆法系还是英美法系，大多数国家在对未成年人进行审判前，都会就未成年人的成长经历、学习状况、家庭环境等情况进行调查形成报告，并结合未成年人的具体犯罪行为、到案后认罪悔罪等表现，对其存在的危险因素进行评估，以供审判机关作出最后裁决时参考。①

1. 美国的社会调查与保释风险评估机制

美国关于未成年人社会调查制度的法律法规较为详尽且历史悠久，早在1899年伊利诺伊州《少年法庭法》便规定了社会调查制度。② 在

---

① 宋英辉、张寒玉、王英：《特别程序下逮捕未成年人制度初探》，载《青少年犯罪问题》2016年第5期。

② 陈立毅：《我国未成年人社会调查制度研究》，载《中国刑事法杂志》2012年第6期。

现代美国司法体制中，社会调查通常用来帮助法官决定采取何种安置方式对涉罪未成年人最有利，在美国，超过九成的社会调查报告会被法官所采纳。① 缓刑官一般会在案件被法院受理后立即启动社会调查程序，全面调查未成年人的社会背景和犯罪情况。调查内容大概包括在校记录复审、法庭记录复审、警方记录复审、约谈校方与教师、约谈案件相关人员、进行心理健康测评，并根据上述内容提出具体的处分意见。此外，还会包含未成年人是否遭到家庭遗弃、虐待或监管不力以及是否存在酗酒、滥用毒品等内容。

为了尽最大可能降低未成年人审前羁押率，几乎所有大城市都建立了未成年人保释风险评估机制，帮助法官评估羁押必要性，即通过对涉罪未成年人的生理与心理健康状况、个人与社会技能、教育水平、抽烟酗酒与否等情况进行评估，判断涉罪未成年人被保释后逃避侦查的风险。一些地区通过对未成年人是否存在不良行为、是否能够按期出庭、是否曾被适用缓刑并顺利度过等因素进行量化测评，评估未成年人所需监管的程度，法官根据测评结果决定对涉罪未成年人进行封闭性羁押、由监护人回家看管、安置在日间或夜间报告中心等。② 实践中，未成年人服务水平及案例管理评估量表（YLS/CMI 量表）及未成年人暴力风险之结构性评估量表（SAVRY 量表）③ 是运用最广泛的风险需求评估量表。

2. 英国少年保释风险评估机制

英国的逮捕程序本质上是警方侦查程序的开始，警方逮捕涉罪未成年人之后会立即将其送至警察局，警察可以采取讯问未成年人犯罪嫌疑人、人身和住所搜查等手段展开侦查、固定证据，最终将犯罪嫌疑人指控到法院，由法官作出是否保释的裁决。为了客观评估涉罪未成年人保释风险，英国的青少年帮助小组和社工会积极收集涉罪未成年人包括是

---

① 张鸿巍：《浅析美国未成年人案件社会调查制度》，载《河北法学》2014 年第 5 期。

② 张文娟：《中美少年司法制度探索比较研究》，法律出版社 2010 年版，第 66 页。

③ SAVRY 量表最初虽然是基于评估未成年人暴力风险而专门开发的，但后续诸多实证研究证明其在预测非暴力犯罪和暴力犯罪的未成年人的一般再犯方面具有高度准确性。

否犯罪行为、犯罪类型、犯罪背景、此前是否有犯罪记录、是否抽烟酗酒、家庭监管情况、对社区和公众的风险等在内的信息，综合评估该名未成年人是否存在可能影响保释的危险因素及违反保释规定的风险大小。

3. 其他国家的社会调查制度

德国的社会调查程序由警方启动，少年法院救助站执行。一般警方展开侦查工作后会立即通知少年福利局，再由少年福利局通知少年法院救助站对涉罪未成年人的成长环境、教育状况、心理活动特征、家庭情况等内容展开调查。调查的过程中，少年福利局和少年教育局必要时会共同指导协助少年法院救助站完成社会调查工作。瑞典则是由社会福利委员会来转介社会调查需求，由第三方机构完成调查工作。瑞典警方或公民在发现未成年人刑事案件后必须立即通知社会福利委员会，委员会在收到通知后则会将案件委托给相关的学校或其他有关部门进行调查。若在调查过程中发现未成年人可能存在身心健康问题，则会邀请医生或心理咨询师同步参与调查。调查工作完成后，第三方机构将社会调查报告呈递给社会福利委员会，委员会在全面审查报告的基础上对涉罪未成年人采取相应的保护处分措施。①

（二）域外国家社会调查制度对我国的借鉴意义

各国社会调查制度均充分贯彻落实了"国家亲权"理论，体现了国家对未成年人最终监护人的形象。从各国社会调查制度的设计来看，虽然各国调查主体、程序上有明显的不同，但也具有一定的共通性。一是调查主体明确且中立。各国社会调查主体均为独立于审判组织之外的社会组织或专门机构，不受侦查机关、审判机关等部门的影响，保障调查结论真实性、客观性。二是调查内容全面广泛。各国均要求全面了解未成年人个体、家庭特征及犯罪行为特点等内容，几乎包含评价未成年人身心健康、社会危险性、后续矫治方案的全部因素。三是调查结果客观。大多数国家充分利用社会学、心理学调查方法，甚至引入风险评估机制

---

① 冯卫国：《未成年人刑事案件的审前调查制度探讨》，载《少年司法》2007年第1期。

来客观评估未成年人社会危险性,为其后续处遇和矫治方案提供依据。

四、科学引入社会调查制度,实现刑事处遇个别化

经过三十多年的不懈努力与探索,我国未成年人社会调查制度已经取得了较好的成果,大多数省份均将社会调查制度引入未成年人刑事诉讼程序中,为未成年人刑事案件审前分流和选择适当的处遇措施提供了重要的参考。但可喜成果的背后也存在诸多亟须解决的问题,如社会调查内容五花八门、调查主体不明确、启动时间过于后置,导致一些地区的社会调查制度并未能在未成年人刑事诉讼程序中发挥应有的作用。为了让社会调查制度能更好地服务于未成年人刑事司法,应当借鉴域外国家先进经验,完善社会调查制度在未成年人审查逮捕程序中的运用,降低涉罪未成年人审前羁押率,最终实现刑事处遇个别化与诉讼经济的协调统一。

(一)明确社会调查内容

教育刑主义认为,犯罪绝不是犯罪人自由意志和天生固有因素所决定的结果,而是恶劣的社会环境、失业、贫困等因素决定的。[①] 这与我国"教育为主、惩罚为辅"的未成年人刑事政策相契合,符合未成年人犯罪的低社会危险性和易矫治性。为了让社会调查制度能够贯穿整个未成年人刑事诉讼程序,充分发挥社会调查在未成年人逮捕、定罪、量刑及行为矫治各个环节的不同功能,应当明确、规范社会调查的评估内容。

笔者认为,审查逮捕阶段的社会调查评估内容至少应当包括以下内容:(1)未成年人基本情况:年龄、健康状况(生理与心理)、性格特点、生活习惯、作息规律、兴趣爱好、成长经历(包括求学、工作及其他记忆深刻事件)、在校表现(或工作表现)、是否有不良行为或严重不良行为等。(2)家庭监管情况:家庭成员基本情况(包括每个成员的年龄、受教育状况、工作、经济来源等)、是否单亲或隔代抚育、

---

① 中国劳改学会:《中国劳改学大辞典》,社会科学文献出版社1993年版,第609页。

家庭主要经济来源、是否负债、家庭氛围及相处模式、监护人对未成年人的教育和监护方式等;为避免了解片面,此项内容应当从未成年人与家庭成员两方面展开调查。(3)社会关系情况:主要是朋辈关系、师生关系、邻里和社区关系等,如交友情况、是否与不良少年交往、与老师和同学的关系(与领导和同事的关系)、邻里间是否相处融洽、社区治安状况、在社区表现等。(4)此次案事件基本情况:犯罪行为、动机、目的、是否与被害人有矛盾、犯罪背后的深层次原因等。(5)犯罪后表现:到案方式、是否有自首情节、认罪悔罪态度、是否向被害人赔礼道歉或赔偿被害人损失、在羁押期间表现、对此次犯罪行为的认识等。(6)家庭及社区的态度:监护人是否认识到未成年人及家庭监管方面的问题、能否提供有效的监管及相应措施、社区对未成年人回归的态度、能否提供帮教条件等。(7)综合评估意见:分析犯罪原因、家庭监管存在的问题、指出未成年人回归社会的有利因素与不利因素、评估未成年人再犯风险等。(8)帮教建议:记录未成年人及家庭对帮教的态度、根据社会调查情况提出是否需要开展帮教并简要出具帮教建议。

在社会调查过程中应当注重调查方法的运用,不能单一地采用卷宗阅览、访谈等方法,而应当在社会学、心理学等相关专业知识的指导下,灵活运用走访调查、访谈、量表评估等多种调查方式,形成客观、全面的社会调查报告。此外,对未成年人的社会调查应当以无罪推定原则为基础,不得重点收集能够证明未成年人具有社会危险性、再犯风险高的材料,而对能证明未成年人品行良好的材料一笔带过甚至忽略。

(二)明确社会调查启动主体和执行主体

根据社会调查相关法律法规的规定,公、检、法三机关在不同的刑事诉讼阶段均有权自行或委托有关组织对涉罪未成年人开展社会调查。由于三机关均有权启动调查程序,容易出现重复调查或互相推诿的现象,且不同机关在不同的诉讼阶段展开调查的侧重点不同,可能造成调查结果不一致甚至相冲突的情况。

笔者认为应当建立由公安机关启动,委托专业社会调查机构展开调查。首先,公安机关是刑事案件的最初受理机关,能够在第一时间接触涉罪未成年人及其监护人、了解案件基本情况，由公安机关作为启动社会调查程序的主体能够在侦查阶段充分了解涉罪未成年人的社会危险性、主观恶性，为检察机关在审查逮捕阶段作出逮捕与否决定提供依据，真正让社会调查制度贯穿整个刑事诉讼过程。其次，公安机关社区警务具有掌握、管理辖区内人口信息及流动情况，收集、接报辖区影响治安稳定的情报信息等功能，对辖区内居民的基本信息具有详细的记录与了解，必要时能给社会调查机构提供信息、技术支持。且公安机关违法犯罪信息查询系统功能最为完备，被调查的未成年人此前是否有行政处罚、刑事拘留或犯罪记录等均能在该系统中进行全面查询。最后，社会调查是一项专业性较强的工作，需要在综合收集未成年人个人、家庭、社会背景及案件情况的基础上，通过专业方法、工具的分析、评估，形成未成年人社会危害性、涉罪深层次原因、矫治帮教建议等调查结论。当前专门办理未成年人案件的司法工作人员尚不具备开展社会调查所需要具备的专业知识和能力。且为了维护未成年人的合法权益，避免司法人员侧重搜集对未成年人不利的证据材料，忽视那些能够证明未成年人认罪悔罪、品行良好的证据材料，由专业的社会调查机构执行更能确保调查内容和结论的中立性和客观性。

具体的调查程序可以设计为：公安机关在受理未成年人刑事案件后应当立即通知同级司法行政部门，由司法行政部门出具《社会调查委托函》，委托具有专业调查资质的社会调查机构开展具体的调查工作，必要时，公安机关、检察机关、司法行政部门等可以为社会调查机构提供技术支持。公安机关将案件移送检察机关审查逮捕时，必须一并移送侦查阶段形成的社会调查报告，检察机关应当对社会调查报告进行实质审查，认为有必要补充调查的，可以向社会调查机构提出补充调查意见。同样，检察机关提起公诉时必须将完整的社会调查报告（包括在审查案件期间的补充调查内容）一并移送人民法院，法院认为有必要补充调查的，可以提出补充调查意见。无特殊情况，补充调查工作由最初开展社会调查的机构开展。

（三）引入风险评估机制

社会调查的内容决定了其具有一定模糊性，不借助量表或其他评估工具的量化分析难以撇清调查结论的主观色彩。英美国家已经引入风险评估机制辅助判断涉罪未成年人是否具有羁押必要性，保释是否会对证人、社区带来风险。为了提高社会调查报告的客观性、科学性，可以引入风险评估和心理健康测评机制，借鉴SAVRY量表、YLS/CMI量表或其他风险需求评估量表的构成因子，提取共性影响指标作为社会调查或风险评估的具体指标，并根据指标的不同确定各指标的比重，以量化的方式评定涉罪未成年人的社会危险性、再犯风险，为判断其是否需要继续羁押提供依据。

此外，社会调查主要是从犯罪行为、个体和社会关系、到案后表现三个重要维度来评估未成年人的人身危险性。其中，犯罪行为维度的相关要素主要是对已经发生的犯罪手段、对象、后果、原因等客观事实进行评估，属于静态指标。但个体和社会关系、到案后表现这两个维度的某些指标会受到外界环境的影响而发生变化，而非一成不变的静态指标，如未成年人社会交往情况、生活习惯、监护情况、对被害人态度、是否再次违法等均属于动态指标，随时间的变化而发生改变，进而影响涉罪未成年人的再犯风险高低。因此，需要建立风险动态评估机制。检察机关作出逮捕或不予逮捕的决定后，将决定及时告知社会调查机构，由社会调查机构就动态指标进行持续风险评估。若出现需要变更强制措施的情形，社会调查机构应当立即出具补充社会调查报告，移送检察机关依法审查，由检察机关作出是否变更强制措施的决定。

五、结语

社会调查制度在我国经历了三十余年的发展与变革，已经成为司法机关对未成年人进行审前分流、定罪量刑、矫治教育的重要参考依据之一，在惩罚犯罪和教育矫治涉罪未成年人方面均起到非常重要的作用。今后，我们应当在未成年人相关刑事司法政策的指导下，积极探索在审查逮捕程序中引入未成年人社会调查制度，科学全面评估未成年人人身危险性和社会危害性，尽可能减少涉罪未成年人审前羁押，尽早介入对涉罪未成年人的教育矫治工作，实现惩治犯罪与教育挽救的有机统一，最大可能教育挽救涉罪未成年人。

交通肇事案件中"逃逸"情节的法律适用探析

——兼论行政机关交通事故责任认定书的证据属性与审查运用

李 蕊 周媛媛[*]

交通肇事案件中,关于"逃逸"情节的法律适用,一直是法学理论与司法实践中的疑难点之一。这一情节在行政行为中,属于认定交通事故责任归属的一项重要情节,同时在刑事法律适用中,这一情节又决定着是否构成交通肇事罪、适用何种法定刑等定罪量刑的重要问题。因此,有必要深入理解这一情节的法律意义,厘清司法适用中的疑难问题,从而使司法实践具有更为清晰条理的逻辑基础的前提下,提升司法效率、节约司法资源,提升办案质量。

一、问题的提出:两个案例

案例一:王某某交通肇事案。2021年8月4日2时许,被告人王某某在驾驶证暂扣期间,饮酒后驾驶一辆英菲尼迪牌小型轿车,行驶至本市丰台区南大红门路T10027号灯杆处,与进行施工作业的被害人张某某发生碰撞,造成张某某当场死亡,王某某驾车逃逸。经鉴定,被害人张某某符合重度颅脑损伤、胸部损伤合并失血性休克引起死亡。该案

---

[*] 李蕊,北京市丰台区人民检察院第一检察部检察官;周媛媛,北京市丰台区人民检察院第一检察部检察官助理。

中，北京市公安局公安交通管理局丰台交通支队出具的《道路交通事故认定书》认定："该起交通事故发生原因为：1. 王某某在驾驶证暂扣期间驾驶机动车；2. 王某某驾驶机动车未按操作规范安全驾驶；3. 王某某驾车发生交通事故后驾车逃逸；4. 张某某未经许可在道路上从事非交通活动。依据《中华人民共和国道路交通安全法》及《中华人民共和国道路交通安全法实施条例》的相关规定，认定王某某承担主要责任，张某某承担次要责任。"

案例二：贾某某交通肇事案。2022 年 7 月 14 日 9 时 14 分，在北京市丰台区丰台南路新发地市场神农门前，杨某某由北向南步行，适有贾某某驾驶一辆普通二轮摩托车由东向西行驶，普通二轮摩托车右侧与杨某某身体接触，造成杨某某受伤，事发后贾某某驾车逃逸。贾某某于 2022 年 7 月 15 日被抓获。2022 年 7 月 26 日杨某某经医院抢救无效死亡。北京市公安局公安交通管理局丰台交通支队出具的《道路交通事故认定书》认定："事故形成原因：1. 贾某某驾驶机动车未做到安全驾驶发生交通事故；2. 贾某某驾驶机动车违反禁令标志指示通行；3. 贾某某驾驶机动车发生道路交通事故后逃逸；4. 杨某某步行横过道路未走人行横道。贾某某驾驶机动车未做到安全驾驶且违反禁令标志指示通行的违法行为是事故发生的原因，且有发生事故后驾车逃逸的违法行为；杨某某步行横过道路未走人行横道的违法行为，是事故发生的原因。对于该起交通事故认定贾某某承担主要责任，杨某某承担次要责任。"

上述两个案例均为行为人违反交通管理规定，发生交通事故后逃逸，造成一人死亡的结果，行为人经认定均承担事故的主要责任，死亡的被害人为次要责任。其中，认定行为人承担事故主要责任的理由之一均包括发生事故后逃逸。经过承办人员审查案件、与侦查人员沟通，最终均以涉嫌交通肇事罪提起公诉，并在有期徒刑 3 年以下的法定刑幅度内提出具体量刑建议，最终均获法院判决支持。

二、现行法律规定与司法解释的文本及其理解

现行的刑事法律与司法解释中关于逃逸的规定比较混乱。① 在交通肇事案件中，至少在文本上体现逃逸情节的，就有两层含义。第一层含义是"逃逸"情节作为入罪情节，即司法解释第 2 条第 2 款所规定的"交通肇事致一人以上重伤，负事故全部或者主要责任，并具有下列情形之一的，以交通肇事罪定罪处罚：……（六）为逃避法律追究逃离事故现场的"，处 3 年以下有期徒刑或者拘役。第二层含义作为加重情节，是《刑法》第 133 条所规定的"交通运输肇事后逃逸或者有其他特别恶劣情节的，处三年以上七年以下有期徒刑"。而在文本中没有体现出逃逸，但实际运用中可能也涉及逃逸问题的，还有一种情形，也就是本文上述两个案例中所体现的情形，即当逃逸作为认定事故责任时的情节之一，使得可能根据司法解释第 2 条第 1 款所规定的情形认定构成交通肇事罪，即"交通肇事具有下列情形之一的，处三年以下有期徒刑或者拘役：（一）死亡一人或者重伤三人以上，负事故全部或者主要责任的"。

本文所讨论的就是第三种情形，即在《道路交通责任认定书》中

---

① 《刑法》第 133 条规定："违反交通运输管理法规，因而发生重大事故，致人重伤、死亡或者使公私财产遭受重大损失的，处三年以下有期徒刑或者拘役；交通运输肇事后逃逸或者有其他特别恶劣情节的，处三年以上七年以下有期徒刑；因逃逸致人死亡的，处七年以上有期徒刑。"2000 年最高人民法院《关于审理交通肇事刑事案件具体应用法律若干问题的解释》第 2 条规定："交通肇事具有下列情形之一的，处三年以下有期徒刑或者拘役：（一）死亡一人或者重伤三人以上，负事故全部或者主要责任的；（二）死亡三人以上，负事故同等责任的；（三）造成公共财产或者他人财产直接损失，负事故全部或者主要责任，无能力赔偿数额在三十万元以上的。交通肇事致一人以上重伤，负事故全部或者主要责任，并具有下列情形之一的，以交通肇事罪定罪处罚：（一）酒后、吸食毒品后驾驶机动车辆的；（二）无驾驶资格驾驶机动车辆的；（三）明知是安全装置不全或者安全机件失灵的机动车辆而驾驶的；（四）明知是无牌证或者已报废的机动车辆而驾驶的；（五）严重超载驾驶的；（六）为逃避法律追究逃离事故现场的。"第 3 条规定："'交通运输肇事后逃逸'，是指行为人具有本解释第二条第一款规定和第二款第（一）至（五）项规定的情形之一，在发生交通事故后，为逃避法律追究而逃跑的行为。"

认定责任时已经考虑了交通肇事后逃逸的情节,此种情形下是否还要在刑事犯罪的定罪与量刑中继续考虑"逃逸情节"的问题。讨论这个问题,就不得不对相关行政法律以及《道路交通责任认定书》的性质进行一番考察。

《道路交通安全法》第73条规定:"公安机关交通管理部门应当根据交通事故现场勘验、检查、调查情况和有关的检验、鉴定结论,及时制作交通事故认定书,作为处理交通事故的证据。交通事故认定书应当载明交通事故的基本事实、成因和当事人的责任,并送达当事人。"在交通肇事案件中,《交通事故责任认定书》不仅是民事赔偿的基本依据,而且大部分交通肇事案,司法机关均根据公安交通管理部门出具的《交通事故责任认定书》来界定行为人是否涉嫌或构成犯罪。

关于《交通事故责任认定书》在刑事案件中的证据属性问题,原来在理论和实践上存在部分争议,但2012年修订《刑事诉讼法》时专门针对行政机关取证的转化问题做了规定,其第52条第2款(现为第54条第2款)规定:"行政机关在行政执法和查办案件过程中收集的物证、书证、视听资料、电子数据等证据材料,在刑事诉讼中可以作为证据使用。"行政执法,是指行政机关和法律、法规授权的组织在行政管理活动中行使行政职权,依照法定程序,将法律、法规和规章直接应用于个人或组织,使国家行政管理职能得以实现的活动。交通管理部门认定交通事故并出具《交通事故责任认定书》的行为,便是此处的行政执法行为所形成的证据材料。实践中,如果与行政执法有关的事实成为刑事诉讼的证明对象,行政机关收集的相关证据可以在刑事诉讼中作为证据使用,而不必由刑事诉讼中的办案机关重新提取。其理由有二:一是便于行政执法与刑事诉讼的衔接,提高效率;二是可以有效保全证据,提供刑事诉讼证据的客观性与全面性。因此,应该肯定《交通事故责任认定书》的证据属性是可以证明案件事实的材料。与此同时,交通管路部门是专门处理交通事故的行政机关,由权威的机构和资深的专业人士所制作的《交通事故责任认定书》具有极高的证明力,刑事司法机关一般应予以直接认可。如果行政相对人对《交通事故责任认定书》有异议,可以根据公安部《道路交通事故处理程序规定》的相关规定提起复核。而《交通事故责任认定书》的法律效力将处于待定阶段，也无法直接成为刑事诉讼证据。

由此可见，《交通事故责任认定书》可以作为证据在刑事案件中予以适用。那么接下来的问题就是，在一起交通肇事案件中，逃逸情节已经在《交通事故责任认定书》中作为认定责任的依据之一，那么在《交通事故责任认定书》作为证据之一的案件审查过程中，还能否再次考虑这一"逃逸情节"？

首先，根据现行的行政法律规定，逃逸情节是认定责任时的重要依据。《道路交通安全法》第70条和《道路交通安全法实施条例》第88条都规定，在道路上发生交通事故，车辆驾驶人应当立即停车，保护现场，驾驶人应当报警等候处理，不得驶离。《道路交通安全法实施条例》第91条规定："公安机关交通管理部门应当根据交通事故当事人的行为对发生交通事故所起的作用以及过错的严重程度，确定当事人的责任。"第92条规定："发生交通事故后当事人逃逸的，逃逸的当事人承担全部责任。但是，有证据证明对方当事人也有过错的，可以减轻责任。当事人故意破坏、伪造现场、毁灭证据的，承担全部责任。"曾经规定这种将"逃逸"作为基本"一票否决"式的认定依据，有提升执法效率、强制行为人履行道路交通义务的含义，但在道路交通监控设备极其发达、都市路网交通压力巨大的当下社会，依然保留这种认定依据是否合理有待商榷，但这并非本文所要讨论的内容。

其次，前文所述，刑法与司法解释明文规定了逃逸情节认定的，即一个定罪情节，一个加重情节，这两个层面上，逃逸不会被重复评价，即不会因逃逸入罪后，又因逃逸加重法定刑，这一点毋庸置疑，否则将违反禁止重复评价的原则。从渊源上看，重复评价禁止起初是一种处理罪与非罪关系的准则，即对于在犯罪认定中已经作为评价要素的案件事实，在其他犯罪认定中，不得再作为影响犯罪成立与否判断的标准。后来，这一原则被西方学者引用到量刑领域，成为法官量刑时如何处理定罪阶段和量刑阶段的事实认定的基本原则。其理论上的依据在于，犯罪事实决定着法定刑的选择，这是法官量刑的基础，法官必须在法定刑内量刑，以实现一般预防的刑罚目的；而犯罪事实之外的量刑情节决定着宣告刑的求解，法官在量刑中应根据个案中具体量刑情节，决定宣告刑，以实现特殊预防的刑罚目的。两者之间是一种"井水不犯河水"的关系，谁都不应也不能"越雷池一步"。量刑禁止双重评价原则为德国实务界所首肯，并规定于德国现行刑法第46条中，依据该条的规定，"属于法定犯罪构成的事实，在量刑中不得再行考虑"，这就使得往昔只存在于德国判例中的"量刑禁止双重评价原则"在法律上有法可依。美国联邦宪法第五增补条款所称的"双重危险"也包含着禁止双重评价的意涵：（1）同一行为确定无罪后再行起诉，即在程序上实行一事再理。（2）同一行为定罪确定后再行追诉，即于程序上先后一事再理。（3）同一行为多重处罚，即在程序上多次评价，并于实体法上多次重复评价。如果侦查和审判机关有上述三项内涵之一的行为，即被认为违反了禁止双重危险，为宪法所禁止。在这里，美国宪法中的"同一行为禁止多重处罚"，其实就是禁止双重评价的体现。

最后，当《交通事故责任认定书》将"逃逸"作为责任认定依据之一后，如果在定罪时再次考虑"逃逸"，是否违反"禁止重复评价原则"？这一问题就涉及一个情节在行政行为中的评价和刑事犯罪的评价，是否构成重复评价的问题。这一问题理论界争议颇多。有学者认为二者不构成重复评价，因为行政法和刑法是不同的部门法，二者可以针对同一行为或者事实进行评价，并且做出不同的处理结果，这一做法不会违背禁止双重评价原则。[①] 禁止重复评价原则，也即任何人不因同一犯罪再度受罚，一旦对被告人的某一犯罪事实科处刑罚以后，不能重新以该犯罪事实为根据再度科处刑罚，对同一犯罪重复追究刑事责任是被禁止的。通常认为禁止重复评价的范围包括定罪量刑，禁止对同一犯罪构成事实或量刑情节予以二次或二次以上的法律评价，并且只能发生在同一诉讼之内。其与一事不再理有所差异，后者是指对于判决、裁定已发生法律效力的案件或者自诉人撤诉的案件，除法律另有规定外，不得再行起诉或受理。禁止重复评价中的评价必须是相同性质的刑事评价。

---

① 参见孙道萃：《禁止双重评价视域下〈交通事故责任认定书〉与定案的关系审查》，载《中国检察官》2012年第8期。

对这一论点的一种有利论据支持就是自首在交通肇事中的特殊认定。在发生交通事故后"车辆驾驶人应当立即停车,保护现场,驾驶人应当报警等候处理,不得驶离"是《道路交通安全法》所规定的驾驶人的义务,是一种行政法规定的义务,但根据刑法及相关司法解释的规定,在发生交通事故后明知他人报警在现场等待的,可以认定为自首,享受更轻缓的刑罚。如果认为行政法律与刑事法律是同一套评价体系,那么一个人就不应该因为履行应尽义务而获得利益。只有认为行政法律与刑事法律是两套不同的评价体系,才能使得发生事故后在原地等待的行为,在行政法律体系中是履行应尽义务,在刑事法律体系中则是自首的自动投案,如果构成自首可以从宽处理。

然而对这一观点最有力的反驳则在于,自首的认定是有利于行为人的认定,因此可以放宽标准,而刑事法律中定罪与量刑的评价则是不利于行为人的评价,行政处罚与刑事制裁都是会极大地限制或剥夺行为人人身自由的严厉结果,理应以最严的标准把握。

作为第三种道路,有学者在肯定行政法与刑法是两套体系的同时指出,行政法上的"逃逸"与刑法上的"逃逸"也不应等同,因为二者的规范目的存在重大差异。刑法的目的在于保护法益,故交通肇事罪中的"逃逸"着眼于行为对刑法所保护法益的威胁或侵害,而交通运输管理法上的"逃逸"则意在便利对事故中各方的行政责任的认定,以有效地处理交通事故。① 因而,后者的"逃逸"在内涵与外延上均较前者宽泛。我国现行的《道路交通安全法》规定"在道路上发生交通事故,车辆驾驶人应当立即停车,保护现场。造成人身伤亡的,车辆驾驶人应当立即抢救受伤人员,并迅速报告执勤的交通警察或者公安机关交通管理部门。因抢救受伤人员变动现场的,应当标明位置。"基于此,即使肇事者是在救助伤者后再行逃逸,由于没有履行保护现场等义务,其行为仍构成行政法上的"逃逸"。《道路交通安全法实施条例》规定"发生交通事故后当事人逃逸的,逃逸的当事人承担全部责任。但是,有证据证明对方当事人也有过错的,可以减轻责任。"该条涉及事故责

---

① 劳东燕:《交通肇事逃逸的相关问题研究》,载《法学》2013年第6期。

任的推定,即只要当事人逃逸,即使是无过错的一方逃离事故现场,也会在行政法上被认为对事故负有全部责任。这样的规定正是为了便利对当事各方在行政法上的事故责任的认定,而根本没有考虑刑事责任的根据与条件。道路交通法上有关责任认定的推定不能照搬到刑法之中。一个根本没有违反交通规范而是出于意外撞死被害人的司机,在事故发生后逃逸,即使在行政法上被认定需对事故承担全责,也不应由此承担刑事责任。交通肇事罪中"逃逸"的认定,还要求以存在救助可能为前提。这由不作为犯的成立要件使然,不作为犯的成立需以具有作为可能性为要件。因而,单纯的逃逸若是没有加剧或提升被害人的伤亡危险,便不成立交通肇事罪中的"逃逸",而在逃逸行为是否加剧被害人伤亡危险的问题上,应采取一般人的判断标准。这样的界定不仅与逃逸规定的规范保护目的相吻合,与自首的认定相协调,也可使相关问题得到合理的处理。在交通肇事本身构成犯罪的情况下,对于肇事后将被害人送至医院救治后再逃跑的行为和肇事后对伤者不管不顾而逃跑的行为,应作不同的处理。前者不成立"逃逸",适用基础法定刑,即3年以下有期徒刑或拘役。后者成立"逃逸",构成"交通运输肇事后逃逸",应适用更重一档法定刑。若是行为人肇事后既履行救助义务又主动接受法律追究的,则在适用基础法定刑的前提下,应同时适用自首的规定。

正是基于此,有学者强调,司法机关在认定刑事责任时,不能仅以交通管理部门的责任认定为根据,而应以交通肇事罪的构成要件为依据认定行为人是否应承担交通肇事罪的刑事责任。检察机关可以根据《交通事故责任认定书》认定符合交通肇事罪,并同时对逃逸行为作出与交管部门不同性质的评价,即刑法中的逃逸行为。

三、实践中的探索

虽然检察人员应当客观审查所有在案证据,不应直接认可行政机关出具的《交通事故责任认定书》并作为证据使用,然而在实际工作中,由于专业知识及工作经验所限,检察人员很难对交通事故的责任认定做出实质审查,有的学者认为也不应对其进行实质审查,而应当在经形式审查后交由法院,由法院对该责任认定进行实质审查,否则将违背司法最终裁判的原则。

司法实践中,对于前文两案例中的情形,通常司法机关认为应当将"逃逸"情节仔细审查,如果《交通事故责任认定书》以此作为认定主要责任甚至全部责任的唯一依据,也即发生交通事故的肇事司机除了事故后逃逸,没有其他违反道路交通运输法律法规的行为,或其轻微违法行为并不是发生交通事故的主因,那么这一情节就仅作为定罪情节予以适用,对行为人在3年以下有期徒刑或拘役的法定刑范围内处刑。

但这样的实践会造成司法实务中审查案件的效率降低,因为面对一份已经由交通执法部门正式出具的《交通事故责任认定书》,审查起诉部门的检察人员需要通过侦查机关的法制员联系当时的交通执法以及责任认定的民警,通过与之沟通,询问责任认定的具体依据,有些通过集体讨论做出的决定,还需要对方单位人员再次汇报讨论决定。因此建议对这一问题的探索是,在批捕阶段如果已经收到正式的《交通事故责任认定书》,以继续侦查意见书的形式,将需要明确的问题列出,后续由侦查人员出具一份《工作说明》,列明如果排除逃逸情节,该案的责任认定问题。这样在审查起诉阶段,审查起诉的办案人员就会收到原《交通事故责任认定书》和关于责任认定的《工作说明》。在上述两起案件中,公安机关均出具了《工作说明》,"排除逃逸违法行为的情况下可认定王某某承担同等责任,张某某承担同等责任";"关于道路交通事故认定书中,如果排除贾某某的逃逸情节,在仅有'未做到安全驾驶且违反禁令标志指示通行的违法行为'这一情节时,因杨某某存在'步行横过道路未走人行横道的违法行为',所以贾某某无逃逸情节,应承担同等责任。"

在今后的工作中,我们将继续探索,并希望通过与交通执法部门工作人员协商交流的方式,尝试是否能促进交通执法部门在讨论并确定交通事故责任认定的过程中,将对逃逸情节的认定以及排除均写入正式的文书中,从而提升后续司法程序的效率,同时继续探索如何提升检察人员办理交通肇事案件的专业性,能够以更实质有效的方式审查具备一定专业性的证据,更准确地做好行刑衔接法律适用。

盗窃后为抗拒抓捕使用轻微暴力行为的认定

刘 亮 戚煜珩 余 丽[*]

一、基本案情

2021年11月某日，丁某某（女，43岁）偷偷潜入某工地，并将该工地的一些废旧钢筋、钢管丢到工地围墙外（被盗废旧钢筋钢管价值约100元），在丁某某意图离开时，工地负责人秦某某（男，40岁）到达现场，并用手抓住丁某某衣领阻止其逃跑，丁某某为摆脱抓捕，转身对秦某某又抓又挠，但秦某某始终抓住丁某某衣领不放，后丁某某试图借势脱掉外套逃跑但未成功，秦某某一直没有撒手，于是丁某某扭头咬伤秦某某右胳膊，秦某某松手，丁某某逃脱，秦某某追逐丁某某几十米后再次抓住丁某某衣领，并用手机报警，案发后经鉴定，秦某某被丁某某咬伤的右胳膊损伤程度为轻微伤。

二、分歧意见

本案中丁某某在窃取废旧钢材被发现后，为抗拒抓捕对被害人秦某某使用了相对轻微的暴力，对丁某某的行为能否转化成抢劫罪，存在两种不同意见。

第一种意见认为，《刑法》第269条对转化型抢劫并没有对暴力作出限定，但作为法律拟制规定，对转化型抢劫的暴力程度应当比《刑法》第263条抢劫罪的暴力程度更低，只要强力行为帮助行为人实现了

---

[*] 刘亮，北京市丰台区人民检察院第一检察部主任、检察官；戚煜珩，北京市丰台区人民检察院第一检察部检察官；余丽，北京市丰台区人民检察院第一检察部检察官。

窝藏赃物、抗拒抓捕或者毁灭罪证的目的，即可认定抢劫罪。根据2005年最高人民法院发布的《关于审理抢劫、抢夺刑事案件适用法律若干问题的意见》（以下简称《两抢意见》）第5条规定，"具有下列情节之一的，可依照刑法第269条的规定，以抢劫罪定罪处罚：……（3）使用暴力致人轻微伤以上后果的；……"本案中，丁某某在实施盗窃行为中被发现，为抗拒抓捕，在秦某某紧抓其衣领阻止其离开时，其对秦某某又抓又挠并用嘴巴咬伤秦某某手臂致其轻微伤，丁某某构成转化型抢劫罪。

第二种意见认为，抢劫罪是严重危害社会安全的犯罪，法定刑重，《刑法》第269条转化型抢劫也是抢劫罪，对转化型抢劫的认定应当从严把握。根据2016年最高人民法院发布的《关于审理抢劫刑事案件适用法律若干问题的指导意见》（以下简称《抢劫指导意见》）在"关于转化型抢劫犯罪的认定"部分规定，"对于以摆脱的方式逃脱抓捕，暴力强度较小，未造成轻伤以上后果的，可不认定为'使用暴力'，不以抢劫罪论处。"本案中，丁某某遭秦某某扯拽衣领的抓捕时，虽有抓、挠行为，并在秦某某不放手情况下用嘴巴咬伤秦某某手臂致其轻微伤，但丁某某是为了逃离现场，是被动摆脱抓捕的行为，虽造成秦某某轻微伤，但暴力强度较小，未造成轻伤以上后果，可以不认定构成抢劫罪。

三、分析意见

上述两种意见均有合理之处，但笔者更同意第二种意见，丁某的行为不构成转化型抢劫。具体分析如下：

（一）案例导入

案例1：2012年11月，被告人尹某某、任某某预谋共同入户盗窃。同月12日10时许，尹某某、任某某撬开某户防盗门，窃取黄金手镯1只（价值9864元）、"OMEGA"女式手表1块（价值500元）、"BALLY"女式手表1块（价值500元）和现金600元。其间，被害人陈某某返回家中，发现了藏在室内的尹某某，遂抓住尹某某衣领将其推到墙上，打其脸部几拳致尹某某面部受伤流血。尹某某为尽快脱逃，在陈某某抓住其衣领不放的过程中，与陈某某从室内拉扯到四楼楼梯后摔倒，尹某某即将上衣脱掉,从二楼楼梯口的窗户翻出逃走,任某某在此过程中逃离。尹某某是否构成转化型抢劫?本案中,被告人尹某某面对被害人的撕扯,始终没有正面回击,仅是被动地摆脱、逃离,其摔下楼梯系因被害人踢踹所致,该行为不属刑法规定的"暴力"行为,应当以盗窃罪定罪处罚。①

案例2:2021年12月27日凌晨4时30分许,被告人鲍某窜至被害人李某、周某夫妇家,将被害人放置在家中二楼卧室的OPPO手机一部和格雅牌女士手表一块窃取,鲍某在继续翻找其他财物过程中被李某、周某发现,鲍某见状当即携带上述赃物逃离现场。在逃跑过程中,鲍某因自身原因摔倒在地被李某追上,李某随即顺势骑跨在鲍某身上并将其按住,所窃赃物亦全部掉落在地。其间,鲍某用牙咬李某腿部,李某则挥拳击打鲍某面部,鲍某遂停止了其行为。后周某及邻居及时赶至现场协助控制鲍某并向公安机关报案。经物价部门鉴定,被盗手机、手表在案发当日的市场零售价分别为317元、2643元。经法医鉴定,被害人李某主要损伤为右手及右膝软组织损伤,右小腿被咬伤,其所受损伤程度为轻微伤。鲍某是否构成转化型抢劫?本案中,鲍某在实施盗窃行为过程中,以摆脱的方式逃脱抓捕,暴力强度较小,未造成轻伤以上后果,可不认定为"使用暴力",不以抢劫罪论处,其行为构成盗窃罪。②

前文所列三个案例具有以下共同点:一是行为人均是在盗窃过程中被被害人发现;二是行为人在被发现后为实现逃跑目的向被害人使用暴力;三是行为人徒手使用暴力致被害人轻微伤或低于轻微伤。

(二) 本文意见

《刑法》第269条规定:"犯盗窃、诈骗、抢夺罪,为窝藏赃物、抗拒抓捕或者毁灭罪证而当场使用暴力或者以暴力相威胁的,以抢劫罪定罪处罚。"第269条规定的情形属于典型的转化犯,基础行为是实施

---

① 参见《刑事审判参考》第109集第1186号案例。
② 李昂、杨凤华:《盗窃犯罪中抗拒抓捕和摆脱抓捕行为之区分认定》,载《人民法院报》2022年8月18日,第6版。

盗窃、诈骗、抢夺行为，转化条件是为窝藏赃物、抗拒抓捕或者毁灭罪证而当场使用暴力或者以暴力相威胁。但何为暴力，暴力达到何种程度才能认定抢劫，尤其是在抗拒抓捕过程中使用暴力程度不明显的轻微暴力行为如何认定，司法实务中则存在很大争议。

与典型抢劫类似，成立转化型抢劫同样不需要基础行为构罪，不需要涉案财物达到"数额较大"的标准，但因数额不大的盗窃等基础行为充其量是行政违法行为，假如因行为人使用轻微暴力或以暴力相威胁，就跳过盗窃等轻罪直接转化为抢劫重罪的做法缺乏实质合理性。① 所以，因盗窃等前提行为尚不构成犯罪，故其转化为抢劫重罪应以情节严重为必要，对此类情形转化型抢劫的认定应当从严把握。对此，本文认为，在司法实践中，对盗窃少量财物后为抗拒抓捕使用轻微暴力行为的认定中，应当注意以下几点。

1. 转化型抢劫罪之暴力为狭义暴力，应当接近达到压制被害人反抗的程度，但不要求实际上压制了被害人反抗

"暴力"常见于我国刑法条文中，"暴力"在不同场合使用时有不同含义，具体包括最广义的暴力、广义的暴力、狭义的暴力和最狭义的暴力四种含义。② 一般认为，抢劫罪中的暴力是最狭义的暴力，暴力的程度要求达到足以压制他人反抗的程度。③ 刑法对转化型抢劫的暴力并没有作出限定，本文认为转化型抢劫的暴力属于狭义的暴力，是指直接对人的身体非法实施的有形力量，但应当接近达到足以压制他人反抗的程度。一方面，转化型抢劫是法律拟制，但性质上属于抢劫，适用抢劫罪条款和法定刑，对转化型抢劫罪的暴力认定应当参照抢劫罪的暴力认定，转化型抢劫暴力通常具有主动性、强制性、攻击性等特点，应当达到或接近达到足以压制他人反抗的程度，使得被害人不能反抗或者不敢反抗。另一方面，转化型抢劫行为人的主观故意和客观行为表现与抢劫

---

① 任素贤、于书生：《入户盗窃后为抗拒抓捕使用轻微暴力的定性》，载《人民司法》2015年第16期。
② 余丽：《刑法学视野中的恶势力研究》，载《刑法论丛》2019年第3期。
③ 张明楷：《刑法学》（第6版），法律出版社2021年版，第1269页。

罪还是有很大不同的，鉴于抢劫罪的严重罪质，有必要对转化型抢劫的暴力程度有所限制，此外，被害人为防止行为人逃跑而实施抓捕行为，若必须要求行为人使用的暴力达到足以压制被害人反抗程度才转化为抢劫罪，显然会挫伤被害人抓捕的积极性，对被害人自力救济权利的保护力度不够。因此，本文认为转化型抢劫的暴力程度不需要达到足以压制他人反抗的程度，但应当接近达到压制被害人反抗程度，达到被害人不敢抓捕或不能抓捕的程度。

2. 对盗窃少量财物后为抗拒抓捕使用轻微暴力行为认定为转化型抢劫应从严解释

为解决司法实践适用难题，统一司法适用标准，《两抢意见》和《抢劫指导意见》都对盗窃、诈骗、抢夺涉案财物未达"数额较大"的转化型抢劫的暴力认定作出了规定，《两抢意见》明确行为人实施盗窃行为未达到"数额较大"时，使用暴力或以暴力相威胁，情节较轻、危害不大的，一般不以犯罪论处，只有具有一定严重情节的，才能转化为抢劫罪，其中"致人轻微伤以上后果"是《两抢意见》第5条规定的五种严重情节之一，不过，《两抢意见》所采用的是留有余地的"可以认定为抢劫罪"规定方式。《抢劫指导意见》也再次强调对所涉财物明显低于"数额较大"标准又不具有《两抢意见》第5条所列情节之一的，不构成抢劫罪。

虽然刑法将为抗拒抓捕使用暴力的行为法律拟制为抢劫罪，但抗拒抓捕使用暴力的行为，客观上抗拒行为是为求取脱身的无奈之举，行为人弃财而逃也说明行为人对法律的畏惧之心，反映行为人主观恶性降低。① 相比为窝藏赃物、毁灭罪证使用暴力而言，为抗拒抓捕使用暴力的情节更轻，2016年的《抢劫指导意见》也单独规定"以摆脱的方式脱逃抓捕，暴力程度较小，未造成轻伤以上后果的，可不认定为使用暴力"，显然，《抢劫指导意见》将为抗拒抓捕使用轻微暴力的情形排除在转化型抢劫罪外，是对因抗拒抓捕转化为抢劫的情形适当从严解释的

---

① 孙向阳：《从古代立法的"弃财拒捕"看现代刑法的"转化抢劫"》，载《中国刑事法杂志》2013年第12期。

体现。

3. 对盗窃少量财物后为抗拒抓捕使用轻微暴力行为的认定，应当结合行为人和被害人的主观表现、客观行为和危害后果综合考虑，判断是否满足转化型抢劫的情形

在明确"暴力"的含义后，更为重要的是对"使用暴力"的认定和判断。刑法具有谦抑性，对盗窃少量财物后为抗拒抓捕使用轻微暴力行为应当从严解释，对轻伤以下后果的转化型抢劫认定，应当结合行为人和被害人的主观表现、客观行为和结果综合考虑认定"使用暴力"，判断是否满足转化型抢劫的情形。以前述案例 1 为例，对被告人尹某某在盗窃后为抗拒抓捕实施轻微暴力的行为，法院通过对被告人尹某某与被害人陈某某的扯拽推搡过程细致分析，认定在整个过程中，尹某某没有对被害人主动使用暴力，仅是躲闪被害人的殴打和追捕，虽致被害人摔倒但没有造成轻伤以上后果，为此认定尹某某的行为不应认定为转化型抢劫的暴力行为，对其不认定为抢劫罪。①

4. 正确理解"摆脱抓捕"的含义

当前实务和理论研究上将盗窃后使用暴力的行为区分为抗拒抓捕和摆脱抓捕两种类型，将一般摆脱行为作为摆脱抓捕情形，不认为构成抢劫罪，而将抗拒抓捕的使用暴力行为认定为转化抢劫。我们认为，摆脱抓捕使用暴力与抗拒抓捕使用暴力本质上都是为了实现逃跑、避免被抓，否则容易在纸面含义影响下，过于关注行为人的主观目的。如前所述，盗窃后是否转化为抢劫，核心在于行为本身是否属于明显主动的攻击行为还是消极防御的脱逃行为，是否达到抢劫罪中的狭义暴力的危害程度，一般推搡、扯衣领与拳击、脚踢等行为危害性弱，是行为人顺势而为的行为，尤其是在遭受被害人强力追捕、打击情形下，行为人为摆脱纠缠实施轻微暴力行为，不宜认定为转化抢劫。当然，当行为人具有明显故意对被害人使用暴力，造成轻伤以上伤害，即使行为人辩解称自己系为摆脱被害人抓捕，也应认定为是主动攻击行为，应转化为抢

---

① 最高人民法院刑事审判第一、二、三、四、五庭主办：《刑事审判参考》（总第 109 辑），法律出版社 2017 年版，第 35－39 页。

劫罪。

5. 参照借鉴参考案例的裁判要旨

前述两个案例分别是《刑事审判参考案例》的参考案例和《人民法院报》刊载的案例。根据最高人民法院《关于案例指导工作的规定》，案例指导旨在"总结审判经验，统一法律适用，提高审判质量，维护司法公正"。案例指导是一种法律适用机制，它主要在维护法律统一性方面发挥作用。虽然我国并非判例法国家，但并不否认先前判例对后来案件的裁判具有重要参照作用。自2010年"两高"各自发布《关于案例指导工作的规定》，由此开始我国的案例指导制度，后"两高"陆续发布指导、典型案例，对未决类案的裁判具有重要指引作用。

前述两个案例虽然并非是指导案例、典型案例，但不可否认，《刑事审判参考案例》和《人民法院报》刊载的案例在司法实践中均发挥着重要的作用，对司法人员具有重要参考指导作用。文中案例与该两个参考案例在案件事实认定和法律适用上具有相似性，为保障类案同判，维护司法权威，应当通过参照借鉴相关案例，增强类案处理结果的相近性。

综上所述，就本案而言，丁某某偷偷潜入工地盗窃废弃钢材，价值未达到数额较大，其行为不构成盗窃罪，在其准备逃跑离开时被被害人秦某某抓住衣领，丁某某为摆脱秦某某的扯拽，试图通过抓、挠、借势脱外套等方式摆脱未取得成功，后丁某某回头用嘴巴咬秦某某手臂迫使秦某某脱手，秦某某手臂损伤程度构成轻微伤。综合丁某某抗拒抓捕的整个经过可以发现，丁某某被发现偷盗后意图逃跑但遭被害人扯拽衣领后，实施的摆脱抓捕行为存在明显的次序和选择性，依次实施抓、挠、借势脱外套和咬手臂等暴力行为，最后通过咬人方式摆脱扯拽并致被害人轻微伤。本文认为，丁某某的一系列行为联系紧密，应作为整体综合认定，仍是为摆脱被害人扯拽而实施的摆脱行为，虽然致被害人手臂轻微伤，但没有造成轻伤以上的后果，结合前述观点和《抢劫指导意见》规定，对丁某某的摆脱行为不应认定为转化型抢劫的"使用暴力"行为，不以抢劫罪定罪处罚。

"碰瓷"行为的刑事定性研究

——以陈某某、菅某某诈骗案为切入

薄 亮 王国梁 郭 勇[*]

一、问题的提出

近年来,"碰瓷"现象时有发生。行为人通过故意制造或者编造其被害假象,采取诈骗、敲诈勒索等方式非法索取财物。此类行为不仅严重损害驾驶人员的道路安全感,也冲击着社会公众的公平正义理念。为及时遏制"碰瓷"现象,有效打击此类违法犯罪活动,"两高一部"于2020年9月22日联合发布《关于依法办理"碰瓷"违法犯罪案件的指导意见》(以下简称《指导意见》),对近年来频发的八类"碰瓷"违法犯罪案件提供了具体明确的处理意见,但部分内容也存在一定理解适用的分歧,如《指导意见》第6条规定,"实施'碰瓷',驾驶机动车对其他机动车进行追逐、冲撞、挤别、拦截或者突然加减速、急刹车等可能影响交通安全的行为,因而发生重大事故,致人重伤、死亡或者使公私财物遭受重大损失,符合刑法第一百三十三条规定的,以交通肇事罪定罪处罚",而交通肇事罪是典型的过失犯罪,司法实践中行为人多是故意驾驶机动车与前车发生碰撞,其对车辆剐蹭的结果是积极追求的,与交通肇事行为在主观心态上存在一定区别,同时行为人系通过剐蹭他人车辆以实现索赔目的,其间存在目的行为与手段行为牵连的罪数

---

[*] 薄亮,北京市丰台区人民检察院第二检察部副主任、检察官;王国梁,北京市丰台区人民检察院第二检察部检察官助理;郭勇,北京市丰台区人民检察院第二检察部检察官助理。

问题，如果机械地适用《指导意见》，未进行必要的理论分析和纠偏，可能会影响司法的权威性和准确性。

二、基本案情

案例1：陈某某、菅某某分别为出租车和网约车司机，长期从事客运服务行业。为谋取非法利益，陈某某、菅某某分别驾驶出租车、网约车等车辆，在道路行驶过程中，趁前方车辆转弯或者并线之际，多次故意与前车发生碰撞，造成对方车辆全责的表象，同时告知对方可以私了或者报交警处理，获得多名被害人及保险公司赔付的车辆维修费、误工费等。2019年6月至12月，菅某某在本市丰台区等多地，驾驶网约车多次故意碰撞前方转弯或者并线车辆，并隐瞒事故原因，先后获取9名前车被害人及其保险公司赔付的金额共计人民币2.5万余元。另据"112"报警台事故电话记录显示，菅某某驾驶的网约车在2019年内发生对方单方责任事故30余次。2019年2月至2019年9月，陈某某多次驾驶不同车辆采用上述方式与他人发生交通事故，先后获取7名前车被害人及其保险公司赔付的金额共计人民币3万余元。另据"112"报警台事故电话记录显示，陈某某驾驶的出租车等车辆在2019年内共发生对方单方责任事故50余次。因本案中陈某某、菅某某二人还共同实施了其他保险诈骗犯罪行为，故并案处理。

2020年10月28日，北京市公安局丰台分局以陈某某、菅某某涉嫌诈骗罪，移送北京市丰台区人民检察院审查起诉。2021年1月21日，北京市丰台区人民检察院提起公诉。2021年9月9日，北京市丰台区人民法院以被告人陈某某、菅某某犯诈骗罪，均被判处有期徒刑1年3个月。

三、定性分歧

本案中，行为人驾驶机动车在前方车辆转弯或者并线过程中故意与前车发生碰撞，在事故责任认定时造成对方车辆全责，进而获取财物的行为应当如何定性，存在不同意见。

第一种意见认为，行为人故意与前车发生碰撞制造交通事故时处于公共交通道路中，且是在对方并道或者拐弯行驶过程中，此时行为人不减速或者加速故意碰撞的行为，可能使对方车辆突然受到撞击或紧急避让而使车辆失去控制，进而造成更大的交通事故，以及不特定多数人的人身或者财产权利遭受损失。同时，行为人是故意实施该行为，对此手段的危害性应当认识，但仍放任危险结果发生，其主客观均符合《刑法》第114条的规定，构成以危险方法危害公共安全罪。

第二种意见认为，行为人以非法占有为目的，利用被害人违反道路通行规定或者其他违法违规的事实，故意制造交通事故，并以交给交警处理等相要挟，致使被害人产生恐惧心理，从而交付财物，其行为构成敲诈勒索罪。

第三种意见认为，行为人利用机动车发生交通事故"碰瓷"行为构成诈骗罪。《指导意见》第1条规定，实施"碰瓷"，虚构事实，隐瞒真相，骗取赔偿，符合《刑法》第266条规定的，以诈骗罪定罪处罚；骗取保险金，符合《刑法》第198条规定的，以保险诈骗罪定罪处罚。本案中，行为人分别驾驶各自车辆，利用自己熟知交通法规，故意碰撞并线或者拐弯车辆，并隐瞒事故发生的真实原因，致使事故相对方或者交管部门认定被碰撞车辆负全责，而事故相对方以及保险公司基于错误认识给付行为人相关维修费、误工费等，其行为构成诈骗罪。

第四种意见认为，行为人利用机动车发生交通事故"碰瓷"行为构成保险诈骗罪。《刑法》第198条第1款第2项规定，"投保人、被保险人或者收益人对发生的保险事故编造虚假的原因或者夸大损失的程度，骗取保险金的"，构成保险诈骗罪。本案中，行为人驾驶车辆故意碰撞并线或者拐弯车辆，并隐瞒事故发生的真实原因，造成对方车辆全责的表象，从而获得保险公司理赔的车辆维修费，符合保险诈骗罪的构成。

四、分析意见

本案中，行为人驾驶机动车在前方车辆转弯或者并线过程中与前车发生碰撞，造成对方车辆全责，进而获取误工费、修车费的行为应认定为诈骗罪，理由如下：

（一）涉案行为未达到以危险方法危害公共安全罪的危险程度

本案中，虽然陈某某、营某某单独驾驶机动车在公共交通道路上故意与他人发生交通事故，其行为可能危及他人的人身安全，也可能影响公共道路交通安全和运营秩序。但结合本案中行为人的行为特点，发现其危害程度未达到以危险方法危害公共安全罪的危险标准。首先，现有在案证据显示，陈某某、营某某故意制造的交通事故多数发生在辅路、普通道路及路口处，多是在前方车辆并线或拐弯时发生轻微剐蹭，在辅路、普通道路及路口处发生拐弯或者并线，此时双方车速相对较慢，且发生的多起事故均为轻微剐蹭，造成的损害也相对较低，在案被害人也未有伤亡情况。其次，在案证据显示行为人与前车发生碰撞时，未发现有第三车辆造成损坏或连环相撞情况，也未发现有路人出现伤亡情况，综合而言，其行为对不特定或者多数人的人身安全、公共安全造成的危害程度较低。再次，以危险方法危害公共安全罪是指故意使用放火、爆炸、决水、投放危险物质之外的危险方法危害公共安全的行为，该行为应与放火、爆炸、决水、投放危险物质的危险性相当。陈某某、营某某的行为虽具有一定的危害性，但未达到危害不特定或者多数人的生命、健康或者重大公私财产安全的程度，与放火、爆炸、决水、投放危险物质的行为不具有相当性。最后，《指导意见》中未明确规定对"碰瓷"行为以危险方法危害公共安全罪的认定情形，其中第6条规定，实施"碰瓷"，驾驶机动车对其他机动车进行追逐、冲撞、挤别、拦截或者突然加减速、急刹车等可能影响交通安全的行为，因而发生重大事故，致人重伤、死亡或者使公私财物遭受重大损失，符合《刑法》第133条规定的，以交通肇事罪定罪处罚。可见《指导意见》对于将"碰瓷"行为认定为以危险方法危害公共安全罪持保守、谦抑态度。因此，对于陈某某、营某某的行为，不宜以以危险方法危害公共安全罪评价。

（二）交付财物的行为并非基于恐惧心理

我国刑法对敲诈勒索罪采取了简单罪状的立法模式，即"敲诈勒索公私财物或者多次敲诈勒索的"，并分别规定了三个不同的法定刑幅度。敲诈勒索罪是一种侵犯财产类型的犯罪，其基本构造是：实施恐吓行为—被害人产生恐惧心理—被害人基于恐惧心理而交付财物—行为人取得财物—被害人遭受财产损失。① 敲诈勒索罪的核心行为是使用胁迫手段，使他人产生恐惧心理，压迫其意思决定和行动自由，进而取得财产或者财产性利益，如果被害人不是基于恐惧心理而交付财物的，则不宜认定敲诈勒索罪。司法实践中，对于行为人专门开车"碰瓷"酒驾司机的案件，多以敲诈勒索罪评价，在此类案件中，酒驾司机多是因为"畏惧对方报警导致自己酒驾而被追究相应责任"的心理而向行为人给付财物。但在本案中，陈某某、菅某某是利用"转弯让直行""并线全责"等交通法规规定，误使被害人或交警认为涉案碰撞行为的发生是被害人全责所致，从而让被害人或者保险公司给付相应的误工费和车辆维修费。此外，在事故发生后陈某某、菅某某都会明示或者暗示对方可以赔钱私了，此时被害人并不存在恐惧心理，给付财物的行为也没有受到胁迫。综上所述，本案中陈某某、菅某某未实施暴力、胁迫等威胁行为，被害人也不是基于恐惧心理而交付财物，因此，陈某某、菅某某不符合敲诈勒索罪的规定，不宜认定为敲诈勒索罪。

（三）涉案情形不符合保险诈骗罪的主体要件

保险诈骗罪要求特定主体，即投保人、被保险人和受益人，一般以行为人与被诈骗的保险人之间存在保险合同关系为前提，利用保险合同进行诈骗是保险诈骗最本质的特征。本案中行为人骗取的是被撞车辆的保险费，行为人在事实上并未与保险人存在保险合同，主体上与刑法规定构成保险诈骗罪的主体要求也不符合，故不宜以保险诈骗罪定罪处罚。

（四）本案行为认定为诈骗罪更为妥当

《指导意见》第1条规定，实施"碰瓷"，虚构事实，隐瞒真相，骗取赔偿，符合《刑法》第266条规定的，以诈骗罪定罪处罚；骗取保险金，符合《刑法》第198条规定的，以保险诈骗罪定罪处罚。本案中，陈某某、菅某某分别驾驶各自车辆，利用自己对交通法规的熟知

---

① 参见张明楷：《诈骗罪与金融诈骗研究》，清华大学出版社2006年版，第7页。

及长期从事客运行业熟练的驾驶技术，故意碰撞并线或者拐弯车辆，并隐瞒事故发生的真实原因，致使事故相对方或者交管部门认定被碰撞的车辆负全责，而后事故相对方以及其保险公司基于该错误认识给付犯罪嫌疑人相关维修费、误工费等费用，陈某某、菅某某的行为符合诈骗罪的构成要件，应认定为诈骗罪。

同时，本案被害人系对方车辆驾驶人，不宜认定为保险公司。本案中事故发生后，陈某某、菅某某向对方索要误工费及车辆维修费，第一种情形被害人直接自行赔偿车辆维修费、误工费给陈某某、菅某某，对于这类情形中被害人及财物交付方均为事故相对方，被害人认定为事故相对方无争议。第二种情形系事故相对方的保险公司进行理赔，代为赔偿车辆维修费给陈某某、菅某某，在该类情形中，支付相关费用的虽然是保险公司，但保险事故发生后，承担事故责任的仍然是事故相对方，保险公司支付给陈某某、菅某某费用是基于保险公司与事故相对方的保险合同关系而代为支付，即保险公司只是代事故相对方向陈某某、菅某某进行赔付。因此该类情形中，将事故相对方认定为被害人是合适的。第三种情形系事故相对方的保险公司代为赔付车辆维修费给行为人，而事故相对方自行赔付误工费给行为人，根据上述讨论，不论是保险公司代为赔偿车辆维修费，还是事故相对方赔付的误工费等，均将事故相对方认定为被害人更为合适。

非法网购野生动物溯源治理研究的检察方案

——以 F 区检察院受理的案件为视角进行探究

李 良 梁 言[*]

当前,利用寄递渠道非法买卖野生动物制品犯罪的证据取证难,对其实施全链条打击工作难以发力,检察机关在发现寄递野生动物已具备某一类犯罪的常态运转规模后,围绕日常办案工作,在积极引导侦查、监督侦查机关深挖犯罪的基础上,形成了积累打击犯罪的宝贵实践经验。同时,利用自身溯源治理工作的站位优势,在案件中发现并引导快递企业堵塞制度、人员管理漏洞,注重开展法治宣传和教育,引导群众全面自觉抵制野生动物及其制品消费,[①] 为贯彻落实溯源治理实效,打击危害珍贵、濒危野生动物的犯罪行为,提供了操作性较强的工作方案。

一、当前预防危害珍贵、濒危野生动物犯罪面临的现实困境

(一)物流业发展迅速、运输隐蔽性强

随着网络购物的普及率、物流速度的逐步提高,居民以网购方式、物流运输渠道完成野生动物的买卖运转,已成为现实并呈现数量激增趋

---

[*] 李良,北京市丰台区人民检察院第一检察部检察官;梁言,北京市丰台区人民检察院第一检察部检察官助理。

[①] 张昊:《推进寄递安全问题综合治理预防寄递犯罪》,载《法治日报》2021年11月26日,第3版。

势。在网购触手可及的今天，由于缺乏对物流行业监管的具体手段，人民群众对网络地带存在的贩卖野生动物的引诱性信息缺乏辨别能力，极易导致一般人陷入法律错误认知，从而无法对珍贵、濒危野生动物的购买行为有深刻的违法性认识。大部分物流经营者无法对快递运输物品实现实物跟踪扫描，造成寄送物品名称与实际物品不一致的现象发生，并逐渐成为行业默许的灰色地带。截至 2022 年 6 月，我国网民数量为 10.51 亿，[①] 互联网普及率达 74.4%，网络购买、物流运输已成为当前危害珍贵、濒危野生动物的第一手段方式。这种情况为公安机关在司法案件中发现、查处该类犯罪带来巨大阻碍，应引起物流行业主管机关的关注。

（二）全链条打击野生动物交易存在现实难题

野生动物无论在原繁衍地还是被不法分子捕获后，其流通都具有一定的局限性，但当其交易链条被不法分子借助网络空间和社交媒体进行延展后，在多渠道、多快递公司联运的复杂流转方式的加持下，给野生动物保护机关、侦查机关造成极大的查处难度。由于我国少数省份及地区危害、珍贵濒危野生动物的打击、预防工作难以全面铺开，侦查机关虽然建立了全国性的犯罪信息共享平台，但经常遇到线索中断的现实瓶颈，无法实现对全交易链条进行连根拔起的打击治理效果。同时，野生动物保护机构、地区森林公安机关等部门属于垂直管理体系，对跨区域、跨境运输的零星犯罪，难以实现精准打击、联动打击，成为当前制约野生动物网络交易不法行为的主要因素。以 B 市 F 区一起危害珍贵、濒危野生动物案件为例：犯罪嫌疑人 Y 在朋友圈看到外省一朋友发送了野生陆龟的饲养视频，便通过社交平台发出购买意向，该朋友联系野生陆龟的饲养者以快递的方式，2 天内寄送陆龟到 Y 的楼下，Y 先后通过该种方式购买陆龟 4 只，其中 2 只因为饲养方式不当死亡被丢弃，另外 2 只被公安机关查处后送动物救助管理机构保护。公安机关在查处该犯罪时发现，该案件线索为外省公安机关专案转送的支线线索，虽然能

[①] 参见《中国互联网络发展状况统计报告》。

够追查到野生陆龟的实际饲养者，但对于线索中以微信化名存在的直接促成交易的居中联络人，因受到电子信息取证等现实因素制约，无法进行有效追诉，这也是当前多数不法分子铤而走险实施相关犯罪的主要原因。

（三）各部门打击治理相关违法、犯罪行为尚未形成合力

CNNIC 第 45 次关于《中国互联网络发展状况统计报告》显示，疫情期间，各类网络应用用户规模增幅均达 10% 以上。现有网信监管条件下，网络运营者无法识别移动信息交流平台的现实操作者，大量未经实名认证的用户进入平台。对珍贵、濒危野生动物产生购买意向的人员，通常在无法分辨对方身份的情况下完成交易；公安机关网络监管部门在甄别网络存在的相关交易野生动物线索时，同样面临较大排查压力，对于目标动物、动物制品的种类、价值、来源存在识别难等困境。各行政机关在对该类案件的处理上尚未形成合力，通常以"发现一起救助、治理一起"的方式开展工作，难以实现根本上的溯源治理，移送司法机关处理的案件证据链条的闭合性也略显不足。"两高"于 2022 年出台的《关于办理破坏野生动物资源刑事案件适用法律若干问题的解释》中规定：实施购买行为、未造成动物死亡或者动物、动物制品无法追回，行为人全部退赃退赔，确有悔罪表现的，野生动物未达到二万元以上的，可以认定为犯罪情节轻微，不起诉或者免予刑事处罚，情节显著轻微危害不大的，不作为犯罪处理。可以看到，国家对一些购买珍贵、濒危野生动物的违法行为已经作了出罪化处理。但实践中，大量案件的购买者购买一只或者两只野生动物自我赏玩，其价值核定较难达到入罪标准，处于行政处罚和刑事犯罪的中间地带，在行政机关尚未形成工作合力的情况下，容易造成打击处罚遗漏，需要对现状进一步统筹规划。

（四）群众自觉抵制野生动物买卖的法治教育薄弱

在网络用户激增的时代，"他人发送的野生动物的贩卖信息"的存在，系对群众法治认识水平的一次大考，通过近年来的法治宣传教育，大多数人都能自觉抵制网络销售野生动物的犯意诱惑。但通过分析 B

市F区近一个时期受理的危害珍贵、濒危野生动物的案件发现，购买珍贵、濒危、列入国家保护名录的野生动物的违法犯罪人表现出相同的职业特征、兴趣特点，即喜欢通过饲养野生动物来满足虚荣心，而且通常他们在受到查处后，仍会再次铤而走险购买野生动物。因此，本着维护珍贵、濒危野生动物的生存，检察机关应以问题导向原则，究其背后深层次原因，厘清主责机关及能开展的应对措施，加强调查研究并推进溯源治理方案的形成，依托法律监督工作职能，下大力气在国家层面开展群众法治意识宣传引导，避免更多野生动物在利益驱动下受到侵害。

二、开展危害珍贵、濒危野生动物犯罪预防工作应关注的具体方面

在开展危害珍贵、濒危野生动物犯罪预防工作时，应加强溯源治理方案研究，从多个方面着力改进，对于突出的、现存的，危害野生动物的现实情况，进行深入、细致的研究，总结出溯源治理方案，以供实践参照，从而最大限度地保护野生动物，维护刑法对环境资源社会法益保护的最低要求，实现检察机关促进社会具体问题良性发展的法治智力支持及相关高层次需求。

（一）完善常态化打击危害珍贵、濒危野生动物犯罪的工作机制

在常态化打击该类犯罪工作方面，动物保护主管部门以及查禁相关犯罪的司法机关应形成合力，并成为常态化打击该类犯罪的主导力量。实践中，大多数物流企业设置了物流安全监督岗位，对快件进行例行安全扫描，但该项工作仅停留在地区以上级别的大型物流集散中心，一些物流快件绕过扫描、采取更为隐蔽性运输方式的情况时有发生，导致藏匿的小型野生动物难以被及时发觉。因此，物流安全扫描设备的建立、人民群众法治意识的提升，已成为当前一个时期内开展常态化溯源治理研究的主要方向。

（二）普及人民群众保护野生动物的法治意识

公安机关可与动物保护救助站等专业部门实施联动协作，国家、社会、动物保护组织应积极帮助指导人民群众学习保护野生动物的相关知

识,逐步提高网络行为素养,引导群众正确使用网络购物消费渠道,预防、矫正不当网络消费行为。具有刑事责任能力的网络使用者应在法治教育、政府引导、社会监督的齐抓共管下,杜绝自身不法行为的发生,并制止他人发送野生动物信息,共同保护珍贵、濒危野生动物。

(三)引导物流行业规范寄递行为

进一步规范物流业对货物物品寄送安全的兜底性责任规定,以及相关的隐私保护配套机制。对于监管货物运输的从业者,要求其对货物物品的寄送责任进行认领并逐步明晰,对于发现存在、可能存在通过寄递行为实施违法犯罪而不予处理的物流企业,给予严肃处理并限制其行业经营权利,倒逼其规范寄递行为,避免其以明知①的方式成为利益链条的隐性"链接者"。

(四)监督快递使用者违法寄递行为

进一步具体化民事法律中对于物流行业的规范寄送行为规定,在法律层面使快递使用者充分认识通过物流运输野生动物行为的危害性与严重后果,在对人民群众隐私保护之余,最大限度实现对珍贵、濒危野生动物的保护。

三、危害珍贵、濒危野生动物检察溯源治理工作方案可行性研究

(一)推动物流经营企业定期开展行业治理并落实责任机制

依托"检察官送法进企业"法治宣传工作机制,面对所在辖区、辖区内的物流企业,增设"保护野生动物专项法治教育课程",推动物流行业以自查方式,尽快建立起行之有效的物品运输监督管理机制,逐步形成国家统一标准的物流集散、快件安全扫描查验制度,推动相关保障措施、资源投入的法律、政策保障,以确保珍贵、濒危野生动物不会通过隐蔽的物流方式实现大范围转移,避免给国家查处相关违法犯罪行

---

① 姚贝:《危害珍贵、濒危野生动物罪之确立与完善》,载《北京林业大学学报(社会科学版)》,2022年第1期。

为造成现实困难。同时，落实物流企业安全员工作制度，以专人专管的形式对快件进行扫描排查，及时发现危险物品及涉案物品，并依规通知动物保护部门进行救助，在物流领域落实野生动物保护的兜底责任。

（二）推动建立统一的野生动物救助、鉴定、溯源治理主导机构

建议以公、检合作工作机制为核心，在省一级辖区内建立统一的、能够实现收发处理涉案信息的动物保护专门机构。将以往的野生动物核定、鉴定价值、救助保护、饲养行政审批等职能进一步整合集中管理。依托检察机关法律监督，引导公安机关摸索建立国家层面的保护野生动物的大数据中心，对日常通过网监、举报线索等方式收集的动物买卖、非法饲养等线索信息进行集中处理、研判。以政府购买服务的方式，对收容救助的珍贵、濒危野生动物实现专业化救助管理，并由专业人员负责放归自然、人工集中饲养等过渡性、终局性处置方案的落地实施，避免野生动物在利益链条鞭打、不成熟的保护机制的双重作用下出现更多伤亡、损害。

（三）鼓励监督社区、村委会开展全民网格化法治教育

通过实际案例与互动式教学的模式，在社区、村委会等最基础的人口网格化管理单元中，设立保护珍贵、濒危野生动物的法治宣传课程。使居住在网格单元的人民群众逐步树立起良好的网络消费价值观，并通过对相关常见野生动物保护的视频普法工作，以及违法犯罪警示案例的学习，获得正确行为启示。引导人民群众借助公共法治宣传教育平台，认清当前危害珍贵、濒危野生动物的现实行为以及本质原因。以权威解读与悉心释法说理的模式，帮助广大人民群众在主观认识层面深入思考，主动防御贩卖野生动物的网络诱惑信息。同时，该项法治教育还可纳入九年义务教育课程，树立从小保护珍贵、濒危野生动物的品格，为我国未来的可持续发展奠定有益的经济、生态、人文素质基础。

（四）发挥公益诉讼、支持行政诉讼监督机制的法律效果

切实履行法律监督职能，对网络空间内、现实交易中存在的危害珍贵、濒危野生动物的案事件，积极主动出击，移送相关线索，并采取有

力检察方案，实现对辖区企业严格履行国家行政法规的追踪式监督，针对严重侵害珍贵、濒危野生动物的案事件反映的问题与现象，及时发出检察建议，并督促行政主管部门落实主体责任，定期开展行业整顿。针对救护、保护野生动物主责部门工作系统的运行与实施，依法进行定期合规检查，对于未能将救助、收容的涉案野生动物妥善安置的行为给予及时指导。对各类侵害珍贵、濒危野生动物且具有代表性的违法行为进行情况梳理，并汇总至相关立法部门提请予以研究重视，推动法律法规的具体化出台和执行，促进建立统一的保护珍贵、濒危野生动物法律保障体系。坚持问题导向，对于侵害野生动物严重，以及采取措施不及时，造成大量野生动物在转运中死亡的物流企业，依法开展监督，以提起公益诉讼，支持相关机关对危害珍贵、濒危野生动物行为起诉的方式实施刚性治理引导。

（五）积极发挥检察建议溯源治理功能性优势

发挥检察机关法律专业性优势，贡献行业力量，推动在省一级的动物保护行政机构中定期对如何加强保护区域内珍贵、濒危野生动物的热点问题进行研商，邀请公安机关、动物保护主体部门、物流企业，以及设置有大数据研究院的相关网络经营企业的机构人员，共同对区域内具有代表性的侵害动物栖息环境、非法网购野生动物等案事例进行会商并整改突出问题，应对相关侵害苗头。同时，与人大代表就该问题积极加强联络沟通，邀请各级人大代表建言献策，推动具有清晰、统一标准的相关法律保障体系得到进一步完善。在各方的严密配合下，做好检察溯源治理方案的落实、推广工作，并为相关立法的顶层设计积极提出应对方案，以法治思维对当前人民群众反映强烈的危害珍贵、濒危野生动物的行为进行规制，以达到对生态资源的全方位保护。

利用职务便利私吞购车款、虚假索赔行为浅析

侯继男 纪超丽[*]

一、问题的提出

虽然学界对我国《刑法》第 271 条职务侵占罪的研究达成了一定共识,但如何界定本罪中的"利用职务上的便利"仍然是理论和实践中的难题。本文通过参照贪污罪中"利用职务上的便利"的理解,将该罪中"利用职务便利"界定为"主管、经手、管理单位财物的便利条件",然而如何应对纷繁复杂的案件事实,避免同案不同判的现象仍是实践中的难题。本文选取实务案例对利用职务便利实施私吞购车款、虚假索赔行为进行研究探讨,以期从实务角度丰富职务侵占的理论研究。

如何认定职务侵占罪中"职务"的实质内涵,行为人基于从事的工作是否对侵占的单位财产具有控制、支配的地位,直接关系到该工作是否属于职务侵占罪所利用的"职务",对侵占的单位财产的控制、支配地位的判断,是界定"职务"范围的核心问题,下面将从物理和规范相结合的两个维度进行判断,以增强界定"职务"范围的规范性与可靠性。

(一)物理角度的事实判断

通常,对财产的实际支配或者控制状况可以从物理角度给予事实的

---

[*] 侯继男,北京市丰台区人民检察院第八检察部检察官;纪超丽,北京市丰台区人民检察院第一检察部检察官助理。

判断,即根据个案情况,如果行为人在工作中采用占有、持有等物理手段对财产施加影响,使财产处于其物理支配力量所涉及的排他性场所之内,能够认定其获得了对财产的控制、支配地位,如果尚未达到使财产处于行为人的物理支配力所涉及的排他性场所之内,则不能认定其对财产具有控制、支配的地位。

(二) 规范角度的实质判断

在有些情形下,如果行为人对单位财产没有施加物理影响力,例如,公司会计对存在银行的公司资金、仓库看守员对仓库里的财物等,无法从物理的角度判断行为人是否对单位的财产具有控制、支配的地位,这时可以根据行为人担负的职责、具体从事的工作,并结合社会生活的一般常识和规则,从规范的角度给予实质的判断。首先,根据行为人承担的职责判断,一般情况下,员工对单位财产的控制、支配地位来源于其承担的职责,所以行为人承担的职责应该是判断其是否对单位财产具有控制、支配地位的重要因素。对于规章制度完备、员工职责明晰、权责明确、管理有序的单位来说,可以根据单位的规章制度并结合行为人具体的职责来确定其对某项财产是否具有控制、支配的地位。其次,根据行为人实际从事的工作内容与性质判断。有时某些单位对员工的职责缺乏具体的规定,或者虽有规定,但职责不清、权责不明、管理混乱;有的实际从事的职务与名义职务不一致,此时需要根据行为人实际从事的工作内容和性质来分析行为人是否获得对单位财产的控制、支配地位。最后,结合社会生活常识和一般人的观念研判。有些情况,根据行为人承担的职责和实际从事的工作内容仍然无法判断行为人是否对单位财产具有控制、支配的地位,此事可以结合社会生活的常识和一般人的观念进行具体的判定,如果能够推断某财产处于被行为人支配或者控制的状态,也就说明行为人对该财产具有控制、支配地位。

因此,对单位财产的控制、支配地位的判断,物理与规范相结合的双维度判断为其提供了规范性的判断规则,根据该判断规则,如果行为人采用物理手段对财产施加影响,使财产处于其物理支配力所涉及的排他性场所之内,行为人当然获得了对财产的控制、支配地位;但是,即使没有使用物理手段掌控财产,根据行为人担负的职责,具体从事的工作，结合社会生活的常识和一般人的观念，如果能够推定财产处于行为人实际支配或者控制的状态，也可以定其对财产的控制、支配地位。

二、侵占行为：利用职务便利的含义

职务侵占罪的客观要件表现为行为人利用职务上的便利非法侵占本单位财物数额较大的行为。

（一）案例分析

案例1：2017年3月，被告人于某利用担任某汽车有限公司大客户专员的职务之便，先后侵占客户购车款共计340万余元，后被公司发现后于某及其家属共计退还141万余元，至立案时被告人仍有198万余元未退还被害公司。法院审理认为，被告人于某利用担任某汽车有限公司大客户专员的职务之便，将本单位财物非法占为己有，数额巨大，其行为构成职务侵占罪，判处有期徒刑5年6个月。

本案的关键是对该案的"职务"范围进行合目的性界定。刑法的目的是保护法益，分则条文设定类型化的犯罪构成，正是为了保护不同的法益，但是，由于法律文本的抽象性，使得类型化的犯罪构成难免具有抽象性，对其理解和适用时如果脱离法益保护的指导和制约，必然带来不确定性，使类型化的界限变得相当模糊。刑法所规定的"犯罪都是侵害或威胁法益的行为"，犯罪行为侵害或威胁的法益是通过不同的构成要件要素体现的，于是对体现法益侵害的构成要件要素的界定，实际上就是以法益侵害为指导，探究该构成要件要素在什么情况下视为侵害了该构成要素所体现的法益。

既然利用职务上的便利是体现单位公共权力的构成要件要素，就应当在单位公共权力法益的指导和制约下，对本罪所利用的"职务"作实质的解读和细致的框定，进而厘清"职务"的实质内涵，为界定"职务"的范围提供契合法益保护的实质标准。

本案中，被告人于某称其作为某汽车有限公司的大客户经理，主要工作内容是为公司销售汽车，并且针对的是订单大额的客户，然而，其在该公司上班之余还从事汽车倒卖生意，但因为生意经营问题致使资金链断裂，于是于某在与某公司洽谈一笔关于某品牌汽车销售事宜时，与对方签订了一份后付款合同，让对方将购车款以支票形式交付，于某拿到支票后随即将支票内的150万元套现到其名下的个人银行账户中，并采取类似方式侵占客户购车款共计340万余元。本案中，于某作为大客户经理，在与客户谈定购车数量及金额后，按照公司的购车合同统一标准制定了与对方购车公司的合同，在部门负责人同意后加盖公司公章从而获得了对方交付的购车款，能够认定于某基于从事的工作与对侵占的单位财产具有控制、支配的地位之间有因果关系，侵占该笔财产即具有单位公共权力侵犯可能性。因而能够认定于某利用职务之便实施了违法行为。

（二）利用职务便利的实质

职务侵占罪中的"职务"内容是否同时包含事务管理以及劳务，实践中存在争议。有学者认为这里的职务不包括单纯的劳务性工作，在从事劳务期间取得财物的只是利用工作便利而非职务便利。另一种观点认为两者的差别只是形式上的，本罪的职务便利是指对本单位财物的主观或者保管、经手的便利。既然职务侵占罪是行为人利用职务便利，以侵吞、盗窃、骗取或其他手段非法占有本单位财物的行为，这里的保管、经手就不能单纯地理解为"握有"单位财物，或者是财物仅仅从行为人手中"过一下"，而要求行为人对财物具有占有、处分权限。这种占有、处分可能包括两种情形：一种是行为人代表单位独立占有、处分财物；另一种是行为人与单位其他人共同占有、处分单位财物。但是，无论哪一种情形，不应该有争议的是行为人必须存在足以被评价为占有或处分的、完整意义上的行为举止、占有处分意思以及占有处分权限，该行为人才能被认为具有管理、经手财物的职务便利。对于利用职务便利私吞购车款、虚假索赔行为，如何认定"利用职务便利"、采取"虚假"手段，应当结合实务案例进行分析研究。

三、职务侵占中的诈骗手段性质分析

（一）案例分析

案例2：2017年1月至3月，被告人张某利用在某汽车有限公司担任索赔员的职务之便，多次伪造索赔单领取汽车配件，后将领取的汽车配件出售，共造成单位直接经济损失人民币 50 余万元。

本案被告人张某作为某汽车有限公司的索赔员，主要负责客户索赔业务。其间，其通过公司系统查询到老客户信息，以这些老客户名义伪造客户索赔类型的维修工单多达 50 余张，并通过这些虚假维修工单成功申领 Jeep、大切诺基的大灯及后视镜等配件，以较低的市场价格转卖给固定的 5 家汽车配件销售商，从中获利 20 余万元。就本案而言，被告人张某通过伪造索赔单非法占有公司钱款的行为是一种诈骗行为，该行为能否认定为职务侵占罪？答案是肯定的，对于职务侵占罪来说，即使是采用秘密的窃取手段、隐瞒事实真相或者虚构事实的骗取手段，也都是将原为自己持有的本单位财物转变为自己非法占有，因而都属于侵占行为的范畴，这与将自己原本并不持有的他人财物非法占有的盗窃、诈骗行为存在不同。

那么，如何区分职务侵占罪和诈骗罪？我们将从以下几个方面进行分析：首先，从犯罪主体上来看，职务侵占罪的犯罪主体是特殊主体，其必须是公司、企业或其他单位的人员，而诈骗罪的主体则是一般主体，结合案例 2 来看，被告人张某系某汽车有限公司的索赔员，该公司的工作人员亦能证实 2014 年张某在该公司入职，职务是索赔员，负责索赔信息收集、系统申报及旧件管理，该公司对于张某代表公司负责为客户索赔事宜的身份是予以认可的。

其次，在客观方面，职务侵占罪必须利用职务上的便利，行为人实施犯罪行为必须利用自己职务所直接拥有的主管、管理、经手本单位财物的便利，这是职务侵占罪构成的必要要件，但是否利用职务便利则不是诈骗犯罪的构成要件。其中，经手权指的是本身并不负责对本公司财物的管理，但因为工作需要，对本单位财物有领取、使用、发出或报销等职权。本案中，张某作为索赔员，结合在案证据显然可以收到客户买车后发现车配件、机器的质量问题反馈后为客户更换相应的配件，并及时向厂家申报车辆信息、故障配件、工时等该公司前期垫付的费用。骗取本身也是职务侵占的手段之一，职务侵占中的骗取性非法占有是指行为人利用职务上的便利,采用虚构事实、隐瞒真相的方法,非法占有本单位财物的行为。

最后,侵占对象的范围不同。职务侵占罪侵占的财物必须是本单位的合法财物,而诈骗罪侵占的财物既可以包括本单位的财物,也可以是单位以外的财物。本案中,被告人张某利用工作职务的便利,为满足个人私欲,伪造索赔单据领取汽车配件,并将领取的汽车配件出售,将出售的钱款占为己有,显然张某采取了欺诈的行为,侵占的客体是本公司财物所有权。因而,被告人张某利用职务上的便利,利用伪造索赔单方式骗取并非法占有本单位货款的行为符合职务侵占罪的构成要件。

(二) 职务侵占罪的诈骗手段

理论研究认为,职务侵占的手段除侵吞外,同时还包括盗窃、诈骗等其他非法手段。首先,从维持侵占犯罪的定型上来看,在非法占有他人财物之前即已经持有他人财物,这是各国刑法理论公认的侵占犯罪的定型性。也就是说,不管行为人采取何种手段,只要其将已经合法持有的他人财物非法占为己有,就可以认定为侵占行为。对于职务侵占来说,即使是采用秘密的窃取手段、隐瞒事实真相或者虚构事实的骗取手段,也都是将原来为自己所持有的本单位财物转变为自己非法占有,因而应当属于侵占行为的范畴,而与将自己原本并不持有的他人财物非法占有的盗窃、诈骗行为存在不同。其次,从科学的定罪要求上来看,如果认为职务侵占罪的行为方式除了侵吞之外,不包括盗窃、诈骗等非法手段,那么对采用盗窃、骗取等非法手段非法占有公司、企业或其他单位财物的,应当以盗窃罪、诈骗罪进行刑事处罚,但《刑法》第271条第2款规定"国有公司、企业或其他国有单位中从事公务的人员和国有公司、企业和其他国有单位委派到非国有公司、企业和其他非国有单位从事公务的人员利用职务上的便利非法占有本单位财物的,应以贪污罪定罪处罚"。也就是说,同样是采取侵吞、盗窃、骗取等非法手段非法占有本单位财物,对上述人员定贪污罪,而对其他公司、企业或者其他单位的人员分别定职务侵占罪、盗窃罪、诈骗罪等,显然是不符合定罪的科学要求。

四、结语

职务侵占罪的保护法益涵盖财产权利和单位公共权力双重内容，利用职务上的便利是单位公共权力在犯罪构成中的体现，应该在单位公共权力的指导和制约下对本罪所利用的"职务"做实质解读，以及对本罪中所利用诈骗手段实现非法占有目的进行综合分析，应当避免因阙如法益指导而造成不当限缩和恣意扩张职务的范围，进而导致不当出罪和入罪的误判，同时有助于职务侵占罪之刑事司法与刑事立法理念实现紧密连接，进而实现在办理以职务便利私吞购车款、虚假索赔类案中实现"同案同判"的司法正义。

虚开增值税专用发票罪的司法实务研究

孙 兵 韩振荣 叶 谦[*]

税收是国家财政之基础。国家如何从其控制的疆域内既公平又高效地获得财力、建立何种税制,是每个执政者必须考量的经国方略,是国家治理的重要维度之一。[①] 自 1994 年 1 月 1 日实行新税制后,增值税专用发票开始产生。[②] 我国通过试行和全面推广"营改增"税收政策,使增值税成为我国最大的税收来源。增值税是针对劳务、商品等技能型的税收,针对商品的流通环节其增值的部分进行征税,此种计税方式避免了重复征税,实现了减负减税。实践中,不少企业基于对经济利益的追逐,通过虚构交易、虚增金额等方式伪造自己可抵扣的税额、骗取税额抵扣,由此产生了虚开增值税专用发票行为。[③] 近年来,虚开增值税专用发票犯罪行为日益猖獗,致使国家税收遭受重大损失,严重扰乱公平竞争的市场经济秩序。

一、虚开增值税专用发票罪的溯源

自 2011 年起,我国开始推行"营改增",并最终于 2016 年全面完

---

[*] 孙兵,北京市丰台区人民检察院第二检察部检察官;韩振荣,北京市丰台区人民检察院第二检察部检察官助理;叶谦,北京市丰台区人民检察院第二检察部检察官助理。

[①] 徐浩、罗嫣:《试论虚开增值税专用发票入罪的司法立场》,载《人民司法》2020 年第 7 期。

[②] 陈兴良、周光权:《刑法学的现代展开》,中国人民大学出版社 2006 年版,第 236 页。

[③] 陈金林:《虚开增值税专用发票罪的困境与出路——以法益关联性为切入点》,载《中国刑事法》2020 年第 2 期。

成，使增值税取代营业税，有效减轻了企业税负。增值税减轻企业税负的关键在于增值税专用发票抵扣制度；纳税人在购买环节所缴纳的增值税（即进项税额），可凭其所获取的增值税专用发票上注明的增值税额抵扣其在销售环节所缴纳的增值税额（即销项税额）。其中，增值税专用发票是企业进行税额抵扣的凭证，企业必须根据发票所载明的税额进行抵扣。

为打击企业虚开增值税专用发票的行为，全国人大、最高人民法院相继出台了一系列法律法规。1995年，全国人大常委会出台《关于惩治虚开、伪造和非法出售增值税专用发票犯罪的决定》，其第1条第4款规定了虚开增值税专用发票行为的内涵。国家税务总局颁布《关于加强增值税征收管理若干问题的通知》，其中第1条规定"三流"（即行为人购销货物、劳务或服务的物流、发票流、资金流）一致方可抵扣进项税。次年，最高人民法院印发《关于适用〈最高人民代表大会常务委员会关于惩治虚开、伪造和非法出售增值税专用发票犯罪的决定〉的若干问题的解释》，其中第1条第1款规定"虚开"包括无货虚开、有货虚开、有货代开三类行为。以上规定主要侧重于客观行为的界定，并未明确规定对主观因素的考量。21世纪以来，税务机关对虚开增值税专用发票行为的规制开始逐渐强化对主观因素的关注。2000年出台的《国家税务总局关于纳税人善意取得虚开的增值税专用发票处理问题的通知》规定："购货方与销售方存在真实的交易，销售方使用的是其所在省（自治区、直辖市和计划单列市）的专用发票，专用发票注明的销售方名称、印章、货物数量、金额及税额等全部内容与实际相符，且没有证据表明购货方知道销售方提供的专用发票是以非法手段获得的，对购货方不以偷税或者骗取出口退税论处。"2007年发布的《国家税务总局关于纳税人善意取得虚开增值税专用发票已抵扣税款加收滞纳金问题的批复》规定："纳税人善意取得虚开的增值税专用发票被依法追缴已抵扣税款的，不属于《税收征收管理法》第三十二条'纳税人未按照规定期限缴纳税款'的情形。"

由此可以看出，虚开增值税专用发票的行为认定主要有两个关键点：一是"虚开"。其核心内容是行为人虚构并不存在的交易或者伪造交易金额，主要行为类型包括无货虚开、有货虚开、有货代开，主体的方式有为他人虚开、为自己虚开、让他人为自己虚开、介绍他人虚开等，其认定的核心标准在于与实际交易状况是否相符，只要不符合实际交易情况，即会被认定为虚开增值税专用发票，至于判断标准，即是否"三流"一致。二是主观故意，即行为人是否存在偷税、漏税的主观故意。由于早期规定的不完善，导致实践中存在将购货方不知其得到的增值税专用发票是销售方虚开得到的，购货方也被认定为虚开增值税专用发票的"一刀切"处理方式。因而，国家税务总局借鉴民法上善意第三人的概念，出台一系列的规范性文件，将行为人是否存在虚开或偷税、漏税的主观故意也作为虚开增值税专用发票行为的考虑因素，对主观故意要件的判断也越发严格。

二、虚开增值税专用发票犯罪行为的新特点

（一）行为方式复杂多变

在传统的虚开增值税专业发票犯罪中，犯罪分子通过伪造资金流、货物流和账簿凭证等方式制造合法开票的假象来逃避侦查，但这种操作同时给公安机关侦破案件也留下了大量线索。随着市场经济的不断发展，不法分子通过骗用、冒用、租用或盗用他人身份信息注册空壳公司，专门从事虚开增值税专用发票，暴力虚开更是增加了案件侦破难度。暴力虚开增值税专用发票，即不法分子在不进行任何经营行为甚至不伪造经营行为的情况下，利用空壳公司短时间内大量开具增值税专用发票赚取开票费，不进行纳税申报或进行虚假纳税申报后走逃失联。此种犯罪行为完成后证据灭失或是案件丧失可查性，严重影响侦查工作。

（二）多发生在重点行业、特殊人群

行业的经营模式、相关税收政策等是不法分子在实施虚开增值税专用发票犯罪行为时重点关注的因素。此外，虚开增值税专用发票犯罪行为人往往通过血缘、地域等关系形成密切关系网，主要犯罪嫌疑人以亲戚、老乡为纽带形成紧密联系，犯罪团伙成员多具有常年虚开增值税专用发票犯罪的经历。

(三）组织化、专业化、网络化程度高

虚开增值税专用发票犯罪存在开票、变票、资金回流、制作虚假物流信息、签订虚假购销合同等多个环节，往往依赖于分工明确、架构严密的组织，独立的个体很难完成。在实施虚开增值税专用发票犯罪行为时，行为人还需要清楚相关的税收政策、财政补贴政策等相关税法知识，在具体操作过程中要熟悉税征收抵扣、资金流转等流程，需要专业人员完成。此外，随着互联网和移动支付的普及，虚开行为也多转移到线上完成，通过非接触式开票，网银、支付宝、微信等多种结算工具交叉使用，完成一次虚开增值税专用发票购买、抵扣、资金回流的过程。

三、虚开增值税专用发票罪的表现形式

对于"虚开"的表现形式，我国《刑法》第205条第3款规定了四种方式，分别为"为他人虚开""为自己虚开""让他人为自己虚开""介绍他人虚开"。"为他人虚开"是最常见的方式，主要表现为没有真实交易，为赚取开票费而为他人虚开；有真实交易，但是开具发票与真实交易内容不符，主要表现为发票的金额要大于实际交易的金额。"为他人代开"，一般是一方没有开具增值税专用发票资格，在其与一般纳税人交易中，为了满足一般纳税人抵扣税款的要求，没有资格的一方为了促成交易可能会让他人代为开具增值税专用发票。"为自己虚开"，即纳税人为了少缴纳税款，自己开具增值税专用发票用于抵扣税款。还有一种情形是企业为了夸大自己的实力，虚开增值税销项发票，此种行为不会造成国家税款的流失。"让他人为自己虚开"，即通过给对方一定的开票费用，让对方为自己开具所需要的增值税进项发票，用于抵扣税款。这是与"为他人虚开"对应的一种行为方式，"让他人为自己虚开"主要表现为受票方为能够多抵扣税款达到减少缴纳税款数额的目的，通过不合法途径，给开票人支付相应手续费，购买可用于有效抵扣的增值税专用发票，从而抵扣税款的行为。"介绍他人虚开"，当事人既不是开票方也不是受票方，而是在二者之间牵线搭桥的中间人，往往表现为受票方传达自己有虚开的想法，或者向开票方介绍虚开增值税专用发票的人。虽然他们不是直接参与虚开犯罪行为的当事人，

但是在整个犯罪行为的完成中起着十分重要的作用。

四、虚开增值税专用发票罪的司法实践问题

（一）虚开增值税专用发票罪的认定争议

相关调研数据显示，虚开增值税专用发票案件的二审发回率显著高于经济案件的平均水平，以 2014 年至 2016 年数据为例，其二审案件的发回率是 40%。①

实践中虚开有多种表现形式，不是每一种虚开行为都被认定为犯罪。笔者认为，对刑法意义上的"虚开"应做严格的限制。

首先是企业之间的挂靠行为。所谓挂靠是指没有资质的企业利用有资质的企业的名号进行的交易活动。② 如果企业利用挂靠的公司进行经营活动，然后以挂靠公司的名义替自己开具相关的增值税专用发票，这样的行为不应该被认定为虚开行为。2015 年 6 月 11 日，最高人民法院研究室在给公安部经济犯罪侦查局《关于如何认定以"挂靠"有关公司名义实施经营活动并让有关公司为自己虚开增值税专用发票行为的性质》征求意见的复函中，肯定了"挂靠"行为不一定就是所谓的虚开犯罪行为。因为虚开增值税专用发票行为打击的是骗取国家税款的行为，但是上述的挂靠行为公司之间是有真实交易的存在，公司是有缴纳税款的业务和进行增值税税款抵扣权利的，不会造成国家税款的流失，也没有损害国家税收管理制度的故意。因此，具有实际交易的挂靠行为，不能认定为虚开行为。

其次是企业为了夸大实力虚开增值税专用发票的行为。一些公司会虚开增值税专用发票的销项发票，用来装点门面，增加自己的营业额，用于夸大自己公司的经济实力。这种情况下，该公司一般开具的都是增值税销项税，并不会对国家税收造成威胁，也不会导致国家税收的流

---

① 王小娟：《立足司法实践惩治发票犯罪》，载《人民法院报》2017 年 12 月 21 日，第 8 版。

② 杨滟：《虚开增值税专用发票犯罪中的"虚开"》，载《公民与法》2016 年第 10 期。

失。这一行为虽然不是刑法调整的范围，但是违反了国家的发票管理制度，应当进行规制。

最后是如实为他人代开的行为。"如实代开"指双方当事人之间发生经营活动，但是由双方之外的第三方如实开具增值税发票的行为。① 该情况一般出现在小额纳税人与一般纳税人的交易过程中，一般纳税人是需要开具增值税专用发票的，但是因为小额纳税人没有开具专票的资格，一般纳税人为了抵扣税款或者小额纳税人为了促成交易会让他人为自己代开。这种情况因为有真实交易的存在，进项税的抵扣实际没有给国家的税收造成损失。至于"三流一致"的评判标准，已不能适应现在市场交易的常态，故不能因为"三流"不一致而认定行为人的行为是虚开。不管行为人是否具有骗税的目的，是否"如实代开"，只要存在致使国家税收损失的抽象性危险，即构成犯罪。② 因此，对于如实代开是否构成犯罪，要看对国家的税收利益有没有造成威胁。

上述典型情况都是围绕是否存在真实交易这一核心内容，真实交易的认定是确定是否存在虚开行为的一项重要准则。但是，存在真实交易，并不代表一定没有虚开行为，还要看发票与交易内容是否一致。如果发票的票面金额明显高于实际交易金额，那么高出的部分仍然属于虚开。

（二）虚开增值税专用发票罪的量刑不均衡问题突出

1. 量刑不够均衡

由于《刑法》第 205 条规定的模糊性，导致在司法实践中存在具体案件的适用没有统一标准的窘境。缺乏统一的量刑标准，加之相关司法解释滞后，导致司法实践中量刑不均衡问题，对于一些具体案件，就会出现罪行不相适应的问题。③ 由于税收相关罪名的共通性，利用同样的虚开增值税的手段进行偷逃税款的行为，可能会被判处逃税罪、虚开

---

① 杨浥：《虚开增值税专用发票犯罪中的"虚开"》，载《公民与法》2016 年第 10 期。
② 杜文俊：《发票犯罪若干问题辨析》，载《政治与法律》2013 年第 6 期。
③ 梁剑：《虚开增值税专用发票罪若干问题研究》，载《北京科技大学学报（社会科学版）》2003 年第 1 期。

增值税专用发票罪、骗取出口退税等不同罪名，罪名不同，则对应的量刑也会不相同。

2. 罪责刑不相适应

在税收征管犯罪中，虚开增值税专用发票罪的量刑是相对比较严格的。尽管与其他涉税犯罪相比，都是造成了国家税款的流失，破坏了国家税收征管制度，但是虚开增值税专用发票罪的刑罚却比其他罪名更为严格。尽管在经济犯罪应当轻缓化、应废除经济犯罪死刑适用的呼吁声中，2011年《刑法修正案（八）》已经删除了虚开增值税专用发票罪判处死刑的适用。① 但是，由于司法解释出台早，后期未做修改，罪责刑不相适应的问题依旧突出。

五、适用虚开增值税专用发票罪的司法建议

（一）完善立法和司法解释

1. 明确不同犯罪主体的罪责刑

刑法条文中对虚开增值税专用发票罪的犯罪行为规定得较为模糊，其只描述为他人虚开、为自己虚开、让他人为自己虚开、介绍他人虚开，对该行为的各个责任没有做区分。很明显，各个行为在犯罪活动中的作用和主观恶性并不相同，对于开票、受票、介绍的不同行为人，其主观对于犯罪数额的故意与实际造成的税收损失也很可能并不相等。用同一结果作为定罪依据有失刑法的公平性。所以，需要在立法或司法解释中进一步完善该罪的主观及不同的客观行为，平等合理地区分不同犯罪行为和相应刑罚，体现罪责刑的统一。但不宜采取将其中几项行为列为帮助犯或共犯，因为在为多个主体虚开增值税专用发票的情况下，列为帮助犯或共犯无法准确评价其罪数问题。

2. 出具完备细致的量刑标准

在司法实践中，本罪在量刑数额上适用骗取出口退税罪的相应司法解释，两罪本在同一法条中，使用相同的追诉标准，是较为合理的，也

---

① 王佩芬：《发票犯罪立法研究》，上海社会科学院出版社2015年版，第176页。

是普遍采纳的方法。在现阶段立法和司法解释未完善的状态下，适用该解释是最为妥当的，但同样在量刑时除了考量犯罪数额，根据虚开的行为人不同的主观恶性、行为、犯罪活动中的作用及造成的社会危害性进行区分量刑，尽可能通过法官自由裁量权弥补立法及司法解释中罪责刑的矛盾。要使罪责刑相统一，仍然需要从科学立法出发，改善条文中的缺陷，形成完备的法律条文和恰当的法律解释，提供统一的司法适用标准。

（二）司法实务中的经验做法

1. 补缴税款的处理办法

在本罪的司法实践中，行为人常会在一审判决前补缴全部税款及滞纳金，以求更轻的量刑。在这种情况下，一般可以按照退赃退赔的情节从轻或者减轻量刑。补缴全部税款及滞纳金的行为已挽回国家全部税收损失，保护了该法条的法益，对其从轻或减轻处罚与该法条的严厉性并不冲突，不仅如此，对于补缴全部税款及滞纳金的行为人从轻或减轻处罚，也可促使行为人积极补缴，保障国家的税收权益。另外，更轻的量刑也可以让企业经营者尽早恢复企业经营、及时帮助企业创收，提供社会就业，对经济和税收也有积极影响。

2. 善用税务行政执法手段，加强行刑衔接

办理虚开案件中，对于情节较轻，认罪态度好，且补缴全部税款及滞纳金的行为人，可以积极适用免除刑事处罚的规定，理由同上。这时刑事司法在该罪名上的威慑力可由税务部门的行政处罚来弥补。犯该罪的行为人主观目的都是故意或放任用虚开的发票抵扣税款，从而在节省的税款中获得收益。所以，单处罚金足以对绝大部分企业和个人起到震慑作用。借用税务部门的行政罚款可以与刑法条文中无单处罚金刑的规定形成互补，使执法人员更加准确地评价及处罚行为，实现罪责刑相统一。故在实践中，应加强税务部门与公检法等司法机关的沟通与衔接，既有利于相互交流办案经验做法，创新合作机制，也可以形成相互监督、限制公权力使用的良性环境，从而使双方及时准确处理触法行为，尽早挽回损失，对虚开增值税专用发票犯罪行为起到更好的抑制效果。

论"有偿删帖"型非法经营罪的认定

吕　慧　白云志[*]

一、网络公关的异化：网络黑公关的兴起

（一）网络公关的定义与特征

1. 网络公关的定义

信息技术革命推动了互联网经济的蓬勃发展，促进了传统产业的优化升级，在此背景下，网络公关应运而生。一般而言，网络公关是指网络化的组织以互联网为传播媒介，与其受众之间进行交流，使双方相互了解、相互适应并共同发展，从而提高组织的知名度和美誉度的一系列管理活动。[①]

2. 网络公关的特征

与传统公关模式相比，网络公关将互联网同时作为技术手段和场域空间，具有自身的突出特点：一是覆盖范围广，除政府、企业等组织之外，普通民众也广泛参与其中并发挥重要作用；二是互动性强，信息发布者与接收者可以实时互动交流，且两者身份可以互换；三是传播速度快，可以突破时间和地域的限制，信息传播更及时、高效、便捷；四是公关成本低，传播方式灵活多样，往往仅需要网络成本和人力成本。

（二）网络黑公关的利益链条与行为模式

互联网的公开性、便利性是一把"双刃剑"，实践中受利益驱使、

---

[*] 吕慧，北京市丰台区人民检察院第二检察部检察官；白云志，北京市丰台区人民检察院第二检察部检察官助理。

[①] 苏忠林、李志刚、王亚文：《网络公关异化：内涵、表现和判定方法》，载《电子政务》2016年第5期。

监管缺位等因素,网络公关行业的蓬勃发展异化催生了网络黑公关的兴起。网络黑公关也称网络黑社会、网络打手、发帖水军,其主要工作是"拿人钱财,替人消灾",按照客户指令,密集发帖、删除负面信息、诋毁竞争对手[①]、制造舆论恐慌及恶意诽谤他人、网上寻衅滋事、损害竞争对手商业信誉和商品声誉;也利用被害方及时消除网络不良影响的心理,实施敲诈勒索、诈骗等违法犯罪行为。[②]

1. 网络黑公关的利益链条

实践中,网络黑公关业已呈现出组织化、产业化的趋势,形成了较为固定的利益链条。在该利益链中,上游需求方涵盖了公司、企业、事业单位、政府部门和个人,其中公司、企业的商业宣传和形象维护占据绝对地位,他们既是公关利益的获得者也是输送者;中游主导方主要包括网络公关公司、个人中介等,他们为了牟取暴利往往不断突破道德和法律的底线,是种种黑公关乱象的主导者和推动者,也是相关违法犯罪的高发群体;下游操作方主要包括具有网络管理权限的企业或政府部门工作人员,以及无网络管理权限但拥有专业技术的"黑客"等人员,他们是黑公关行为的直接执行者,虽处于利益链末端但社会危害性极大。

2. 网络黑公关的行为模式

互联网既是人类美好生活的缔造者,也是违法犯罪的助推器,犯罪一旦与网络相结合,其社会危害性甚至超过传统的犯罪行为。[③] 司法实践中,网络黑公关的行为模式主要包括有偿删帖型、恶意竞争型、侮辱诽谤型、敲诈勒索型四种类型。

(1) 有偿删帖型。网络黑公关一般按照雇主的需求,利用人工、技术手段,如通过非法建立小型网站虚假投诉或贿赂网站管理员等方法,为他人有偿提供删除信息服务,或者明知是虚假信息,通过信息网

---

① 张维:《揪出幕后黑手扫除网络黑恶势力》,载《法制日报》2019年9月17日。

② 付想兵、刘杰:《网络黑公关的刑法规制》,载《人民司法》2021年第13期。

③ 林维:《信息网络犯罪的刑事处罚亟须加强》,载《人民日报》2013年9月13日,第4版。

络有偿提供发布信息等服务,侵犯公民知情权,损害信息网络市场管理秩序,此类行为有可能触犯非法经营罪、破坏计算机信息系统罪以及受贿罪、非国家工作人员受贿罪等罪名。

(2) 恶意竞争型。通过谣言恶意攻击、搞垮同行,已成为许多产业的潜规则,实践中,一些网络公关公司、"网络水军"按照雇佣者的指示在网络上发布虚假消息、煽动舆论,肆意抹黑竞争对手,混淆视听、迷惑民众,以实现报复、打击竞争对手的目的,严重损害他人商业信誉或商品声誉,此类行为有可能触犯损害商业信誉、商品声誉罪等罪名。

(3) 侮辱诽谤型。为了在竞争中取得先机、占据优势,一些企业往往雇佣网络黑公关以文字、图片、视频等形式在网络空间中传播竞争对手的各种侮辱诽谤信息,操作舆论、煽动网民情绪、形成话题使侮辱诽谤信息广泛快速传播,严重损害他人合法权益,此类行为有可能触犯侮辱、诽谤罪等罪名。

(4) 敲诈勒索型。网络黑公关受雇于他人或者自行编造、散布虚假信息,在网络空间实施威胁、胁迫或者"软暴力",通过发布对被害人不利的信息给其造成精神压迫和心理强制,利用被害人急迫删除网上负面信息的心理,向被害人索要删帖费用,侵犯公民合法权利,此类行为有可能触犯敲诈勒索罪等罪名。

二、网络公关的刑法规制:司法解释的出台与非法经营罪的扩张

为有效治理网络黑公关产生的种种乱象,最高人民法院、最高人民检察院于 2013 年 9 月 6 日联合发布了《关于办理利用信息网络实施诽谤等刑事案件适用法律若干问题的解释》(以下简称《解释》)。司法实践中,网络公关犯罪的打击重点和争议焦点均集中于非法经营罪,对此有必要对《解释》第 7 条规定的网络非法经营罪司法适用问题进行深入探究。

《解释》第 7 条规定:"违反国家规定,以营利为目的,通过信息网络有偿提供删除信息服务,或者明知是虚假信息,通过信息网络有偿

提供发布信息等服务，扰乱市场秩序，具有下列情形之一的，属于非法经营行为'情节严重'，依照刑法第二百二十五条第（四）项的规定，以非法经营罪定罪处罚：（一）个人非法经营数额在五万元以上，或者违法所得数额在二万元以上的；（二）单位非法经营数额在十五万元以上，或者违法所得数额在五万元以上的。实施前款规定的行为，数额达到前款规定的数额五倍以上的，应当认定为刑法第二百二十五条规定的'情节特别严重'。"

（一）"违反国家规定"的认定

成立非法经营罪的前提是"违反国家规定"，根据《刑法》第96条之规定，即违反全国人民代表大会及其常务委员会制定的法律和决定，国务院制定的行政法规、规定的行政措施、发布的决定和命令。《解释》第7条规定的认定行为人"违反国家规定"的依据，主要是指违反全国人大常委会《关于维护互联网安全的决定》（以下简称《决定》）和国务院《互联网信息服务管理办法》（以下简称《办法》）的相关规定。①

《决定》第5条规定，"利用互联网实施该决定第一条、第二条、第三条、第四条所列行为以外的其他行为，构成犯罪的，依照刑法有关规定追究刑事责任。"《办法》第3条规定"经营性互联网信息服务，是指通过互联网向上网用户有偿提供信息或者网页制作等服务活动"，第4条规定"国家对经营性互联网信息服务实行许可制度；对非经营性互联网信息服务实行备案制度。未取得许可或者未履行备案手续的，不得从事互联网信息服务"。实践中，部分网络公关公司等组织和个人以营利为目的提供有偿删帖服务，或者明知是虚假信息而提供发布信息等服务，显然未取得国家相关部门的经营许可，属于违反《办法》规定，"通过互联网向上网用户有偿提供信息或者网页制作等服务活动"中"等服务活动"的情形，严重损害了互联网用户的合法权益，扰乱了互

---

① 最高人民法院刑事审判第三庭：《〈关于办理利用信息网络实施诽谤等刑事案件适用法律若干问题的解释〉的理解与适用》，载《人民司法》》2013年第21期。

联网信息服务市场管理秩序。①

(二)"以营利为目的"的界定

为防止非法经营罪这一"口袋罪"的无限扩张，严格刑事处罚界限，《解释》第7条规定了网络非法经营罪必须具备"以营利为目的"要件。实践中，以营利为目的，利用信息网络向他人有偿提供"发帖""删帖"服务，主要包括以下几种情形：一是部分网络公关公司、网络营销组织等将有偿"发帖""删帖"业务作为主营业务，反复、多次、长期实施，从中牟取非法利益；二是多次通过信息网络向他人有偿提供"发帖""删帖"服务；三是与委托人签订所谓的"有偿服务协议"，有目的、有计划地帮助委托人"发帖"或者"删帖"，从中牟取非法利益；四是虽然未多次实施上述行为，但牟取的非法利益明显超出《解释》规定的数额标准。②

在认定"以营利为目的"要件时，应当明确网络非法经营罪主要打击以有偿删帖、发帖为主营业务，非法获利数额较大的网络公关公司和网络营销组织，对于个别网民偶尔帮助他人发帖，并收取一定费用，并非以此为业的，即使数额达到《解释》规定的标准，一般也不宜认定为"以营利为目的"。

(三)网络非法经营罪的行为方式

1. 有偿删帖型

《解释》第7条规定的行为模式之一是通过信息网络有偿提供删除信息服务，即"有偿删帖型"非法经营罪，其核心特征是将在信息网络上的"删帖"行为作为非法牟利手段。依据《解释》的规定，行为人只要实施了有偿"删帖"行为即可成立本罪，不要求所删除的信息为虚假信息，也不要求行为人对所删除的信息的性质（虚假信息或者真实信息）明知。

在网络黑公关乱象中，一些网络公关公司和营销组织以"有偿删

---

① 张向东：《网络非法经营犯罪若干问题辨析》，载《法律适用》2014年第2期。
② 张向东：《网络非法经营犯罪若干问题辨析》，载《法律适用》2014年第2期。

帖"为主业，为获取巨额利益积极为委托方提供"删帖"服务，并不在意委托方要求删除的信息虚假或真实，其行为直接导致大量真实信息被掩盖和删除，既侵犯了广大网民的合法权益，也破坏了信息网络服务市场管理秩序，应当以非法经营罪予以规制。

2. 虚假发帖型

《解释》第7条规定的行为模式之二是明知是虚假信息，通过信息网络向他人有偿提供发布信息等服务，即"虚假发帖型"非法经营罪，其核心特征是行为人明知是虚假信息而积极追求或放任其传播。《解释》第7条明确规定，"虚假发帖型"非法经营罪要求行为人明知所发布的信息为虚假信息。若行为人不知悉所发布的信息为虚假信息，即使收取了一定的费用，也不应认定为非法经营罪。

依据上述规定可知：一是将向他人有偿提供发布真实信息的服务排除在外。发布信息是互联网的重要功能和价值所在，若行为人发布的是真实信息，即使其经营行为未取得国家相关部门的许可，违反了《办法》的相关规定，扰乱了信息网络服务市场管理秩序，但因社会危害性不大，也没有刑事处罚的必要性。二是将过失或客观原因有偿发布虚假信息的行为排除在外，对于因错误认知、理解有误或者因客观条件局限致使发布人无法查明信息真伪而发布虚假信息的，虽客观上造成了一定的社会危害，但其主观上不具有可谴责性，故不宜认定为非法经营犯罪。

三、"有偿删帖"型非法经营罪的司法适用困境

(一) 司法理论困境

1. 关于形式要件的争议

如前所述，构成非法经营罪的前提是"违反国家规定"，依《解释》主要是指违反《决定》和《办法》。而对于有偿删帖、虚假发帖是否属于"违反国家规定"的非法经营行为，理论界和实务界均存在较大争议，主要表现在以下两个方面：

(1) 有偿删帖行为是否属于经营性互联网信息服务。部分学者批评《解释》存在过度扩张非法经营罪的适用范围、法律援用不当等问

题，认为公关公司有偿删除信息或者有偿发布信息均不属于经营性互联网信息服务；也有学者认为有偿删除信息不属于经营性互联网信息服务，而有偿发布信息属于经营性互联网信息服务。①

（2）沉降稀释、代为申诉行为是否属于"删除"行为。实践中，广义的"有偿删帖"行为一般包括三种类型：一是直接删除负面信息；二是通过"SEO""SMO"等技术手段沉降稀释负面信息；三是向信息发布网站代为申诉要求删除负面信息。其中，直接删除行为属于《解释》第7条规定的"删除"行为几无争议，但对于沉降稀释、代为申诉这两种方式是否属于删除行为争议较大。有观点认为，考虑到网络信息的特性、社会公众获取网络信息的方式和将删帖纳入非法经营罪打击的立法目的，应将屏蔽网络信息行为解释为删除网络信息行为，即删帖包括沉帖、提高浏览用户等级、更改关键词等。② 但更多观点认为，应严格按照罪刑法定原则对网络非法经营罪限缩适用，沉降稀释、代为申诉行为均不属于《解释》第7条规定的"删除"行为，不应按照非法经营罪处理。

2. 关于实质要件的争议

除上述形式要件的争议之外，关于网络非法经营罪的争议还在于实质要件，即有偿删帖行为是否侵害了非法经营罪保护的法益。有观点认为，认定"网络水军"、网络公关公司的行为可以构成非法经营罪的根据是，其对合法的互联网信息服务市场秩序造成了危害，应当予以定罪处罚。③ 另有观点认为，有偿删帖行为没有侵犯非法经营罪社会管理秩

---

① 参见李怀胜：《信息秩序法益视野下网络公关犯罪的完善路径》，载《当代法学》2022年第3期。
② 刘宏水、汤琰：《删除网络信息的行为方式》，载《人民司法》2021年第32期。
③ 王志祥：《网络水军非法经营行为应予定罪》，载《法制日报》2013年9月11日，第7版。

序的核心法益,将其纳入非法经营罪的规制范围也就成了无根之木。①

(二) 司法实践困境

1. 非法经营罪适用率畸高

现有案例中网络公关涉嫌的罪名主要是非法经营罪,② 大多是通过兜底条款来解决网络公关的入罪问题,引发较大争议,而对于《刑法修正案(七)》和《刑法修正案(九)》新增的拒不履行信息网络安全管理义务罪、非法利用信息网络罪、帮助信息网络犯罪活动罪等新罪名适用度不高。③

2. 行为人主观明知认定难度大

由于《解释》规定的"发帖型"非法经营罪要求行为人明知是虚假信息,仍通过信息网络有偿提供发布信息等服务,若行为人不知悉发布的信息为虚假信息,即使收取了费用,也不应认定为非法经营罪。这就面临一个问题,虚假信息的编造者或炒作者到案后通常抗辩的事由集中在不知道编造、散布的信息为虚假信息,或者不对信息的真实性负责。一般情况下,在认定主观明知方面应结合在案的其他证据进行综合审查,但由于网络信息的发布和传播有一定的时效性和隐蔽性,发案后很难及时固定证据,导致证据缺失严重,无法对犯罪嫌疑人的供述进行佐证。

3. 全链条打击力度不够

网络公关产业链庞杂,对其运作模式和环节难以形成确切的认识,参与的主体多元化,再加上法律适用的困难,行政处罚和刑事处罚的打击范围边界模糊,适用刑法规制的对象和行为打击力度不一致。实践中,雇佣企业、公关公司、中介、"网络水军"等人员均发挥着重要作用,而现有案例中大多是对涉案的网络公关公司主要责任人员定罪处

---

① 苏云、魏再金:《有偿删帖行为之刑法规制误区及其匡正——兼评〈关于办理利用信息网络实施诽谤等刑事案件适用法律若干问题的解释〉第七条》,载《西华大学学报(哲学社会科学版)》2019 年第 3 期。

② 如 2015 年国家网信办公布的"网络敲诈、有偿删帖十大典型案例"中,非法经营罪占据绝对地位。

③ 付想兵、刘杰:《网络黑公关的刑法规制》,载《人民司法》2021 年第 13 期。

罚，并未对上游的雇佣者进行刑事处罚，也未对下游的职业"网络水军"进行行政处罚或刑事处罚。

四、"有偿删帖"型非法经营罪的完善路径

（一）合理限缩非法经营罪的适用范围

1. 有偿删除虚假信息不宜认定为非法经营罪

本文认为，《解释》第 7 条规定的两种非法经营罪行为模式中，"有偿发布虚假信息"属于违反国家规定从事经营性互联网信息服务，具有社会危害性，应当以非法经营罪定罪处罚。而对于"有偿删除信息"行为不应一概认定为非法经营罪，而应将该行为划分为删除虚假信息和删除真实信息，从而针对删除信息性质不同作出不同处理。

第一，有偿删除真实信息侵犯了公众的知情权和互联网信息管理秩序，具有实质的社会危害性，应当以非法经营罪定罪处罚，除非行为人误以为自己删除的是虚假信息且具有正当理由，则可以事实认识错误出罪。

第二，有偿删除虚假信息的行为虽然形式上符合《解释》第 7 条非法经营罪的构成要件，但如果行为人受委托删除的是某人恶意诽谤的虚假信息，则行为人的行为在法律上是协助他人进行私力救济，因其不具有实质的社会危害性，故不应认定为非法经营罪。

2. 沉降稀释行为不宜认定为非法经营罪

非法经营罪作为"口袋罪"一直为理论界和实务界所诟病，《解释》将"有偿删帖"和"虚假发帖"两种行为以非法经营罪规制，已经对《刑法》第 225 条第（四）项进行了扩张解释，因此，实践中对《解释》第 7 条的适用更应坚持罪刑法定原则，保持刑法的谦抑性，严格限制适用条件，控制打击对象和范围。

罪刑法定原则要求文义解释是刑法解释的首要解释原则，即严格按照法律条文所使用的词语的字面含义作出解释。"删除"字面意思是去掉不要的东西，是指物理上去除，"删除网络信息"的文义解释就是将信息从互联网上去掉，使其"不存在"。而沉帖、提高浏览用户等级、更改关键词等行为方式并没有在物理层面真正删除网络信息，只是让相

关负面信息不易被搜索,这些信息仍然存在,超出了"删除"的语义射程范围,故在目前缺乏明确立法、司法解释的情况下,不宜按照非法经营罪定罪处罚。

3. 代为申诉行为不宜认定为非法经营罪

首先,任何自然人和法人都依法享有维护自身人格权和名誉权的权利,当权利受到虚假信息侵害时,有权采取合理合法的形式予以救济。其次,根据我国目前现行法律规定,并没有限制负面信息当事人必须本人来进行合法申诉以维护自身权益,法无禁止即自由,在这种情况下,网络公关公司自然可以接受委托,采取代为申诉或沟通删帖的合法途径来为委托人实现维权的目的。最后,对于委托他方代为申诉协助删除处理负面信息的行为,本身并没有侵害任何法益,且能为受害方节约时间、人力等成本,符合自力救济的范围,应当予以提倡。

(二) 加强网络黑公关全链条打击力度

1. 运用共犯理论合理认定委托方的刑事责任

在网络黑公关链条中,上游委托方作为需求提出方发挥着重要作用,具有刑事打击的必要性。网络公关公司是按照委托方的意志或指示实施有偿删除真实信息、有偿发布虚假信息的行为,法益受到侵害是委托方和网络公关行为人共同实施不法行为所造成的,故应将委托方与网络公关行为人进行整体评价。

从犯罪故意方面看,委托方作为需求方明知其意图删除的信息是什么,可能造成何种危害,是积极追求法益侵害结果的表现,即使对网络公关行为人提供的技术或方式不甚了解,但只要对下游犯罪行为和结果持放任态度,即构成最低限度的间接故意。而网络公关行为人为了牟取一定的利益,满足委托方的要求,积极追求或消极放任法益遭受侵害的结果发生。因此,无论从主观还是客观方面分析,委托方与网络公关行为人均存在共同故意并实施了不法行为,共同造成了法益侵害的结果,应当认定为共同犯罪。[①]

[①] 付想兵、刘杰:《网络黑公关的刑法规制》,载《人民司法》2021年第13期。

2. 运用新罪名加强网络平台和技术提供者的监管力度

传统罪名帮助犯的理论不足以解决网络黑公关行为主体、行为方式等多样化的现实要求，应当拓宽到共犯正犯化的视角，强化平台和技术提供者的责任，同时也是增强新罪名适用的必然。例如网络平台明知是网络黑公关，却不履行平台监督管理职责，积极作为或者消极不作为，为网络黑公关提供帮助，经有关部门责令改正而拒不改正导致严重后果的，以拒不履行信息网络安全管理义务罪入罪；若行为人为网络黑公关提供技术帮助、资金结算等帮助，情节严重的，妨害了网络管理秩序，可以直接适用《刑法》第287条之二规定的帮助信息网络犯罪活动罪定罪处罚。

新型电信网络犯罪的治理现状及完善建议

——以 F 区检察院的履职情况为样本

赵新颖　田　李　郭　勇　李曼君

叶　谦　李一可　康乾伟[*]

　　近年来，伴随着信息网络技术的迭代升级，新型网络违法犯罪层出不穷，犯罪手段、行为模式推陈出新，严重扰乱网络空间秩序，侵害公民人身、财产安全。习近平总书记在 2018 年 4 月召开的《全国网络安全和信息化工作会议》上强调，"网络空间不是法外之地，要依法严厉打击网络黑客、电信网络诈骗、侵犯公民个人隐私等违法犯罪行为，切断网络犯罪利益链条，持续形成高压态势，维护人民群众合法权益。"为了充分发挥检察职能在网络空间治理中的作用，有效实现电信网络新型违法犯罪的依法、系统、综合治理，服务保障区域政治安全、经济社会发展，本文通过对 F 区检察院近三年开展的网络空间治理工作进行梳理，总结网络犯罪案件特点及趋势，对网络犯罪的惩治和预防提出建议，以期为检察综合履职深度参与区域网络空间治理提供有益思考。

---

[*] 赵新颖，北京市丰台区人民检察院第二检察部检察官；田李，北京市丰台区人民检察院第二检察部检察官助理；郭勇，北京市丰台区人民检察院第二检察部检察官助理；李曼君，北京市丰台区人民检察院第二检察部检察官助理；叶谦，北京市丰台区人民检察院第二检察部检察官助理；李一可，北京市丰台区人民检察院第二检察部检察官助理；康乾伟，北京市丰台区人民检察院第二检察部书记员。

一、F 区院网络空间治理的检察履职情况

（一）不断加强网络犯罪案件的打击力度，开创全国先例

F 区院充分发挥介入引导侦查优势，不断加强网络犯罪案件打击的深度和广度，助力在全国范围内率先开展"断卡"行动，坚持"链条化"打击。例如，F 区院成功办理的全国首例通过 App 方式有偿"抢博"案，该案在证据认定和法律适用等方面均没有先例，F 区院充分借助专业同步辅助审查机制，咨询技术专家，厘清涉案软件功能原理，破解专业壁垒，精准打击犯罪。该案被新华社、检察日报、正义网等多家媒体报道，为打造风清气正网络环境贡献检察力量。又如，F 区院办理的吕某某、思某某等 4 人帮助信息网络犯罪活动案，围绕庭审指控证明犯罪的需要，全流程引导侦查取证，以"卡农"吕某某为切入口，以物流信息为突破口，顺藤摸瓜，从下游到上游依次锁定了"卡贩"团伙中的王某某、思某某、吴某某，将"卡农"及"卡贩"团伙一网打尽。

（二）创新专业化办案机制，推动司法办案和检察技术深度融合

为全面提高网络犯罪专业化办案水平，F 区院积极探索网络犯罪案件专业化建设。一方面，根据最高检及市院相关工作方案，专门成立网络检察办公室，由主管副检察长担任主任，其他副检察长及政治部主任担任副主任，院各部门负责人为办公室成员。网络检察办公室针对各业务部门特点，在依法惩治网络犯罪、提高检察参与网络综合治理水平、加强未成年人网络保护、推动司法办案和检察技术融合、参与网络空间社会治理创新等方面提出重点工作要求，培育办理网络案件的检察尖兵力量，充分发挥专业部门专业人才的专业特长。另一方面，F 区院借助技术智囊，依托专业同步辅助审查机制，破除网络犯罪案件中的技术审查壁垒。如在蔡某某提供侵入、非法控制计算机信息系统程序、工具案中，针对涉案软件的运行原理等技术难题，F 区院申请检察科技信息中心技术专家参与阅卷、进行专业指导，顺利解决涉案技术问题的审查认

定，有效实现了对犯罪行为的精准指控。充分借助专家资源，发挥"外脑"力量，如F区院在办理曹某某等人提供侵入、非法控制计算机信息系统程序、工具案中，针对VPN的法律属性、法律适用等问题，邀请传统刑法学专家、计算机网络法学专家、行业专业技术人员等召开论证会，为VPN类犯罪的法律适用提供参考。

（三）强化检察机关、公安机关沟通会商，促进网络犯罪案件质效提升

针对网络犯罪案件办理中存在的案件审查、电子数据审查和跨区域协作办案等重点问题，F区院积极与区分局法制支队、刑侦支队开展座谈，强化提前介入机制，就主体身份同一性、技术手段违法性、上下游行为关联性、电子数据的收集、提取、保全、固定、检验、分析等方面深入探讨，提出引导取证意见，促进电信网络案件侦查取证针对性和诉讼效率提升。如F区院办理的刘某某等3人非法利用信息网络案，在该案移送审查逮捕前，积极同侦查机关沟通会商，引导侦查关口前移，将取证意识、取证标准及时传导给侦查机关，对关键证据的收集、法律适用情况、侦查工作要点提出建议。审查逮捕案件办结后，F区院认真落实审查逮捕一案两书（《批准逮捕决定书》《继续侦查意见书》）制度，通过《继续侦查意见书》督促公安机关全面收集有罪、无罪、罪轻、罪重等所有证据，重点对网站发布招嫖数量、发帖数量、网站注册用户、犯罪嫌疑人违法所得等进行取证，同时补全瑕疵证据。通过加强引导侦查，确保了案件的侦查、审查逮捕、审查起诉各阶段经得起法律的检验，确保案件证据、认定事实都经得起庭审的考验，从而提高案件整体质量和效率。

（四）积极参与网络空间综合治理，做好网络犯罪普法宣传工作

F区院积极延伸检察职能，拓展网络空间综合治理的深度和广度。一方面，针对办案中发现的风险隐患，以检察建议的形式为涉案企业提供法律意见，如在蔡某某提供侵入、非法控制计算机信息系统程序、工具案中，针对某公司在技术防护措施方面存在漏洞等问题，F区院在前

期座谈、充分调研的基础上,从技术防护、账号管理等方面提供法律意见,后全部获得该公司采纳及回函;另一方面,针对电信网络诈骗高发频发,积极回应民众关注痛点,以漫画、典型案例等形式,通过微信公众号、现场宣讲等线上线下相结合的方式,全面推动网络法治宣传教育。例如,F区院网络检察办公室成员根据人大代表需求,多次前往街道养老服务中心,通过表演小品、普法讲座、现场答疑相结合的方式,揭秘电信网络诈骗常见的骗术,普及预防电信网络诈骗犯罪小知识,获得现场民众广泛好评。又如,F区院网络检察办公室协同区司法局、区公安分局多次开展"全社会反诈总动员"等全区全民反诈宣传活动,现场发放防范电信网络诈骗犯罪的宣传材料,深入群众答疑解惑,取得了良好的普法宣传效果。再如,F区院未检工作团队多次前往辖区内学校开展普法宣传,通过与同学们"面对面、心贴心"的法治座谈,将讲解与交流生动结合,提高学生防范电信网络诈骗的意识与能力。

二、F区院办理网络空间治理案件存在的问题

随着网络信息技术全面融入经济社会生活,网络犯罪高发多发的态势也迅速蔓延。2019年1月至2021年6月,F区院共办理网络犯罪案件340余件,案件呈现出以下特点:

(一)案件总量持续增多,传统犯罪网络化趋势明显,网络空间治理水平和能力亟待加强

通过对近三年所办理的网络犯罪案件进行梳理可知,F区院办理的网络犯罪案件犯罪类型比较集中,按照不同类型案件数量具体排序如下:诈骗罪(电信诈骗);开设赌场罪;赌博罪;非法利用信息网络罪;侵犯公民个人信息罪;破坏计算机信息系统罪;提供侵入、非法控制计算机信息系统程序、工具罪;介绍、容留卖淫罪;帮助信息网络犯罪活动罪。其中帮助信息网络犯罪活动罪占网络犯罪总数的61.3%,利用网络实施的诈骗和赌博犯罪占网络犯罪总数的28.6%,新型网络犯罪高发与传统犯罪向网络空间蔓延的趋势较为明显。针对这一趋势,检察机关亟须转变办案思维和理念,明确网络空间治理重点及方向,通过办案与技术相融合,进一步提升网络空间综合治理能力和水平。

（二）电信网络诈骗手段迭代更新，针对性更强、危害性更大，源头治理、综合治理的理念和能力需进一步强化

经梳理发现，近三年来电信网络诈骗升幅较快，特别是新冠肺炎防控期间，涉疫电信诈骗占近三年电信诈骗案件总数的35.7%。而随着信息网络的迅速发展，犯罪分子的作案手段也趋向多样化、智能化，既有传统的购物诈骗，也有新型的针对老年病、慢性病患者的诈骗，此类诈骗手法迷惑性强，涉及被害人众多，严重危及人民群众身心健康及财产安全。如徐某某、白某某等21人诈骗案（电信诈骗），为牟取非法利益，徐某某伙同白某某、王某某、李某某等人，招募电话销售人员，采用电话销售的方式，通过虚构产品疗效等事实向糖尿病患者出售不具有相关疗效的"葛洪唐安"等松茂堂系列产品，进行电信网络诈骗活动，涉案金额达1000余万元。为有效惩治电信网络诈骗犯罪，检察机关需要进一步强化依法治理、源头治理及综合治理理念，明确证据标准，建立多方协同工作机制。

（三）利用网络实施的新型犯罪高发，网络犯罪趋于"手段化"，对"全链条"打击网络黑灰产提出了迫切要求

通过对近三年网络犯罪案件进行梳理发现，网络犯罪逐渐演变为其他犯罪的"手段"行为，最为典型的即是帮助信息网络犯罪活动罪。该罪名为2015年《刑法修正案（九）》增设，以为其他犯罪提供互联网技术支持或广告推广、支付结算等帮助为主要行为表现，是近两年高发且案件增量显著的新型犯罪类型。2019年1月至2021年6月，F区院办理帮助信息网络犯罪活动罪206件，占网络犯罪总数的61.3%，其中2019年0件，2020年60件，2021年上半年125件。此外，该类犯罪不仅增量大，其社会危害性通常也不亚于网络犯罪本身。如裴某某帮助信息网络犯罪活动案，其出售银行卡为电信诈骗团伙提供支付结算帮助，致使闫某某被电信诈骗后跳楼身亡；又如刘某某帮助信息网络犯罪活动案，其出售银行卡给网络电信诈骗团伙，该银行卡收到40余名被害人被诈骗钱款共计600余万元。围绕"手段化"犯罪高位运行的态势，检察机关要强化网络黑灰产全链条整治，加强"两卡"等新型、

疑难犯罪的研判、分析及公检法会商,建立网络空间犯罪治理一体化工作机制。

(四)犯罪主体呈现低年龄、低学历、低收入特点,网络安全教育的宣传尚需受众特定化

根据案件办理的实际情况发现,网络犯罪被告人年龄在18周岁至35周岁这一区间的占47.9%,"80后""90后"是此类犯罪的主力军,并且在全部案件中,高中及以下学历犯罪分子占48.6%;无业人员占50.6%,犯罪主体整体呈现低年龄、低学历、低收入趋势。如张某某容留、介绍卖淫案中,张某某(案发时19周岁,初中文化程度)在明知其女友周某某系未成年人的情况下,通过QQ等网络社交平台联系嫖客,多次介绍其女友周某某向嫖客卖淫并从中获利10万余元。针对犯罪主体"三低"的发展趋势,检察机关需要在贯彻宽严相济刑事政策的基础上,区分打击重点,针对未成年人等特定群体进一步拓展网络安全教育的宣传深度及广度。

三、解决路径

惩治网络犯罪,保障网络安全,不仅关系到维护人民群众利益和社会稳定,而且关系到国家安全和国家主权。网络空间治理需要坚持系统观念、源头治理,织密织牢打击网络违法犯罪工作网,检察机关依法综合履职不可缺位,但更需凝聚多方共识,形成打击治理合力。

(一)强化多方协作,建立健全网络犯罪惩、防、治联动工作机制

按照惩处为要、预防为先、治理为本的工作方针,检察机关依法追诉犯罪只是网络空间治理中的一环,鉴于网络犯罪具有隐蔽性、智能化及危害性强等特点,应当进一步密切司法机关与行政主管部门协同工作机制,根据实际情况,成立由公安机关、检察机关、法院、行政机关等多个部门组成的联席协作机制。一要加强网络安全工作情况通报,强化对网络黑灰产和新型网络犯罪线索研判分析,做好重大涉网案件和重要事项的联动响应及预警处置;二要强化网络领域行政执法和刑事司法衔

接联动，对执法司法中发现的线索及时流转、处理，密织网络违法犯罪法网；三要健全公检法网络犯罪案件定期会商机制，统一网络犯罪法律适用、证据标准等问题；四要共同推进网络犯罪预防宣传和治理，营造风清气正的网络环境。

（二）重视互联网相关行业协会、企业的社会主体责任落实，建立主管部门与相关企业密切协作协调关系

习近平总书记在2016年4月19日召开的网络安全和信息化工作座谈会上强调，"企业要承担企业的责任，党和政府要承担党和政府的责任，哪一边都不能放弃自己的责任。网上信息管理，网站应负主体责任，政府行政管理部门要加强监管。主管部门、企业要建立密切协作协调的关系，走出一条齐抓共管、良性互动的新路。"在主管部门充分落实主体责任，互联网行业依法合规经营的基础上，检察机关应当立足检察履职，结合司法办案，进一步拓展参与社会治理的深度和广度，深入推进诉源治理。针对案件办理中发现的管理漏洞、风险隐患等，及时与有关部门、行业组织、企业等座谈沟通，以加强企业合规、完善风控制度为重点，协同推动行业自律和互联网平台治理。

（三）创新协同推进网络法治宣传教育，筑牢网络安全群防共治防护网

网络犯罪涉及多个行业、领域，以电信诈骗为例，目前司法机关、行政监管机关以及镇街、村委等都承担一定的反诈宣传职能，但以整体、全局的系统观念来统筹、协同的举措还不充足，应当统筹发挥司法机关、行政机关及街道等部门的职能优势，在网络法治宣传教育方面形成合力，构建网络空间治理群防共治防护网。建议司法机关与行政机关充分利用"打击治理电信网络诈骗犯罪集中宣传月""为民办实事"等专项活动，以"进社区""进学校""进企业""进乡村"等形式，针对在校生、农民工、老年人等重点人群开展普法宣传、剖析典型案例等活动，通过以案释法，提高民众的网络法治意识；同时，社区可以通过法治宣传窗等载体，制作发放网络犯罪法律知识手册，切实做好社区群众的法治宣传工作。

论缓刑考验期的计算[*]

杨梦峰　冯　杨[**]

伴随着我国刑罚的轻缓化趋势，缓刑在刑罚执行体系中的重要性日益提高，一个突出的表现就是缓刑适用率在不断上升。与此同时，2020年社区矫正法及其实施办法相继出台，进一步完善了缓刑具体执行制度。因此，各方都有理由期待缓刑在未来能够发挥更大作用。然而，通过对司法实践中的缓刑案件进行考察，不难发现缓刑法律适用中的矛盾和冲突，不仅导致对缓刑罪犯权利的侵害，而且背离了公平正义的基本理念，这表明我国的缓刑制度还有待进一步完善，有必要加以探讨。

一、缓刑适用中的问题

案例1：赵某等非法吸收公众存款案。赵某、王某、宋某等人均涉嫌非法吸收公众存款罪，其中赵某于2017年5月3日被刑事拘留，同年6月9日被逮捕，12月2日被取保候审，2020年12月2日被监视居住；王某于2017年5月11日被刑事拘留，同日被取保候审，后于2019年3月5日被监视居住；宋某于2017年4月14日被刑事拘留，5月5日被逮捕。2020年12月25日，法院一审认定赵某等构成非法吸收公众存款罪，分别判处赵某有期徒刑2年7个月，缓刑2年7个月；王某有

---

[*] 本文系国家检察官学院2022年度科研基金项目"缓刑考验期的计算标准研究"（项目编号：GJY2022D08）的阶段性研究成果。

[**] 杨梦峰，北京市丰台区人民检察院第四检察部检察官助理；冯杨，最高人民检察院检察官助理。

期徒刑3年,缓刑3年;宋某有期徒刑3年8个月。2021年4月16日,经二审审理,二审法院维持了对赵某、王某和宋某3人的判决。①

案例2:贾某某受贿案。贾某某因涉嫌受贿罪于2014年2月28日被刑事拘留,同年3月17日被执行逮捕。2016年4月22日,法院一审判决贾某某犯受贿罪,判处有期徒刑5年。2016年12月20日,二审法院撤销了一审的量刑,将其受贿罪的刑期改为有期徒刑3年,缓刑4年。受二审法院委托,一审法院于2017年4月11日向贾某某送达终审判决。同日,贾某某被释放并开始执行社区矫正。②

上述案例存在着显而易见的不公:缓刑本是基于行为人人身危险性较轻、再犯可能性较小等因素综合判断后对行为人的一种"奖励",但无论是对赵某还是对贾某某而言,这种"奖励"给他们带来的反而是一种额外的负担——如果没有这种"奖励",直接对其判处实刑,那么其反而可以直接将先行羁押时间折抵有期徒刑实刑刑期,进而实现刑满释放之效果。正因此,即便无须入监服刑,但是赵某在收到一审缓刑判决后,仍然不断通过上诉、申诉等途径进行"维权",而其"维权"的诉求既不是否认罪行而请求无罪判决,也不是请求从轻处理,而是请求判处实刑,不可谓不荒诞。贾某某同样不服判决,不仅上诉请求撤销缓刑,而且以被超期羁押为由申请国家赔偿。③

在案件事实本身并不复杂、各方均无争议的情况下,案件的处理非但未能实现案结事了人和的良善效果,反而造成如此局面,其中的法律适用问题不得不引人反思,而首当其冲的就是先行羁押时间的折抵问

---

① 本案涉案人员共16人,为表述简练本文仅列举其中3人的主刑判决情况,具体可参见北京市朝阳区人民法院(2018)京0105刑初588号刑事判决书、北京市第三中级人民法院(2021)京03刑终186号刑事判决书。
② 参见山西省阳泉市中级人民法院(2014)阳刑初字第17号刑事判决书、山西省高级人民法院(2016)晋刑终181号刑事判决书。
③ 二审法院判决书的落款日期为2016年12月20日,但直至2017年4月11日,贾某某才被释放,且缓刑考验期也是从2017年4月11日起算。法院辩称因工作瑕疵导致延误送达,判决乃于2017年4月11日宣告和送达,因此缓刑考验期自该日起算。参见山西省高级人民法院(2019)晋法赔1号赔偿决定书、最高人民法院(2019)最高法委赔17号国家赔偿决定书。

题：在拘役、有期徒刑实刑案件中，先行羁押时间可以折抵刑期，但在拘役、有期徒刑缓刑案件中，先行羁押时间却不能得到折抵，这是造成上述司法不公问题的直接原因。

二、先行羁押时间是否应予折抵

（一）"不折抵说"的理由

"不折抵说"是当前的通说，笔者之见其理由可能包括以下几点：

首先是缺乏法律基础，实刑刑期折抵具有明确的法律依据，① 但缓刑并没有，这可能是实践中缓刑案件不折抵刑期的最主要原因。此外，有观点以《刑法》第73条第3款规定为依据否定刑期折抵，认为"缓刑的考验期限只是维持原判刑罚效力影响的期限，要从判决确定之日起计算，判决前先行羁押的日期不能折抵缓刑考验期"。② 前文提到的贾某某案中，针对贾某某提出的撤销缓刑、解除社区矫正的意见，二审法院和最高法均以该意见不属于《国家赔偿法》调整范围为由而未予采纳，但最高法在赔偿决定书中对该问题进行了适当的解释说明，即"《中华人民共和国刑法》第73条第3款规定，'缓刑考验期限，从判决确定之日起计算'。该法第76条规定，'对宣告缓刑的犯罪分子，在缓刑考验期限内，依法实行社区矫正'。一审法院依据终审判决确定之日即2017年4月11日，开始计算贾某某的缓刑考验时间，并通知相关单位对贾某某执行缓刑，符合法律规定。"由此可见，最高法也是依据《刑法》第73条第3款认为先行羁押的时间不应折抵缓刑考验期。

其次，2002年最高人民法院《关于撤销缓刑时罪犯在宣告缓刑前羁押的时间能否折抵刑期问题的批复》（以下简称《撤销缓刑批复》）

---

① 《刑法》第44条规定："拘役的刑期，从判决执行之日起计算；判决执行以前先行羁押的，羁押一日折抵刑期一日。"第47条规定："有期徒刑的刑期，从判决执行之日起计算；判决执行以前先行羁押的，羁押一日折抵刑期一日。"

② 《缓刑罪犯被改判为实刑的，其已执行的缓刑期间能否折抵刑期？》，载《人民检察》2002年第2期。

规定:"根据刑法第七十七条的规定,对被宣告缓刑的犯罪分子撤销缓刑执行原判刑罚的,对其在宣告缓刑前羁押的时间应当折抵刑期。"这一规定很容易让人认为只有当出现撤销缓刑收监执行原判刑罚时,才可以折抵刑期。

最后,有观点认为,"规定缓刑考验期是为了考察犯罪人在此期限内是否遵守一定条件,如果将羁押日期折抵考验期限,就导致考验期限过短,丧失了规定考验期限的意义……先前的羁押期限实际上也是法院考察犯罪人有无悔罪表现的期限,不能折抵考验期限。"①

(二)"不折抵说"的问题

结合前述案例,不难发现"不折抵说"存在诸多问题。首先,将使收监执行制度丧失警示作用,甚至产生鼓励缓刑人员故意违法的倾向。其次,将会导致先行羁押制度丧失正当性基础。最后,将会导致刑罚轻重失衡——行为人被判处更轻的刑罚(缓刑),却要比被判处更重的刑罚(实刑)承担更重的刑罚责任;受到法律的"奖励",却反而从这种"奖励"中得到额外的负担。如果按照这样的逻辑,则无异于鼓励行为人在犯罪后采取非合作态度,如在不影响整体量刑的情况下采取模糊认罪、扬言危害所居住社区的安全、扬言再犯等方式规避缓刑等。②因此,"不折抵说"应当予以废弃。需要进一步回答的是,在废弃"不折抵说"之后,应如何对先行羁押时间予以折抵?折抵之后是否能够解决现实问题?更重要的是,根据现行法律规定,能否得出将先行羁押时间折抵缓刑刑期的结论?换言之,应如何回应前述"不折抵说"的前两点理由、如何对《刑法》第73条和《撤销缓刑批复》进行解释?

三、先行羁押时间的折抵方案

对缓刑案件中的先行羁押时间折抵,存在两种不同的方案:一是将

---

① 张明楷:《刑法学》(第5版),法律出版社2017年版,第615页。
② 关于"不折抵说"存在问题的更详细论证,参见杨梦峰:《先行羁押时间是否应折抵缓刑刑期》,载《中国检察官》2021年第22期。

先行羁押时间折抵缓刑考验期，笔者称之为"折抵缓刑考验期说"；二是将先行羁押时间折抵原判刑期，笔者称之为"折抵原判刑期说"。

（一）"折抵缓刑考验期说"

"折抵缓刑考验期说"将先行羁押进行了事后的折抵，表面上使得先行羁押具备了实体正当性，也使得案件处理具备了公平正义的外观，然而这种公平正义只是"徒有其表"，其只有在类似赵某案中才能"蒙混过关"，一旦先行羁押时间与原判刑期、缓刑考验期不同，"折抵缓刑考验期说"的诸多问题就会一一浮现。

一是缺乏有效的折抵标准。根据规定，对先行羁押时间的折抵包括等量折抵、双倍折抵和对折折抵三种。从对行为人人身自由的限制来看，缓刑与管制具有一定的相似性，那么对审前被剥夺人身自由的强制措施，似乎应双倍折抵缓刑考验期。那么就赵某案而言，其先行羁押的2年7个月期限在折抵缓刑考验期后还富余了2年7个月。那么对这富余的时间是否也应认定为超期羁押？若不认为属于超期羁押，那么其为何又需要折抵呢？此外有学者提出，先行羁押1日应当折抵缓刑考验期3日至5日，① 如此一来，缓刑考验期被折抵后恐怕更是所剩无几，这才是完全丧失了考验期限的意义。为避免出现折抵之后出现富余的问题，先行羁押1日最多只能折抵缓刑考验期1日，但问题在于，先行羁押属于剥夺人身自由的措施，严厉程度远胜于社区矫正，因此1∶1的等量折抵无法保证先行羁押制度的正当性。

二是缓刑的性质决定了无法直接折抵。缓刑从性质上讲不是刑罚的种类，而是刑罚的执行方式，审前羁押之所以可以与管制、拘役和有期徒刑刑期进行折抵，表面上看是因为二者都是对人身自由的限制或者剥夺，根源则在于二者都是对行为人施加的负担或者惩罚，前者是审前的预防性惩罚，后者是审后的制裁性惩罚。因此，虽然缓刑与管制刑均需要接受社区矫正，但缓刑社区矫正属于对原判刑罚的考验，而管制社区矫正则是对管制刑罚的具体执行，这种性质的差异决定了缓刑考验期与

---

① 黄爱军：《缓刑犯被先行羁押应当折抵缓刑考验期》，载《内蒙古检察》2007年第4期。

审前羁押期限无法直接进行折抵。

三是未根本解决"不折抵说"的相关问题。以贾某某案为例,其共被羁押3年45日,刑期为有期徒刑3年、缓刑4年。按照"折抵缓刑考验期说"其将审前的羁押时间折抵考验期后,仍需接受10个月15日的考验,如此一来,同样存在前述"不折抵说"的相关问题。

(二)"折抵原判刑期说"

"折抵原判刑期说"可以解决前述问题。首先,先行羁押时间得到了折抵,先行羁押制度的实体正当性得以保全;其次,行为人不再试图通过违法去撤销缓刑收监执行原判刑罚,收监执行制度恢复正常的警示作用;最后,在折抵的标准上,直接按照实刑刑期1:1等量折抵即可,不再存在具体操作上的障碍。当然,在"折抵原判刑期说"具备上述有效性的基础上,仍需追问从目前的法律规定来看,是否允许这样的折抵?能否得出这样的解释结论?是否会产生新的法律适用矛盾?

就《刑法》第73条而言,"不折抵说"基于文义解释认为"原判刑期"就是宣告刑确定的刑期,缓刑案件中的考验期不应折抵,但结合体系解释、反对解释等方法,笔者认为,应将《刑法》第73条规定的"原判刑期"理解为"折抵先行羁押时间后的原判刑期"。首先,从条文的性质与适用顺序来看,第44条、第47条规定了拘役和有期徒刑刑期的折抵,而拘役缓刑和有期徒刑缓刑在刑罚性质上也是拘役和有期徒刑,并不属于其他刑罚性质,因此拘役缓刑和有期徒刑缓刑中的先行羁押时间当然也应按照第44条和第47条进行折抵。关于条文的设置顺序也可以印证这一结论:第44条、第47条均规定于第一编第三章"刑罚"之下,是对拘役和有期徒刑这两种刑罚的刑期计算的基础规定;而第73条规定于第四章"刑罚的具体运用",是对第44条、第47条所规定的刑罚的具体运用,二者是总分关系,在适用第73条时,应当按照第44条、第47条的规定折抵刑期。正因此,第73条也就无须再重新就刑期折抵进行规定。其次,从与减刑、假释规定的协调来看,除了缓刑制度中规定"原判刑期"外,《刑法》还在第78条减刑制度和第81条假释制度规定了"原判刑期",因此"折抵原判刑期说"能否适用于减刑和假释制度,或者说,能否与这两个条文保持协调,是检验该说成立与否的重要标准。关于假释制度，第 81 条第 1 款规定："被判处有期徒刑的犯罪分子，执行原判刑期二分之一以上，被判处无期徒刑的犯罪分子，实际执行十三年以上，如果认真遵守监规，接受教育改造，确有悔改表现，没有再犯罪的危险的，可以假释……"按照通常的理解，此处的"原判刑期"就是法院宣判的有期徒刑刑期而非折抵后的刑期，如果存在先行羁押，则先确定原判刑期的 1/2，然后再进行折抵。如行为人被先行羁押 1 年，后被判处有期徒刑 6 年，在符合条件的前提下，行为人需要执行原判刑期 6 年的 1/2，即 3 年方可假释，鉴于行为人被先行羁押 1 年，因此其需要再实际执行 2 年即可假释。然而如果将先行羁押的期限直接折抵原判刑期，也能得出同样的结论：因为在假释案件中执行刑期与原判刑期之间存在"双倍关系"，即执行刑期的 2 倍达到原判刑期时即可假释，因此先行羁押时间作为执行期限，在折抵时也应按照双倍原则进行计算。仍以上述案例为例，行为人被先行羁押 1 年，在决定假释时可以"折抵"刑期 2 年，因此原判刑期经折抵后剩余 4 年，此时行为人仅需再执行 4 年的 1/2，即 2 年即可假释。而关于减刑制度，第 78 条规定："减刑以后实际执行的刑期不能少于下列期限：（一）判处管制、拘役、有期徒刑的，不能少于原判刑期的二分之一……"此处的"实际执行"与第 81 条"被判处无期徒刑的犯罪分子，实际执行十三年以上"中的"实际执行"表达的是一个意思，即明确将先行羁押时间排除在外，因此该条对于讨论先行羁押折抵问题不具有可参考性。最后，从反对解释的角度来看，根据《刑法》第 77 条第 2 款的规定，缓刑罪犯在缓刑考验期限内违反相关规定应当撤销缓刑，执行原判刑罚。据此我国的缓刑制度一般也被称为附条件不执行原判刑罚制度。一旦条件不成立，需要撤销缓刑、执行原判刑罚，此时执行的原判刑罚并非法院宣告的刑罚，而是根据《撤销缓刑批复》所规定的折抵先行羁押时间的刑罚，因此从反对解释角度出发，在存在先行羁押的情况下，应将原判刑期解释为折抵先行羁押时间后的刑期。

就《撤销缓刑批复》而言，"不折抵说"认为先行羁押时间只有在撤销缓刑执行原判刑期之时才发生折抵问题，如果法院在最初量刑时就将先行羁押时间折抵原判刑期，再以折抵后的刑期计算缓刑考验期，那么先行羁押时间已经折抵完了，撤销缓刑收监执行时又有何可以折抵？难道要折抵两次？何况，如果最初已经折抵，那么对罪犯需要收监执行的刑期早已确定，又何须《撤销缓刑批复》再多此一举规定折抵呢？笔者认为不然：一方面，从操作流程来看，不存在重复折抵问题。"折抵原判刑期说"的折抵流程是在宣告缓刑之时，先将先行羁押时间折抵原判刑期，再以折抵后的原判刑期为基础确定缓刑考验期。在撤销缓刑收监执行时，执行的就是已经折抵后的刑期，而非在折抵后的刑期基础上再次折抵。另一方面，从《撤销缓刑批复》制定的背景与意义来看，其属于注意规定，意在提示司法工作人员在"特定情形"下要将先行羁押时间予以折抵。从注意规定的性质来看，无论是否有《撤销缓刑批复》，对于撤销缓刑收监执行原判刑罚的，所执行的一定是折抵了先行羁押时间之后的剩余刑期。而之所以有此批复，笔者认为原因在于该批复的特定背景："最近，有的法院反映，关于在撤销缓刑时罪犯在宣告缓刑前羁押的时间能否折抵刑期的问题不明确。经研究，批复如下：根据刑法第七十七条的规定，对被宣告缓刑的犯罪分子撤销缓刑执行原判刑罚的，对其在宣告缓刑前羁押的时间应当折抵刑期。"而"有的法院"之所以是"在撤销缓刑时"而非在"在宣告缓刑"时对罪犯先行羁押的时间能否折抵刑期产生疑问，并不是因为只在撤销缓刑时才"存在"问题，而是因为只"在撤销缓刑时"，"有的法院"才"意识"到这一问题。因此，《撤销缓刑批复》的意义仅限于"在撤销缓刑时"这一特定情形下对先行羁押时间予以折抵进行提示，不应作扩大解释，更无法得出"只有在撤销缓刑时"才可以折抵的结论。

综上所述，缓刑案件中先行羁押时间应折抵原判刑期，然后以折抵后的剩余刑期为基准计算最终的缓刑考验期，由此明确了缓刑考验期的计算基准。新的问题是：计算缓刑考验期的具体标准是什么？

四、缓刑考验期的计算标准

关于如何计算缓刑考验期的问题，司法实践中缺乏明确标准，只是笼统地按照《刑法》第73条的规定执行，以致缓刑考验期的计算存在极大随意性。例如，对于情节类似、同样被判处有期徒刑 1 年的缓刑案件，有的法院确定的缓刑考验期为 1 年，有的为 1 年 3 个月、1 年 6 个月甚至 2 年。这种随意性是造成前述问题、同时也是导致"不折抵说"成为理论上的通说和实践中通行做法的重要原因。例如行为人甲未被先行羁押，后被判处有期徒刑 3 年，法院宣告缓刑时可以确定其缓刑考验期为 3 年。行为人乙被先行羁押 1 年，后被法院判处有期徒刑 3 年，法院将先行羁押的 1 年折抵有期徒刑 3 年之后剩余刑期为 2 年，此时法院以 2 年为基准确定缓刑考验期时仍然可以确定为 3 年甚至 4 年，这显然不公。因此，在缺乏明确的缓刑考验期计算标准的前提下，仅仅通过折抵原判刑期无法从根本上解决缓刑案件中的问题。

关于如何计算缓刑考验期，张明楷教授提出："必须注意原判刑罚与缓刑考验期限的比例关系，一般来说，考验期限应适当长于原判刑罚。在不具备特殊理由的情形下，对于被判处 1 年有期徒刑的犯罪人宣告缓刑考验期为 5 年，对于被判处 3 年有期徒刑的犯罪人宣告缓刑考验期为 3 年，就不具有合理性。"① 在此基础上，笔者提出以下初步设想：

（一）确定缓刑考验期的起点

需要说明的是，考验期的起点或者基点与前述缓刑考验期的计算基准是不同概念。计算基准是确定考验期的前提，而起点是正式计算考验期的第一步。

根据刑法规定，以上、以下均包含本数，因此"原判刑期以上"包含着原判刑期本数，司法实践中大量的缓刑考验期都是与原判刑期一致，但笔者更赞成张明楷教授提出的缓刑考验期一般应当适当长于原判刑罚的观点，这不仅有利于发挥缓刑的考察作用，而且符合一般的公正要求。具体而言，笔者认为可以参考《罗马尼亚刑法典》的规定，在缓刑考验期的基准之上适当增加一定的期限。② 以有期徒刑缓刑为例，

---

① 张明楷：《刑法学》（第 5 版），法律出版社 2017 年版，第 615 页。
② 《罗马尼亚刑法典》第 82 条规定，缓刑考验期为原判刑期上加 2 年，刑罚为罚金的，考验期为 1 年。

可以将缓刑考验期的起点确定为在原判刑期（折抵之后）以上增加 1 年。增加 1 年的基本考虑是：一方面，有期徒刑的最低考验期为 1 年，原判刑期折抵后的剩余刑期可能较短，加上 1 年后可以避免出现缓刑考验期低于 1 年的问题；另一方面，有期徒刑的最高考验期为 5 年，而可以适用缓刑的有期徒刑刑期最高是 3 年，其间有 2 年的差距，但如果直接以 2 年为标准，则失去了根据各情节进行调节的空间。例如，行为人被判处有期徒刑 3 年，拟宣告缓刑，具备下文调高考验期的情节，此时如果以 2 年为标准，则缓刑考验期的起点为 5 年，失去了调高考验期的空间。与之类似，对拘役缓刑，可以将起点确定为原判刑期以上增加 2 个月。

（二）对缓刑考验期进行调节

在确定缓刑考验期的起点之后，可以参照最高人民法院、最高人民检察院《关于常见犯罪的量刑指导意见（试行）》中关于常见量刑情节对刑期的调节比例调节缓刑考验期。例如，根据《关于常见犯罪的量刑指导意见（试行）》规定，对于未遂犯，综合考虑犯罪行为的实行程度、造成损害的大小、犯罪未得逞的原因等情况，比照既遂犯减少基准刑的 50% 以下。据此，在确定缓刑考验期时，可以以 1 年（拘役为 3 个月）为基础减少 50% 以下的缓刑考验期。

对于未被纳入《关于常见犯罪的量刑指导意见（试行）》的与量刑关系不大的情节，可以根据其具体情况进一步调节缓刑考验期。例如关于犯罪的性质问题，一般情况下毒品犯罪中罪犯的再犯可能性明显高于其他犯罪，可以适当提高考验期限。

最后，对于有多个情节累积降低或者增加缓刑考验期的，最终的结果必须符合刑法确定的缓刑考验期的上限和下限要求，对于超过上限或者下限且应当宣告缓刑的，应自动增减至相应上下限作为最终的考验期。例如，行为人被先行羁押 8 个月，法院确定的有期徒刑刑期为 1 年，拟宣告缓刑，在确定缓刑考验期时，应首先将先行羁押的 8 个月予以折抵，剩余刑期为 4 个月作为缓刑考验期的计算基准，然后按照有期徒刑增加 1 年的标准确定缓刑考验期的起点为 1 年 4 个月（16 个月）。倘若行为人没有相应的情节，可以直接以 1 年 4 个月作为其缓刑考验期；倘若行为人具有自首的从轻情节，可以减去20%的缓刑考验期，则可以确定其缓刑考验期为12.8个月（16-16×0.2）。倘若行为人同时还具有认罪认罚、积极退赔、达成刑事和解、未遂、从犯等情节，可以减去50%的缓刑考验期，剩余的缓刑考验期为8个月（16-16×0.5），但因8个月已经低于有期徒刑1年缓刑考验期的下限，因此自动确定其缓刑考验期为1年。

论三角诈骗的实践困境及出路

姜瀚林[*]

本文通过对案例的梳理，厘清三角诈骗的几种类型及学界的不同观点，并对其核心本质"自愿交付"进行分析论证。之后，将对三角诈骗在实践中的困境进行阐述，从而为三角诈骗案件的定性找到关键点，解决三角诈骗案件在司法实践中的具体问题，实现"刑民互动"。

一、问题的提出

（一）案情介绍

案例1：2019年5月，王某某因公司业务需要，找到被告人郑某某租用北京小客车指标，被告人郑某某隐瞒指标实际租赁期限，将使用期1年的北京小客车指标虚构为20年。王某某联系其公司马某某与被告人郑某某签订指标租赁协议，后王某某使用马某某的银行卡给郑某某转账10万元。

案例2：2017年2月至3月，被告人邹某某分别在超市、菜市场、商场、奶茶店等地，趁无人之际，将上述店铺、摊位的微信收款二维码调换成自己的微信二维码，从而获取顾客通过微信扫码支付给上述商家的钱款，共计6900余元。

案例3：2020年6月，被告人刘某某使用伪造的"山东某安装建设有限公司"的公章与徐某某签订购销合同，徐某某依照合同将价值33万余元的货物发给刘某某，刘某某又以"山东某安装建设有限公司"

---

[*] 姜瀚林，北京市丰台区人民检察院第一检察部检察官助理。

的名义将货物卖给赵某某,未将货款支付给徐某某。

案例4:2019年7月,被告人姜某某以借车展览为由,骗取万某某的宝马mini轿车一辆。后被告人姜某某谎称该车借用了万某某的小客车指标,以自己的名义对外出售,将该车以12万元的价格卖给李某某。经鉴定,该车价值23万余元。案发后,万某某从买车人手中将车开回。

(二) 三角诈骗的类型

按照刑法界的通说观点认为,诈骗罪是指以非法占有为目的,使用虚构事实或者隐瞒真相的方法,骗取公私财物的行为。故诈骗罪的基本构造为:行为人实施了欺骗行为—对方产生或者维持认识错误—对方基于认识错误而处分财产—行为人取得或者第三人取得财产—被害人遭受损失。①

案例1为传统的三角诈骗案,被告人郑某某通过对王某某实施欺诈,使王某某陷入错误认识而处分马某某的财产,致使马某某遭受10万元的经济损失。受骗人是王某某,但其本人没有财产损失,实际遭受损失的是受害人马某某。从构造上看,其与普通诈骗只是在行为方式上有所不同,最终都是受害人遭受了财产损失。

但当受骗人与被害人具有一定的关系或者具有表见代理的假象能够处分被害人财产的,此时三角诈骗的构造就会发生变化。例如案例2中,邹某某将商户的收款二维码换成自己的二维码,顾客在付款时实际是把钱款支付给了邹某某,顾客与商户到底谁才是本案的被害人,行为人是盗窃还是诈骗,不同的学者有不同的见解。根据张明楷教授的新型三角诈骗理论,该模式的构造为:行为人实施欺骗行为—受骗人产生或者维持认识错误—受骗人基于认识错误而处分被害人的财产—行为人取得或者第三人取得财产—被害人遭受损失。②

除此之外,还有一种"双重诈骗"类型的诈骗犯罪,例如案例3和案例4,行为人使用欺骗手段使被害人和受骗人都陷入认识错误,该模式的构造为:行为人实施欺骗行为—被害人产生或者维持认识错误—

---

① 参见黄立主编:《刑法分论》,人民出版社2008年版,第297-298页。
② 参见张明楷:《三角诈骗的类型》,载《法学评论》2017年第1期。

被害人基于认识错误而处分财产—行为人继续实施欺骗行为—受骗人基于错误认识取得被害人的财产—被害人遭受损失。

笔者认为，从诈骗罪的客观行为来分析，其核心表现形式为财物所有人的"自愿性"。财物所有人在被行为人虚构事实或者隐瞒真相的手段欺骗之后，"自愿"将自己的财物交付给行为人，是诈骗罪区别于抢劫、盗窃罪的本质特征。普通的诈骗犯罪发生在二者之间，三角诈骗则是增加了一个环节，使法律关系变得多元，但其"自愿交付"的核心内容是不变的。

（三）"自愿交付"的理论研究

1. 交付意思的分析

诈骗罪要求被害人或者受骗人基于有瑕疵的意思而转移了财物的占有，这种占有的转移必须是基于被害人的意思表示。围绕交付行为的意思内容，学界存在"交付意思必要说"与"交付意思不必要说"不同观点。

"交付意思必要说"是我国刑法界的通说观点，张明楷教授认为交付意思对于诈骗罪的认定必不可少，是区分间接正犯形式的盗窃与三角诈骗的关键。行为人违背被害人的意志转移财物的占有不应当认为构成诈骗罪，只有基于被害人的瑕疵意思自愿处分自己的财产才构成诈骗罪。"交付意思不必要说"是德国刑法理论的通说，即认为交付意识并非交付行为所必要，受骗人基于行为人的欺骗行为而直接将财物转移给他人，不需要交付意识。

笔者认为，诈骗罪中受骗人的错误认识与交付财物之间存在必然的因果关系，受骗人的交付行为是受骗人陷入错误认识的客观表现，处分行为与错误认识具有一致性，以"交付意思必要说"作为诈骗罪的认定标准可以较好地解决司法实务中罪名的认定问题，亦可清晰地梳理法律关系。

2. 交付行为的分析

在明确交付的意思表示之后，辨析诈骗罪中处分行为的具体含义也尤为重要。不同学者关于处分行为的定义有不同看法，可以归纳为"占有转移说""所有权说"和"持有转移说"。

"占有转移说"是指被害人有将财物转移给行为人或者第三人占有的意思,就认定被害人已经将财物进行处分。但该说混淆了处分行为与占有转移的概念,占有是指对财物的一种实质控制和支配的权利,但"事实上的占有"与"法律上的占有"是两个概念,例如行为人在路边借被害人手机打电话,拿到电话后逃走。若按照此理论则无法认定行为人构成诈骗罪,只能以抢夺罪追究其刑事责任,与行为人诈骗的主观故意相矛盾。

"所有权说"认为被害人只有交付财物所有权的意思表示,才能认定有处分行为。在许多诈骗犯罪中,被害人并没有转移财物的所有权,只是让行为人暂时保管或者使用。依据"所有权说",这些行为人骗取被害人财物的行为就不能构成诈骗罪。"诈骗的本质在于骗取他人占有的财物,骗取不法原因给付物的行为,也具备这种特征。"①

"持有转移说"认为只要被害人将财物交付给行为人,即可认定具有处分行为。该理论解决了前两个理论中"占有权"与"处分权"的区分问题,通过持有转移将占有与所有权转移都包含在内。同时该观点也与"交付意思必要说"理论相契合,被害人在处分自己财物时,必须意识到自己是将财物转移给行为人,主观和客观相统一。

笔者认为"自愿交付"是诈骗罪区别于其他犯罪的本质特征。但在许多三角诈骗案中,被害人并没有陷入错误认识,往往是受骗人陷入了错误认识处分了被害人的财产。因此,厘清受骗人与被害人之间存在的"特别关系",是解决此类三角诈骗案件的关键所在。

二、三角诈骗的困境与辨析

(一)被骗人与被害人之间的关系

1. 传统三角诈骗中受骗人与被害人的关系

在传统的三角诈骗理论中,往往会出现被害人与被骗人区分不明的情况。因为传统的三角诈骗理论是受骗人处分了被害人的财物,将受骗

---

① 参见刘明祥:《论诈骗中的交付行为》,载《法学评论》2001年第2期。

人处置财物的行为归为被害人的授权行为。基于受骗人与被害人之间的关系，刑法理论界主要有四种学说：第一种是"事实接近说"，指受骗人与被害人的财产在客观上具有接近的条件；第二种是"阵营说"，指受骗人处分行为的成立，除了"事实上的处分可能性"之外，被骗人和被害人的财产之间还需有"规范上的接近关系"[1]；第三种是"客观权限说"，指仅当被骗人根据法律或者合同有处分被害人财产的权利时，被骗人对于被害人财产的影响方可被认定为财产处分[2]；第四种是"主观权限说"，认为受骗人只要认为其具有被害人的授权，他就可以处分被害人的财物。

"事实接近说"与"阵营说"都过于抽象，没有明确的判断标准，同样的亲密程度或者同样的接近关系，只能通过他人的主观进行判断，无法真正理解受害人的主观意愿。"主观权限说"虽然在一定程度上认识到受害人主观意愿的重要性，但只有被骗人自己的主观确信是不够的，他必须尽到审查和检验的义务。不同的犯罪案件应当根据具体情况进行具体分析，不能通过主观去倒推被害人的具体意志。只有"客观权限说"能够解释为何受骗人的处分行为能被视为被害人的处分行为，它将民法层面上表见代理的概念引入刑法领域，只有受骗人可以完全替代受害人去处理财产，才能把受骗者处分财产的法律效果归属于被害人。在案例1中，被害人与受骗者其实是一体的，受骗者具备处分被害人财物的权利，被害人与受骗人区分起来相对简单。

2. 新型三角诈骗中受骗人与被害人的关系

在案例2中，被害人与受骗人没有任何关系，是完全不同的两个人，行为人实施诈骗行为，受骗人基于错误认识处分自己的财产，行为人或者第三人取得财产，而使被害人遭受损失。在该案中，受骗人（顾客）具有向被害人（商家）交付财产的义务，受骗人按照被害人的指示或者交易习惯支付钱款，即便存在认识错误，但其已经完成了支付

---

[1] 参见徐万龙：《论债务人保护案件中三角债权诈骗的认定》，载《北方法学》2021年第2期。

[2] 参见柏浪涛：《论诈骗罪中的"处分意识"》，载《东方法学》2017年第2期。

行为，取得了商品，商家才是真正的受损失者。

但本案中，受骗人是处分自己的财产，并没有处置被害人的财产，交付还没有完成。如果仅从二者的财产损失上存在因果关联就认定受骗人在处置被害人的财产，那么就忽略了诈骗罪中的"欺骗"环节。欺骗行为必然伴随着行为人与被害人之间的沟通交流，否则被害人就无法陷入错误的认识当中，被害人与受骗人又不存在共同利益，案例2中邹某某的行为属于诈骗还是盗窃是具有争议的。

3. "双重诈骗"中受骗人与被害人的关系

在案例3中，行为人存在两个欺骗行为，行为人通过第一个行为骗取财物以后，又以此为工具实施第二个欺骗行为。[①] 行为人实施第一个欺骗的目的是为了获得第三人的财产，第一个欺骗行为只是手段，其后果是：行为人真正想骗的人虽然付出了财产，但是也获得了相应的财物，实际上没有遭受损失，本案被害人该如何确定？

如果将先前被骗的人定义为受害人，那么如果第三人取得财产后，先前被骗的人又通过私力救济拿回了属于自己的财产，参见案例4，此时受损失的人又变为后一个被骗的人，受害人身份在不停变化，证人和受害人角色置换，会造成诉讼程序的混乱。因此，如何准确认定"双重诈骗"中的被害人也是本文研究的重点。

（二）财产损失的认定

通过上文对被害人定性的疑问，尤其是财产损失的认定上，不难发现这其中涉及一个刑法和民法交叉的问题，民事法律关系中财产遭受损失的人与刑事法律关系中财产遭受损失的人能否混为一谈？刑法保护的财产法益与民法保护的财产有何区别？

民刑交叉案件中财产损失的认定离不开对财产的界定。一般来说，刑法上的财产具备经济价值性、可转移性，因此物品的所有权、担保物权、用益物权和以交付财产为内容的债权债务都属于财产的范畴。而民法上的财产可以不具备经济价值属性，即便是一块普通的石头，也应当

---

① 参见陈兴良：《合同诈骗罪的特殊类型之"两头骗"：定性与处理》，载《政治与法律》2016年第4期。

列为民法的保护范围。因此，笔者认为民法与刑法对于财产界定的区别在于其是否具有经济价值属性，刑法只保护具有经济价值属性的财产，而民法无论财产是否具有价值属性，只要是合法的均予以保护。刑法虽然限制了财产的范围，但是其认定财产的方式是根据能否对行为人的危害后果进行归罪的结果，二者也并不冲突，所以在民刑交叉案件中就必须保证被害人主体的一致性。以本文所述的四个案例来看，被害人遭受的财产损失皆具有经济价值，应当作为一种财产法益予以保护。

既然辨析了财产损失的形式判断，之后就要对其实质进行判断，以验证具体的财产法益侵害。财产性犯罪可以分为对整体财产的犯罪和对个别财产的犯罪。其中，"整体财产犯罪说"是指要将财产的丧失与取得作为整体进行综合评价，没有损失，就否认犯罪的成立。"个别财产犯罪说"则认为只要存在个别的财产丧失就认定为财产损失，被害人在丧失财产的同时，是否取得了相关财产对是否构成犯罪不产生影响。因为诈骗罪中必然存在被害人主动交付财物的情况，交付财物时就必然导致被害人丧失了对该财产的收益、使用等其权利，即便整体财产没有减少，但之前的权利受损也属于财产损失。

这两种犯罪理论都存在各自的不足。"整体财产犯罪说"是根据财物的客观价值进行判断，从而确定被害人。该说必须结合实际情况进行具体判断，财物的增值贬值也要列入考虑范围。如果行为人用廉价的反对给付诈骗被害人的财物，在审判期间，行为人财物增值，其价值等于被害人受损财物，那么行为人就将不被追究刑事责任，这显然是不符合罪刑相适应的要求。而"个别财产犯罪说"则认为即便行为人提供了高额反对给付，对被害人实施了欺骗行为，仍然要按照诈骗罪追究其刑事责任，则会导致刑法处罚范围过于宽泛。依据目前的这两个理论仍然无法解决"双重诈骗"案件中被害人与受骗人的关系问题。

（三）三角诈骗中的法律关系

准确梳理三角诈骗案件中的法律关系，必须借助其客观构造，其大致分为五个环节：行为人实施欺骗、受骗人认识错误、受骗人处分财产、行为人取得财产以及被害人财产损失。

理论界争议的焦点主要集中在行为人取得财产、被害人财产损失这两个环节。张明楷教授认为，行为人取得财产与被害人财产损失为一体两面关系，在作为客观构造环节或者表述客观方面时可以选择其一；前者是对形式层面而言，后者是对实质层面而言。①但"行为人取得财产"是对危害行为的分析，属于行为无价值的判断，"被害人财产损失"是对危害后果的分析，属于结果无价值的判断，二则是存在因果关系的，并不是"一体"的关系，只有"被害人财产损失"才是财产法益受损最直接的体现，任何分析与论证都不能忽视这个环节。由于法律上的权属是不会因违法犯罪行为而发生变更、转移的，所以财物的实际占有状态如何就是评价该行为能够构成财产性犯罪的主要事实依据。②

以案例3为例，客户赵某某向刘某某付款取货，是一个正常的民事经济行为，赵某某没有损失，不能算作被害人，而徐某某交付了货物却没有收到货款，所以徐某某有权向刘某某索要钱款，二者是一种民事法律关系。由于现代刑事诉讼制度的设立，徐某某将控告刘某某的权利让渡给了检察机关，所以二人的关系才变为了刑事法律关系。

在案例4中，姜某某将车卖给了客户李某某，也是一个正常的民事活动，万某某拿不回自己的车，只能向姜某某索要，二人的关系变更为刑事法律关系。之后万某某从买车人手中将车开回，属于私力救济的行为，并不影响之前的刑事法律关系，万某某仍是被害人。李某某未尽到审核义务，在没有经过车主万某某许可的情况下就支付钱款，本身就不构成善意取得，其占有不能受到法律保护，车辆仍归万某某占有。李某某只能通过行使撤销权，向姜某某追回钱款，虽然本案只有李某某有损失，但李某某仍然不能算作被害人。

财物在法律关系上只有与人有关系时才有能被行为人非法占有的可能性，所以诈骗案件中被害人必须与诈骗犯罪的财物对象具有同一性。从这个角度来研究法律关系，可以为解决三角诈骗在司法实践中困境提

---

① 参见张明楷：《论诈骗罪中的财产损失》，载《中国法学》2005年第5期。
② 参见杨兴培：《"三角诈骗"的法理质疑与实践批判》，载《东方法学》2019年第4期。

供一条新的思路。

三、三角诈骗的司法重构

（一）三角诈骗与盗窃罪的区分

将案例2定性为三角诈骗还是盗窃，在司法实践中是存在一定争议的。有一种观点认为二维码案成立盗窃罪的间接正犯，行为人先利用不知情的顾客取得了商户的商品，只不过最终商品归于顾客，与商品价格等值的货币转移到了行为人的手中，等于行为人利用了不知情的顾客为自己窃取商品。① 这种理论实际上是认为顾客没有支配被害人财物的权限，只是行为人实施盗窃的工具人。但结合本案来看，被骗人与受害人并无关联，受骗人没有处分被害人财物的权利，但顾客是基于商家的同意及交付习惯支付的货款，本身并没有过错。按照外观责任理论来分析，行为人邹某某偷换二维码，给顾客造成了邹某某是支付货款请求权人的权利外观，顾客基于对该权利外观的合理信赖，通过扫描二维码支付货款，商家对此有疏于管理的责任。因此，顾客在被害人的同意下支付货款的行为实际上就是在处分被害人的财产。

还有一种观点认为，顾客不可能处分商户事实上还没有占有的财物，因为顾客在扫码的时候钱款还没有到被害人的账户，所有权没有转移，不符合诈骗罪的客观构成要件。这里就要回到上文对"财产"概念的论述，被害人的预期可得利益是否属于被害人的财产，从顾客和商家的交易行为来看，本质上是买卖双方达成了一个买卖合同，顾客付款取货，商家付货取款，在顾客已经取货的情况下，顾客支付的钱款对于商家来说属于应收货款，占有已经发生了转移，该钱款已经属于商家的可得利益，受骗人将被害人的预期可得利益交付给行为人就是处置被害人财产的行为。

综上所述，三角诈骗与盗窃罪区分的关键在于两点：一是受骗人是

---

① 参见陈文昊：《"新型三角诈骗"之讨论》，载《大连海事大学学报（社会科学版）》2017年第5期。

否真正具有处分财物的地位和权限。① 二是被骗人交付的行为是否符合被害人的同意，只要被害人有自我损伤的意思表示，就可认定为三角诈骗；反之，则为盗窃罪的间接正犯。

(二) 三角诈骗中罪数的认定

在案例 3 中，行为人有两次诈骗的故意，并分别实施了合同诈骗行为和诈骗行为，同时触犯了合同诈骗罪和诈骗罪。一种观点认为，行为人同时侵害了两种法益，要以合同诈骗罪和诈骗罪数罪并罚。另一种观点认为，行为人虽然同时触犯了两种法益，但其实际上只实施了一个行为，属于想象竞合犯，择一重罪论处。还有一种观点认为，本案符合三角诈骗构造，行为人用第一个诈骗行为来实施第二个诈骗行为，应当只以诈骗罪（三角诈骗）定罪。

案例 3 中，赵某某向刘某某购买货物，其交付的财产与刘某某提供的货物价值相等，赵某某并没有财产上的损失，没有法益侵害，且财产权本身或者诈骗罪的保护法益不包括财产处分的自由，因此在支付了物有所值的商品或对价时，不应将欺骗行为认定为诈骗罪。② 虽然刘某某欺骗赵某某的行为不构成诈骗罪，但在民事领域仍属于欺诈行为，赵某某有权行使撤销权取消该交易行为。在本案中实际遭受损失的是徐某某，刘某某欺骗赵某某购买货物的行为属于诈骗徐某某事后的销赃行为，故本案应当以诈骗罪（三角诈骗）追究刘某某的刑事责任。

同样的分析方法放在案例 4 中也适用，姜某某将万某某汽车卖给李某某的行为同样属于犯罪后处理"赃物"的手段，即便事后万某某从买车人手中将车开回，也不影响姜某某对万某某实施诈骗的认定。

在司法实践中，"双重诈骗"类型案件涉及的法律关系较为复杂，其中既包含刑事诈骗，又存在民事欺诈，处理此类案件时应当在坚持"个别财产损失说"的基础上，结合行为人是否"无对价"占有对方财

---

① 参见申远、赵华峰：《盗窃间接正犯与诈骗应如何区别》，载《中国检察官》2009 年第 11 期。

② 参见付立庆：《论刑法介入财产权保护时的考量要点》，载《中国法学》2011 年第 6 期。

物，作为区分民事欺诈和刑事犯罪的关键因素。

（三）三角诈骗客观构造的重构

诈骗罪等财产转移罪的构成要件不仅要求行为人取得财产，而且要求行为人以外的第三人也可以取得财产。① 故笔者认为，三角诈骗罪与普通诈骗罪的区别在于"受骗人处分财产"这个环节，行为人实施欺诈的目的是为了"取得被害人财产或对价"。因此，三角诈骗的客观构造应为：行为人实施欺骗—受骗人陷入认识错误—受骗人基于认识错误而处分被害人财产—行为人取得被害人财产或对价—被害人遭受损失。

本文所提及的四个案例均可以在这个构造中得以验证，具有可适用性。因为该构造最大的特点是承认第三方当事人形成的外观责任法律关系。这种法律关系有以下几个特征：一是行为人采用虚构事实、隐瞒真相的手段使被害人和受骗人都产生错误认识；二是受骗人基于对外观事实的信赖处分了被害人的财产，造成被害人的财产损失。即便是在案例3中，被骗人已经向行为人支付对价并且善意取得被害人的财产，只要被骗人尽到了审查义务，基于外观信赖对被害人的财产进行了处分，就应当适用三角诈骗理论。这种理论在表见代理场合的诈骗案件中也同样适用。

民法上法律后果的规定与刑法上法律后果规定指引的一致，能够为人们的行为提供一个既定方向。② 通过重构这一新的三角诈骗构造，可以实现良好的"刑民互动"，在承认民事行为合法有效的同时，被害人的损失归结为行为人的诈骗行为，承认被害人的损失与行为人所得的一致性，既简化了法律关系，全面评价了案件事实，又使得刑法与民法的评价结论相协调。

---

① 参见高磊：《论清偿效果之于三角诈骗的认定》，载《政治与法律》2018年第5期。

② 参见蔡荣：《表见代理与合同诈骗罪的平行适用——从"刑民互斥"到"刑民互动"的思维转型》，载《江西警察学院学报》2018年第6期。

四、结论

三角诈骗中涉及的刑民交叉问题是司法实践中认定的难点，三方的法律关系比较复杂。本文笔者在承认民事责任和刑事责任各自价值的前提下，从诈骗的本质出发，厘清了三角诈骗案件中的法律关系，重构了三角诈骗理论的客观构造。依托该理论可以快速准确定性三角诈骗案件，保证案件中被害人与受害人主体的同一，全面评价案件中受侵害的法益，提升打击犯罪的高效性与准确性。

浅谈无人机倾斜摄影技术在生态环境类公益诉讼案件现场勘验活动中的应用

李 同[*]

党的十八大以来，习近平总书记着眼实现中华民族永续发展的根本大计，对生态文明建设和生态环境保护提出一系列新思想新论断新要求，为努力建设美丽中国，走向社会主义生态文明新时代指明了前进方向和实现路径。近年来，生态环境类公益诉讼作为检察机关的一项诉讼活动出现，旨在环境受到或可能受到污染的情形下，保护环境公益不受损害，对行为人提起诉讼，维护广大人民的合法权益。随着检察机关生态环境类公益诉讼活动的不断开展，案件现场的取证和固证问题值得进一步探究。由于生态环境类案件现场的特殊性，传统的人工照相、录像、测绘等现场勘验手段难以获取到大面积环境损害现场概貌图和相关违法点的全方位数据，为现场勘查人员带来巨大困难。

随着城市数字化建设的发展，基于倾斜摄影技术的三维实景图作为"数字城市"建设的基础数据得到了日益广泛的应用。[①] 检察机关将该技术运用到生态环境类公益诉讼案件的无人机航拍取证工作中，可获取到更全面、更完整、高精度的地理三维空间信息数据，能够真实反映实际地理情况，为办案人员提供准确、直观的三维实景图像。并可通过地理信息数据分析识别污染点，为准确测算被污染损害地区的方位与面

---

[*] 李同，北京市丰台区人民检察院第八检察部检察技术人员。
[①] 李俊金：《基于3D GIS Cesium 的数字城市建模技术》，载《信息与电脑》2016年第19期。

积、相关违法点的体积等提供详实的数据信息。

2018年5月，北京市丰台区人民检察院办理一起行政类公益诉讼案件中，发现被破坏的土地范围广、地形复杂、违法点体量大、形状不规则，运用传统的人工拍照、录像、测绘等技术手段，很难获取到现场概貌图和相关违法点的全方位数据。案件办理面临极大困难，难以顺利推进。为解决这一难题，丰台区人民检察院向北京检察科技中心请求技术协助。技术人员参与办案后，针对该案特点，经过多次实地考察和广泛调研，决定突破传统取证手段，采用无人机搭载五镜头倾斜摄影机进行空中取证，利用无人机搭载五镜头倾斜摄影机，通过地理信息数据分析识别了污染点，准确测算了被破坏土地的方位与面积、相关违法点的体积等详实的数据信息。通过提供符合人眼视觉的三维实景影像，为办案检察官提供最直观、最准确的办案证据。办案检察官称，此次取证准确评估出被破坏土地资源的面积、体积及地理信息等相关数据，进一步廓清了案件事实，明确了违法现状，固定了关键证据。

一、无人机倾斜摄影技术概述

倾斜摄影技术是国际测绘领域近些年发展起来的一项高新技术，它颠覆了以往正射影像只能从垂直角度拍摄的局限，通过在同一飞行平台上搭载多台传感器，同时从一个垂直、四个倾斜等五个不同的角度采集影像，获得符合人眼视觉的真实直观世界。[①] 后期通过成熟的数据处理软件的配套应用，可基于成果影像直接进行高度、长度、面积、角度、坡度等数据的测量，进而生成准确、直观的三维实景图。

倾斜航摄仪搭载在飞行平台按设计航线进行摄影，在拍摄的过程中，同时记录曝光时间、摄站点坐标及姿态等信息，五台相机同步曝光高度一致，有效保证了在曝光瞬间与POS系统获取的位置姿态信息的

---

① 王伟、黄雯雯、镇姣：《倾斜摄影技术及其在三维城市建模中的应用》，载《测绘与空间地理信息》2011年第3期。

时间同步性。① 在一段时间内，五个镜头拍摄的几组影像不仅能真实反映地物特性，而且每张影像具有高精度的 POS 信息，同时多角度拍摄的影像也能满足生成地面、建筑物等表面纹理的需要。

具体来看，倾斜摄影技术主要过程②包括：（1）倾斜航摄仪平台检测及单相机检校、得到每个相机的镜头畸变参数及相机之间的相对位置关系；（2）规划设计航线并上传至航测控制器进行航空倾斜摄影，获取原始影像及下视 POS 数据；（3）数据资料分析和预处理，包括原始影像畸变差改正、格式转换及匀光匀色处理、下视影像空三解算、相机和影像描述文件制作等；（4）数据精细化处理，对倾斜影像进行空中三角测量，得到所有影像高精度外方位元素。利用畸变改正后的影像数据结合空三加密成果，通过多视影像密集匹配技术生成超高密度点云，然后基于点云构建不规则三角网模型以及单体模型提取和修复；（5）提取纹理信息，完成纹理映射；（6）质量控制和检查；（7）实景三维图像成果输出。

二、生态环境类公益诉讼案件现场使用无人机航拍的可行性分析

（一）范围广且复杂

生态环境类案件现场的污染源一般具有扩散性和传播性，如污水随河流扩散至周边地区水源造成损害，所以该类现场普遍具有辐射范围广、地形复杂、造成的违法点体量大、形状不规则等特点，甚至有些地区环境极其恶劣，办案人员无法进入或对办案人员身体健康构成威胁。针对这一情况，该类现场更宜使用无人机航拍的取证方式。

（二）立体性

在对生态环境类公益诉讼案件现场进行拍摄测绘取证时，除了需要

---

① 孙玉平、范亚兵、郝睿等：《基于倾斜摄影技术构建实景三维产品的应用开发研究》，载《测绘与空间地理信息》2015 年第 11 期。

② 谢奇宇：《基于机载 LiDAR 和倾斜摄影测量的城市实景三维建模》，载《测绘》2016 年第 3 期。

对污染面积进行测量，被污染体的体积、体量数据往往也是定罪量刑和确定损害赔偿责任的重要依据。传统的平面照相、摄像、测绘等技术手段很难测量体积、体量等三维数据。该类现场更适于采用三维技术手段进行测绘取证。

（三）重点不明确

由于造成环境损害的污染源来自生产生活的各个方面、各个领域，诸多的污染源产生的污染物质种类繁多、性质各异，且这些污染物常常是经过转化、代谢、富集等各种反应后才导致污染损害。所以，生态环境类公益诉讼案件现场不像一般民事或行政违法行为所造成损害的现场那样重点突出，为避免违法点的疏漏和人为修复所造成的证据损坏，该类现场更宜全方位的全景拍摄取证与重点细节拍摄取证相结合。

三、利用无人机倾斜摄影技术生态环境类公益诉讼案件现场勘验的优势

传统取证手段仅可选取垂直角度予以平面拍摄，在生态环境案件现场取证中具有较大局限性。倾斜摄影技术能够有效克服这种弊病，具有以下优势：

（一）数据完整性

通过倾斜摄影技术搜集影像时，五镜传感器分别设定了不同方位的拍摄，所记录的影像数据可以间接表明航向及航速以及坐标参数，经过分析处理即可获取可识别的完整三维信息，其数据量大且完整。

（二）取证全面性

倾斜摄影拍摄时使用倾斜航摄仪搭载无人机进行，并按照规定航线飞行拍摄，航线涵盖了取证现场的全部方位，做到了无死角现场概貌拍摄取证，这一点是传统人工拍摄或高空平面拍摄无法做到的。

（三）审查直观性

在后期形成的三维实景图像中，检察机关办案人员可通过浏览软件随意拉近、推远、旋转等操作从各个角度分析现场情况，快速审查环境损害的重点地区，通过地理信息数据分析识别污染点，还能准确测算被

损害地区的方位与面积、相关违法点的体积等详实的数据信息。

四、无人机倾斜摄影技术的取证结果作为证据使用的可行性分析

《刑事诉讼法》第 50 条规定:"可以用于证明案件事实的材料,都是证据。证据包括:(一)物证;(二)书证;(三)证人证言;(四)被害人陈述;(五)犯罪嫌疑人、被告人供述和辩解;(六)鉴定意见;(七)勘验、检查、辨认、侦查实验等笔录;(八)视听资料、电子数据。证据必须经过查证属实,才能作为定案的根据。"根据该法条规定可知,能够作为证据使用的材料,必需具备两个条件:一是可以证明案件事实;二是经过查证属实。基于无人机倾斜摄影技术测绘取证生态环境类公益诉讼案件现场的三维实景图可作为证据使用,具体理由如下:

首先,倾斜摄影技术联合多视影像构建自动性的连接线,描绘实际地面的控制点坐标,再根据位点辨识密集的多视影像,提取地物的特征,通过空三加密得到所有影像高精度外方位元素。通过多视影像密集匹配技术生成超高密度点云,进而转化为矢量信息,重构地物轮廓及高度。所以,三维实景图所反映的是实际坐标下的实际景物,是多数量照片的结合影像,没有对现场景物造成任何篡改。三维实景图与普通相机拍摄的照片效应相同,且具有普通平面照片没有的全方位角度优势。根据相关规定,凡是以文字来记载人的思想和行为以及采用各种符号、图案来表达人的思想,其内容对待证事实具有证明作用的物品都是书证。从证据类型上讲,检察机关进行现场勘查拍摄现场的照片是用图片内容来证明待证事实的,照片属于书证,三维实景图则为多个书证的无损组合处理,并未改变证据的实质内容。因此,三维实景图具有证明案件事实的能力。

其次,在利用无人机倾斜摄影技术对生态环境类案件现场进行取证任务时,技术人员先要根据现场地势、风向风速和天气等情况特点设定航线、起降点等,并在现场近距离实时操作,保证飞行安全。取证过程中,由于该技术属于高空拍摄取证,除涉密地区外,都可由现场居民、

当地政府人员、公安机关、法院以及任何可作为见证人的人员出场监督。同时，飞行取证任务过程全程录像、照相，有利于取证的公开性和合法性，现场录像、相片可由法院查证。

最后，由于控制点和数字仪器会产生不可避免的误差，基于无人机倾斜摄影技术测绘取证的实景三维图作为证据使用必具备相应的误差分析并形成报告。倾斜影像技术所采用的五镜镜头所采集的原始航照相片数据并无修改，需要权威机构出具地面控制点测量精度误差的相关报告和内业软件空三计算的精度报告，结合真三维实景图中所显示、选取的坐标点测量信息和已知地面控制点的坐标信息，进行误差对比分析并出具误差对比分析结果。后期利用航天远景、清华山维等此类结合倾斜摄影模型数据可以进行裸眼三维测图的内业软件，生成 DLG 数字线划图，并计算面积，或者直接在地理信息软件（例如 SUPERMAP 或 SKY-LINE）中进行面积和体积的直接测量或附加一定条件的统计与分析测量，同时生成相关面积和体积测量的数据报告。结合控制点测量误差、空三计算误差、人工测量或软件分析与统计的相关误差进行一整套、一系列的数学计算，再由负责数据生产和测量的测绘单位在出具的图纸或报告上加盖公章并由该单位的注册测绘师签字，即具有相关的法律效应，可以用作法庭举证。

综上所述，在检察机关生态环境类公益诉讼案件的勘验活动中，利用无人机倾斜摄影技术不仅可以为办案人员提供准确、直观的三维实景影像，而且可以通过地理信息数据分析识别污染点，为准确测算被破坏土地的方位与面积、相关违法点的体积等提供详实的数据信息，对接后续专业测绘工作，为相关机构出具具有法定证据效力的鉴定意见提供基础。该技术的取证结果三维实景图是以实际连续拍摄的照片为基础，经过数据处理或计算机视觉相关算法形成，其本质属性等同于公安机关现场勘查所拍摄的现场照片、现场草图等证据，且该技术所形成的三维实景图具有传统平面照片图片所没有的直观性与全面性，甚至更高的真实性和准确性。因此，基于无人机倾斜摄影技术的三维实景图支持生态环境类公益诉讼作为证据使用具有可行性。